ECONOMIA BRASILEIRA

ECONOMIA BRASILEIRA

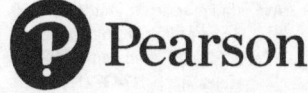

© 2011 by Pearson Education do Brasil

Todos os direitos reservados. Nenhuma parte desta publicação poderá ser reproduzida ou transmitida de qualquer modo ou por qualquer outro meio, eletrônico ou mecânico, incluindo fotocópia, gravação ou qualquer outro tipo de sistema de armazenamento e transmissão de informação, sem prévia autorização, por escrito, da Pearson Education do Brasil.

Diretor editorial: Roger Trimer
Gerente editorial: Sabrina Cairo
Editora de desenvolvimento: Marina Lupinetti
Coordenadora de produção editorial: Thelma Babaoka
Editora de texto: Aline Nogueira Marques
Redação: Thelma Guimarães
Revisão: Carmen Costa
Capa: Alexandre Mieda sobre *Sem título*, Renato Pagnano, 2007.
Diagramação: Globaltec Editorial e Marketing

Dados Internacionais de Catalogação na Publicação (CIP)
(Câmara Brasileira do Livro, SP, Brasil)

Pearson Education do Brasil
Souza, Jobson Monteiro de
   Economia brasileira / Jobson Monteiro de Souza. --São Paulo : Pearson Education do Brasil, 2009.

   ISBN 978-85-7605-578-5

   1. Economia - Brasil I. Título.

09-12524   CDD-330

Índice para catálogo sistemático:
1. Brasil : Economia 330

Direitos exclusivos cedidos à
Pearson Education do Brasil Ltda.,
uma empresa do grupo Pearson Education
Avenida Francisco Matarazzo, 1400
Torre Milano – 7o andar
CEP: 05033-070 –São Paulo-SP-Brasil
Telefone 19 3743-2155
pearsonuniversidades@pearson.com

Distribuição
Grupo A Educação
www.grupoa.com.br
Fone: **0800 703 3444**

SUMÁRIO

Prefácio ix
Apresentação xi

Parte 1 Introdução

Capítulo 1   O Brasil no mundo
Introdução 4
De hiperinflacionário a BRIC: a nova inserção externa do Brasil 4
Um pouco além do PIB: outros indicadores de comparação entre países ... 12

Parte 2 Macroeconomia brasileira

Capítulo 2   Crescimento e desenvolvimento
Introdução 24
Produto Interno Bruto (PIB) 24
Crescimento econômico 29
Crescimento é o mesmo que desenvolvimento? 33

Capítulo 3   Inflação
Introdução 44
O que é inflação? 44
Principais indicadores da inflação no Brasil 47
Consequências da inflação 54
Causas da inflação 57
Teorias sobre inflação e estratégias para combatê-la 59

Capítulo 4   Mercado de trabalho
Introdução 68
O que é desemprego e como medi-lo? 68
Causas do desemprego 74
Salário nominal e salário real 79
Nível de emprego e taxa de inflação 80

Capítulo 5 Setor externo

Introdução 90
    Teoria da vantagem comparativa 90
    Protecionismo: barreiras tarifárias e não tarifárias 94
    Balanço de pagamentos 98
    Taxa de câmbio 107

Capítulo 6 Política fiscal

Introdução 126
    Receitas públicas 126
    Os tributos e sua classificação 130
    As despesas públicas e sua classificação 136
    Superávit (déficit) primário, operacional e nominal 136
    Dívida pública 138

Capítulo 7 Política Monetária

Introdução 148
    Moeda: funções e formas 148
    Funções do Banco Central 152
    Demanda por moeda 154
    Oferta de moeda 155
    Instrumentos de política monetária 161
    Política monetária por regras ou discricionária 168

Parte 3 História da economia brasileira

Capítulo 8 Formação da economia brasileira

Introdução 178
    Brasil colônia 178
    Brasil império 184
    República velha 188

Capítulo 9 O processo de industrialização

Introdução 196
    Era Vargas 196
    Gestão Dutra e segundo governo de Vargas 202
    Anos JK 204
    Governos de Jânio Quadros e João Goulart 207

Capítulo 10 O milagre econômico

Introdução 214
    Castelo Branco: estabilização e reformas 214
    Costa e Silva e Médici: o "milagre econômico" 219

Capítulo 11 A década perdida de 1980
Introdução **230**
   Geisel: o fim de uma era 230
   Figueiredo: a crise da dívida 238

Capítulo 12 O Brasil democrático
Introdução **250**
   Os planos de estabilização 250
   Plano Real 270
   A era Lula 277

   Nossa capa 283

PREFÁCIO

Como professor de economia que ministra aulas para diferentes cursos, precisava de uma bibliografia que contemplasse os principais conceitos da macroeconomia e suas aplicações à economia brasileira, porém que não fosse tão técnico como os livros para os cursos de economia. Por isso, quando fui convidado para a consultoria técnica do volume de *Economia brasileira* da coleção Academia Pearson, alegrei-me, pois tínhamos o mesmo objetivo.

Esta obra se destaca entre as demais devido à linguagem de fácil compreensão, que permite uma leitura fluente e agradável. Nem por isso, contudo, ela deixa de abordar os mais variados temas econômicos — inclusive aqueles que os alunos costumam evitar devido à complexidade.

Minha principal responsabilidade foi garantir que o conteúdo teórico estivesse completo, mas sem perder de vista a didática necessária, principalmente para aqueles alunos que não são estudantes de economia.

A divisão do livro em três partes foi a grande contribuição da obra. Na primeira parte, é traçado um panorama da atual situação do Brasil, com foco em nossa inserção externa. Isso permite ao aluno, já no início, conhecer os diversos indicadores utilizados para essa percepção, e dá um incentivo para a leitura do livro a fim de entender como chegamos a essa situação.

Na segunda parte são apresentados os principais fundamentos teóricos da macroeconomia. Nesse caso, poderíamos ter a impressão de que seria apenas mais um livro a tratar sobre o tema, porém, mais uma vez, a Pearson Education inovou com muitos exemplos e dados relacionados ao contexto brasileiro. Aliás, o uso intensivo de dados sobre o país permite aos alunos não apenas entender melhor os aspectos teóricos, mas seus reflexos em nossa economia.

Na terceira parte há uma análise da história da economia brasileira, o que permite ao aluno aplicar os conhecimentos vistos na segunda parte para entender melhor os acontecimentos históricos. Para isso, teve-se o cuidado de, a cada vez que aparece um tema relacionado à teoria vista anteriormente, indicar o capítulo correspondente. Assim, o aluno pode reler, se necessário, a teoria e, ao mesmo tempo, verificar que o que foi estudado foi importante para o entendimento da história do país.

Os exercícios no final de cada capítulo, apresentados nas seções "Saiu na imprensa" (ou "Estudo de caso", conforme o capítulo) e "Na academia", são outro diferencial, porque não se limitam a perguntas decorativas que nada contribuem para a discussão dos temas apresentados. Ao invés disso, apresentam ótimas discussões, que permitirão aos alunos complementar o que foi estudado e levantar diversas questões que poderão ser objeto de discussão em sala, o que torna o aprendizado mais profundo e permite reter muito mais o conteúdo.

Por tudo isso, esta obra será útil a todos os estudantes que desejam conhecer a história da economia brasileira com todos os aspectos teóricos envolvidos. Além dos alunos de outros cursos, os próprios estudantes de economia também poderão se beneficiar desta obra, pois nela encontrarão, diferentemente do que ocorre nos livros-textos estrangeiros de macroeconomia, a aplicação à realidade brasileira.

As vantagens para o aluno que conhece os princípios da macroeconomia é que, certamente, eles o ajudarão a entender melhor o mundo em que vive, além de ampliar a sua compreensão quanto aos potenciais e limites da política econômica. Esta obra permitirá ao aluno conseguir essas duas vantagens.

Sendo assim, desejo a todos que aproveitem a leitura!

Prof. Jobson Monteiro de Souza

APRESENTAÇÃO

Em algum momento da vida estudantil, todos nós já tivemos um professor inesquecível. Alguém capaz de tornar atraentes os mais áridos temas, lançando mão de exemplos e imagens instigantes. Esse professor especial tinha o dom de falar com simplicidade sobre coisas complicadas. Não porque desrespeitasse nossa inteligência, nem porque caísse na armadilha da simplificação. Mas porque sabia que palavras claras são sinal de respeito pelo interlocutor. Como escreveu o filósofo Friedrich Nietzche em *A gaia ciência*: "Aquele que se sabe profundo esforça-se por ser claro, aquele que deseja parecer profundo à multidão esforça-se para ser obscuro".

O professor que ficou gravado na nossa memória buscava, ainda, o equilíbrio entre o saber teórico dos livros e o saber prático do cotidiano, que dia após dia revisa e atualiza o anterior. Acima de tudo, era um professor que valorizava nosso conhecimento prévio e, guiando-nos com paciência pelos novos conteúdos, fazia com que nos sentíssemos capazes de superar as dificuldades e aprender sempre mais.

Nós, da Pearson Education do Brasil, também tivemos professores assim. E foi com inspiração neles que criamos a **Academia Pearson**, uma coleção de livros-texto que apresentam os mais importantes conteúdos curriculares do ensino superior de um jeito diferente. Leve e atraente, porém fundamentado na mais rigorosa pesquisa bibliográfica. Claro e didático, porém tão aprofundado quanto exige o debate universitário. Sintonizado com as mais recentes tendências, mas sem deixar de lado os saberes tradicionais que resistiram à passagem do tempo.

Outro diferencial importante da Academia Pearson é que seus livros foram pensados especificamente para o graduando brasileiro. Isso vem preencher uma importante lacuna no mercado editorial, que até agora só oferecia duas opções. De um lado, os livros-texto estrangeiros (a maioria norte-americanos), muitos deles excelentes, mas elaborados para uma realidade diferente da nossa. Tal limitação tornava-se particularmente grave nas áreas em que é preciso conhecer leis, mercados, regulamentos ou sistemas oficiais que variam de país para país. Do outro lado, tínhamos as obras de autores nacionais — escassas e, na maioria das vezes, desatualizadas e pouco abrangentes. Portanto, ao lançar a Academia

Pearson, abraçamos o desafio de unir o melhor desses dois tipos de bibliografia: a contemporaneidade e solidez das edições estrangeiras e o foco na nossa realidade que as edições brasileiras permitem.

Por fim, uma última originalidade desta coleção diz respeito à extensão dos livros-texto. Buscamos oferecer uma alternativa prática e econômica aos gigantescos volumes que tradicionalmente compõem a bibliografia básica dos cursos. Para tanto, apostamos numa única fórmula: objetividade. Todos os pontos importantes de cada área são abordados, com a profundidade e a precisão necessárias, mas sem perda de tempo com redundâncias ou detalhes supérfluos.

Uma estrutura pensada para a sala de aula

Em relação à estrutura, os livros-texto da Academia Pearson foram desenhados especialmente para o uso em sala de aula. Cada capítulo representa uma aula completa sobre o assunto que aborda, podendo ser examinado em um ou mais dias, a critério do professor. Para facilitar o processo de ensino e aprendizagem, foram incluídos os seguintes elementos didáticos:

- **perguntas introdutórias**: elas indicam os objetivos de aprendizagem do capítulo e direcionam a leitura, levando o aluno a se concentrar nos conceitos mais importantes;
- **boxes de hipertexto**: situados nas margens, eles acrescentam curiosidades, explicações adicionais, sugestões de leitura e outros detalhes, sem interromper o fluxo de leitura do texto principal;
- **seção "Estudo de caso"**: alguns capítulos são finalizados com um estudo de caso, isto é, uma situação real para os estudantes examinarem e elaborarem propostas de intervenção;
- **seção "Saiu na imprensa"**: os capítulos que não são finalizados com estudo de caso trazem matérias atuais da imprensa a respeito dos assuntos abordados, sempre acompanhadas por questões de análise e reflexão;
- **seção "Na academia"**: esta é a seção de atividades propriamente dita; nela, os alunos são convidados a realizar variados trabalhos de fixação e aprofundamento, individualmente ou em grupo;
- **seção "Pontos importantes"**: esta seção, a última do capítulo, resume os principais pontos estudados, o que a torna a fonte ideal para uma consulta ou revisão rápida.

Por todas essas características, temos certeza de que os livros da Academia Pearson serão importantes aliados de professores e graduandos. E é assim que esperamos dar nossa contribuição para que o ensino superior brasileiro alcance uma qualidade cada vez mais elevada.

No site de apoio do livro (**www.grupoa**.com.br), professores e estudantes tem acesso a materiais adicionais que facilitam tanto a exposição das aulas como o processo de aprendizagem.

Para o professor:

- Apresentações em PowerPoint

Esse material é de uso exclusivo dos professores e está protegido por senha. Para ter acesso a ele, os professores que adotam o livro devem entrar em contato **através do e-mail** *divulgacao@grupoa.com.br.*

Para o estudante:

- Links úteis

PARTE I
INTRODUÇÃO

Muitos livros de economia brasileira começam com uma revisão histórica ou teórica. Aqui, preferimos um arranjo diferente. Em consonância com o objetivo geral da obra – oferecer ao graduando uma abordagem contemporânea e didática à disciplina –, decidimos começar com algo mais próximo do que vemos diariamente nos noticiários.

Assim, esta primeira parte, constituída por um único capítulo ("*O Brasil no mundo*"), focalizará um fato que qualquer brasileiro razoavelmente bem informado, mesmo que não seja economista, já percebeu: nos últimos anos, a posição do Brasil no cenário econômico mundial vem passando por sensíveis mudanças. Iniciaremos nosso estudo, portanto, com um exame dessa nova inserção externa do país, lançando um olhar "de fora para dentro" ao nosso objeto de análise. Aproveitaremos, ainda, para introduzir temas que serão desenvolvidos e aprofundados ao longo das duas partes seguintes.

INTRODUÇÃO

Capítulo 1

O BRASIL NO MUNDO

Neste capítulo, abordaremos as seguintes questões:
- Quais as três principais mudanças ocorridas na economia brasileira no fim do século XX?
- Como surgiu a sigla BRICs e o que ela significa?
- Segundo o banco Goldman Sachs, criador da sigla BRICs, quais os principais obstáculos ao crescimento do Brasil?
- Além de previsões sobre o crescimento do PIB, quais índices podem nos ajudar a entender a posição do Brasil em relação a outros países?

Introdução

Em novembro de 2009, a revista britânica *The Economist*, uma das mais respeitadas do mundo, publicou uma reportagem de capa destinada a entrar para a nossa História. Uma fotomontagem mostrava a estátua do Cristo Redentor, símbolo máximo do Brasil no estrangeiro, levantando voo verticalmente a partir do Corcovado, como um foguete. A manchete não deixava dúvidas: "Brazil takes off" ("Brasil decola").

Na primeira seção deste capítulo, vamos examinar os fatores que têm levado o Brasil do século XXI a essa posição de destaque na economia mundial. Como não poderia deixar de ser, incluiremos na discussão uma análise do conceito de BRICs — termo inevitável, hoje em dia, quando se fala em economia brasileira no contexto mundial.

Na segunda e última seção, iremos além das previsões sobre crescimento do PIB e examinaremos indicadores menos tangíveis, tais como os relativos à solidez das instituições ou à facilidade para fazer negócios. Com esses indicadores, poderemos fazer uma avaliação mais abrangente da nossa posição em relação a outros países.

De hiperinflacionário a BRIC: a nova inserção externa do Brasil

Em 1993, era muito fácil ser milionário no Brasil. Qualquer trabalhador remunerado com um salário mínimo recebeu 1.250.700,00 cruzeiros em janeiro daquele ano. Em maio, o mesmo trabalhador recebeu quase o triplo: 3.303.300,00 cruzeiros. Em julho, o salário mínimo já valia mais de quatro milhões de cruzeiros.

Provavelmente, você pertence a uma geração que não conviveu com os números estarrecedores da hiperinflação brasileira. Se não os tivesse estudado nos livros de História, termos como *choque heterodoxo*, *confisco* e *congelamento de preços* seriam desconhecidos para você.

Do mesmo modo, deve ser difícil para você imaginar que seus pais, quando se casaram e se mudaram para a casa nova, provavelmente esperaram meses ou até anos pela instalação do telefone. Ou, ainda, que naquela época as pessoas vendiam suas linhas telefônicas por quantias que hoje dariam para comprar um *notebook* de ponta.

Também deve ser difícil imaginar um Brasil onde quem queria comprar um carro tinha pouco mais de meia dúzia de opções. Ou um Brasil onde a proporção de pessoas vivendo abaixo da linha de pobreza (renda necessária para comprar a cesta básica de produtos alimentícios e não alimentícios) era o dobro da atual — 48,30% em 1984, contra 22,59% em 2008 (IPEA, s/d).

Sem dúvida, sob diversos aspectos você e seus colegas vivem tempos melhores que seus pais e avós. Em três décadas, o Brasil estagnado, instável, de economia fechada e retrógrada que emergiu da ditadura militar deu lugar a um país que não só exerce papel de peso no cenário internacional, como também conta com um mercado interno crescente e vibrante.

É certo que ainda enfrentamos desafios gigantescos; alguns deles, na verdade, constituem problemas vergonhosos, que se arrastam praticamente desde a chegada do colonizador português. Ao longo deste livro, teremos diversas oportunidades para analisar tais problemas. Agora, porém, vamos nos concentrar nas significativas mudanças sofridas pela economia brasileira na última década do século XX e na primeira do XXI – mudanças essas que nos habilitaram a entrar para a sigla BRICs, o novo chamariz dos investidores internacionais.

BRICs: origem e significado

Em novembro de 2001, quando o banco de investimentos Goldman Sachs cunhou a sigla BRICs, a situação econômica brasileira era bem diferente da que descrevemos alguns parágrafos atrás. A primeira grande mudança foi a abertura do mercado às importações, ocorrida durante o governo de Fernando Collor de Mello (1990-1992). A chegada avassaladora dos novos concorrentes não apenas trouxe muito mais opções ao consumidor, como também forçou o empresariado nacional a promover uma verdadeira revolução em termos de qualidade e eficiência. Muitos não resistiram e quebraram, ou foram engolidos em fusões e aquisições – de 1990 a 1997, o país assistiu a nada menos que 1.100 operações de F&A, que movimentaram um volume total acima de US$ 60 bilhões (KOSHIYAMA, MARTINS, 2008).

A segunda profunda alteração no cenário econômico foi causada pela onda de privatizações, que também se iniciou durante o governo Collor – com a aprovação da Lei nº 8.031/1990, a qual criou o Programa Nacional de Desestatização –, e continuou durante as gestões de Itamar Franco (1992-1994) e Fernando Henrique Cardoso (1995-2003). Em meio a uma intensa polêmica (veja o boxe), foram privatizadas a Usiminas (1991), a Companhia Siderúrgica Nacional (1993), a Light (1996), a Companhia Vale do Rio Doce (1997) e o Sistema Telebrás (1998), além de várias outras empresas menores – operações que, em conjunto, haviam gerado até o ano 2000 uma receita de US$ 90 bilhões para os cofres públicos (MODIANO, 2000).

"Bombas de gás lacrimogêneo e de efeito moral, pedradas, policiais se atracando com civis, cachorros avançando contra manifestantes, fotógrafos e jornalistas." Assim a edição de 25 de outubro de 1991 do Jornal do Brasil descrevia a cena ocorrida no dia anterior na Praça XV, centro do Rio de Janeiro. Em frente à praça, no prédio da Bolsa de Valores, realizava-se o leilão da Usiminas, que inaugurava a era de privatizações do país. Naquela mesma semana, a capa da revista Veja exibiria uma foto plena de simbolismo: de jaqueta jeans e calçados ordinários, um manifestante desferia um pontapé na "retaguarda" de um homem de terno e gravata, um dos executivos que chegavam para o leilão.

Seis anos depois, durante a venda da Companhia Vale do Rio Doce, o confronto entre esses dois Brasis voltou a acontecer, talvez com ainda maior contundência. A atuação da consultora Merrill Lynch, que teria não apenas subavaliado a Vale, mas também passado informações privilegiadas a compradores antes da venda, foi alvo de intensa crítica. O leilão foi adiado diversas vezes por força de liminares, mas acabou acontecendo em maio de 1997. A polêmica, porém, não terminou por aí: a operação ainda seria contestada em inúmeras ocasiões no Congresso e na Justiça, inclusive por uma decisão do Tribunal Regional Federal da 1ª região, que ordenou uma perícia para

> *determinar o valor real da ex--estatal na época da venda.*
> *Um exercício interessante seria levantar as alegações dos defensores e dos críticos das privatizações e promover um debate em sala de aula, sob a coordenação do professor.*

> *O fenômeno da inflação e as teorias que o explicam serão estudados com detalhes no Capítulo 3 e na terceira parte deste livro.*

A última — mas não menos importante — revolução sofrida pela economia brasileira em fins do século XX foi a implantação do Plano Real, em 1994, durante a presidência de Itamar Franco. Arquitetado por alguns dos mais importantes economistas do país e posto em prática pelo então ministro da Fazenda Fernando Henrique Cardoso, o plano pôs fim a 15 anos de descontrole inflacionário. A inflação anual acumulada despencou de inacreditáveis 2.780,6%, em 1993, para índices abaixo dos dois dígitos já em 1996.

Embora as três mudanças mencionadas — abertura do mercado, privatizações e fim da inflação — sejam igualmente importantes, esta última é, sem dúvida, a que mais impacto teve para a saúde da economia como um todo. Aliás, é essa metáfora, a da saúde, que o ex-presidente do Banco Central Gustavo Franco usou para descrever os efeitos da inflação e de seu combate durante uma entrevista ao jornalista Maurício Martins:

> O Brasil teve, antes de julho de 1994, quando foi introduzido o Real, quinze anos seguidos de inflação média mensal de quinze por cento. Quinze por cento ao mês, todo mês, durante quinze anos. Não existe vida econômica inteligente numa situação como essa. Quando essa grande névoa, essa grande patologia foi removida, é como se o país tivesse saído de uma dependência química, de uma situação clinicamente quase terminal. É claro que não é do dia pra noite que ele vai virar um atleta, mas a saúde econômica está ficando melhor a cada dia que passa, em razão da eliminação da infecção. (FRANCO, s/d.)

O fim da inflação significou um vultoso aumento no poder aquisitivo dos mais pobres, já que seus salários deixaram de "virar pó" dentro de seus bolsos. Além disso, o país assistiu à volta do capital não especulativo e da capacidade, por parte das organizações públicas e privadas, de planejar o futuro. Essa nova estabilidade permitiu, é claro, o crescimento da economia — passamos de uma média de crescimento do PIB de 0,3% no quadriênio 1990-1993 para uma média de 3,3% no quadriênio seguinte, 1994-1998. Entre 1998 e 1999, durante a crise cambial que atingiu os países emergentes (um dos temas que estudaremos no Capítulo 12), nossa economia deu uma cambaleada, mas logo se reergueu, atingindo um notável crescimento de 4,4% no ano 2000.

E é aí que voltamos àquele mês de novembro de 2001, quando Jim O'Neill, economista do Goldman Sachs, publicou o relatório intitulado "Building better global economic BRICs" — algo como "Construindo uma melhor economia global com os BRICs". Em inglês, o título fazia muito mais sentido: a sonoridade de BRICs lembra a palavra *bricks*, que significa "tijolos"; assim, para o economista, Brasil, Rússia, Índia e China eram os "tijolos" com que a nova economia global deveria ser construída.

Para sustentar sua tese, O'Neill argumentava que, em 2001 e 2002, essas quatro nações cresceriam mais do que os países do G-7 (veja definição de G-7 no boxe), conforme a Figura 1.1 nos permite visualizar com impactante clareza.

Com um simples olhar para a Figura 1.1, podemos perceber que a verdadeira locomotiva do crescimento dos BRICs sempre foi a China. Ela despontava nas previsões do Goldman Sachs com um crescimento espetacular de 7,2% em 2001 e 6,8% em 2002 (a realidade mostrou-se ainda mais favorável, com 7,5% de crescimento em 2001 e 8,4% em 2002, segundo indicadores do Banco Mundial).

Em seguida, vinha a Rússia, com previsão de crescimento do PIB de 5,5% para 2001 e de 4% em 2002, a Índia, com respectivamente 4,2% e 5% e, na rabeira, o Brasil, com apenas 1,4% e 2,0% de previsão nesse sentido. De fato, o próprio O'Neill admitia que "dos quatro países 'emergentes' em análise apenas o Brasil vai provavelmente apresentar um crescimento fraco, no padrão do G-7" (O'NEILL, 2001, p. 6, tradução nossa).

Por que, então, incluí-lo no grupo? Isso é assunto para nosso próximo tópico. Por ora, vamos terminar de apresentar os argumentos de O'Neill para a formação da sigla BRICs. Se-

> Em 1973, George Schultz, então secretário do Tesouro dos Estados Unidos, convidou os ministros das Finanças da Inglaterra, da França e da Alemanha para uma conversa informal na Casa Branca, a respeito da recente extinção do Acordo de Bretton Woods. O encontro agradou tanto que eles decidiram manter uma agenda regular de reuniões, para as quais também seria convidado o colega japonês. Dois anos depois, Valéry Giscard d'Estaing, que havia comparecido à primeira reunião como ministro francês e agora presidia sua nação, teve a ideia de transformar aqueles encontros entre ministros em uma cúpula de chefes de governo, da qual faria parte, também, o líder italiano. No ano seguinte, esse grupo de seis go-

Figura 1.1 Projeção do crescimento do PIB real nos países do G-7 e nos BRICs para 2001 e 2002, segundo dados do relatório em que se cunhou a expressão BRICs (O'NEILL, 2001, p. 6).

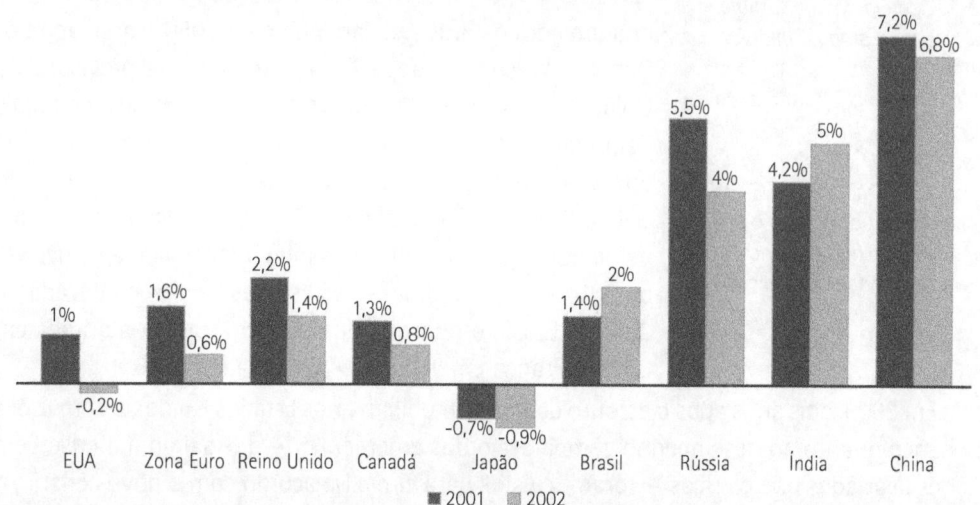

vernantes ganha a companhia do primeiro-ministro canadense — e assim forma-se o G-7, isto é, o grupo das nações mais desenvolvidas do mundo.

Em 1997, a Rússia junta-se oficialmente ao clube, que passa a se chamar, então, G-8 (ou G-7 mais Rússia). Contudo, a agenda do G-8 abrange apenas temas políticos e sociais; quando o assunto é economia, apenas os países do G-7 é que continuam opinando.

O G-20, por sua vez, nasceu na esteira da crise cambial de 1998-1999. Ao longo desses dois anos, foram realizadas três cúpulas internacionais com o objetivo de envolver os países não participantes do G-7 no debate e na solução de problemas financeiros que afetavam seus mercados. Dessas reuniões nasceu o G-20, formado por Argentina, Austrália, Brasil, Canadá, China, França, Alemanha, Índia, Indonésia, Itália, Japão, México, Rússia, Arábia Saudita, África do Sul, Coreia do Sul, Turquia, Inglaterra e Estados Unidos. A União Europeia, representada pela presidência rotativa do Conselho da União Europeia e pelo Banco Central Europeu, é o vigésimo membro do G-20. Como reúne países ricos e pobres, o G-20 é denominado um "fórum de cooperação econômica internacional".

gundo o economista, no ano em que elaborou seu relatório, 2001, essas nações representavam 23,3% da economia mundial, caso levássemos em conta seus PIBs segundo a paridade do poder de compra (veja mais detalhes sobre esse conceito no Capítulo 5). No cálculo mais conservador, que considera o PIB apenas em dólares correntes, elas tinham um peso bem menor — 8% da economia mundial —, porém em franca expansão. Até 2011, O'Neill e os outros economistas do Goldman Sachs previam que elas representariam de 9,1% a até 27% da economia mundial, conforme cada um dos quatro cenários delineados.

Em todos esses cenários, até 2011 a China ultrapassaria facilmente a Itália e o Canadá (na verdade, em números absolutos já no ano 2000 o PIB chinês era superior ao desses dois países); em quase todos, também deixava para trás França e Inglaterra. Com base nessas comparações, O'Neill defendia uma reconfiguração do G-7: a Europa, atualmente com quatro representantes (França, Inglaterra, Alemanha e Itália), teria somente dois (um continuaria sendo a Inglaterra e o outro um representante da Zona Euro); a esse novo grupo de cinco países seriam agregados os quatro BRICs, formando-se, assim, um G-9. Com isso, acreditava o economista, os maiores *players* da economia mundial estariam adequadamente representados.

Dois anos depois, em outubro de 2003, no relatório "Dreaming with BRICs: the path to 2050" (algo como "Sonhando com os BRICs: o caminho para 2050"), assinado por Dominic Wilson e Roopa Purushothaman, as previsões do Goldman Sachs para os emergentes tornaram-se ainda mais douradas. Conforme vemos na Figura 1.2, o relatório previa que as economias dos BRICs, juntas, ultrapassariam as do G-6 (G-7 menos Canadá) em 2039. Também chama atenção, nessa figura, a China ultrapassando o Japão ainda na década de 2010 e — quem diria? — os Estados Unidos na década de 2040. O Brasil, o retardatário do bloco, superaria a Itália em 2025, a França em 2031 e a Alemanha em 2036.

Em 2009, dois anos após o estouro da bolha imobiliária nos Estados Unidos, as previsões do banco quanto ao desempenho comparativo dos emergentes — que saíram da crise bem menos avariados que os ricos — foram revistas para cima. De acordo com o novo cenário, o

Figura 1.2 Quando o PIB dos BRICs ultrapassaria o dos países do G-6, segundo previsões do Goldman Sachs feitas em 2003 (WILSON, PURUSHOTHAMAN, 2003, p. 3).

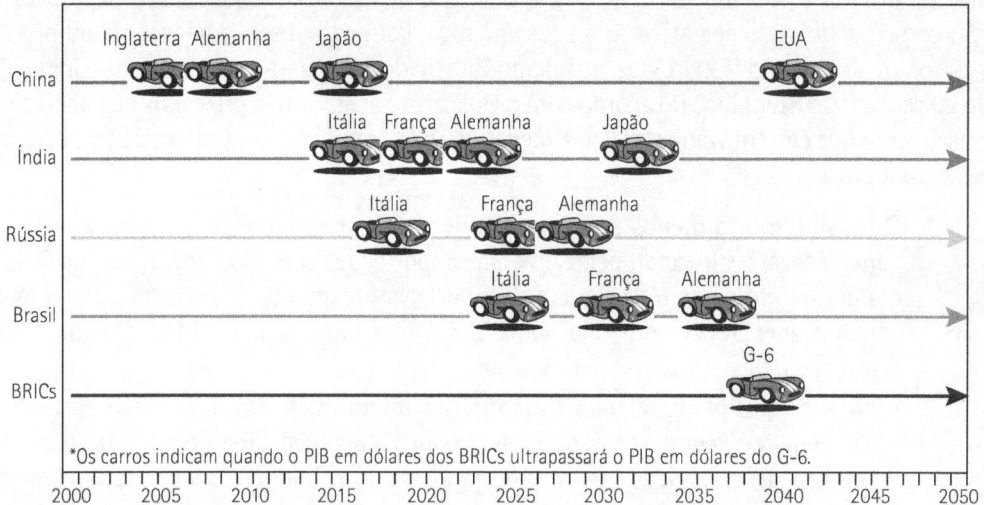

PIB dos BRICs ultrapassaria o dos países do G-6 em 2032, sete anos antes do previsto inicialmente. Os chineses também alcançariam os norte-americanos bem mais cedo, já em 2027 (O'NEILL, STUPNYTSKA, 2009).

Otimismo demais?

Desde sua criação, o conceito de BRICs tem sofrido inúmeras críticas. Será que os quatro emergentes conseguirão realmente manter um ritmo sustentado de crescimento, apesar de suas inúmeras limitações em termos institucionais, políticos, demográficos, sociais e ecológicos? E qual a validade de previsões para um horizonte tão longínquo?

Durante muito tempo, houve, ainda, um intenso debate sobre os países incluídos na sigla. O ritmo vertiginoso do crescimento chinês e indiano estava acima de qualquer suspeita – mas por que Brasil e Rússia, países com perspectivas bem mais modestas, também seriam as novas promessas econômicas? Isso sem falar no incômodo passado recente de ambos: o Brasil era hiperinflacionário menos de uma década antes do relatório de Jim O'Neill, e a Rússia, em 1998, declarou moratória à dívida externa, provocando uma derrocada nas bolsas de valores mundo afora.

Por tudo isso, muitos preferiam o acrônimo *Chíndia*, ou *Chiníndia*, para designar os verdadeiros protagonistas da nova economia. O próprio Jim O'Neill conta que, quando esteve no Rio de Janeiro para uma palestra logo após a publicação do relatório de 2001, o apresentador sussurrou-lhe ao ouvido: "Todos nós sabemos que a única razão para o B estar aí é porque, sem essa letra, não dá para formar a sigla" (TETT, 2010, tradução nossa).

Brincadeiras à parte, o fato é que, em 2003, quando publicou o relatório "Dreaming with BRICs: the path to 2050", o Goldman Sachs fez importantes ressalvas para manter o Brasil no grupo dos BRICs. Afinal, dos quatro emergentes, nós havíamos sido os únicos a não corresponder às expectativas traçadas em 2001. Por conta disso, o banco incluiu no relatório um boxe especial sobre nós, intitulado "Brasil: desafios para estabelecer as condições do crescimento sustentado". De acordo com o Goldman Sachs, os três principais obstáculos ao crescimento que enfrentávamos, especialmente quando comparados à China e outras economias asiáticas, eram:

1. **O Brasil é muito menos aberto ao comércio.** Segundo o relatório, o setor de bens comercializáveis (medido pela soma das importações com as exportações) da China era quase oito vezes maior que o do Brasil. Na próxima seção, veremos como essa pequena abertura ao comércio, somada à grande burocracia para fazer negócios no Brasil, prejudica nossa competitividade.
2. **A taxa de poupança e investimento são menores.** A Figura 1.3, que apresenta uma comparação entre nossas taxas de poupança e investimento e as chinesas em 2009, não deixa dúvidas quanto ao argumento do Goldman Sachs. Retomaremos esse assunto no "Estudo de caso" do próximo capítulo.
3. **A dívida pública e externa é muito maior.** Para 2010, o Fundo Monetário Internacional prevê que nossa dívida pública chegará a 67,2% do PIB, um índice muito alto quando comparado a China (20%) e Rússia (8,1%). No grupo dos BRICs, apenas a Índia está mais endividada que nós: o déficit público indiano é de 79% do PIB (BECK, 2010).

Figura 1.3 Taxa de investimento/PIB e taxa de poupança/PIB no Brasil e na China em 2009 (ALMEIDA, 2010).

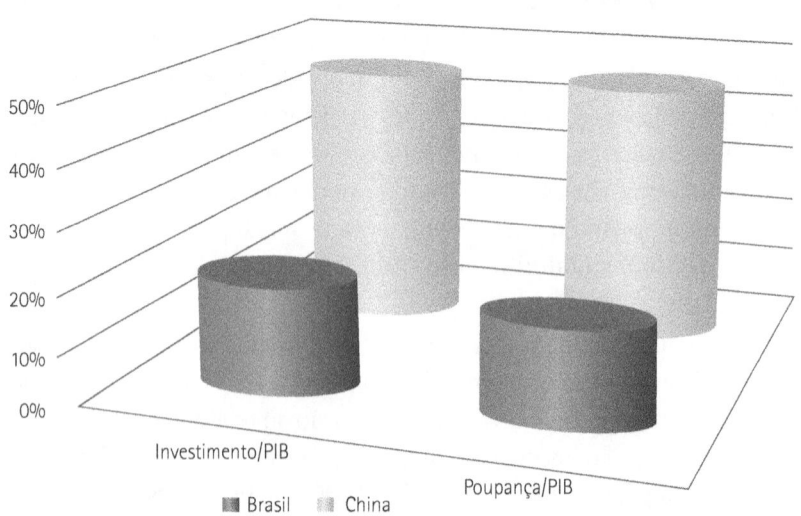

Além desses problemas, o banco de investimentos mencionava as deficiências brasileiras em termos de infraestrutura e educação – e fazia uma ressalva importante: o Brasil só acompanharia o passo dos outros emergentes e conseguiria cumprir as expectativas para os próximos 40 anos se, até 2020, eliminasse esses dois "gargalos".

Estamos escrevendo este livro em 2011 e, infelizmente, pouco foi feito nesse sentido. Apenas para citar alguns números: em 2009, pesquisa da Confederação Nacional de Transportes indicou que apenas 30,9% das rodovias brasileiras apresentavam estado de conservação bom ou ótimo; 45% estavam em estado regular; 16,9% em estado ruim; e 7,1% em péssimo estado (CNT, 2009, p. 56).

Com relação à educação, ano após ano exibimos resultados pífios em testes internacionais, como o Programa Internacional de Avaliação de Alunos (Pisa). Outro indicador educacional importante para a competitividade – a proporção dos jovens entre 18 e 24 anos matriculados no ensino superior – revela o atraso do Brasil em relação a outros países, inclusive emergentes, como se observa na Figura 1.4.

Figura 1.4 Proporção dos jovens de 20 a 24 anos matriculados no ensino superior (IEDI, 2010).

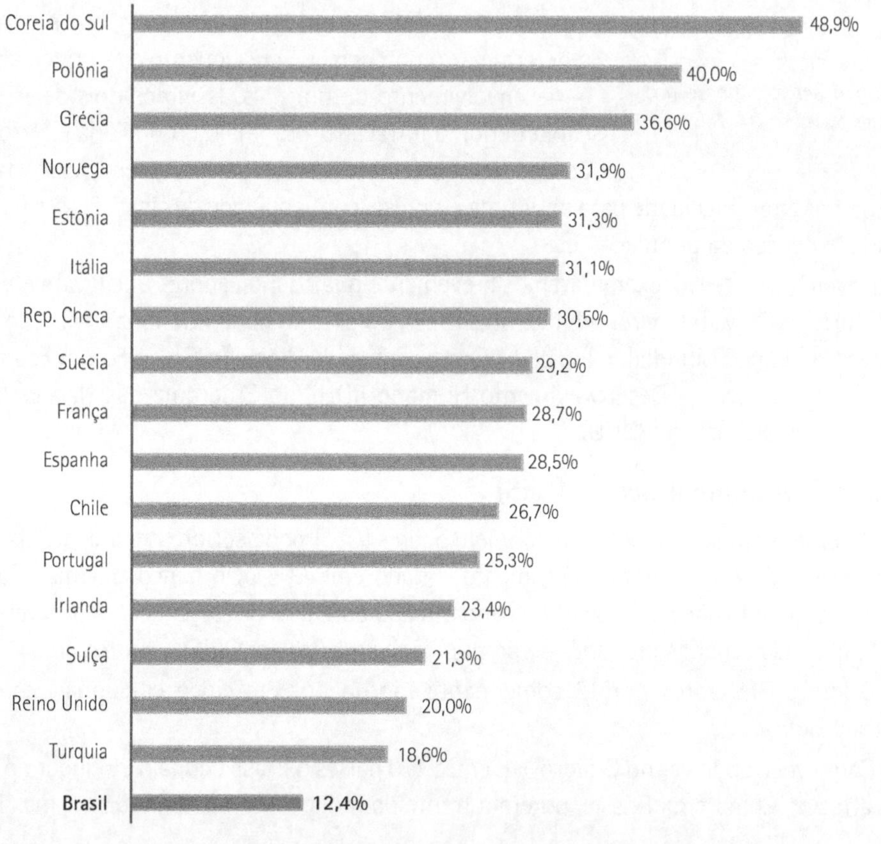

País	%
Coreia do Sul	48,9%
Polônia	40,0%
Grécia	36,6%
Noruega	31,9%
Estônia	31,3%
Itália	31,1%
Rep. Checa	30,5%
Suécia	29,2%
França	28,7%
Espanha	28,5%
Chile	26,7%
Portugal	25,3%
Irlanda	23,4%
Suíça	21,3%
Reino Unido	20,0%
Turquia	18,6%
Brasil	**12,4%**

A infraestrutura e a educação de um país são exemplos de fatores para o crescimento muito difíceis de alterar, pois dependem de políticas de médio e longo prazos, impossíveis de serem realizadas em uma única gestão presidencial. Esse tipo de fator tem, contudo, muito mais probabilidade de garantir um crescimento duradouro do que a mera determinação da taxa de câmbio, por exemplo. Tal ponderação nos leva à segunda e última seção deste capítulo, na qual examinaremos brevemente alguns indicadores que consideram fatores como esses, e que nos proporcionarão uma avaliação mais completa da posição do Brasil em relação a outros países, emergentes ou não.

Um pouco além do PIB: outros indicadores de comparação entre países

Para fazer suas previsões sobre o crescimento do PIB dos emergentes, o Goldman Sachs trabalha com quatro variáveis principais: 1) tendências demográficas (parcela da população com idade para trabalhar, por exemplo); 2) renda *per capita* (para determinar se os habitantes, em média, serão ricos ou pobres); 3) padrões de demanda global (quanto o mundo continuará consumindo); e 4) movimentos na taxa de câmbio (se a moeda dos emergentes ficará forte ou fraca diante das outras).

> *Falaremos sobre as diferenças entre os conceitos de crescimento e desenvolvimento no Capítulo 2.*

Embora essas variáveis tenham inegável valor preditivo, existem outros fatores, um tanto mais sutis, que nos ajudam a determinar o potencial de crescimento e — principalmente — desenvolvimento de um país. Já vimos dois deles na seção anterior: a infraestrutura (malha rodoviária e ferroviária, aeroportos, portos etc.) e a educação. Além desses fatores, poderíamos citar: facilidade para abrir uma empresa, confiabilidade das instituições políticas, qualidade de vida da população etc.

Nesta última seção, examinaremos brevemente quatro indicadores que levam em conta tais fatores: o Growth Environment Scores (GES), do próprio banco Goldman Sachs; o Doing Business, do Banco Mundial; o Índice de Competitividade Global (ICG), do Fórum Econômico Mundial; e o Índice de Desenvolvimento Humano (IDH), do Programa das Nações Unidas para o Desenvolvimento (PNUD).

Growth Environment Scores (GES)

O nome do índice *Growth Environment Scores* (*GES*) pode ser grosseiramente traduzido como "Placar do Ambiente de Crescimento". Criado em 2005 pelo banco Goldman Sachs, o índice tem ajudado não só a traçar um panorama do potencial de crescimento em nível global, mas também a refinar as previsões do próprio banco quanto aos BRICs e outros emergentes.

O índice GES apresenta 13 componentes agrupados em cinco categorias, conforme mostra a Figura 1.5.

Como você pode ver no Quadro 1.1, entre 170 países o Brasil ocupa o 88º lugar no índice GES, atrás da China e da Rússia, porém à frente da Índia. É um posto mediano, mas insufi-

Figura 1.5 Os componentes do GES.

Estabilidade macroeconômica	Condições macroeconômicas	Capacidade tecnológica	Capital humano	Condições políticas
■ Inflação ■ Déficit público (% do PIB) ■ Dívida externa (% do PIB)	■ Taxas de investimento (% do PIB) ■ Abertura da economia	■ Penetração de telefones (nº de linhas por mil habitantes) ■ Penetração de PCs (nº de PCs por mil habitantes) ■ Penetração da Internet (taxa de uso por mil habitantes)	■ Média de anos no ensino médio ■ Expectativa de vida	■ Estabilidade política ■ Confiança depositada na Justiça ■ Corrupção

ciente para quem quer manter um ritmo de crescimento forte. Na América do Sul destaca-se positivamente o Chile, na 38ª posição.

Doing Business

Criado pelo Banco Mundial em 2002, o projeto *Doing Business* mede a facilidade que um país oferece à operação das pequenas e médias empresas. Na edição de 2010, o Doing Business trabalhou com dez indicadores quantitativos, referentes à facilidade para: 1) iniciar um negócio; 2) lidar com alvarás de construção; 3) empregar trabalhadores; 4) registrar a propriedade; 5) obter crédito; 6) proteger investidores; 7) pagar impostos; 8) importar e exportar; 9) cumprir contratos e 10) fechar um negócio.

No Quadro 1.1, comprovamos algo que muitos de nós já intuímos: o Brasil é um dos países mais burocráticos do mundo, com trâmites excessivos e irracionais que infernizam a vida de quem pretende abrir e conduzir um pequeno negócio. Entre 183 países, somos o 129º, perdendo de longe para a China (89º lugar). Vale destacar que outros latino-americanos estão bem mais avançados do que nós nesse aspecto: Colômbia está na 37ª posição do *ranking*, Chile na 49ª, México na 51ª e Peru na 56ª.

Índice de Competitividade Global – ICG

O *Índice de Competitividade Global – ICG* (ou *Global Competitiveness Index – GCI*) é calculado pelo Fórum Econômico Mundial, organização sem fins lucrativos que promove os famosos encontros em Davos, na Suíça, nos quais líderes políticos, empresários e intelectuais debatem temas econômicos. A competitividade de um país, de acordo com o ICG, é medida por uma série de componentes ponderados que se dividem em 12 grupos – algo

Quadro 1.1 Posição do Brasil e países selecionados no *ranking* do Growth Environment Scores (GES), do Doing Business, do Índice de Competitividade Global (ICG) e do Índice de Desenvolvimento Humano (IDH) (GOLDMAN SACHS, 2006; BANCO MUNDIAL, 2009; WEF, 2010; USHINAKA, 2009).

	GES (2006) 170 países		Doing Business (2010) 183 países		ICG (2009-2010) 133 países		IDH (2009) 182 países
1	Suécia	1	Cingapura	1	Suíça	1	Noruega
2	Suíça	2	Nova Zelândia	2	Estados Unidos	2	Austrália
3	Luxemburgo	3	Hong Kong, China	3	Cingapura	3	Islândia
4	Cingapura	4	Estados Unidos	4	Suécia	4	Canadá
5	Noruega	5	Reino Unido	5	Dinamarca	5	Irlanda
6	Canadá	6	Dinamarca	6	Finlândia	6	Países Baixos
7	Islândia	7	Irlanda	7	Alemanha	7	Suécia
8	Hong Kong	8	Canadá	8	Japão	8	França
9	Dinamarca	9	Austrália	9	Canadá	9	Suíça
10	Nova Zelândia	10	Noruega	10	Países Baixos	10	Japão
58	China	89	China	29	China	71	Rússia
80	Rússia	120	Rússia	49	Índia	75	Brasil
88	Brasil	129	Brasil	56	Brasil	92	China
99	Índia	133	Índia	63	Rússia	134	Índia

que poderíamos chamar de "12 ingredientes" da competitividade: 1) instituições; 2) infraestrutura; 3) estabilidade macroeconômica; 4) saúde e educação primária; 5) educação superior e continuada; 6) eficiência do mercado comercial; 7) eficiência do mercado de trabalho; 8) sofisticação do mercado financeiro; 9) prontidão tecnológica (agilidade para adotar soluções tecnológicas capazes de aumentar a produtividade); 10) tamanho do mercado; 11) sofisticação dos negócios; 12) inovação.

Na edição de 2009-2010 desse índice, ficamos novamente em uma posição mediana, no 56º posto entre 133 países (veja o Quadro 1.1) — e novamente bem atrás da China, que aparece no 29º posto.

Índice de Desenvolvimento Humano — IDH

> Saiba mais sobre os índices mencionados aqui em seus respectivos sites: <www.doingbusiness.org>, <www.weforum.org/en/initiatives/gcp> (apenas em inglês) e <www.pnud.org.br>. O índice GES é o único que não possui um site próprio, mas você pode obter informações sobre ele (e também ler na íntegra, em inglês, todos os relatórios sobre os BRICs citados neste capítulo) no portal da Goldman Sachs: <http://www.goldmansachs.com>.

Como o próprio nome indica, o *Índice de Desenvolvimento Humano — IDH* não focaliza a riqueza de um país, mas sim a capacidade desse país de transformar tal riqueza em condições de vida dignas para sua população. Criado pelo economista paquistanês Mahbub ul Haq, com a colaboração do economista indiano Amartya Sen, ganhador do Prêmio Nobel de Economia de 1998, o IDH é adotado desde 1990 pelo Programa das Nações Unidas para o Desenvolvimento (PNUD). Em seu cálculo entram apenas três componentes:

- PIB *per capita*, em dólares PPC (paridade do poder de compra);
- expectativa de vida ao nascer;
- educação (índices de analfabetismo e da taxa de matrícula em todos os níveis de ensino).

O resultado é obtido pela média aritmética simples entre os três componentes, que variam dentro de um intervalo de 0 a 1. Quanto mais o país ou a região se aproximar do limite superior, maior é seu índice de desenvolvimento humano.

Os 182 países que participam do *ranking* são divididos em quatro grupos:

- os de IDH muito alto — em 2009 havia 38 países nessa categoria;
- os de IDH alto — em 2009 havia 45 países nessa categoria;
- os de IDH médio — em 2009 havia 75 países nessa categoria; e
- os de IDH baixo — em 2009 havia 24 países nessa categoria.

Conforme vemos no Quadro 1.1, em 2009 o Brasil ficou em uma posição bastante razoável no *ranking* do IDH: ocupou o 75º lugar, colocando-se, portanto, entre os países de desenvolvimento humano alto, à frente da China e da Índia, ambas com IDH médio. Contudo, o país perde para vizinhos de PIB bem menor, tais como Chile (44ª posição), Argentina (49ª posição) e Uruguai (50ª posição).

Além disso, um grave e antigo problema brasileiro — a desigualdade entre as regiões — fica evidente com a medição do IDH. Veja um exemplo: o Distrito Federal, se considerado isoladamente, ocuparia a 39ª posição no *ranking* do IDH, ao passo que Alagoas, se considerado isoladamente, ocuparia a 117ª posição do *ranking*, depois de países como Palestina, Bolívia e Vietnã.

> Este capítulo apresentou uma introdução à inserção externa do Brasil. No Capítulo 5, examinaremos com mais detalhe os fundamentos teóricos sobre o setor externo da economia, sempre com foco na realidade nacional.

SAIU NA IMPRENSA

TECNOLOGIA DESAFIA AVANÇO DE MERCADOS EMERGENTES

O peso dos emergentes e principalmente da China na economia mundial, que cresceu com a redução do crédito e do consumo nos EUA e na Europa, veio para ficar. Mas o desenvolvimento desse bloco dependerá cada vez mais de inovação tecnológica, inclusive para o aumento da eficiência energética, de acordo com economistas e especialistas em relações internacionais.

Nem todos são tão otimistas quanto Jim O'Neill, do banco Goldman Sachs, que criou o acrônimo Bric (Brasil, Rússia, Índia e China) para os países antes chamados de "baleias", cuja dimensão impediria sua assimilação por blocos econômicos dominantes.

Em relatório do mês passado, O'Neill afirma que, após a crise, a projeção de que em 2050 os Brics estarão entre as cinco maiores economias "está mais próxima de ser realizada".

De 2000 a 2008, diz, os Brics bancaram 30% do avanço global em dólar, ante 16% na década anterior. A contribuição do G7 (EUA, Japão, Alemanha, França, Reino Unido, Canadá e Itália) caiu de 70% para 40%.

A China contribuiu mais do que qualquer país desenvolvido. Graças a ela – e em menor medida à Índia –, a Ásia responderá por metade da economia mundial em 2030, prevê Angus Maddison, economista britânico.

"O cenário de crescimento está dado por uma questão básica, que é o fato de esses países terem consumidores para agregar ao mercado", diz Antonio Corrêa de Lacerda, professor da PUC-SP. "O desafio é o desenvolvimento sustentável, não só econômico como também social e ambiental."

Para crescer com qualidade, seis gargalos foram citados: consumo energético, capacidade de inovação, diversificação econômica, demografia, dívida social e maleabilidade política. [...]

Fonte: ANTUNES, Cláudia. *Folha de S.Paulo*, 3 jan. 2010, fornecido pela Folhapress.

1. Como se vê, muitos economistas concordam quanto à existência de seis entraves principais ao crescimento sustentado dos BRICs. Nesta atividade, você vai se concentrar em um deles: o consumo energético. Pesquise na Internet (utilize apenas fontes confiáveis, como jornais e revistas conhecidos) e monte um quadro com a descrição da matriz energética de Brasil, China, Índia e Rússia. Que conclusões é possível extrair desse quadro? Quais as vantagens e desafios de cada emergente, no tocante aos recursos energéticos?

2. Saudadas por vários setores da sociedade brasileira como uma promessa de prosperidade para o futuro próximo, as reservas de petróleo na camada do pré-sal também são vistas com desconfiança por alguns. Para esses céticos, elas perderão o valor rapidamente em uma economia de baixo carbono – tendência que parece inescapável devido à alarmante situação ambiental do planeta. E você: acha que o pré-sal será um fator importante para o crescimento do Brasil nas próximas décadas, ou valerá muito menos quando puder finalmente ser explorado? Busque na Internet e leia alguns textos sobre o tema, tomando o cuidado de anotar a referência bibliográfica. Depois, escreva um pequeno texto defendendo sua opinião. Se a turma tiver um *blog* ou grupo de discussão, "poste" seu texto e compare suas ideias com as dos colegas.

NA ACADEMIA

Como estudante de economia brasileira, você deve aprender a consultar e analisar dados e estatísticas oficiais. Para começar a treinar essa habilidade, vamos fazer um exercício simples.

1. Reúna-se com três ou quatro colegas e, juntos, escolham um dos tópicos a seguir (cada grupo da classe deve escolher um tópico):
   - o IDH de seu município e estado;
   - a taxa de investimento/PIB do Brasil;
   - os principais destinos das exportações brasileiras;
   - as principais origens das importações brasileiras;
   - a pirâmide etária da população brasileira;
   - fluxos de migração atuais no Brasil;
   - a taxa de desemprego entre jovens de 18 a 24 anos;
   - a proporção de concluintes do ensino médio que consegue ingressar no ensino superior.

2. Uma vez decidido o tópico a ser pesquisado pelo grupo, discutam onde vocês acham mais provável encontrar informações confiáveis a respeito. Mas atenção: neste exercício, vocês só poderão usar dados divulgados por organismos oficiais (por exemplo, Ipea, IBGE, Ministério da Educação, Banco Mundial etc.). Portanto, vocês podem até consultar sites de jornais ou revistas como passo inicial da pesquisa; no entanto, terão de descobrir a fonte primária do jornalista, isto é, qual base de dados ele utilizou para escrever seu texto. É a essa fonte primária que vocês devem recorrer.

3. No Companion Website (www.prenhall.com/academia_br), vocês encontrarão uma lista comentada de sites e blogs úteis ao estudante de economia brasileira. Nessa lista há vários sites de organismos oficiais. Não deixem de consultá-la!

4. Quando tiverem encontrado os dados ou estatísticas oficiais referentes ao tópico do grupo, definam a melhor maneira de apresentar tais informações. Por exemplo: uma tabela, um gráfico de pizza, um gráfico de barras... Não deixem de indicar cuidadosamente a fonte consultada e a que período referem-se as informações.

5. Em seguida, discutam: essas informações, sozinhas, permitem chegar a alguma conclusão? Em caso positivo, qual é a conclusão? Em caso negativo, indiquem com qual ou quais outras informações elas precisariam ser comparadas, para permitir uma análise.

6. No fim do exercício, apresentem os resultados aos outros grupos e troquem ideias sobre o que aprenderam.

Pontos importantes

- As três principais mudanças ocorridas na economia brasileira no fim do século XX foram: a abertura do mercado às importações; as privatizações; o fim da inflação. Essas mudanças possibilitaram ao Brasil um novo posicionamento no cenário econômico mundial.
- A sigla BRICs foi criada em 2001, em um relatório do banco de investimento Goldman Sachs, para indicar quatro países (Brasil, Rússia, Índia e China) cujas trajetórias de crescimento sinalizavam que, em breve, eles rivalizariam com os países ricos. Relatórios posteriores fizeram previsões ainda mais otimistas, segundo as quais o PIB dos BRICs ultrapassará o dos G-6 (G-7 menos Canadá) em 2032.
- Segundo o banco Goldman Sachs, os principais obstáculos que o Brasil deve superar para acompanhar o ritmo dos outros emergentes e cumprir as previsões de crescimento são: pouca abertura ao comércio exterior; taxas de poupança e investimento muito baixas; déficit público alto; infraestrutura e educação deficientes.
- Além de previsões sobre o crescimento do PIB, como as feitas pelo Goldman Sachs, há índices que levam em conta fatores menos tangíveis, porém igualmente importantes para prever o crescimento e desenvolvimento de um país. Alguns exemplos de tais índices são: o índice GES (Growth Environment Scores), do próprio Goldman Sachs; o índice Doing Business, do Banco Mundial; o Índice de Competitividade Global – ICG, do Fórum Econômico Mundial; e o Índice de Desenvolvimento Humano, do PNUD.

Referências

ALMEIDA, Cássia. Ritmo chinês, porém com poupança baixa. *O Globo*, Rio de Janeiro, 9 jun. 2010.

BANCO MUNDIAL. *World dataBank*. Disponível em: <http://databank.worldbank.org/>. Acesso em: 14 ago. 2010.

_____. *Resumo Doing Business 2010*: reformando em épocas difíceis. Washington, D.C.: World Bank, 2009.

BECK, Martha. Dívida emergente. *O Globo*, Rio de Janeiro, 9 jul. 2010.

CNT – CONFEDERAÇÃO NACIONAL DE TRANSPORTES. *Pesquisa CNT de rodovias 2009*: relatório gerencial. Brasília: CNT/Sest/Senat, 2009.

FRANCO, Gustavo. Depoimento. In: MARTINS, Maurício. *A hiperinflação da década de 80 e o Plano Real, em 1994*. Arquivo digital de áudio. Disponível em: <http://inflacao.portaleconomia.com.br/>. Acesso em: 13 ago. 2010.

GOLDMAN, SACHS & CO. *You reap what you sow*: our Growth Environment Scores. Nova York: Goldman Sachs, 2006.

IEDI – Instituto de Estudos para o Desenvolvimento Industrial. A formação de engenheiros no Brasil: desafio ao crescimento e à inovação. *Carta IEDI*, n. 424, jul. 2010.

IPEA – Instituto de Pesquisa Econômica Aplicada. *Pobreza – pessoas pobres (%)*. *Periodicidade anual (1976-2008)*. Disponível em: <www.ipeadata.gov.br>. Acesso em: 9 ago. 2010.

KOSHIYAMA, Daniel Bohn; MARTINS, Marcilene Aparecida. Fusões e aquisições e concentração industrial na indústria brasileira de agroquímicos, no período 1990-2004. *Ensaios FEE*, v. 29, p. 207-236, 2008.

MODIANO, Eduardo. Um balanço da privatização nos anos 90. In: PINHEIRO, Armando Castelar; FUKASAKU, Kiichiro (Orgs.). *A privatização no Brasil*: o caso dos serviços de utilidade pública. Rio de Janeiro: BNDES-OCDE, 2000.

O'NEILL, Jim. *Building better global economic BRICs*. Nova York: Goldman Sachs, 2001. (Global Economics Paper, 66.)

_____; STUPNYTSKA, Anna. *The long-term outlook for the BRICs and N-11 post crisis*. Nova York: Goldman Sachs, 2009. (Global Economics Paper, 192.)

TETT, Gillian. The story of the Brics. *Financial Times*, Londres, 15 jan. 2010.

USHINAKA, Fabiana. Brasil fica em 75º lugar no ranking do IDH. *UOL Notícias*, 5 out. 2009.

WILSON, Dominic; PURUSHOTHAMAN, Roopa. *Dreaming with BRICs*: the path to 2050. Nova York: Goldman Sachs, 2003. (Global Economics Paper, 99.)

WEF – WORLD ECONOMIC FORUM. *The global competitiveness report 2009-2010*. Genebra: WEF, 2010.

PARTE II
MACROECONOMIA BRASILEIRA

Na primeira parte deste livro, ao examinarmos a posição do Brasil no cenário mundial, foi possível perceber que o Produto Interno Bruto (PIB) e seu crescimento são as principais medidas da economia de um país. De fato, essas são as mais importantes variáveis da *macroeconomia*, ramo da ciência econômica que estuda a economia de um país ou região em termos de seus *agregados*, ou seja, de seus totais (produção total, demanda total, renda total etc.).

O PIB e seu crescimento serão, por isso mesmo, os dois temas — ao lado do desenvolvimento — explorados no capítulo que abre esta segunda parte do livro, dedicada à macroeconomia brasileira. Outras duas importantes variáveis macroeconômicas são a inflação e o mercado de trabalho, temas, respectivamente, dos capítulos 3 e 4. Com isso, teremos revisado os fundamentos da macroeconomia.

Contudo, conforme lembra Olivier Blanchard (2007), economista-chefe do Fundo Monetário Internacional (FMI), existem outros fatores que afetam, ainda que indiretamente, a macroeconomia de um país. São eles: o setor externo, ou seja, as relações econômicas com o resto do mundo, incluindo a política cambial praticada pelo país (temas do nosso Capítulo 5), e a política fiscal e monetária mantidas pelo governo central (temas dos capítulos 6 e 7).

Desse modo, ao fim desta segunda parte, você terá tido contato com os principais conceitos da macroeconomia. E o mais importante: terá estudado, na prática, como eles se aplicam ao contexto brasileiro.

Capítulo 2

CRESCIMENTO E DESENVOLVIMENTO

Neste capítulo, abordaremos as seguintes questões:
- O que é Produto Interno Bruto (PIB)?
- Como o PIB pode ser calculado?
- O que é crescimento econômico e o que determina a capacidade de crescimento de uma economia?
- Qual a diferença entre crescimento e desenvolvimento?

Introdução

Este capítulo está organizado do seguinte modo: na primeira seção, revisaremos o conceito de Produto Interno Bruto (PIB) e as maneiras de calculá-lo. Na segunda seção, discutiremos o crescimento do PIB, ou seja, o crescimento econômico, e examinaremos quais fatores determinam a capacidade de crescimento de uma economia. Por fim, na terceira e última seção, falaremos sobre as diferenças entre crescimento e desenvolvimento.

Produto Interno Bruto (PIB)

Suponha que um marceneiro queira calcular o valor de todos os móveis finalizados que ele produziu em determinado ano. Bastará somar o valor de todas as cadeiras, mesas, armários e outros artigos fabricados mês a mês até chegar à produção total, ou *produção agregada*, naquele ano. Como se vê, a tarefa não exige nenhuma metodologia especial.

Imagine, porém, a complexidade envolvida no cálculo da produção agregada de um país, considerando que seus habitantes não produzem apenas móveis, mas também pães, pirulitos, cadernos, pias de cozinha, armários, lustres, ferrovias, aviões, televisores, cabos USB... Enfim, os mais variados itens que uma sociedade moderna produz. Além disso, um país também gera riqueza por meio dos serviços prestados por seus cidadãos e suas empresas, o que inclui desde cortes de cabelo e consultas médicas até sessões de cinema e financiamentos imobiliários.

Se hoje conseguimos realizar um cálculo tão sofisticado assim, devemos muito ao trabalho paciente e meticuloso de vários pesquisadores. Entre eles, destacam-se o russo naturalizado norte-americano Simon Kuznets (1901-1985) e o inglês Richard Stone (1913-1991), ambos recompensados com o Prêmio Nobel de Economia, respectivamente em 1971 e 1984.

Stone, em particular, chefiou a equipe que em 1947 apresentou à Organização das Nações Unidas (ONU) uma proposta de metodologia para os países-membros calcularem suas produções agregadas. Isso possibilitaria compará-los e, também, definir com mais objetividade o grau de riqueza (ou de pobreza) de cada um. A proposta de Stone seria transformada, em 1953, na primeira versão do *Sistema de Contas Nacionais* (*SCN*), um manual divulgado pela ONU e rapidamente adotado por quase todos os países, inclusive o Brasil. Com o passar do tempo o sistema sofreria cinco revisões, a última delas em 2008.

No Brasil, a tarefa de elaborar as contas nacionais ficou a cargo da Fundação Getúlio Vargas, até o ano de 1989, quando passou para as mãos do Instituto Brasileiro de Geografia e Estatística (IBGE). Atualmente, o IBGE calcula o PIB nacional a cada trimestre e a cada ano; além disso, em parceria com outras entidades, calcula o PIB dos estados e municípios.

A seguir, veremos em rápidas linhas como é feito o cálculo do PIB anual. As equações foram extraídas do *Sistema de Contas Nacionais – Brasil* (IBGE, 2008) e simplificadas para fins didáticos. Em um segundo tópico, explicaremos as diferenças entre PIB real e PIB nominal; por fim, no terceiro e último tópico, distinguiremos PIB em valores absolutos e PIB *per capita*.

Como se calcula o PIB

O *Produto Interno Bruto* (*PIB*) de um país é o valor total dos bens e serviços destinados ao consumo final, produzidos dentro desse país em determinado período de tempo. Ele pode ser calculado de três maneiras:

- pela ótica da produção;
- pela ótica da despesa; e
- pela ótica da renda.

Independentemente da ótica escolhida, o cálculo deve levar sempre ao mesmo resultado, uma vez que o PIB retrata um fluxo circular de riquezas.

PIB pela ótica da produção

A ótica da produção é a forma mais básica de calcular o PIB. Sua fórmula é:

PIB = valor bruto da produção – consumo intermediário + impostos

Para entendermos melhor essa equação, vamos imaginar um caso concreto. Suponhamos que o país A produza apenas cinco bens primários: ovos, leite, manteiga, trigo e bananas. A produção desses alimentos é integralmente utilizada na fabricação de tortas de banana, o único bem para consumo final gerado no país A.

No ano de 2010 foram produzidas no país A as quantidades listadas no Quadro 2.1.

Como se vê pelo Quadro 2.1, no ano de 2010 o país A produziu 10 mil tortas de banana, a um valor unitário de $ 1, o que totalizou $ 10.000. Os insumos utilizados na fabricação dessas tortas custaram $ 6.050 (lembre que toda a produção de bens primários no país A destina-se integralmente à fabricação de tortas).

Quadro 2.1 Produção do país A no ano de 2010.

Bens primários	Quantidade	Valor unitário	Valor total
Ovos	30.000 unidades	$ 0,01/unidade	$ 300
Leite	3.500 litros	$ 0,50/litro	$ 1.750
Manteiga	1.000 quilos	$ 1,00/quilo	$ 1.000
Trigo	5.000 quilos	$ 0,50/quilo	$ 2.500
Bananas	5.000 quilos	$ 0,10/quilo	$ 500
VALOR TOTAL (bens primários)			$ 6.050
Bem final	**Quantidade**	**Valor unitário**	**Valor total**
Torta de bananas	10.000 unidades	$ 1,00/unidade	$ 10.000
VALOR TOTAL (bem final)			$ 10.000

Além disso, os produtores do país A pagaram 10% de impostos, ou seja, $ 1.000 sobre a produção total de tortas. Desse modo, o PIB do país A pela ótica da produção, no ano de 2010, foi:

$$PIB = \text{valor bruto da produção} - \text{consumo intermediário} + \text{impostos}$$
$$PIB = (\$\ 16.050) - (\$\ 6.050) + (\$\ 1.000)$$
$$PIB = \$\ 11.000$$

Observe que o valor bruto da produção é a soma do valor das tortas com o dos ingredientes utilizados no seu preparo ($ 10.000 + $ 6.050). Em seguida, o valor desses ingredientes é descontado; se isso não for feito, incorreremos em uma dupla contagem: o valor dos ingredientes será contado no momento em que eles foram produzidos e, também, no momento em que "se transformaram" em torta. Por isso é que a definição de PIB fala em valor dos bens e serviços *destinados ao consumo final*.

PIB pela ótica da demanda

Uma vez que a produção do país será absorvida de alguma maneira pelos mercados, é igualmente possível calcular o PIB pela ótica da demanda, também chamada de ótica do dispêndio ou, ainda, da despesa. A equação nesse caso é:

$$PIB = \text{consumo das famílias} + \text{consumo do governo} + \text{investimento} +$$
$$\text{variação de estoques} + \text{exportações} - \text{importações}$$

Vamos examinar os termos dessa equação. Temos, primeiro, o consumo das famílias, que inclui bens duráveis, não duráveis e serviços. Em seguida, vem o consumo do governo, composto de despesas de consumo final das administrações públicas, ou seja, as despesas com serviços prestados gratuitamente à população pelas três esferas de governo (federal, estadual e municipal). Isso inclui, por exemplo, as despesas com os equipamentos, remédios e honorários médicos necessários para manter um posto de saúde funcionando. Note que o consumo das empresas não entra na equação: ele corresponde ao "consumo intermediário", que, como já vimos, é contabilizado no cálculo do PIB pela ótica da produção.

Já o investimento – chamado tecnicamente de *Formação Bruta de Capital Fixo* (*FBCF*) – engloba tudo aquilo que ampliará a capacidade produtiva futura da economia. Basicamente, estamos falando de máquinas e veículos adquiridos pelas empresas, obras de infraestrutura realizadas pelos governos, como estradas, portos ou ferrovias, e, finalmente, imóveis em geral, sejam eles adquiridos (ou construídos) por famílias, empresas ou órgãos públicos.

Observe que todos esses ativos não se transformam diretamente em produtos finais, nem são consumidos em um único ano. Daí a denominação *capital fixo*: eles representam, com efeito, os ativos fixos de um país.

A variação de estoques equivale à diferença entre os valores das mercadorias finalizadas, semimanufaturadas, em processo de fabricação e matérias-primas que se encontram no estoque das empresas no início e no fim de cada ano. Por exemplo: se, no fim de 2009, um fabricante do país A tinha estocados 50 quilos de banana e, no fim de 2010, tinha 55 quilos da fruta, a variação de seu estoque de bananas em 2010 terá sido de 5 quilos, e o valor referente a essa quantidade deve ser considerado no cálculo do PIB pela ótica da demanda.

Os dois últimos termos da equação referem-se a exportações e importações. Essas operações devem entrar no cálculo por dois motivos. O primeiro é que nem tudo que se fabrica em um país será consumido nesse mesmo país; portanto, se não considerarmos as exportações, o PIB calculado pela ótica da produção será *maior* que o calculado pela ótica da demanda, visto que, havendo exportações, a produção interna será maior que o consumo interno. O segundo motivo é que nem tudo que se consome no país é produzido dentro dele. Logo, de modo análogo, se não considerarmos as importações, o PIB pela ótica da produção será diferente (nesse caso, *menor*) daquele calculado pela ótica da demanda.

PIB pela ótica da renda

Por fim, considerando que cada fator de produção será remunerado ao longo do processo produtivo, também podemos calcular o PIB pela ótica da remuneração, isto é, da renda. Nesse caso, a equação será:

$$PIB = salários + impostos + lucro\ das\ empresas + juros + aluguéis$$

Observe que essa equação considera a remuneração dos três fatores básicos de produção: o trabalho (salários), o capital (lucro das empresas e juros) e a terra (aluguéis). Os impostos entram na equação porque representam a "renda" do governo.

PIB real e PIB nominal

A primeira figura do capítulo anterior tinha o seguinte título: "Projeção do crescimento do *PIB real* nos países do G-7 e nos BRICs para 2001 e 2002...". Observe que usamos a expressão *PIB real* — esse é, de fato, o indicador mais empregado em relatórios econômicos, pesquisas e noticiários, pois representa o PIB já descontado o efeito da inflação.

O *PIB nominal* representa o PIB sem esse desconto, o que pode levar a distorções na interpretação, especialmente se o país em questão tiver taxas de inflação significativas. Como exemplo disso basta ver, no Quadro 2.2, a diferença entre o PIB real e o PIB nominal brasileiro entre os anos de 1980 e 1989, o pior período de nossa inflação. A segunda coluna mostra a produção a preços correntes, ou seja, o PIB nominal; e a terceira, a produção a preços de 1980, ou seja, o PIB real.

Observe que o nome do indicador é produto interno "bruto". É bruto porque não leva em conta a depreciação do capital fixo, ou seja, a parcela dos ativos fixos que é "consumida" durante a produção dos bens e serviços no período considerado. Voltando ao nosso exemplo: digamos que, para fabricar as tortas de banana, os produtores do país A usem fornos que, ao término de dez anos, precisarão ser trocados. Assim, a cada ano, temos uma depreciação de 1/10 no capital fixo do país A. O indicador que leva em conta essa depreciação é o produto interno líquido (PIL); portanto, o PIL é igual ao PIB menos a depreciação do capital fixo.

Já o termo "interno" indica que o PIB considera tudo o que é produzido dentro do território nacional, incluindo a participação dos estrangeiros. Existe outra medida, chamada de produto nacional bruto (PNB), que exclui do cálculo as riquezas produzidas em solo nacional, porém remetidas para outros países. Por exemplo: se uma multinacional instala-se no Brasil e, a cada ano, remete parte dos lucros a seu país de origem, essa parcela não entra no cálculo do PNB. Por outro lado, se uma multinacional brasileira produz em outro país, parte dos lucros volta para o Brasil e é incluída no PNB. Portanto, o PNB mede a riqueza ganha pelos "nacionais", isto é, pelos brasileiros, independentemente de esta ser produzida no Brasil ou em outro país.

Quadro 2.2 PIB nominal x PIB real no Brasil entre 1980 e 1989, segundo dados do IBGE.

Ano	Preços correntes	Preços de 1980
1980	12.508	12.508
1981	24.016	11.976
1982	48.681	12.076
1983	109.386	11.722
1984	347.886	12.355
1985	1.307.719	13.325
1986	3.502.631	14.323
1987	11.103.966	14.828
1988	80.782.983	14.819
1989	1.170.387.104	15.288

PIB em valores absolutos e PIB *per capita*

Você já deve ter ouvido que o Brasil é a "oitava economia do mundo", ou algo semelhante. Quando alguém diz isso, está se referindo ao PIB brasileiro em valores absolutos. O *PIB em valores absolutos* indica o peso de uma economia no cenário global: quanto maior ele for, maior a contribuição dessa economia para a produção total de riquezas no mundo.

Contudo, uma variável que pode nos dizer muito mais sobre o verdadeiro nível de riqueza de um país é o chamado *PIB per capita*, ou seja, o PIB de um país dividido por sua população. Conforme vimos ao estudar o cálculo do PIB pela ótica da renda, a produção pode ser entendida como a renda que os indivíduos recebem no ano; logo, o PIB *per capita* nos mostra quanto, em média, cada indivíduo de um país ou região recebe por ano.

Tal indicador nos permite chegar a intrigantes comparações, como as do Quadro 2.3: a Noruega, um país com um PIB equivalente a cerca de um quarto do nosso, possui uma renda *per capita* mais de dez vezes superior, considerando o cálculo em dólares correntes, ou mais de cinco vezes superior, considerando o cálculo em dólares por Paridade do Poder de Compra — PPC (veja mais sobre essa unidade de medida no Capítulo 5).

Quadro 2.3 População, PIB absoluto e PIB *per capita* de alguns países em 2009 (BANCO MUNDIAL, 2010).

País	População	PIB absoluto (dólares correntes)	PIB *per capita* (dólares correntes)	PIB *per capita* (PPC)
Noruega	4.828.000	417 bilhões	86.440	56.050
Brasil	191.481.000	1,557 trilhão	7.770	10.427
China	1.331.433.000	4,778 trilhões	3.590	6.770

A China, por outro lado, embora exiba um imponente PIB de quase 5 trilhões de dólares — o terceiro maior do mundo em 2009 —, possui uma renda *per capita* bastante modesta.

Embora represente, como dito, uma medida mais significativa que o PIB em valores absolutos, o PIB *per capita* ainda pode esconder importantes distorções. O caso mais evidente é o dos países ou das regiões cuja produção advém praticamente toda do petróleo: como essa *commodity* tem um preço elevado, os números do PIB *per capita* ficam "inflados".

Dentro do Brasil mesmo temos exemplos disso: o maior PIB *per capita* municipal do país em 2004 foi o de São Francisco do Conde, na Bahia (R$ 315.208), que abriga nossa segunda maior refinaria de petróleo (CAPITAIS, 2006). Contudo, a posição da cidade no *ranking* do Índice Firjan de Desenvolvimento Municipal (IFDM) reflete uma situação bem diferente: seu índice, de 0,58, fica abaixo da mediana do país (0,60) e muito distante do primeiro colocado, São Caetano do Sul, com 0,95.

Crescimento econômico

O *crescimento econômico* — que nada mais é do que o crescimento do PIB — é uma meta obsessivamente perseguida por políticos e economistas do mundo todo. A lógica é simples: quanto mais a produção crescer, mais empregos serão criados, mais renda circulará e mais o padrão de vida da população se elevará.

A busca pelo aumento da produção e, consequentemente, da riqueza é tão antiga na economia quanto a busca pela fórmula para consegui-lo. Por que alguns países são mais

Economistas frequentemente alertam países e cidades contra a chamada "maldição dos recursos naturais" ou às vezes, mais especificamente, a "maldição do petróleo". Essa "maldição" relaciona-se ao fato de que, quando existem recursos naturais abundantes e valiosos — e o caso mais típico disso são as jazidas de petróleo —, os demais setores produtivos de uma economia tendem a se atrofiar. Isso ocorre, em primeiro lugar, porque os governantes de tais regiões geralmente preferem investir os royalties dos recursos naturais em projetos que lhes darão grande visibilidade, como obras faraônicas e embelezamentos urbanos, a investi-los em projetos menos visíveis, porém fundamentais no futuro, como educação de qualidade e saneamento básico. Em segundo lugar, a própria iniciativa privada não se sente estimulada a investir em tecnologia, especialmente quando a taxa de câmbio é favorável e o país pode ganhar muito exportando bens primários (petróleo, soja, laranja, café, minérios etc.). O resultado disso é que, caso o preço desses recursos naturais despenque, ou caso as reservas simplesmente se acabem, as regiões produtoras podem mergulhar em uma grave crise, pois sua economia estará frágil e pouco diversificada.

> Grosso modo, podemos dividir as explicações sobre o crescimento econômico em três grandes linhas: a teoria clássica do crescimento, formulada pelos economistas clássicos, como Adam Smith (1723- -1790) e David Ricardo (1772- -1823); a teoria neoclássica do crescimento, desenvolvida na década de 1950 por Robert Solow, ganhador do Nobel de Economia em 1987; e a nova teoria do crescimento, que reúne contribuições feitas por Paul Romer e outros economistas a partir dos anos 1980 e, ao mesmo tempo, recupera as ideias expostas por Joseph A. Schumpeter (1883-1950) ainda no início do século XX. De uma dessas teorias para a outra, percebe-se nitidamente a importância cada vez maior dada à tecnologia e ao conhecimento e a ênfase cada vez menor no capital e no trabalho. Para conhecer melhor as teorias do crescimento, sugerimos a leitura de: JONES, Charles. Introdução à teoria do crescimento econômico. São Paulo: Campus, 2000.

ricos do que outros? O que fazer para assegurar o crescimento de uma economia? Por que alguns países experimentam um forte crescimento e, depois, vivem décadas de estagnação (ou o oposto)? Tais questões já tentaram ser respondidas por diversas teorias econômicas (veja o boxe). Como esse não é o foco deste livro, não nos ocuparemos de explaná-las; em vez disso, analisaremos os fatores que, segundo o entendimento da maioria dos economistas na atualidade, determinam a capacidade de crescimento do PIB em dado país ou região.

Determinantes da capacidade de crescimento

A capacidade de crescimento de uma economia depende basicamente de dois elementos:

- o *estoque dos fatores de produção*; e
- a *produtividade desses fatores*, isto é, a quantidade de produto que cada um deles é capaz de gerar.

Estoque dos fatores de produção

Os *fatores de produção* são, como se sabe, a terra, o trabalho e o capital. No passado, quando as sociedades eram agrárias, quanto mais um país contasse com terras e população (trabalhadores), maior seria sua capacidade de crescimento. Contudo, desde a emergência do capitalismo industrial, o capital tornou-se, sem dúvida, o mais importante fator de produção. Portanto, quando falamos hoje em estoque dos fatores de produção, estamos nos referindo, fundamentalmente, ao estoque de capital de uma economia.

Mas o que é exatamente *estoque de capital*? Poucas páginas atrás, observamos que um dos termos da equação do cálculo do PIB pela ótica da demanda era o investimento, ou a Formação Bruta de Capital Fixo (FBCF). Informamos, também, que esse item incluía tudo aquilo que ampliasse a capacidade produtiva futura da economia. Ora, o investimento corresponde, justamente, ao aumento do estoque de capital em determinado ano, isto é, ao valor de todas as fábricas, escritórios, galpões, máquinas, equipamentos, estradas, ferrovias, automóveis, caminhões, enfim, todos os *bens de produção* ou *bens de capital* que foram adquiridos ou construídos em um país naquele ano.

E de onde vem o dinheiro para comprar ou construir tais bens? Da poupança dos países. Por isso, podemos afirmar que investimento e poupança são duas faces da mesma moeda. Para entender melhor a ideia, podemos pensar em termos das nossas finanças pessoais. Imagine que você queira abrir um pequeno negócio — uma cafeteria, por exemplo. Se você juntar dinheiro durante alguns anos, provavelmente conseguirá comprar à vista a máquina de café, os bancos, balcões e outros móveis ou equipamentos necessários. Desse modo, você usará a sua *poupança* para fazer um *investimento* e, assim, aumentar seu *estoque de capital*. Se não juntar dinheiro, terá de pedir um financiamento ao banco, que vai lhe emprestar o dinheiro poupado anteriormente por outras pessoas.

Seja como for, seu investimento virá de uma poupança — ou a sua, ou a alheia. No caso dos países, ocorre o mesmo: aqueles que têm uma elevada taxa de poupança (ou seja, guardam boa parte da riqueza que produzem) podem investir com recursos próprios; já os que não conseguem economizar precisam recorrer a financiadores externos, que usarão a poupança de outros países para emprestar ao país tomador.

No fim das contas, o investimento será feito de qualquer modo: você poderá montar sua cafeteria com capital financiado, e os países sem poupança poderão tomar empréstimos para crescer. Contudo, essas transações não são gratuitas. Os bancos e outras instituições de financiamento cobram juros, o que aumenta o preço do capital. Portanto, quanto menor a disponibilidade de poupança interna no país, menor sua capacidade própria de investimento e, consequentemente, menor sua capacidade de produção, pois ele terá de pagar mais pelo investimento (você lerá mais sobre isso no "Estudo de caso" ao fim do capítulo).

A Figura 2.1 ilustra tais fatos e relações.

Produtividade dos fatores de produção

Imagine que você vai investir no ramo da pesca e tem duas opções de barco para comprar: o primeiro, tradicional, custa $ 5.000 e é capaz de capturar meia tonelada de peixe por dia; o segundo, mais moderno e equipado, custa $ 8.000, mas pode pescar até três toneladas de peixe por dia. Em qual deles você investiria? Muito provavelmente você respondeu o segundo, porque ele apresenta uma melhor *relação capital/produto*:

Barco tradicional → capital/produto = $ 5.000/500 quilos = $ 10/quilo

Barco moderno → capital/produto = $ 8.000/3.000 quilos = $ 2,66/quilo

> *Enquanto o investimento é uma* variável tipo fluxo, *o estoque de capital é uma variável tipo estoque. Para diferenciar esses dois tipos de variável, Gremaud, Vasconcellos e Toneto Júnior (2009, p. 57) recordam uma comparação clássica, a da caixa d'água: "fluxo corresponde à entrada e saída de água na caixa em determinado período, por exemplo, 10 litros/minuto; estoque corresponde à quantidade disponível de água na caixa em determinado momento, por exemplo, 200 litros. Percebe-se que a relação entre fluxo e estoque é de que todo estoque é alimentado por um fluxo e, sendo assim, a diferença entre o valor do estoque em dois momentos do tempo dá o valor do fluxo que alimenta aquele estoque neste período". Dessa maneira, percebemos que estoque de capital é a quantidade de bens de capital disponíveis em uma economia em determinado momento (em 2010, por exemplo), ao passo que investimento é a quantidade de bens acrescentados a essa economia em determinado período (um ano, por exemplo). Podemos citar como outros exemplos de variáveis tipo fluxo: poupança, investimento, exportações, importações, déficit público (o "buraco" nas contas do governo em determinado ano) etc.; e, como exemplos de outras variáveis tipo estoque: população, dívida interna e dívida externa.*

Figura 2.1 Relação entre fatores de produção, poupança e investimento.

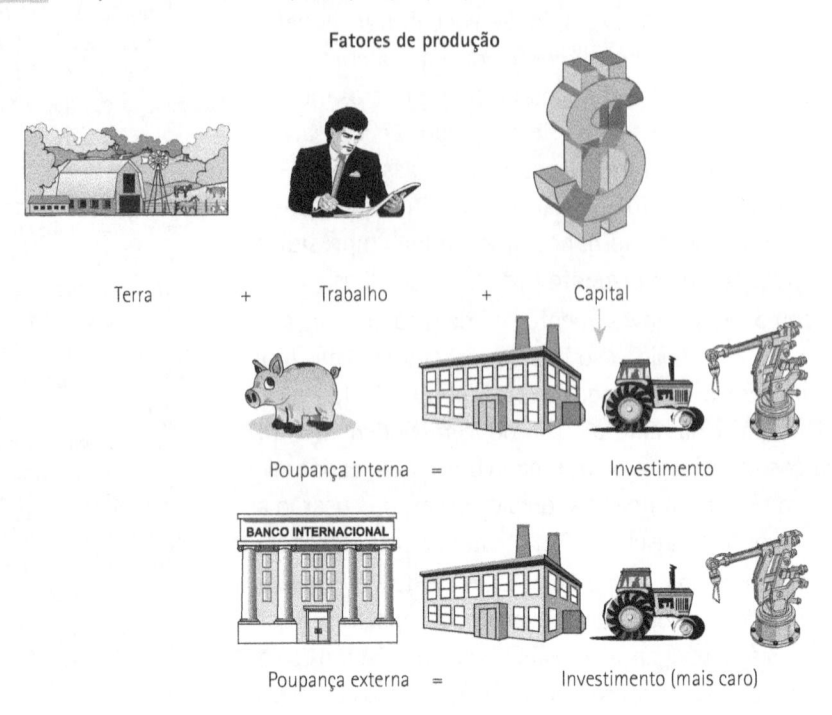

Fatores de produção

Terra + Trabalho + Capital

Poupança interna = Investimento

Poupança externa = Investimento (mais caro)

Enquanto no barco tradicional o quilo do peixe "custa" $ 10, no moderno o mesmo quilo "custa" $ 2,66. Em outras palavras, na segunda opção cada unidade de capital permite gerar uma quantidade maior de produto.

A mesma lógica aplica-se ao fator trabalho: um trabalhador bem capacitado pode produzir mais riquezas do que dois sem capacitação, por exemplo. Desse modo, deduz-se que a *produtividade dos fatores de produção* pode ser aumentada principalmente por meio de:

- progresso tecnológico; e
- educação da força de trabalho.

A comparação histórica entre Coreia do Sul e Brasil ilustra bem o que acabamos de dizer. Em 1960, os dois países eram igualmente pobres e atrasados: o PIB *per capita* sul-coreano era de apenas 883 dólares, inferior ao de Moçambique e Senegal (ZAFIROVSKI, 2001); o nosso era um pouco melhor, mas também baixo: 1.247 dólares (IBGE, s/d). Cinquenta anos depois, o PIB *per capita* da Coreia do Sul é mais de duas vezes superior ao brasileiro: 19.830 dólares correntes, contra nossos já mencionados 7.770 dólares correntes (BANCO MUNDIAL, 2010).

O que fez a Coreia do Sul dar um salto tão grande nestas últimas cinco décadas, enquanto o Brasil parece ter tido um desempenho bem mais acanhado?

O primeiro "segredo" do sucesso sul-coreano foi o investimento em educação. Desde 1953, quando terminou a guerra civil (que deu origem à separação entre Coreia do Sul e do Norte), o país deu início a uma verdadeira revolução educacional. Seu percurso diferenciou-se do brasileiro não apenas em termos do volume de recursos dirigidos ao setor, como também pela estratégia. Primeiro, os sul-coreanos perseguiram uma educação primária universalizada e de qualidade, apenas em um segundo momento investiram mais intensamente no ensino secundário e, por fim, no superior. Isso tornou a base da pirâmide educacional ampla e sólida, o que também contribuiu para a igualdade social (ADELMAN, 1997). Até hoje, o Brasil anda na contramão dessa estratégia: o governo gasta por aluno no nível superior mais de seis vezes o gasto por aluno no ensino fundamental (AS MUITAS, 2010).

Em segundo lugar, a Coreia do Sul investiu pesadamente em pesquisa e desenvolvimento, ou seja, buscou o aumento da produtividade também pelo progresso tecnológico. Conforme enfatiza Abram Szajman (2004, s/p), presidente da Federação do Comércio do Estado de São Paulo:

> [...] o que diferencia hoje a Coreia do Sul de outros países de desenvolvimento industrial tardio, como o Brasil, é que ela aprendeu a valorizar a pesquisa privada e, não por acaso, tornou-se referência mundial em tecnologia de celulares e televisão a plasma — a televisão digital. Enquanto isso, entre nós, gasta-se menos que 1% do PIB em pesquisa científica e tecnológica.

Para completar, o país barateou seu investimento ao elevar a poupança interna. Nesse sentido, uma comparação entre a nossa situação e a dos sul-coreanos mais uma vez é válida: Brasil e Coreia cresceram quase no mesmo ritmo até meados da década de 1970, mas os dois choques do petróleo, ocorridos em 1973 e 1979, provocaram reações bem diferentes nos dois países. O Brasil, já endividado, continuou gastando, enquanto os sul-coreanos, que já tinham um perfil de poupança superior ao nosso, economizaram ainda mais. Resultado: enquanto a taxa de poupança brasileira nunca foi além de 20% do PIB, a sul-coreana ultrapassou essa marca na década de 1970 e continuou subindo sistematicamente, até alcançar respeitáveis 35% do PIB (AMADEO; MONTERO, 2004).

Tudo isso somado — força de trabalho bem-educada, investimento em tecnologia e poupança interna elevada — explica em boa parte o crescimento econômico acelerado da Coreia do Sul nas últimas décadas. E ilustra, na prática, por que alguns países conseguem atingir uma capacidade de crescimento mais alta que a de outros.

Crescimento é o mesmo que desenvolvimento?

Até agora falamos de crescimento econômico, isto é, de como os países aumentam cada vez mais sua produção de bens e serviços. Mas será que produzir mais, ou gerar mais riquezas, significa necessariamente desenvolver-se?

Ao abordar tal questão, José Eli da Veiga (2008), economista brasileiro conhecido por seu envolvimento com a causa ambiental, recomenda a leitura de três autores, a seu ver fundamentais para compreender o fenômeno do desenvolvimento: Celso Furtado, Amartya Sen e Ignacy Sachs. De fato, o trabalho desses autores permite-nos jogar luz, respectivamente, sobre as três mais importantes facetas do atual conceito de desenvolvimento — a igualdade social, o desenvolvimento humano e o desenvolvimento sustentável. Nos tópicos a seguir, com os quais se encerra este capítulo, analisaremos brevemente cada uma dessas facetas.

Igualdade social

Em toda a obra de Celso Furtado, transparece uma clara distinção entre crescimento e desenvolvimento. Em um de seus mais importantes livros, *Teoria e política do desenvolvimento econômico* (2000), o autor argumenta que pode haver, sim, crescimento sem desenvolvimento. Tal situação ocorre quando os benefícios do progresso técnico favorecem apenas uma pequena camada da população; essa camada imita os hábitos de consumo dos países ricos e, assim, retroalimenta a indústria nacional, que pode lhe vender seus bens e serviços. Mas, enquanto isso, a grande massa da população permanece na pobreza e no atraso. Segundo Furtado, foi exatamente isso o que aconteceu no Brasil durante o século XX: "O Brasil não se desenvolveu; modernizou-se. O desenvolvimento só existe quando a população em seu conjunto é beneficiada" (FURTADO, 2002, p. 21).

> O coeficiente de Gini foi criado pelo estatístico italiano Corrado Gini (1884-1965). Você pode conhecer o índice de todos os países no site do PNUD (em inglês): <http://hdrstats.undp.org>

De fato, observando a Figura 2.2, que demonstra a evolução do coeficiente de Gini — índice que mede a concentração de renda, variando de zero (renda mais igualitária) até 1 (renda mais desigual) — no Brasil, percebemos uma forte intensificação da desigualdade ao longo das décadas de 1960 e 1970, exatamente aquelas em que o país mais cresceu, alcançando uma taxa média de 7% de crescimento ao ano.

Figura 2.2 Evolução do índice de Gini no Brasil (CACCIAMALI, 2002, e IBGE, 2009).

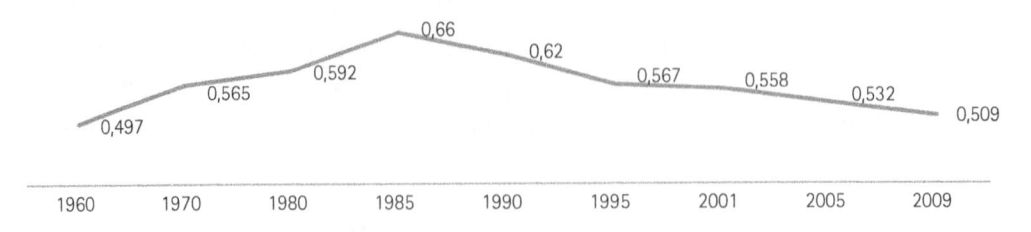

1960	1970	1980	1985	1990	1995	2001	2005	2009
0,497	0,565	0,592	0,66	0,62	0,567	0,558	0,532	0,509

No início dos anos 1980, a desigualdade ficou relativamente estabilizada, mas, com o processo de hiperinflação ocorrido na segunda metade da década, o índice voltou a disparar, alcançando seu ponto mais alto em 1985: 0,66. Após a estabilização econômica conseguida pelo Plano Real, em 1994, a desigualdade finalmente iniciou uma trajetória de queda. Na Era Lula, os programas de transferência de renda, como o Bolsa Família, e de assistência social (em especial o Benefício de Prestação Continuada, pago a idosos e pessoas com deficiências), bem como o aumento real do salário mínimo, consolidaram essa tendência de queda.

Hoje, já temos algo a comemorar, sobretudo quando nos comparamos ao Brasil altamente concentrador de renda da ditadura militar e dos anos pós-democratização. Mas, sem dúvida, ainda estamos distantes do nosso próprio padrão nos anos 1950, e mais ainda daquele observado nos países desenvolvidos: entre os membros da Organização para Cooperação e Desenvolvimento Econômico (OCDE), o índice de Gini fica na casa dos 0,20 ou 0,30.

Desenvolvimento humano

Já mencionado no primeiro capítulo deste livro, o indiano Amartya Sen também deu grandes contribuições aos estudos sobre desenvolvimento. Sua principal obra, *Desenvolvimento como liberdade*, lançada em 1999, descreve o desenvolvimento como "um processo de expansão das liberdades reais que as pessoas desfrutam" (2000, p. 17). Sob essa perspectiva, o crescimento do PIB seria um *meio* para alcançar o desenvolvimento, mas não o fim.

Segundo Sen, ter uma renda digna permite ao ser humano exercer sua liberdade de evitar a fome, a doença, a moradia subumana e outras privações. Mas não é só: de acordo com o autor, uma nação só é desenvolvida se também garante aos seus cidadãos o direito de exercer liberdades que independem da renda, tais como a liberdade de expressão e participação política. E isso deve se estender a todos os membros de uma sociedade – incluindo as mulheres, tão negligenciadas em muitos países.

Conforme vimos no capítulo anterior, Amartya Sen foi, juntamente com o economista paquistanês Mahbub ul Haq, o criador do Índice de Desenvolvimento Humano (IDH), usado pelo PNUD para medir de maneira mais realista o grau de riqueza ou pobreza de países e regiões. Desde 1990, o PNUD calcula o IDH dos diversos países e publica o *ranking* ano a ano nos Relatórios de Desenvolvimento Humano (RDH), os quais podem ser lidos em português no site da organização (<www.pnud.org.br>).

Além do IDH, os RDHs também trazem outros quatro importantes índices: o IPH-1, o IPH-2, o IDG e o MPG, detalhados na Figura 2.3.

Ao lado do IDH, esses quatro índices ajudam a comparar o grau de desenvolvimento humano dos países. A propósito, a definição global de *desenvolvimento humano* adotada pelo PNUD reflete, em grande medida, as teses de Amartya Sen. Observe:

> O desenvolvimento humano é o processo de alargamento das escolhas das pessoas, através da expansão das funções e capacidades humanas. Deste modo, o desenvolvimento humano também reflete os resultados nestas funções e capacidades. Representa um processo, bem como um fim.

Figura 2.3 Índices que, junto com o IDH, permitem comparar o grau de desenvolvimento humano de diferentes países e regiões, de acordo com o PNUD (2009, p. 208).

IPH-1	DIMENSÃO	Uma vida longa e saudável		Nível de conhecimentos		Um nível de vida digno	
	INDICADOR	Probabilidade ao nascer de não viver até os 40 anos		Taxa de analfabetismo de adultos		Porcentagem da população sem acesso a uma fonte de água tratada	Porcentagem de crianças com peso a menos para a idade

↘ Falta de acesso a um nível de vida digno ↙

Índice de pobreza humana em países em via de desenvolvimento (HPI-1)

IPH-2	DIMENSÃO	Uma vida longa e saudável	Nível de conhecimentos	Um nível de vida digno	Exclusão social
	INDICADOR	Probabilidade ao nascer de não viver até os 60 anos	Porcentagem de adultos com analfabetismo funcional	Porcentagem da população que vive abaixo do limiar da pobreza	Taxa de desemprego de longa duração

Índice de pobreza humana em países selecionados da OCDE (IPH-2)

IDG	DIMENSÃO	Uma vida longa e saudável	Nível de conhecimentos	Um nível de vida digno	
	INDICADOR	Expectativa média de vida feminina ao nascer / Expectativa média de vida masculina ao nascer	Taxa de alfabetização de adultos (feminina) / TBE feminina / Taxa de alfabetização de adultos (masculina) / TBE masculina	Rendimento auferido estimado feminino / Rendimento auferido estimado masculino	
	ÍNDICE DE DIMENSÃO	Índice da expectativa de vida feminina / Índice da expectativa de vida masculina	Índice de educação feminino / Índice de educação masculino	Índice do rendimento feminino / Índice do rendimento masculino	
	ÍNDICE DISTRIBUÍDO IGUALMENTE	Índice da esperança de vida distribuído equitativamente	Índice do grau de educação distribuído equitativamente	Índice do rendimento distribuído equitativamente	

Índice de desenvolvimento relativo ao gênero (IDG)

MPG	DIMENSÃO	Participação e tomada de decisão política	Participação e tomada de decisão econômica		Controle sobre os recursos econômicos
	INDICADOR	Taxa de assentos parlamentares femininos e masculinos	Participação feminina e masculina em funções legislativas, cargos superiores e de gestão	Participação feminina e masculina em funções legislativas, cargos superiores e de gestão	Rendimento auferido estimado feminino e masculino
	PORCENTAGEM EQUIVALENTE DISTRIBUÍDA IGUALMENTE (PEDI)	PEDI da representação parlamentar	PEDI da participação econômica		PEDI do rendimento

Medida de participação segundo o gênero (MPG)

Objetivos de Desenvolvimento do Milênio

Na Cúpula do Milênio, realizada em setembro de 2000, em Nova York, chefes de Estado dos 191 países-membros das Nações Unidas reuniram-se para debater os proble-

Em todos os níveis de desenvolvimento, as três capacidades essenciais são as que permitem às pessoas ter uma vida longa e saudável, ser instruídas e ter acesso aos recursos necessários para um nível de vida digno. Mas o domínio do desenvolvimento humano vai mais além: outras áreas de escolha altamente valorizadas pelas pessoas incluem a participação, segurança, sustentabilidade, direitos humanos garantidos — necessários para as pessoas serem criativas e produtivas e para gozarem de amor-próprio, sentimento de pertencimento a uma comunidade e "empoderamento" (aumento de poder).

Em última análise, o desenvolvimento humano é o desenvolvimento das pessoas, para as pessoas e pelas pessoas. (PNUD, 2000, p. 2.)

Desenvolvimento sustentável

Por fim, conforme lembra Veiga, uma boa discussão sobre desenvolvimento precisa incluir as ideias de Ignacy Sachs, um dos principais divulgadores do conceito de *desenvolvimento sustentável*. Na verdade, a origem dessa expressão remonta à Conferência de Estocolmo, promovida pela ONU em 1972. Nessa primeira conferência mundial sobre as relações do ser humano com o meio ambiente, dois blocos antagonizaram-se: de um lado, os *preservacionistas* (quase todos provenientes dos países ricos), que pretendiam pôr um freio ao crescimento econômico e demográfico em prol da preservação ambiental; de outro, os *desenvolvimentistas*, que defendiam o direito dos países pobres de explorar seus recursos naturais para crescer e, assim, poder desfrutar uma qualidade de vida semelhante à dos ricos, que já haviam esgotado seus recursos no passado.

Ainda na Conferência de Estocolmo, surgiu um caminho do meio – o chamado *ecodesenvolvimento*, conceito cunhado pelo canadense Maurice Strong, secretário-geral da conferência. Mais tarde, o ecodesenvolvimento seria rebatizado pela própria ONU como *desenvolvimento sustentável*, e caberia principalmente ao economista franco-polonês Ignacy Sachs divulgá-lo em diversas obras (das quais se destaca *Caminhos para o desenvolvimento sustentável*, de 2002) e conferências ministradas no mundo todo.

O conceito de desenvolvimento proposto por Sachs, em oposição ao mero crescimento, pode ser sintetizado neste trecho de uma entrevista que o autor concedeu recentemente:

> Desenvolvimento é um conceito relacionado a critérios sociais e ambientais. Eles andam juntos em busca da viabilidade econômica. Existe a condicionalidade ecologia, que requer o uso do intelecto para organizar as decisões de maneira a fazer bom uso dos recursos naturais. Rotas reais de desenvolvimento trazem resultados sociais positivos e não se

---

mas mais graves que o mundo enfrentaria no novo milênio. Nasceu daí a Declaração do Milênio, um compromisso assumido por todos os países de, até 2015, atingir oito metas, os chamados Objetivos de Desenvolvimento do Milênio (ODMs). *São eles:*

1. *Erradicar a extrema pobreza e a fome.*
2. *Atingir o ensino básico universal.*
3. *Promover a igualdade entre os sexos e a autonomia das mulheres.*
4. *Reduzir a mortalidade na infância.*
5. *Melhorar a saúde materna.*
6. *Combater o HIV/Aids, a malária e outras doenças.*
7. *Garantir a sustentabilidade ambiental.*
8. *Estabelecer uma parceria mundial para o desenvolvimento.*

Contudo, apesar do compromisso público assumido, poucos países fizeram avanços significativos rumo ao cumprimento das metas. Um estudo realizado em 2010 (FUKUDA-PARR; GREENSTEIN, 2010) demonstrou que em apenas cinco dos 24 indicadores dos ODMs a maioria das nações havia aumentado o ritmo das melhorias: pagamento da dívida como porcentagem das exportações, parcela da população vivendo em favelas, mulheres eleitas para o parlamento nacional, proporção da população vivendo com menos de um dólar por dia e porcentagem da população empregada.

Não por acaso, os caminhos dos três intelectuais que mencionamos nesta seção acabaram se cruzando. Ignacy Sachs viveu no Brasil e na Índia durante vários anos; neste último país, conviveu com Amartya Sen, que, ainda bastante jovem, já lecionava na Delhi School of Economics. Celso Furtado escreveu o prefácio para Desenvolvimento: includente, sustentável, sustentado, *obra publicada por Sachs em 2004.*

traduzem por resultados ambientais profundamente negativos. Rotas de crescimento econômico, que são destruidoras do meio ambiente e levam a desigualdades sociais cada vez mais avassaladoras, não podem ser chamadas de desenvolvimento. Trata-se, no melhor dos casos, de um mau desenvolvimento. (SACHS, 2009, s/p.)

Com base nesses três tópicos que acabamos de estudar, podemos concluir que o conceito moderno de desenvolvimento vai muito além do crescimento do PIB, passando a incluir igualdade social, cidadania, direitos humanos e preservação ambiental.

ESTUDO DE CASO

BRASILEIROS E ASIÁTICOS: HÁBITOS DE POUPANÇA BEM DIFERENTES

Ao longo deste capítulo, pudemos observar a relação de dependência entre poupança e crescimento. Vimos também que o Brasil tradicionalmente não possui uma cultura de poupança. De maneira geral, guardamos um pouco mais que outros países latino-americanos, mas menos que os países industrializados — e muito menos que os do Sudeste asiático.

Como vimos, a taxa de poupança/PIB na Coreia do Sul ronda os 35%. Mas esse número é ainda baixo quando comparado ao de seus vizinhos de continente. A Malásia, por exemplo, que na década de 1970 já poupava nada menos que 27,09% do PIB, aumentou essa taxa para 30,25% na década de 1980, depois para 40,65% nos anos 1990 e, na primeira metade da década de 2010, manteve uma impressionante média de poupança equivalente a 43,64% do PIB (GOMES; NUNES, 2008). Números semelhantes são encontrados na China e em Cingapura — outros campeões de crescimento.

Os responsáveis pela poupança de um país são o governo, as famílias e as empresas. Na Figura 2.4, a título de exemplo, vemos uma comparação entre esses três tipos de poupador, no Brasil e na China.

Como se percebe pela Figura 2.4, no Brasil apenas as empresas têm hábitos de poupança semelhantes aos observados na China. Já nossas famílias e, principalmente, nosso governo esbanjam a valer.

Sem dúvida, tanto nosso perfil perdulário quanto o perfil poupador dos chineses e outros asiáticos têm profundas raízes na história cultural de cada país; é difícil, portanto, que eles se transformem em gastadores de uma hora para outra, ou que nós nos tornemos comedidos e frugais como eles. Será possível, contudo, aplacar pelo menos um pouco a sanha gastadora dos

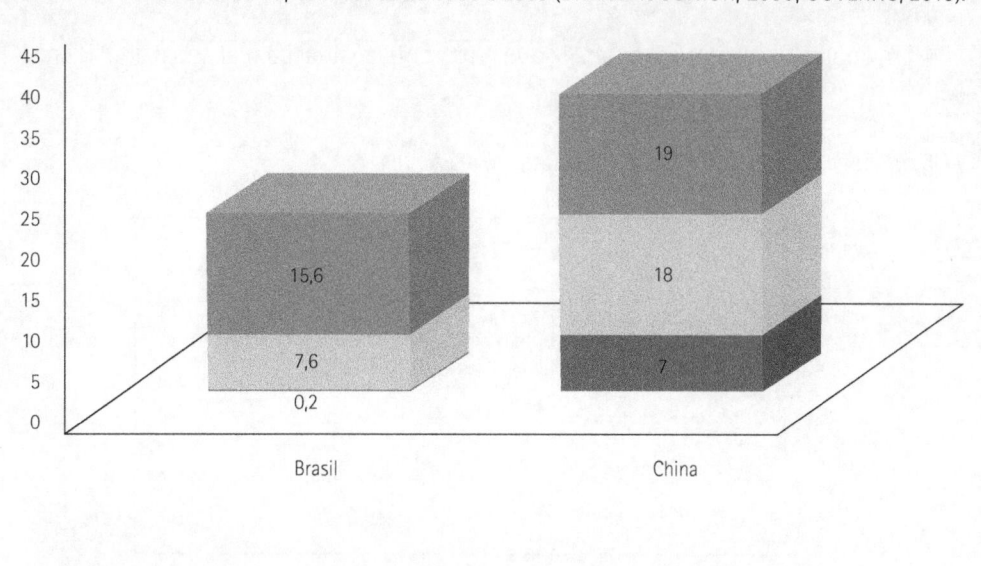

Figura 2.4 Quanto cada agente (empresas, famílias e governo) poupa de sua renda (em %), no Brasil e na China, com dados de 2006 e 2008 (BRANDÃO JÚNIOR, 2006; GOVERNO, 2010).

nossos governantes? E nós, como cidadãos, podemos contribuir para aumentar a taxa de poupança do país? Para refletir sobre essas questões, responda às perguntas a seguir e, se possível, troque ideias com os colegas e o professor.

Fontes: BRANDÃO JÚNIOR, Nilson. Taxa de investimentos no Brasil é metade da registrada na China. *O Estado de S. Paulo*, 29 set. 2006. GOMES, Cleomar; NUNES, Clemens. Uma análise da estratégia nacional de desenvolvimento da Malásia. *Revista de Economia Política*, São Paulo, v. 28, n. 4, out./dez. 2008. GOVERNO prevê que terá em 2010 maior taxa de poupança desde a década de 80. *Agência Brasil*, 11 ago. 2010.

1. Impostos de primeiro mundo e serviços públicos de terceiro parecem ser a regra no Brasil — o que nos indica que, além de gastar muito, nossos governantes gastam mal. Procure dados e estatísticas que comprovem (ou refutem) essa afirmação e responda: se você tivesse o poder de alterar a gestão das finanças públicas no Brasil, quais seriam as suas primeiras providências? O que deve ser melhorado, com mais urgência, no nosso gasto público?
2. Conforme vimos neste "Estudo de caso", as famílias brasileiras não são muito dadas à poupança. A revista *Veja* recentemente publicou uma reportagem a esse respeito (<http://veja.abril.com.br/noticia/economia/poupanca-domestica-e-o-caminho>); leia-a e depois responda: você foi criado em uma cultura familiar que incentiva a poupança? Você ou outras pessoas responsáveis pela gestão da renda na sua família poupam mais ou menos do que a média brasileira (7,6%)? Por quê?

NA ACADEMIA

Em duplas, observem a Figura 2.5, que representa a variação real anual do PIB brasileiro entre 1950 e 2006.

Figura 2.5 Variação real anual do PIB brasileiro (IPEA, s/d.).

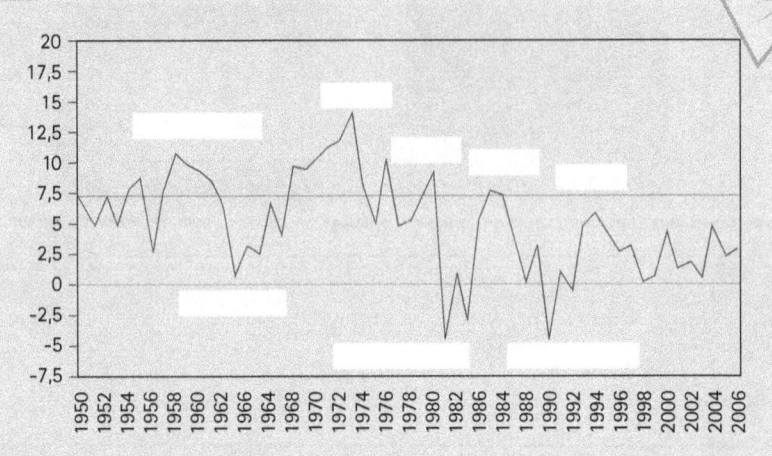

- Notem que foram colocadas lacunas ao lado dos principais picos e depressões. Junto com seu colega, observe os anos em questão e pesquise na Internet fatos ocorridos no Brasil e no mundo nessas datas os quais poderiam ter contribuído para tais oscilações. Em seguida, preencha a lacuna indicando os fatos; por exemplo: em 1994, "Plano Real".
- Terminado o exercício, o professor organizará uma correção coletiva. Na terceira parte deste livro, voltaremos várias vezes a essa figura, à medida que estudarmos, período por período, os altos e baixos do crescimento econômico brasileiro.

Pontos importantes

- O Produto Interno Bruto (PIB) de um país é o valor total dos bens e serviços destinados ao consumo final, produzidos dentro desse país em determinado período.
- O PIB pode ser calculado:

- pela ótica da produção → PIB = valor bruto da produção − consumo intermediário + impostos
- pela ótica da demanda → PIB = consumo das famílias + consumo do governo + investimento + variação de estoques + exportações − importações
- pela ótica da renda PIB → salários + impostos + lucro das empresas + juros + aluguéis
- Crescimento econômico nada mais é que o crescimento do PIB. A capacidade de crescimento de uma economia depende basicamente de dois elementos: (a) o estoque dos fatores de produção; e (b) a produtividade desses fatores, isto é, a quantidade de produto que cada um deles é capaz de gerar.
- O conceito moderno de desenvolvimento vai muito além do crescimento do PIB e passa a incluir: igualdade social, cidadania, direitos humanos e preservação ambiental.

Referências

ADELMAN, Irma. Social development in Korea, 1953-1993. In: CHA, Dong-Se; KIM, Kwang Suk; PERKINS, Dwight H. (Orgs.). *The Korean economy 1945-95*: performance and vision for the 21st century. Seoul: Korea Development Institute, 1997.

AMADEO, Edward; MONTERO, Fernando. Crescimento econômico e a restrição de poupança. *Tendências: Relatório Especial*, 15 jul. 2004.

AS MUITAS urgências do Brasil. *O Globo*, Rio de Janeiro, 4 jul. 2010.

BANCO MUNDIAL. *World Development Indicators database*. 27 set. 2010.

BLANCHARD, Olivier. *Macroeconomia*. São Paulo: Prentice Hall, 2007.

CACCIAMALI, Maria Cristina. Distribuição de renda no Brasil: persistência do elevado grau de desigualdade. In: PINHO, Diva Benevides; VASCONCELLOS, Marco Antônio Sandoval de. *Manual de economia*. 4. ed. São Paulo: Saraiva, 2002. p. 406-422.

CAPITAIS reduzem parcela no PIB de 1999 a 2004. *Estadão.com.br*, 13 dez. 2006. Acesso em: 4 fev. 2011.

FUKUDA-PARR, Sasiko; GREENSTEIN, Joshua. How should MDG implementation be measured: faster progress or meeting targets? *Working Paper*, n. 63. Brasília: International Policy Centre for Inclusive Growth (IPC − IG), 2010.

FURTADO, Celso. *Em busca de novo modelo*: reflexões sobre a crise contemporânea. São Paulo: Paz e Terra, 2002.

_____. *Teoria e política do desenvolvimento econômico*. 10. ed. São Paulo: Paz e Terra, 2000.

GREMAUD, Amaury Patrick; VASCONCELLOS, Marco Antonio S. de; TONETO JÚNIOR, Rudinei. *Economia brasileira contemporânea*. 7. ed. São Paulo: Atlas, 2009.

IBGE – Instituto Brasileiro de Geografia e Estatística. *Pesquisa Nacional por Amostra de Domicílios*, v. 30, 2009.

_____. *Sistema de contas nacionais*: Brasil. 2. ed. Rio de Janeiro: IBGE, 2008. (Relatórios metodológicos, v. 24.)

_____. *Séries estatísticas e séries históricas*, s/d. Disponível em: <www.ibge.gov.br>. Acesso em: 12 out. 2010.

IPEA – Instituto de Pesquisa Econômica Aplicada. *Produto interno bruto (PIB)*: variação real anual, s/d. Disponível em:<www.ipeadata.gov.br>. Acesso em: 10 out. 2010.

PNUD – Programa das Nações Unidas para o Desenvolvimento. Glossário. In: *Relatório do Desenvolvimento Humano 2000*. Lisboa: Mensagem, 2000.

_____. Nota técnica. In: *Relatório do Desenvolvimento Humano 2009*. Coimbra: Almedina, 2009.

SACHS, Ignacy. O paradigma do futuro. Entrevista concedida a Denise Ribeiro. *Carta Verde*, nov. 2009.

SEN, Amartya. *Desenvolvimento como liberdade*. Tradução de Laura Teixeira Motta. São Paulo: Companhia das Letras, 2000.

SZAJMAN, Abram. Lições da revolução educacional coreana. *Valor Econômico Online*, 1 nov. 2004. Acesso em: 4 fev. 2011.

VEIGA, José Eli da. *Desenvolvimento sustentável*: o desafio do século XXI. 3. ed. Rio de Janeiro: Garamond, 2008.

ZAFIROVSKI, Milan. *Exchange, action, and social structure*: elements of economic sociology. Westport (CT): Greenwood, 2001.

Capítulo 3

INFLAÇÃO

Neste capítulo, abordaremos as seguintes questões:
- O que é inflação?
- Quais são os principais índices usados no Brasil para medir a inflação?
- Quais são as consequências da inflação?
- Quais são as causas da inflação?
- Quais são as principais teorias sobre inflação e as estratégias que cada uma recomenda para combatê-la?

Introdução

Ao lado do Produto Interno Bruto (PIB), que estudamos no capítulo anterior, a inflação é outra importante variável macroeconômica. Ela está no discurso dos políticos, que prometem combatê-la, na pauta dos economistas, que buscam definir suas causas e propor estratégias para controlá-la, e na lista de preocupação dos cidadãos comuns – especialmente daqueles que sentiram na pele suas nefastas consequências, como é o caso de qualquer brasileiro nascido antes da década de 1990.

Neste capítulo, vamos primeiro entender o que é inflação e conhecer os índices usados no Brasil para medi-la. Em seguida, veremos suas principais consequências, que justificam a necessidade de combatê-la. Depois, analisaremos como a inflação se classifica quanto às suas causas. Por fim, em uma última seção, conheceremos as principais teorias sobre inflação e os "remédios" que cada uma sugere para controlá-la.

O que é inflação?

Inflação é o aumento contínuo e generalizado dos preços dos bens e serviços em uma economia. Observe que o aumento deve ser contínuo e generalizado: se subir apenas o preço de determinado produto agrícola em razão de uma quebra de safra, por exemplo, ainda não temos inflação, pois se trata de um fato isolado, esporádico.

O oposto da inflação é a *deflação*, isto é, a queda generalizada dos preços dos bens e serviços na economia. A ideia a princípio pode soar ótima, mas a história nos mostra que processos deflacionários estão normalmente associados a graves depressões. O exemplo mais clássico é o da Grande Depressão norte-americana, ocorrida entre 1929 e 1933: durante esse período, os preços caíram 33%, o PIB encolheu 30%, quase metade dos bancos do país foi à falência, e o índice de desemprego ultrapassou a marca dos 20% (GREAT, 2010).

> *Não confunda deflação com desinflação. Este último termo designa a queda nas taxas de inflação. Por exemplo: se um país teve 15% de inflação em 2010 e 10% em 2011, houve desinflação.*

É por isso que alguns economistas, como John Maynard Keynes (1883-1946) e, na atualidade, Paul Krugman (ganhador do Nobel em 2008), consideram "saudável" a existência de alguma inflação na economia. Mas quando podemos dizer que uma taxa de inflação deixou de ser admissível ou até desejável e passou a representar um perigo? Na verdade, não existem limites rígidos. De modo geral, podemos fazer uma distinção entre:

- **Inflação baixa** – os economistas William J. Baumol e Alan S. Blinder (2009), ambos da Universidade de Princeton, citam como exemplo de inflação baixa a vivida pelos Estados Unidos entre 1991 e 2008: a taxa anual nunca esteve abaixo de 1,6% e nunca passou de 4,2%.

- **Inflação moderada** – segundo o Fundo Monetário Internacional, existem evidências de que uma taxa de inflação acima de 5% ao ano prejudica a economia. Podemos, portanto, considerar como inflação moderada aquela que está acima desse patamar e, assim, exige a atenção das autoridades do país, mas ainda pode ser controlada com certa facilidade.
- **Inflação crônica** – nesse caso a taxa de inflação começa a preocupar de verdade: geralmente tem dois dígitos ao ano e – o pior – repete-se por um largo período. As pessoas já estão tão habituadas ao ritmo inflacionário que só celebram contratos com cláusulas de indexação (veja conceito no boxe). Conforme se vê pelo Quadro 3.1, o Brasil viveu em inflação crônica durante praticamente toda a segunda metade do século XX, em um processo que desembocou, em meados da década de 1980, na forma mais perniciosa do fenômeno: a hiperinflação.
- **Hiperinflação** – esse estágio terminal normalmente é precedido por uma *aceleração inflacionária*, ou seja, uma situação em que a taxa de inflação aumenta e aumenta cada vez mais, muitas vezes em uma progressão geométrica. Foi o que ocorreu, por exemplo, no Brasil entre 1986 e 1989, como mostra a Figura 3.1. De modo geral, diferentemente da inflação crônica, a hiperinflação dura pouco tempo.

> *Chamamos indexação o estabelecimento de parâmetros diferentes da moeda nacional para reajustar automaticamente (isto é, sem necessidade de negociação) qualquer valor da economia, como tributos, salários, aluguéis e outros. Um exemplo brasileiro de indexação foi a criação, em 1991, da Unidade Fiscal de Referência (UFIR), que era usada pelo governo para atualizar diariamente tributos e contribuições sociais devidos por pessoas físicas e jurídicas. Na terceira parte deste livro, estudaremos com mais detalhes o processo de indexação da economia brasileira – que chegou a ser uma das mais indexadas do mundo – e os problemas que ele causou.*

Quadro 3.1 Taxas de inflação médias por período no Brasil, de 1951 a 2002 (CARDOSO, 2007, p. 103).

Período	Taxa de inflação (% ao ano)
1951-1957	16
1958-1964	52
1965-1973	24
1974-1981	59
1982-1985	196
1986-1989	906
1990-1994	1.328
1995-2002	13

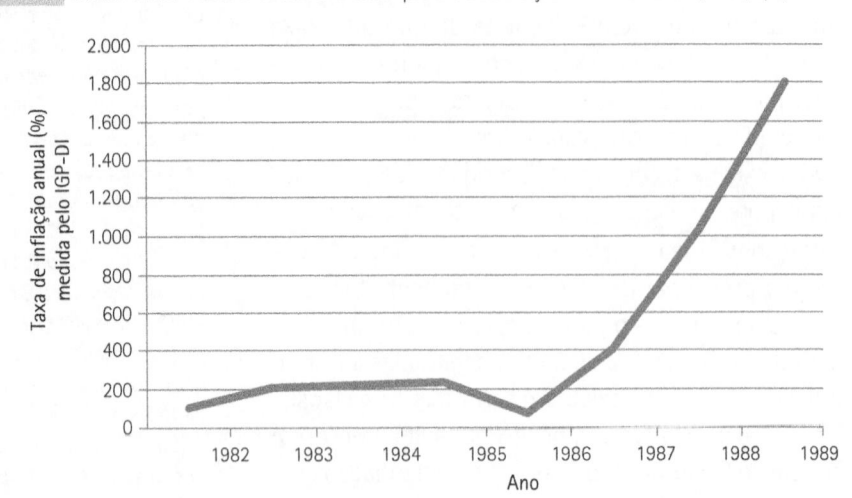

Figura 3.1 Brasil entre 1982 e 1989: um exemplo de aceleração inflacionária (IPEA, s/d).

Apesar de nossa hiperinflação ter sido tão prejudicial quanto qualquer outra, houve casos muito mais dramáticos na história contemporânea. Os episódios mais notáveis ocorreram na Europa logo após a Primeira Guerra Mundial: a hiperinflação que devastou a Alemanha entre 1922 e 1923 é lembrada até hoje pelas imagens de cidadãos empurrando carrinhos de mão repletos de dinheiro para comprar pão. O mês mais terrível do calvário alemão foi outubro de 1923, quando a inflação chegou a 324.000% mensais. Também foram afetadas na mesma época Áustria, União Soviética, Polônia e Hungria. Logo após a Segunda Guerra Mundial, este último país mergulharia no maior processo hiperinflacionário de todos os tempos: em um único mês, julho de 1946, a inflação húngara chegou a $41,9 \times 10^{15}$, ou seja, inacreditáveis 419 quatriliões por cento (CONCEIÇÃO, 1989). Francisco Lafayette Lopes, professor da PUC-RJ e ex-diretor do Banco Central, conta que os aumentos dos preços eram noticiados pelo rádio, e a situação chegou a tal ponto que um decreto, naquele fatídico mês de julho, autorizou os trabalhadores húngaros a recusarem o salário depois das 14 horas (LOPES, 1989).

De maneira menos dramática, mas também extremamente grave, viveram processos hiperinflacionários:

- a Grécia, entre 1943 e 1944;
- a China, entre 1945 e 1949;
- boa parte das economias latino-americanas, como Argentina, Bolívia, Nicarágua, México e Peru, além, é claro, do Brasil, na década de 1980;
- mais recentemente, o Zimbábue, que só não bateu o "recorde" húngaro de 1946 porque, em novembro de 2008, quando a inflação chegou a 78 bilhões por cento, o governo desistiu de contabilizá-la (LEITÃO, 2010).

Principais indicadores da inflação no Brasil

Observe que, no gráfico apresentado na Figura 3.1, o título do eixo vertical é: "Taxa de inflação anual (%) medida pelo IGP-DI". Se você costuma prestar atenção aos noticiários de economia, já deve ter percebido que o IGP-DI é apenas um dos diversos índices que mensuram a inflação no Brasil. Ao todo, mais de dez indicadores cumprem esse papel.

A razão para a existência de tantos índices está na própria história inflacionária do país: à medida que nossos problemas com a inflação se agravavam, iam sendo criados mais e mais índices para retratar o fenômeno com maior precisão e rapidez. Hoje, os índices que sobraram (alguns foram descontinuados) são úteis para mensurar as diferentes "realidades inflacionárias" vividas pelos agentes da economia.

Para uma família de classe A, por exemplo, um aumento no preço do arroz ou do pão francês não é tão significativo, já que o gasto com alimentação consome apenas uma pequena parcela de seus rendimentos. Já para uma família de classe D ou E, cuja renda é quase toda dedicada à alimentação, o aumento será importante. Da mesma maneira, os diversos setores produtivos vivenciam a inflação de modo distinto: uma alta no dólar elevará os preços praticados pelos importadores, ao passo que problemas no clima afetarão os agricultores, e assim por diante.

Os diversos índices de inflação brasileiros dividem-se em duas categorias principais: os índices de preços ao consumidor e os índices gerais de preços. Veremos cada uma dessas categorias nos dois tópicos a seguir; por fim, em um terceiro tópico, falaremos sobre outro indicador essencial – o deflator do PIB.

Índices de preços ao consumidor

Os principais índices de preços ao consumidor são o *Índice Nacional de Preços ao Consumidor* (*INPC*) e o *Índice de Preços ao Consumidor Amplo* (*IPCA*), ambos calculados pelo IBGE. São, ainda, importantes o *Índice de Preços ao Consumidor da Fundação Instituto de Pesquisas Econômicas* (*IPC-Fipe*), entidade ligada à USP, e o *Índice de Custo de Vida* (*ICV*), calculado pelo Departamento Intersindical de Estatísticas e Estudos Socioeconômicos (Dieese). Diferentemente do INPC e do IPCA, que têm abrangência nacional, o IPC-Fipe e o ICV-Dieese são pesquisados apenas no município de São Paulo.

Como o nome sugere, o objetivo dos *índices de preço ao consumidor* é mensurar a variação nos preços pagos pelo consumidor final. Esse tipo de índice é construído da seguinte maneira:

1. Primeiro, define-se a *população-alvo* ou *população-objetivo*, isto é, aquela cujo custo de vida se pretende pesquisar.
2. Dentro dessa população-alvo são selecionadas algumas famílias para compor uma *amostra*.

> A última POF do IBGE foi conduzida entre maio de 2008 e maio de 2009 e visitou cerca de 60 mil domicílios urbanos e rurais. A comparação dos resultados com os obtidos pelo Estudo Nacional da Despesa Familiar (ENDEF), de 1974/1975, e pela POF 2002/2003 revela algumas tendências interessantes. Por exemplo, a participação da alimentação no orçamento familiar teve queda acentuada: era de 33,9% nos anos 1970, passou a 20,8% em 2002/2003 e, em 2008/2009, caiu um pouco mais, para 19,8%. O peso dos gastos com habitação, por outro lado, cresceu de 30,4% para 35,5% e, depois, para 35,9% (IBGE, 2010).

3. O padrão de consumo das famílias da amostra é acompanhado durante determinado período (normalmente um ano) por meio de uma *Pesquisa de Orçamento Familiar* (*POF*). O objetivo é descobrir quais bens e serviços são consumidos, em que quantidade, com qual frequência e em quais estabelecimentos.
4. A POF busca determinar, também, qual a *participação* de cada item no gasto da família; quanto maior essa porcentagem, maior o peso que aquele produto ou serviço terá no cálculo do índice.
5. Encerrada a POF, selecionam-se alguns estabelecimentos, entre os mencionados pelas famílias, nos quais será feita a coleta de preços. Isso inclui estabelecimentos comerciais, prestadores de serviços, domicílios (para verificar valores de aluguel) e concessionárias de serviços públicos.

Índices gerais de preços

Também como o nome sugere, os *índices gerais de preços* não focalizam apenas os preços pagos pelo consumidor final, mas os preços da economia de maneira geral. Os mais importantes índices gerais de preços no Brasil são os calculados pela Fundação Getúlio Vargas (FGV). Eles possuem três versões:

- Índice Geral de Preços – 10 (IGP-10);
- Índice Geral de Preços ao Mercado (IGP-M); e
- Índice Geral de Preços – Disponibilidade Interna (IGP-DI).

A diferença entre as três versões está no período de apuração: o IGP-10 começa a ser medido no dia 11, o IGP-M, no dia 21, e o IGP-DI, no dia 1º. Os três cobrem um período de 30 dias, e os preços coletados nesse período são comparados com os dos 30 dias anteriores. O Quadro 3.2 ilustra o período em que as informações de cada índice são colhidas.

Quadro 3.2 Períodos de coleta do IGP-10, IGP-M e IGP-DI (adaptado de FGV, 2010).

Mês anterior			Mês de referência				
11		21	01		10	20	30
		IGP-10					
			IGP-M				
					IGP-DI		

Tanto o IGP-10 quanto o IGP-M e o IGP-DI seguem, porém, a mesma metodologia — eles são a média aritmética ponderada de três outros índices de preços:
- Índice de Preços ao Produtor Amplo (IPA) — responde por 60% do IGP;
- Índice de Preços ao Consumidor (IPC) — responde por 30%;
- Índice Nacional de Custo da Construção (INCC) — responde por 10%.

No Quadro 3.3 você encontra mais detalhes sobre cada um dos índices comentados aqui. Vale lembrar que, além deles, existem vários outros indicadores menos divulgados; normalmente, eles focalizam determinado setor (por exemplo, o Índice de Serviços de Telecomunicações — IST, ou o Custo Unitário Básico da Construção Civil — CUB), ou determinada cesta de compras (como a Cesta Básica Nacional, cujo preço médio é calculado mensalmente pelo Dieese).

Deflator do PIB

No Quadro 3.3, ao falar sobre o IPA, afirmamos que ele é um importante "deflator macroeconômico". Damos o nome de *deflator* a um índice que permite descontar a inflação de uma série de valores, restabelecendo-lhes o valor original em relação a determinada base.

> *O Índice Geral de Preços ao Mercado (IGP-M) tem esse nome porque atende às necessidades do mercado financeiro, isto é, bancos, companhias de seguros, financeiras etc. Afinal, como ele termina de ser apurado no dia 20 de cada mês, e a FGV demora uns 10 dias para fazer o cálculo, o IGP-M já está disponível para divulgação no último dia do mês, podendo, assim, ser aplicado para reajustar tarifas, contratos, multas e outros valores a serem praticados por essas empresas no mês que se inicia. O IGP-DI não serve bem a esse propósito, pois, como termina de ser apurado no último dia do mês, só costuma ser divulgado na segunda semana do mês seguinte. O IGP-10 é divulgado aproximadamente na terceira semana de cada mês.*

Imagine, por exemplo, que um técnico do IBGE receba a informação de que, em dezembro de 2010, a produção de quiabo no país gerou 1,2 milhão de reais. Examinando os registros de dezembro de 2009, ele verifica que a produção de quiabo naquele mês foi de 1 milhão de reais. Houve, sem dúvida, um aumento *nominal* de um ano para o outro, mas será que houve de fato um aumento *real*?

Para saber a resposta, o técnico deve aplicar o deflator adequado àquele produto (o próprio IPA, por exemplo) e, assim, verificar quanto vale a produção de dezembro de 2010 em valores de dezembro de 2009. Se esse valor deflacionado for superior ao do período anterior, houve de fato aumento na produção; caso contrário, não.

Como você já deve ter imaginado, é exatamente assim que se calcula o PIB real, já comentado no capítulo anterior: os diversos bens e serviços produzidos ao longo do ano são deflacionados pelos índices correspondentes. Quando se chega ao valor do PIB real, torna-se possível determinar um índice mais prático — o *deflator implícito do PIB*, que nada mais é do que a razão entre o PIB nominal e o PIB real. O deflator implícito mede a variação *média* dos preços de um período em relação aos preços do ano anterior; chama-se *implícito* porque não é apurado diretamente, como os outros índices de preço, e sim indiretamente, conforme acabamos de descrever.

Quadro 3.3 Os principais índices de inflação do Brasil.

Nome do índice	Produtos e serviços considerados	Tipo de família ou público considerado	Principais usos
INPC — Índice Nacional de Preços ao Consumidor *É produzido a partir dos Índices de Preços ao Consumidor Regionais.* *Começou a ser calculado em abril de 1979.*	Sua cesta de compras é composta de nove grupos de produtos e serviços: alimentação e bebidas; habitação; artigos de residência; vestuário; transportes; saúde e cuidados pessoais; despesas pessoais; educação; e comunicação.	Abrange famílias com rendimento mensal entre 1 e 6 salários mínimos, chefiadas por um assalariado e residentes nas regiões metropolitanas de São Paulo, Rio de Janeiro, Belo Horizonte, Porto Alegre, Curitiba, Salvador, Recife, Fortaleza e Belém, além do Distrito Federal e do município de Goiânia.	Na negociação de reajustes salariais.
IPCA — Índice de Preços ao Consumidor Amplo *Muito semelhante ao INPC, distingue-se apenas por focalizar uma população-alvo mais ampla.* *Foi criado pouco depois do INPC, na virada do ano de 1979 para 1980.*	A estrutura das categorias é igual à do INPC.	Famílias com renda mensal de 1 a 40 salários mínimos, qualquer que seja a fonte, e residentes nas mesmas regiões e cidades pesquisadas pelo INPC.	É o índice oficial do país, utilizado pelo Banco Central para balizar as metas de inflação. Além disso, corrige os balanços e demonstrações financeiras das companhias abertas.

(*continua*)

(continuação)

Nome do índice	Produtos e serviços considerados	Tipo de família ou público considerado	Principais usos
IGP – Índice Geral de Preços *Concebido no final dos anos 1940, busca ser o mais abrangente indicador do movimento de preços, na medida em que considera não apenas diferentes atividades, como também etapas distintas do processo produtivo. Tem três versões, que diferem pelo período de apuração: IGP-DI, IGP-M e IGP-10.*	É a média aritmética ponderada de três outros índices de preços: • Índice de Preços ao Produtor Amplo (IPA) – 60%; • Índice de Preços ao Consumidor (IPC) – 30%; • Índice Nacional de Custo da Construção (INCC) – 10%.	Não tem uma população-alvo específica, e sim os agentes da economia como um todo.	O IGP-DI é usado para reajustar as dívidas dos estados com a União. O IGP-10 serve de referência nos reajustes de algumas tarifas públicas, como água e luz. O IGP-M é usado pelo mercado financeiro, como já comentado, e no reajuste dos aluguéis.
IPA – Índice de Preços ao Produtor Amplo *Até abril de 2010, chamava-se Índice de Preços por Atacado.*	Pesquisa os produtos e serviços agrupados em duas categorias: • segundo a origem de produção: agrícola, com peso de 24,7%, e industrial (incluindo extrativa mineral e de transformação), com peso de 75,3%; • segundo o destino ou uso: bens finais (33,7%), bens intermediários (41,5%), e matérias-primas brutas (24,8%).	Diferentemente dos índices de preços ao consumidor, não mede o custo de vida de uma família padrão, e sim os preços praticados por produtores agrícolas e industriais. Intermediários como distribuidores e importadores não entram na amostra, por isso se diz que os preços estão na condição "porta de fábrica".	É usado para analisar o movimento de preços em estágios do processo produtivo anteriores à demanda final. É um importante deflator macroeconômico, especialmente no Sistema de Contas Nacionais (reveja o Capítulo 2). Além disso, o IPA responde por 60% do IGP.

(continua)

(continuação)

Nome do índice	Produtos e serviços considerados	Tipo de família ou público considerado	Principais usos
IPC — Índice de Preços ao Consumidor *Até 1989, era calculado apenas para a cidade do Rio de Janeiro, abrangendo famílias com renda de 1 a 5 salários mínimos. Em 1990, adotou o formato atual, de abrangência nacional, e ganhou o nome de IPC-Br. Com o tempo, porém, voltou a ser chamado apenas de IPC.*	A cesta é composta de bens e serviços classificados em sete grupos ou classes de despesa, 25 subgrupos, 87 itens e 456 subitens. As sete classes de despesa são: alimentação; habitação; vestuário; saúde e cuidados pessoais; educação; leitura e recreação; transportes e despesas diversas.	Famílias com renda entre 1 e 33 salários mínimos mensais e residentes em sete das principais capitais do país: São Paulo, Rio de Janeiro, Belo Horizonte, Salvador, Recife, Porto Alegre e Brasília. Possui, ainda, duas versões especiais: o **IPC da Terceira Idade (IPC-3i)**, que tem como público-alvo famílias compostas, majoritariamente, de indivíduos com mais de 60 anos, e o **IPC Classe 1 (IPC-C1)**, que focaliza famílias com renda entre 1 e 2,5 salários mínimos mensais.	É um dos itens que compõem o IGP, entrando no cálculo com peso de 30%.
INCC — Índice Nacional de Custo da Construção *Divulgado pela primeira vez em 1950, destaca-se como o primeiro índice oficial de custo da construção civil no país.*	São considerados dois grupos: mão de obra, com 16 itens, e materiais, equipamentos e serviços, com 51 itens.	São pesquisados os orçamentos da construção civil em sete capitais: São Paulo, Rio de Janeiro, Belo Horizonte, Salvador, Recife, Porto Alegre e Brasília.	O INCC é amplamente utilizado em contratos imobiliários. Também entra no cálculo do IGP, com 10% de peso.

(continua)

(continuação)

Nome do índice	Produtos e serviços considerados	Tipo de família ou público considerado	Principais usos
IPC-Fipe — Índice de Preços ao Consumidor da Fundação Instituto de Pesquisas Econômicas *Um dos mais tradicionais do Brasil, começou a ser calculado em 1939.*	Utiliza sete grupos de análise. São eles, em ordem decrescente de peso nos cálculos: habitação (32,79%), alimentação (22,73%), transportes (16,03%), despesas pessoais (12,30%, com itens como fumo, bebidas, recreação e artigos de higiene e beleza), saúde (7,08%), vestuário (5,29%) e educação (3,78%).	Famílias com renda mensal de 1 a 20 salários mínimos, residentes na cidade de São Paulo.	O IPC-Fipe tem vários empregos em São Paulo, como, por exemplo, calcular o reajuste dos servidores municipais e atualizar a Unidade Fiscal do Estado de São Paulo (UFESP).
ICV — Índice do Custo de Vida *É calculado pelo Dieese desde 1958.*	763 bens e serviços, que representam mais de 90% das despesas das famílias.	Famílias paulistanas estratificadas em três faixas de renda.	Costuma ser usado em negociações salariais.

▪ Calculados pelo IBGE   ▪ Calculados pela FGV   ▪ Calculados por outras entidades

No Quadro 3.4 você encontra, de maneira resumida, uma das tabelas publicadas pelo IBGE na série especial *Estatísticas do século XX*. Usando como parâmetro o ano de 1999 (que por isso aparece com valor 100 na tabela), calculou-se o deflator implícito do PIB para todos os anos do século XX e, assim, foi possível conhecer o valor do PIB brasileiro desde 1901, "traduzido" em reais de 1999.

Quadro 3.4 Deflator implícito do PIB para alguns anos do século XX (IBGE, s/d).

Ano	PIB		Deflator implícito do PIB	
	Em reais de 1999 (R$ milhões)	Variação (%)	Índice (1999=100)	Variação (%)
1901	9.184	14,36	1,217E-14	(17,76)
1920	18.413	12,47	2,764E-14	19,00
1940	44.010	(1,00)	4,063E-14	6,70
1970	289.536	10,40	2,440E-11	16,26
1994	864.154	5,85	40,41	2240,17

(continua)

(continuação)

Ano	PIB		Deflator implícito do PIB	
	Em reais de 1999 (R$ milhões)	Variação (%)	Índice (1999=100)	Variação (%)
1995	900.654	4,22	71,75	77,55
1996	924.598	2,66	84,24	17,41
1997	954.846	3,27	91,19	8,25
1998	956.105	0,13	95,62	4,85
1999	963.869	0,81	100,00	4,59
2000	1.005.915	4,36	108,03	8,03

Observação: a letra "E" significa "expoente", ou seja, indica que o valor em questão deve ser elevado à potência indicada.

Consequências da inflação

Para entender os efeitos nocivos da inflação em uma economia, precisamos antes pensar nas funções que a moeda exerce. Como você sabe, as sociedades arcaicas não possuíam moeda tal como a conhecemos hoje. No princípio, a maioria delas utilizava o escambo, isto é, a mera troca de uma mercadoria por outra – por exemplo, trocava-se uma dúzia de ovos por dez espigas de milho. Esse sistema tinha, porém, algumas restrições óbvias, a começar pelo fato de que o produtor de ovos talvez não estivesse interessado em milho, mas sim em uma espada fabricada por um ferreiro que talvez não estivesse interessado em ovos. O escambo exigia, portanto, uma *dupla coincidência de desejos*, fenômeno não tão comum assim.

Para superar tais restrições, com o passar do tempo diversas civilizações foram criando suas *unidades monetárias*. A princípio, eram produtos encontrados na própria região, como conchas ou sal; depois, moedas ou outras peças cunhadas em metais preciosos.

Esses produtos eram aceitos por todos como moeda porque possuíam um *valor de uso* ou *valor intrínseco*. As conchas podiam ser usadas como amuletos ou em rituais, o sal era utilizado para conservar os alimentos, os metais podiam ser derretidos e transformados em ferramentas ou joias, e assim por diante.

Não era fácil, porém, transportar essas moedas do passado: imagine o desconforto e o risco que significava carregar baús repletos de ouro, por exemplo. Foi por isso que civilizações de diferentes lugares acabaram criando *casas de custódia*, estabelecimentos que armazenavam os metais preciosos e distribuíam certificados, cujos portadores podiam, mais tarde, resgatar. Nascia, desse modo, a *moeda fiduciária* – aquela que vale pela confiança (fidúcia) que inspira, e não mais por seu valor intrínseco.

Na atualidade, podemos dizer que a moeda cumpre basicamente três funções em uma economia:

- **A moeda funciona como meio de troca** – é ela que permite que um produtor de ovos os venda e, depois, possa comprar o que quiser, não necessariamente espigas de milho. Para exercer tal função, a moeda deve ser de aceitação geral, ou seja, todos devem aceitá-la para quitar dívidas públicas ou privadas. Aliás, essa característica da moeda (a capacidade para quitar dívidas) é tão importante que consta até das notas de dólar, no canto superior esquerdo: "This note is legal tender for all debts, public and private" ("Esta nota é um meio de pagamento válido para todas as dívidas, públicas e privadas").

- **A moeda funciona como medida de valor** – como explica Carlos José Caetano Bacha (2004, p. 64), professor da Universidade de São Paulo, "essa função surge da própria utilização da moeda como intermediária de trocas, pois à medida que a moeda é usada ela surge como um denominador comum de valores". Assim, a moeda nos permite comparar os diversos bens e serviços de uma economia: por exemplo, se um restaurante serve um almoço por 15 reais, o cliente esperará desembolsar cerca de 3 reais pelo refrigerante. Se o valor cobrado pela bebida for muito superior ou muito inferior a esse, o cliente ficará surpreso, pois isso ferirá o *preço relativo* dos bens que a moeda lhe permite estabelecer.
- **A moeda funciona como reserva de valor** – pessoas, empresas e governos podem investir sua riqueza de diferentes maneiras. Podem, por exemplo, comprar imóveis, carros, máquinas, ações. Todos esses bens representam reservas de valor. A moeda exerce a mesma função, com a vantagem de ser a mais líquida – isto é, aquela mais facilmente transacionável – de todas as reservas.

Dito de maneira simplificada, a inflação diminui pouco a pouco a capacidade da moeda de exercer essas três funções. Em processos inflacionários graves, pode-se chegar a uma situação em que a moeda perde *totalmente* suas funções. Ela não serve mais como reserva de valor, pois não consegue manter seu valor real, isto é, seu poder para adquirir bens e serviços; tampouco funciona como medida de valor, já que os preços sobem a todo instante e as pessoas perdem a noção do que é "caro" ou "barato". E, em casos particularmente graves, a moeda do país pode até deixar de funcionar como meio de troca, sendo abandonada em favor de unidades monetárias mais estáveis. Foi o que ocorreu, por exemplo, com a dolarização da economia argentina, em 1991, e mais recentemente da equatoriana, em 2000. Nesses casos, as moedas locais foram substituídas pelo dólar, uma vez que – literalmente – não valiam mais nada.

De maneira mais específica, podemos elencar como principais consequências da inflação: desorganização da economia, concentração de renda e deterioração das contas públicas. Analisaremos esses efeitos nos tópicos a seguir.

Desorganização da economia

A *desorganização da economia* provocada pela inflação está diretamente ligada à função da moeda como medida de valor. Em uma economia estável, existe (pelo menos em tese) uma *alocação eficiente dos recursos*, isto é, os diversos agentes econômicos investem seus recursos onde acreditam que obterão um retorno adequado, e o sistema de preços relativos – isto é, a capacidade de comparar os diversos bens, propiciada pela moeda – é o melhor indicador dessa relação. Voltando ao exemplo do restaurante: você, como consumidor, ao comprar um almoço de 15 reais, provavelmente estará disposto a alocar seus recursos de 3 reais no refrigerante, pois considerará o retorno — uma bebida para acompanhar a refeição — compatível com o investimento. Mas, se o refrigerante custar 10 reais, provavelmente você abrirá mão dele, porque o retorno já não compensará tanto investimento.

Essa mesma lógica aplica-se aos outros agentes da economia, como as empresas. Temos um exemplo disso bem próximo dos nossos dias: em 2010, uma grande discussão entre técnicos, empresários e autoridades do governo tentou definir o preço máximo do megawatt/hora (MWh) a ser comercializado pela Usina Hidrelétrica de Belo Monte, então em processo de licitação. Para os empresários do setor, era fundamental conhecer tal preço, pois, se ele fosse muito baixo, não valeria a pena investir em um projeto tão complexo e caro quanto a construção de uma usina hidrelétrica em plena Amazônia.

Em uma economia contaminada pela inflação, esses sinais ficam confusos. Você pode pagar um preço exorbitante pelo refrigerante sem sequer perceber, pois os preços sobem tanto que, como já dito, perde-se a noção de caro ou barato. Para o setor produtivo, os efeitos são devastadores; afinal, quem estará disposto a investir sem saber exatamente o retorno que terá no futuro? É mais seguro e cômodo apostar na especulação financeira, como veremos no próximo tópico.

Concentração de renda

Conforme observamos no capítulo anterior, o período em que a concentração de renda no Brasil atingiu seus níveis mais altos foi justamente o da hiperinflação, ou seja, a década de 1980. A razão disso é que os efeitos da inflação são muito mais graves para aqueles que não têm como se proteger dela, ou seja, pobres e assalariados.

Por incrível que pareça, houve quem lucrou — e muito — com nossa hiperinflação. Em um artigo de 1993, o professor da Universidade de Campinas (Unicamp) Fernando Nogueira da Costa calculou que, em 1989 (ano em que a inflação acumulada chegou a 1.782,90%), nada menos do que 37% do lucro da iniciativa privada brasileira derivou não da produção, mas de aplicações financeiras (*apud* BAER, 2002). A galinha dos ovos de ouro dos nossos investidores era o chamado *overnight*, uma aplicação que rendia juros diariamente, "compensando" a inflação. Como é de se imaginar, apenas quem tinha certa intimidade com o mundo das finanças beneficiava-se dessa operação. Para a maior parte da população, que não tinha nem sequer conta corrente, a inflação era um inimigo invencível. Os trabalhadores recebiam um salário de $ X no início do mês e lá pela metade do mês aquele salário guardado na gaveta já valia $ X menos 15%, por exemplo.

Além disso, o empresário podia se proteger mais facilmente da inflação porque aumentava o preço do seu produto para compensar o aumento de seu custo de vida. O trabalhador tinha de esperar até o final do mês para essa compensação, que muitas vezes nem acontecia.

Daí a concentração de renda: poucos conseguiam se proteger da inflação, enquanto a maioria, os assalariados, não. Vale lembrar que esse cruel efeito não ocorre apenas em hiperinflações, mas também em situações de inflação moderada, daí a necessidade de manter um combate constante a esse fenômeno.

Deterioração das contas públicas

Essa última grave consequência da inflação é conhecida como *efeito Olivera-Tanzi*. O nome se deve a estudos feitos pelo argentino Julio Olivera, da Universidade de Buenos Aires, nos anos 1960, e confirmados na década seguinte pelo italiano Vito Tanzi, do FMI. O efeito Olivera-Tanzi refere-se à deterioração do orçamento público causada pela combinação entre dois fatores: (a) inflação; e (b) defasagem temporal entre o fato gerador do imposto e sua arrecadação.

Para entender essa ideia, suponha que uma loja tenha tido, no mês de janeiro, um faturamento de $ 1.000, sobre o qual deve recolher 10% a título de imposto de renda. Se o imposto for recolhido trimestralmente, deverá ser pago apenas em abril. Em uma economia estável, isso não gera problemas; mas, na presença de inflação, em abril o governo receberá bem menos do que deveria, porque o valor a ser arrecadado estará defasado.

Causas da inflação

Para fins didáticos, podemos afirmar que existem três tipos de inflação, de acordo com suas causas: (a) inflação de demanda; (b) inflação de custos; (c) inflação inercial. Detalharemos cada um desses tipos a seguir.

Inflação de demanda

A *inflação de demanda* reflete a mais antiga lei da economia: a da oferta e da procura. Quando os agentes econômicos — pessoas, empresas e governo — querem consumir muito, e a oferta não é suficiente, os preços sobem.

É por isso que se ouve, nos noticiários, que o "superaquecimento da economia" pode levar à inflação. Para frear a euforia dos agentes econômicos, que muitas vezes usam capital financiado para comprar, o Banco Central eleva os juros, tornando o capital mais caro.

> A inflação também pode gerar nas finanças públicas um efeito oposto ao Olivera-Tanzi. Trata-se do chamado efeito Patinkin *(nome dado em homenagem ao economista Don Patinkin, que o investigou pioneiramente)*, segundo o qual, durante um período inflacionário, o governo pode diminuir seu déficit ao postergar os pagamentos que precisa fazer, incluindo os salários dos funcionários públicos. No Brasil, o efeito Patinkin também é chamado efeito Bacha devido a um estudo feito por Edmar Bacha (1994), um de nossos mais importantes economistas. De acordo com esse autor, o efeito Patinkin sobrepujou o efeito Olivera-Tanzi nos anos da hiperinflação brasileira. Embora também tenha existido o efeito Olivera-Tanzi, o governo amenizava-o estabelecendo indexações para a arrecadação (como a já comentada UFIR) e diminuindo a periodicidade do recolhimento.

> Lembre-se do que estudamos no capítulo anterior: toda vez que, em vez de usarmos nossa própria poupança para adquirir algo, usamos a poupança alheia (isto é, aquela que outras pessoas depositaram nos bancos e estes agora nos repassam), pagamos mais caro pelo capital, porque os bancos cobram juros e encargos sobre o valor emprestado.

> *O principal estudioso da inflação inercial no Brasil foi Mário Henrique Simonsen (1935-1997). Professor da Fundação Getúlio Vargas, Simonsen ajudou a criar e dirigiu a Escola de Pós-Graduação em Economia dessa entidade. Esteve à frente da Fundação Movimento Brasileiro de Alfabetização (Mobral) durante a gestão de Emílio Garrastazu Médici, foi ministro da Fazenda no governo de Ernesto Geisel e, apenas por cinco meses, ministro do Planejamento no governo de João Baptista Figueiredo. Por pregar ajustes fiscais e monetários rigorosos, era duramente criticado por centrais sindicais e setores da esquerda. Simonsen foi também sócio do banco de investimentos Bozano, Simonsen, vendido em 2000 para o Banco Santander.*

Inflação de custos

A *inflação de custos* ocorre quando o preço de determinado insumo sobe e o setor produtivo repassa esse aumento para o preço dos bens ou serviços finais. Um exemplo clássico é o do petróleo: quando o preço dessa *commodity* aumenta, uma longa lista de produtos dela derivados (desde combustíveis até chicletes) sofre pressão para subir de preço também.

Inflação inercial

Por fim, a causa da inflação pode ser a própria inflação. Nesse caso, temos a chamada *inflação inercial*, isto é, aquela que persiste por inércia. Em economias inflacionárias, os agentes tendem a subir seus preços por antecipação, visando evitar prejuízos futuros. Assim, por exemplo, na hora de negociar um reajuste salarial, o sindicato pede um percentual maior do que normalmente pediria, pois prevê que haverá inflação. A dona de uma butique remarca seus preços no início do mês, imaginando que se não o fizer perderá dinheiro por causa da inflação, e assim por diante.

Essa onda de expectativas inflacionárias alimenta a própria inflação, que tende a aumentar cada vez mais. Em economias fortemente indexadas, a inflação inercial torna-se um inimigo de difícil combate, pois a inflação de ontem, refletida no índice usado para reajustar os preços, engendra a inflação de amanhã.

Conforme ressaltamos no início desta seção, a classificação da inflação segundo suas causas serve apenas para fins didáticos. Na prática, é quase impossível diferenciar uma inflação de demanda de uma inflação de custos, ou mesmo da inflação inercial. O mais comum é que as causas do fenômeno coexistam, de modo interdependente e retroalimentador. É o que explica Márcio G. P. Garcia, professor da PUC-Rio e professor visitante da Stanford University:

> Falar em inflação de custos e inflação de demanda dá a falsa ideia de que a primeira origina-se exclusivamente no lado da oferta da economia; enquanto a segunda, exclusivamente no lado da demanda. Nada poderia ser mais equivocado. Em economia, os preços originam-se sempre da conjugação entre oferta e demanda. (GARCIA, 2003).

Foi justamente a complexidade do fenômeno inflacionário que levou à formulação de diferentes teorias para explicá-lo, conforme veremos na próxima seção.

Teorias sobre inflação e estratégias para combatê-la

Assim como muitos outros fatores da economia, a inflação não é só uma questão de números. Trata-se de um fenômeno histórico e político, que divide opiniões e oculta os mais diversos interesses.

Nesta última seção, conheceremos duas escolas teóricas que tentam explicar a inflação — a monetarista e a estruturalista —, cada uma delas ligada a concepções ideológicas e políticas distintas. Embora existam outras teorias explicativas do fenômeno inflacionário, vamos nos concentrar nessas duas porque foram as mais utilizadas para interpretar a inflação brasileira e, até hoje, são as mais citadas por nossos analistas econômicos.

Como era de se esperar, ao atribuir a inflação a diferentes fatores, essas teorias sugerem diferentes "remédios" para combatê-la. Portanto, esta última seção também abordará as estratégias de controle à inflação que cada escola interpretativa recomenda.

Teoria monetarista da inflação

Para entender a teoria monetarista da inflação, precisamos primeiro refletir sobre como a autoridade monetária de um país decide a quantidade de moeda que vai emitir.

Imagine que você e mais cem amigos resolvam pedir independência do Brasil e fundar seu próprio país. Uma das primeiras providências será fundar um Banco Central, responsável por emitir e controlar a moeda nacional. Quantas cédulas e moedas vocês vão fabricar? A princípio, pode surgir a tentação de fabricar bastante dinheiro; assim, os bancos oficiais do novo país poderão conceder crédito farto aos cidadãos e empresários, que poderão consumir à vontade, bem como adquirir bens de capital para alavancar a produção. O governo também poderá contratar muitos funcionários, pagando altos salários, e assim prestar ótimos serviços à população, além de realizar diversas obras de infraestrutura.

Tudo isso parece ótimo. Mas, se voltarmos alguns parágrafos neste texto, recordaremos que uma das causas da inflação é o excesso de demanda. Quando há muito dinheiro circulando, todos querem consumir, e, se a produção não acompanha o ritmo da demanda, os preços sobem.

É isto, em resumo, que a *teoria monetarista da inflação* afirma: a inflação nasce do excesso de moeda na economia. E quem está por trás da *expansão monetária* é sempre um governo "gastão", que gasta mais do que arrecada e assim precisa financiar seu déficit emitindo mais moeda. Na verdade, a emissão de moeda não costuma ser a primeira opção dos governantes; em geral, eles primeiro emitem *títulos de dúvida pública*. Esse instrumento de financiamento público (sobre o qual voltaremos a falar no Capítulo 6) funciona assim: o governo oferece diversos títulos no mercado, os quais podem ser comprados por pessoas físicas e jurídicas, residentes no país ou no estrangeiro. Ao fazê-lo, esses indivíduos e empresas literalmente emprestam dinheiro ao governo. Assim, a quantidade de moeda na economia não aumenta, porque o dinheiro que sai do bolso das pessoas físicas e jurídicas *já* estava em circulação.

> O grande expoente da teoria monetarista foi o economista norte-americano Milton Friedman (1912-2006), ganhador do prêmio Nobel em 1976. Fervoroso defensor do liberalismo, Friedman ajudou a definir as políticas econômicas nas gestões dos presidentes Richard Nixon e Ronald Reagan. Foi um grande adversário do keynesianismo, doutrina que pregava a intervenção do Estado na economia para impedir o agravamento de recessões.

No entanto, se um país começar a colocar títulos demais na praça, chegará um momento em que o público se perguntará se tal país tem, de fato, condições de pagar os juros e o capital decorrentes daquelas dívidas. Ainda mais se a economia do país em questão não estiver muito bem. É como se um desempregado começasse a passar cheques na praça: em certo momento, ninguém mais os aceitaria. Quando se vê nessa situação, o governo é obrigado a vender seus títulos para o Banco Central; como o Banco Central não tem dinheiro próprio, emite moeda. E é aí que chegamos à lógica monetarista: gastos públicos exagerados geram déficit público, que gera emissão de moeda, que gera inflação.

Como se percebe, a teoria monetarista reconhece apenas a inflação de demanda. Para controlá-la, o remédio é um só: retirar moeda de circulação (além, claro, de diminuir o gasto público para evitar que a situação se repita). A retirada de moeda pode ser feita basicamente de três maneiras:

> Os instrumentos de política monetária, que diminuem ou aumentam a quantidade de moeda na economia, serão vistos com mais detalhes no Capítulo 7.

a) **aumentando a taxa de juros** – como você sabe, uma elevação na taxa de juros torna o capital mais caro e, por isso, desestimula o consumo de pessoas e empresas;

b) **aumentando o percentual dos depósitos compulsórios** – depósito compulsório é a parcela do dinheiro depositado pelos clientes que os bancos têm de recolher junto ao Banco Central (BC); quando o BC quer pôr mais liquidez na economia, diminui a exigência de compulsórios, quando quer "enxugá-la", aumenta a exigência;

c) **vendendo títulos no *open market*** – o Banco Central pode atuar no *open market* ("mercado aberto"), vendendo ou comprando títulos públicos. Quando ele quer tirar liquidez da economia, vende títulos: o dinheiro sai dos cofres dos bancos ou do público, o que diminui a quantidade de moeda em circulação.

Quanto à primeira medida receitada pelos monetaristas – a elevação da taxa de juros –, seus efeitos são inevitavelmente recessivos. Com menos dinheiro circulando, o consumo e a produção diminuem e, consequentemente, o nível de emprego cai. Por isso, da próxima vez que ouvir as expressões *medidas impopulares* ou *austeridade fiscal*, esteja certo de que algum governo está tentando adotar o remédio monetarista para sanear suas contas.

Teoria estruturalista da inflação

A teoria estruturalista da inflação foi criada pelos economistas da Comissão Econômica para a América Latina e o Caribe (Cepal), órgão instituído pelas Nações Unidas em 1948. Para os "cepalistas", como ficaram conhecidos esses intelectuais, a inflação na América Latina não poderia ser entendida como um fenômeno puramente monetário, mas sim como resultado das tensões socioeconômicas provocadas pelo desenvolvimento tardio e irregular nesse continente. Portanto, como o próprio nome sugere, a *teoria estruturalista da inflação* vê a raiz do problema na *estrutura* da economia.

Particularmente, os estruturalistas mencionam quatro fatores como causas da inflação latino-americana:

a) **Desenvolvimento irregular dos diferentes setores da economia** – enquanto os países do Primeiro Mundo tiveram séculos para se adaptar ao capitalismo industrial, os do Terceiro Mundo viram suas economias industrializarem-se no espaço de poucas décadas, o que provocou um desenvolvimento irregular entre os setores. O setor agrícola, por exemplo, era apontado pelos estruturalistas como vilão da inflação, por não conseguir manter uma produtividade suficiente para atender à demanda, forçando os preços para cima.

b) **Deterioração dos termos de troca** – esse fator estava ligado à estrutura da economia global como um todo: uma vez que os países tinham diferentes níveis de desenvolvimento, os latino-americanos, exportadores de bens primários, cujo preço relativo é inferior ao dos bens industrializados, ficavam em posição desprivilegiada nas trocas internacionais. À medida que a população desses países se urbanizava e tendia a consumir mais bens industrializados, a situação agravava-se, pois era necessário importá-los em maior quantidade. A saída era investir na industrialização nacional, para substituir as importações. Mas um bom parque industrial não se faz da noite para o dia: durante várias décadas, seria preciso conviver com uma indústria ineficiente, que precisava ser protegida da concorrência estrangeira e que, pelos dois motivos, cobrava preços altos, o que contribuía para a inflação.

c) **Conflito distributivo** – lembra-se do cálculo do PIB pela ótica da renda, que vimos no capítulo anterior? A equação nos dizia que o PIB é igual à soma de salários, impostos, lucro das empresas, juros e aluguéis. Ora, se cada um dos agentes ligados a esses fatores quiser abocanhar uma fatia maior da renda, não haverá PIB para todo mundo. A respeito disso, Lanzana (2009, p. 111) recorda a conhecida discussão sobre salários, lucros e preços:

> Os sindicatos dos trabalhadores demandam aumentos salariais incompatíveis com os ganhos de produtividade, visando aumentar sua "fatia no bolo". Os empresários concedem o aumento nominal e para manter sua participação repassam para os preços causando inflação, que "come" o reajuste nominal concedido. O resultado final é a manutenção das participações com mais inflação.

d) **Necessidade de gastos públicos** — segundo os estruturalistas, os gastos públicos dos países pobres eram elevados em primeiro lugar porque seus governos precisavam investir pesadamente na infraestrutura urbana, à medida que a população desses países deixava os campos rumo às cidades em ritmo acelerado; e, em segundo lugar, porque nesses países um grande número de pessoas dependia exclusivamente de pagamentos sociais e previdenciários.

Para cada um desses fatores estruturais geradores de inflação, os estruturalistas propunham um "remédio" específico. A falta de dinamismo do setor agrícola deveria ser compensada com créditos, subsídios e investimentos estatais na infraestrutura do setor (programas de irrigação e construção de rodovias para escoamento da produção, por exemplo). A ineficiência da indústria nacional seria sanada no longo prazo, com economias de escala e o desenvolvimento da tecnologia. Para resolver o conflito distributivo, os teóricos dessa linha propunham que o Estado tentasse compatibilizar os diversos interesses, interferindo na formação de preços e nos reajustes salariais, por exemplo.

Quanto ao último fator, não havia propriamente uma solução: ao contrário dos monetaristas, que exigiam corte de gastos públicos, os estruturalistas achavam que isso causaria profundas perdas sociais nos países pobres. Para eles, quem devia economizar eram as elites, não o governo: "Se os incentivos comuns não conseguirem elevar a propensão dos ricos a poupar (ou investir), os estruturalistas vão sugerir que o governo crie impostos para as classes mais altas, a fim de financiar um aumento no investimento público", explica Joseph Grunwald (1961, p. 121, tradução nossa), norte-americano que estudou a economia do Chile, país onde viveu e lecionou.

Como se nota, para os estruturalistas o excesso de moeda na economia é consequência, não causa da inflação. Segundo eles, as políticas monetaristas de contração da moeda podem até baixar a inflação no curto prazo, mas não atacam suas raízes. Além disso, têm um custo social elevado demais, em termos de recessão, desemprego e corte nos gastos públicos.

O grande problema da "receita" estruturalista é sua complexidade e o longo tempo que ela levaria para dar resultados — isso se todos os fatores colaborassem. É o que afirmava Grunwald (1961, p. 123):

> Sob condições democráticas, as políticas estruturalistas exigem apoio político firme, inclusive daqueles cujos interesses estão ameaçados pelas mudanças pretendidas. Logo, um objetivo primordial dos estruturalistas na implantação de seu difícil programa de longo prazo é criar uma consciência nacional e um espírito quase religioso em prol do desenvolvimento econômico.

No Brasil, alguns dos principais nomes da escola estruturalista foram Celso Furtado, Maria da Conceição Tavares, Carlos Lessa, Luiz Gonzaga Belluzzo e Luciano Coutinho. Eles se opunham aos liberais ou monetaristas, representados no país por Eugênio Gudin (1886-1986), Roberto Campos (1917-2001) e Otávio Bulhões (1906-1990), entre outros.

O embate entre esses dois grupos era carregado de fortes tintas políticas: os monetaristas eram os "de direita"; os estruturalistas, os "de esquerda". De modo análogo, os monetaristas eram chamados de "ortodoxos", por seguirem os princípios clássicos da economia; os estruturalistas, de "heterodoxos", por proporem caminhos específicos para a América Latina.

Ao longo da segunda metade do século XX, ambos os grupos tiveram chance de colocar em prática suas ideias, conforme veremos na terceira parte deste livro.

SAIU NA IMPRENSA

GOVERNO DECIDE CORTAR R$ 10 BI EM GASTOS

De olho no superaquecimento da economia e na possibilidade de o Banco Central subir ainda mais os juros, a equipe econômica do presidente Lula anunciou um corte adicional de R$ 10 bilhões nos seus gastos.

Com isso, espera não só cumprir a meta de superávit primário (resultado antes do pagamento dos juros) de 3,3% do PIB de 2010 como superá-la.

Segundo assessores do ministro Guido Mantega (Fazenda), o corte adicional de despesas garante o cumprimento da meta com tranquilidade e, muito possivelmente, permitirá uma economia extra que não será destinada a gastos.

O novo bloqueio de gastos federais (contingenciamento) se soma aos R$ 21,8 bilhões anunciados em março, totalizando uma retenção de R$ 31,8 bilhões, cerca de 1% do PIB (Produto Interno Bruto).

Esse valor equivale praticamente ao que o governo tem previsto para gastar neste ano — R$ 33,6 bilhões — com o PAC (Programa de Aceleração do Crescimento) e, legalmente, poderia descontar da meta e mesmo assim considerá-la cumprida. Agora, poderá cumprir a meta sem descontar os investimentos do PAC. Na avaliação do chefe do Centro de Crescimento Econômico da FGV (Fundação Getulio Vargas), Samuel Pessoa, o corte corresponde a um esforço grande da parte do governo. "É muito dinheiro, considerando a margem pequena de manobra, que são os gastos de custeio."

Para ele, a alta do salário mínimo e os reajustes para o funcionalismo público concedidos em 2009 (gastos que não podem ser bloqueados) obrigaram a um represamento maior nas outras despesas.

Ele diz, porém, que o corte não é suficiente para diminuir o atual ciclo de aumento dos juros, como pretende a Fazenda.

Água na fervura

[...]

"A demanda nacional é composta pela demanda privada e pela demanda pública. A melhor maneira de jogar um pouco de água fria na fervura, um instrumento forte e rápido, é você diminuir os gastos do governo", disse Mantega.

Ao anunciar a decisão, ele frisou que o PAC e os programas sociais não serão afetados no ano eleitoral.

[...] Além do corte de gastos e do aumento dos juros, o governo já havia tomado outras medidas para esfriar a economia.

Acabou com os incentivos fiscais concedidos durante a crise, como redução do IPI, e voltou a elevar o compulsório dos bancos — parcelas que têm de recolher obrigatoriamente ao Banco Central dos depósitos feitos por seus clientes.

Fonte: RODRIGUES, Eduardo e CRUZ, Valdo. *Folha de S.Paulo*, 14 maio 2010, fornecido pela Folhapress.

1. Enumere todas as medidas anti-inflacionárias adotadas pelo governo Lula citadas na reportagem. Essas medidas são monetaristas ou estruturalistas? Por quê?
2. A base matemática da teoria monetarista é esta equação:

$$MV = PQ$$

   onde:
   - M = volume de moeda existente na economia em dado momento;
   - V = velocidade de circulação da moeda, isto é, o número de vezes que ela troca de mãos em determinado período (um ano, por exemplo);
   - P = nível geral de preços;
   - Q = quantidade de bens e serviços produzidos.

   De acordo com essa equação, percebemos que, mantendo-se V constante, se o volume de moeda M aumentar, das duas uma: ou a produção Q aumenta no mesmo ritmo, ou os preços P aumentam, ou seja, ocorre inflação. Em outras palavras, para os monetaristas, em qualquer situação que haja aumento no volume de moeda sem um aumento idêntico na produção, haverá inflação.

   O corte nos gastos públicos e a elevação da taxa de juros mencionados na reportagem afetam quais variáveis da equação monetarista? Por quê?

3. Segundo Samuel Pessoa, um dos especialistas ouvidos pela reportagem, o corte nos gastos públicos anunciado pelo governo "não é suficiente para diminuir o atual ciclo de aumento dos juros". Explique essa ideia.

NA ACADEMIA

- Desde 1999, o Brasil, assim como vários países, adota o sistema de metas para a inflação. Com outros três colegas, pesquise a respeito desse sistema e prepare um texto que o explique de modo claro e objetivo, de maneira que mesmo pessoas leigas em economia consigam entendê-lo.
- Terminado o trabalho, entreguem o texto ao professor. Por fim, a classe poderá escolher um dos textos, aprimorá-lo coletivamente e publicá-lo no site da faculdade, por exemplo. Na terceira parte deste livro, voltaremos a falar do sistema de metas para a inflação.

Pontos importantes

- Inflação é o aumento generalizado dos preços dos bens e serviços em uma economia. Ela pode ser baixa, moderada, crônica ou, no pior caso, pode se transformar em uma hiperinflação, estágio normalmente precedido por uma aceleração inflacionária.
- Os principais índices usados no Brasil para medir a inflação são os índices de preços ao consumidor calculados pelo IBGE (INPC e IPCA) e os índices gerais de preços calculados pela FGV (IGP-DI, IGP-M e IGP-10). Já o deflator implícito do PIB é a razão entre PIB nominal e PIB real; ele serve para calcular o PIB de um período em valores de determinado período base.
- A principal consequência da inflação é a perda gradual da capacidade da moeda de exercer suas três funções na economia: meio de troca, medida de valor e reserva de valor. De modo mais específico, podemos enumerar como efeitos nocivos da inflação: (a) a desorganização da economia, visto que a incerteza quanto aos retornos futuros desestimula o investimento produtivo e incentiva a especulação; (b) a concentração de renda, uma vez que a inflação castiga mais os pobres, que não conseguem se proteger dela; e (c) a deterioração das contas públicas pela defasagem temporal entre o fato gerador do imposto e sua arrecadação, um problema conhecido como efeito Olivera-Tanzi.
- A inflação pode ser classificada em três tipos, de acordo com suas causas: inflação de demanda; inflação de custos; e inflação inercial.
- As principais escolas teóricas que explicam a inflação, especialmente no caso brasileiro, são a monetarista, para a qual a inflação é sempre causada pelo excesso de moeda; e a estruturalista, para a qual a inflação latino-americana é reflexo de tensões socioeconômicas provocadas pelo desenvolvimento tardio e irregular do continente. Como estratégia de combate à inflação, os monetaristas recomendam a contração monetária, ao passo que os estruturalistas sugerem uma série de ajustes na estrutura da economia, os quais incluem um forte controle estatal sobre os mercados de preços e de trabalho.

Referências

BACHA, Carlos José Caetano. *Macroeconomia aplicada à análise da economia brasileira*. São Paulo: Edusp, 2004.

BACHA, Edmar. O fisco e a inflação: uma interpretação do caso brasileiro. *Revista de Economia Política*, São Paulo, v. 14, n. 1, jan.-mar. 1994.

BAER, Werner. *A economia brasileira*. Tradução de Edite Sciulli. 2. ed. rev. e atual. São Paulo: Nobel, 2002.

BAUMOL, William J.; BLINDER, Alan S. *Macroeconomics*: principles and policy. 11. ed. Mason (OH): Cengage Learning, 2009.

CARDOSO, Eliana. A Inflação no Brasil. In: MOURA, Alkimar (Org.). *PAEG e Real*: dois planos que mudaram a economia brasileira. Rio de Janeiro: FGV Editora, 2007. v. 1. p. 95-140.

CONCEIÇÃO, Octavio Augusto Camargo. No limiar da hiperinflação. *Indicadores econômicos FEE*, v. 17, n. 3, 1989.

FEBRABAN – FEDERAÇÃO BRASILEIRA DE BANCOS. *CIAB FEBRABAN 2010*: geração Y, um novo banco para um novo consumidor. 2010. Disponível em: <www.febraban.gov.br>. Acesso em: 3 nov. 2010.

FGV – Fundação Getúlio Vargas. *Índices Gerais de Preços*. 2010. Disponível em: <http://portalibre.fgv.br/>. Acesso em: 1 dez. 2010.

FRISCH, Felipe. Menos bancos, mais clientes. *O Globo*, Rio de Janeiro, 18 ago. 2009.

GARCIA, Márcio G. P. Noções equivocadas sobre inflação e crescimento. *Valor Econômico*, São Paulo, 11 jun. 2003.

GREAT Depression. *Encyclopædia Britannica*. 2010.

GRUNWALD, Joseph. The structuralist school on price stability and development: the Chilean case. In: HIRSCHMAN, Albert O. *Latin American issues*: essays and comments. Nova York: Twentieth Century Fund., 1961.

IBGE – Instituto Brasileiro de Geografia e Estatística. *POF 2008/09 mostra desigualdades e transformações no orçamento das famílias brasileiras*. 23 jun. 2010. Disponível em: <www.ibge.gov.br/home/presidencia/noticias/>. Acesso em: 1 dez. 2010.

_____. *I.1.1 – Brasil*: População, Produto Interno Bruto, Produto Interno Bruto "per capita" e deflator implícito do produto, s/d. Disponível em: <www.ibge.gov.br>. Acesso em: 1 dez. 2010.

IPEA – Instituto de Pesquisa Econômica Aplicada. *Inflação – IGP-DI. Anual*, s/d. Disponível em: <www.ipeadata.gov.br>. Acesso em: 18 out. 2010.

LANZANA, Antonio Evaristo Teixeira. *Economia brasileira*: fundamentos e atualidade. 3. ed. São Paulo: Atlas, 2009.

LEITÃO, Miriam. Zimbábue: a maior tragédia econômica dos tempos atuais. *MiriamLeitao.com*, 2 jun. 2010.

LOPES, Francisco Lafayette. *O desafio da hiperinflação*: em busca da moeda real. São Paulo: Campus, 1989.

Capítulo 4

MERCADO DE TRABALHO

Neste capítulo, abordaremos as seguintes questões:
- Quais são as principais fontes de dados sobre o mercado de trabalho brasileiro?
- O que é população economicamente ativa, segundo o IBGE?
- Qual a diferença entre desemprego aberto e desemprego oculto e quais pesquisas brasileiras refletem cada um deles?
- O que é pleno emprego e taxa natural de desemprego?
- Qual a diferença entre desemprego estrutural, friccional e conjuntural?
- Qual a diferença entre salário nominal e salário real?
- O que é a Curva de Phillips?

Introdução

A importância do mercado de trabalho para a macroeconomia é evidente. Afinal, é com o trabalho das pessoas que se gera a produção de um país, e é com sua renda, obtida por meio do trabalho, que as pessoas consomem, retroalimentando o ciclo produtivo. As características do mercado de trabalho de um país também impactam diretamente seu nível de igualdade socioeconômica: quanto mais igualitária a inserção das diferentes classes sociais, etnias e gêneros no mercado de trabalho, mais justa será a sociedade.

Neste capítulo, discutiremos os principais conceitos relacionados a esse importante elemento macroeconômico, de acordo com a seguinte divisão: na primeira seção, conheceremos as principais fontes de dados sobre o mercado de trabalho brasileiro e analisaremos os conceitos nelas empregados, tais como população economicamente ativa, população ocupada, desemprego aberto e desemprego oculto. Depois, na segunda seção, abordaremos as noções de pleno emprego e taxa natural de desemprego, para, em seguida, examinar os três tipos de desemprego elencados pelos economistas — o desemprego estrutural, o friccional e o conjuntural. Na terceira seção, estudaremos os conceitos de salário real e salário nominal e, por fim, na quarta e última seção, a relação entre salário e inflação.

O que é desemprego e como medi-lo?

Como você deve se lembrar, no Capítulo 2 recordamos que os três fatores básicos de produção são a terra, o trabalho e o capital. Podemos, pois, definir o *desemprego* como a situação em que um desses fatores — o trabalho — encontra-se ocioso.

Embora tecnicamente correta, tal definição não nos diz muito sobre os aspectos sociais envolvidos no fenômeno do desemprego. Afinal, uma pessoa em idade para trabalhar pode estar ociosa por muitos motivos, incluindo um descompasso entre suas qualificações e as exigidas pelo mercado, ou ainda uma desmotivação diante de baixos salários. O próprio conceito de "idade para trabalhar" admite diferentes interpretações: o Estatuto da Criança e do Adolescente proíbe o trabalho a menores de 14 anos; não obstante, a PNAD (pesquisa do IBGE sobre a qual falaremos adiante) de 2004 aponta que 10,1% dos brasileiros entre 10 e 14 anos trabalham.

Uma definição mais completa de desemprego exige, portanto, conhecer os critérios pelos quais uma pessoa é considerada economicamente ativa, ou seja, disponível para o trabalho, e quando passa a ser considerada ocupada ou desocupada, assim como as diferentes categorias de ocupação ou desocupação em que essa pessoa pode se encaixar. É exatamente o que faremos na presente seção: vamos conhecer as três pesquisas mais usadas pelos analistas para examinar o mercado de trabalho brasileiro — a Pesquisa Mensal de Emprego (PME); a Pesquisa de Emprego e Desemprego (PED); e a Pesquisa Nacional por Amostra de Domicílios (PNAD) — e, também, os critérios e categorias utilizados em cada uma delas.

Pesquisa Mensal de Emprego (PME)

A *Pesquisa Mensal de Emprego* (*PME*) é realizada pelo IBGE desde 1980 nas seis principais regiões metropolitanas brasileiras: São Paulo, Rio de Janeiro, Belo Horizonte, Porto Alegre, Salvador e Recife. Em 2001, sua metodologia sofreu uma revisão significativa, com o objetivo, entre outros, de acatar as mais recentes recomendações da Organização Mundial do Trabalho (OIT) para a padronização internacional das estatísticas sobre trabalho.

As principais categorias utilizadas hoje na PME são mostradas na Figura 4.1 e detalhadas a seguir.

- **População em idade ativa (PIA)** — são todas as pessoas com 10 anos ou mais.
- **População não economicamente ativa (PNEA)** ou **população economicamente inativa (PEI)** — são as pessoas com 10 anos ou mais, as quais se encontram,

Figura 4.1 Principais categorias utilizadas na Pesquisa Mensal de Emprego (PME) do IBGE.

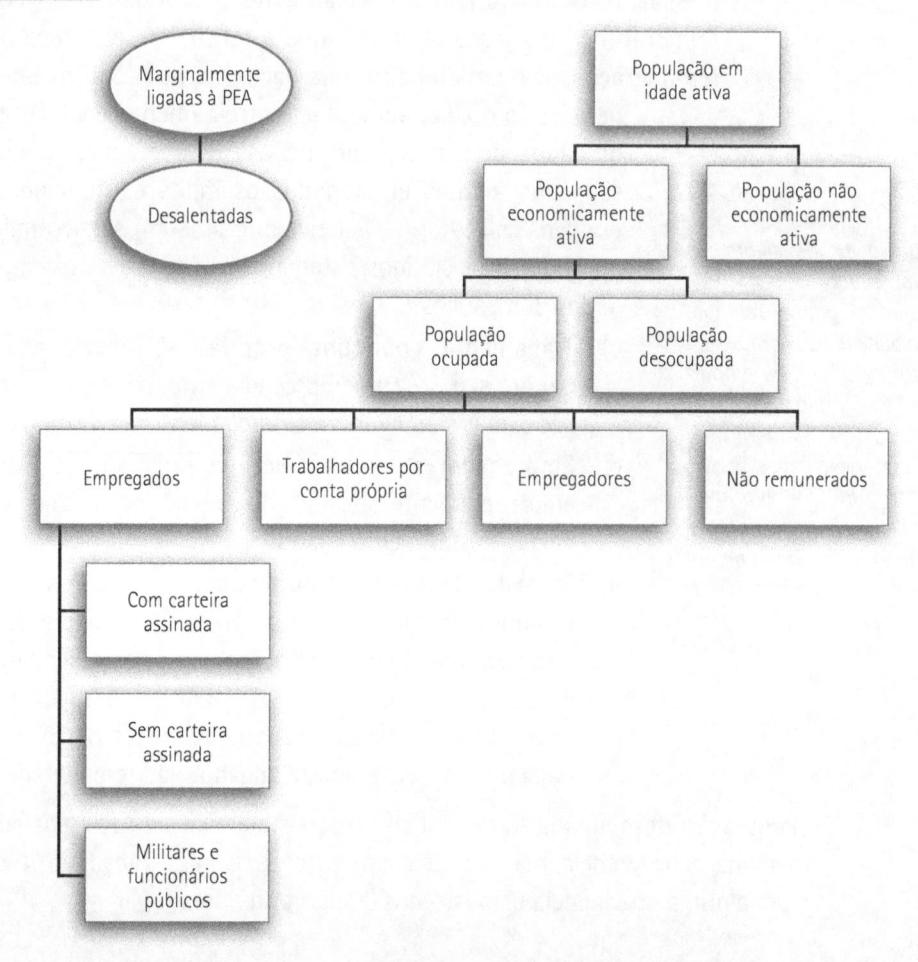

portanto, na idade ativa, mas que não trabalham e não estão procurando emprego. Esse contingente inclui estudantes, aposentados, donas de casa e incapazes, entre outros.

- **População economicamente ativa (PEA)** — são todas as pessoas ocupadas ou desocupadas na semana de referência (a semana anterior à entrevista). Em outras palavras, são as pessoas que já trabalham ou estão dispostas a trabalhar. Elas compõem a *força de trabalho* do país.

A PEA divide-se em:

1. **População ocupada** — são as pessoas que trabalharam pelo menos uma hora na semana de referência, ou que tinham trabalho, mas estavam temporariamente afastadas dele (por causa de férias ou licença, por exemplo). A população ocupada abrange:

    a) **Empregados** — são aqueles que trabalham para um empregador (pessoa física ou jurídica), normalmente se obrigando ao cumprimento de uma jornada de trabalho e recebendo em troca uma remuneração, seja em dinheiro, seja na forma de produtos ou benefícios (moradia, alimentação, treinamento etc.). Os empregados podem ter carteira assinada ou não. Também são considerados empregados os militares, funcionários públicos estatutários, aqueles que prestam serviço militar obrigatório, os clérigos, estagiários, aprendizes e os empregados domésticos.

    b) **Trabalhadores por conta própria** — são aqueles que exploram seu próprio empreendimento, sozinhos ou com sócio, mas sem nenhum empregado.

    c) **Empregadores** — são aqueles que exploram seu próprio empreendimento, sozinhos ou com sócio, contando com pelo menos um empregado.

    d) **Trabalhadores não remunerados** — incluem-se nessa categoria aqueles que trabalham sem remuneração no empreendimento da família, tenha esse empreendimento empregados ou não. Por exemplo: se um rapaz de 14 anos ajuda seus pais na padaria da família e não recebe nada por isso, ele é um trabalhador não remunerado.

2. **População desocupada** — são aquelas pessoas que não tinham trabalho na semana de referência, mas que estavam disponíveis para trabalhar e tomaram alguma providência para isso nos 30 dias anteriores.

A nova metodologia do PME distingue entre "trabalhador não remunerado de membro da unidade domiciliar que era empregado" e "trabalhador não remunerado de membro da unidade domiciliar que era por conta própria ou empregador". O segundo tipo constitui, como dissemos aqui, uma subcategoria à parte dentro da categoria "PEA". O primeiro inclui-se na subcategoria "empregados". Imagine, por exemplo, que uma empregada doméstica leve sua filha para ajudá-la durante o expediente; a moça será considerada "empregada", assim como a mãe.

A PME prevê, ainda, duas situações que não se encaixam em nenhuma das categorias anteriores. São elas:

- **Pessoas marginalmente ligadas à população economicamente ativa na semana de referência** — são aquelas pessoas consideradas não economicamente ativas na semana de referência (por exemplo, donas de casa ou aposentados), mas que trabalharam ou procuraram trabalho nos 365 dias anteriores à entrevista, e que estavam disponíveis para assumir um trabalho na semana de referência.
- **Pessoas desalentadas** — esse é um caso específico da situação anterior: trata-se de pessoas marginalmente ligadas à PEA que procuraram trabalho ininterruptamente durante pelo menos seis meses nos 365 dias anteriores à entrevista, tendo desistido por não encontrar qualquer tipo de trabalho, trabalho com remuneração adequada ou trabalho de acordo com as suas qualificações. Em outras palavras, são pessoas que estavam desocupadas e, portanto, faziam parte da PEA, mas que não tiveram sucesso em sua tentativa de busca por trabalho e, por isso, desistiram e passaram a integrar a PEI.

Pelo cruzamento desses dados, a PME calcula cinco indicadores principais, detalhados no Quadro 4.1: taxa de atividade, nível de ocupação, nível de desocupação, taxa de ocupação e taxa de desocupação.

Observe que, sozinhos, os indicadores do Quadro 4.1 não nos dizem muito. Por exemplo: uma queda na taxa de atividade pode ser um sinal positivo, caso signifique que crianças e adolescentes de 11 a 17 anos não estão trabalhando nem procurando trabalho e, em vez disso, estão estudando. Mas também pode ser um sinal negativo, caso indique que os salários estão tão baixos a ponto de muitas pessoas (geralmente mulheres) preferirem dedicar-se aos cuidados com o lar e com os filhos a procurar trabalho fora de casa.

Para oferecer um diagnóstico mais preciso, esses indicadores são, então, cruzados com outras variáveis, como gênero, faixa etária, etnia e escolarização. Além disso, a PME estratifica seus resultados em oito setores de atividade, descritos no Quadro 4.2.

Quadro 4.1 Principais indicadores da Pesquisa Mensal de Emprego (PME) do IBGE.

INDICADOR	DESCRIÇÃO
Taxa de atividade	É o percentual de pessoas economicamente ativas em relação às pessoas em idade ativa, ou seja, às pessoas de 10 anos ou mais.
Nível de ocupação	É o percentual de pessoas ocupadas em relação às pessoas em idade ativa.
Nível de desocupação	É o percentual de pessoas desocupadas em relação às pessoas em idade ativa.
Taxa de ocupação	É o percentual de pessoas ocupadas em relação à PEA.
Taxa de desocupação	É o percentual de pessoas desocupadas em relação à PEA.

A PME levanta dados, também, sobre o rendimento dos trabalhadores. Os principais indicadores desse aspecto são o rendimento mensal habitual e o rendimento mensal efetivamente recebido naquele mês. Com base nesses dois indicadores, o IBGE calcula a "massa de rendimento" dos trabalhadores, que vem a ser a soma dos rendimentos de todos os trabalhos da população ocupada, levando-se em consideração os pesos amostrais atribuídos a cada grupo: a massa de rendimento real efetivo dos ocupados; a massa de rendimento real efetivo dos assalariados; e a massa de rendimento real habitual dos ocupados. Observe que, para o cálculo da massa de rendimento, são levados em conta sempre os rendimentos reais — um conceito que estudaremos ainda neste capítulo.

Quadro 4.2 Os oito setores de atividades em que se dividem os resultados da PME.

1	Indústria extrativa e de transformação e produção e distribuição de eletricidade, gás e água.
2	Construção.
3	Comércio, reparação de veículos automotores e de objetos pessoais e domésticos e comércio a varejo de combustíveis.
4	Serviços prestados a empresas, aluguéis, atividades imobiliárias e intermediação financeira.
5	Educação, saúde, serviços sociais, administração pública, defesa e seguridade social.
6	Serviços domésticos.
7	Outros serviços — alojamento e alimentação, transporte, armazenagem e comunicações, limpeza urbana, atividades associativas, recreativas, culturais e desportivas, serviços pessoais.
8	Outras atividades — são as atividades que não se enquadraram nos grupamentos anteriores.

Pesquisa de Emprego e Desemprego

Assim como a PME, a *Pesquisa de Emprego e Desemprego* (*PED*) é realizada mensalmente. Os órgãos responsáveis por essa pesquisa são a Fundação Sistema Estadual de Análise de Dados (Seade) e o Departamento Intersindical de Estatísticas e Estudos Socioeconômicos (Dieese). A PED teve início em 1985, a princípio apenas na região metropolitana de São Paulo; mais tarde, foram incluídas outras seis regiões: primeiro Porto Alegre e Distrito Federal, em 1992, seguindo-se Belo Horizonte (1995), Salvador (1996), Recife (1997) e, mais recentemente, Fortaleza (2008). Observe que a PED abrange todas as regiões investigadas pela PME, exceto Rio de Janeiro, e, além delas, inclui também Brasília e Fortaleza.

Em geral, políticos situacionistas preferem os resultados da PME aos da PED. Isso porque a PED tende a apresentar taxas de desemprego mais elevadas do que as da PME. Na verdade, como você deve ter notado no tópico anterior, a PME não fala exatamente em "taxa de desemprego", mas sim em "taxa de desocupação". Ora, segundo os critérios usados na classificação dos entrevistados, a taxa de desocupação nada mais é do que a chamada *taxa de desemprego aberto*, isto é, a proporção de pessoas pertencentes à PEA que não estavam trabalhando e efetivamente procuraram trabalho no período considerado.

Embora utilize categorias bastante semelhantes às da PME, a PED apresenta taxas de desemprego mais altas porque não considera apenas o desemprego aberto, e sim o *desemprego total*. Este inclui, também, o chamado *desemprego oculto*, resultado da soma do *desemprego oculto pelo desalento* com o *desemprego oculto pelo trabalho precário*, conforme ilustrado na Figura 4.2.

Já vimos o conceito de desalento no tópico anterior. O desemprego oculto pelo trabalho precário refere-se à situação das pessoas que realizam de forma irregular algum trabalho remunerado, ou das pessoas que realizam trabalho não remunerado em ajuda a negócios de parentes, e que procuraram trabalho nos 30 dias anteriores à entrevista ou que, não tendo procurado nesse período, o fizeram até 12 meses antes (DIEESE, 2009).

Para termos uma ideia da diferença que a consideração do desemprego oculto pode trazer aos resultados, basta comparar, na Figura 4.3, a evolução das taxas de desemprego medidas pela PME e pela PED de janeiro a junho de 2010.

Figura 4.2 A noção de taxa de desemprego total utilizada pela PED.

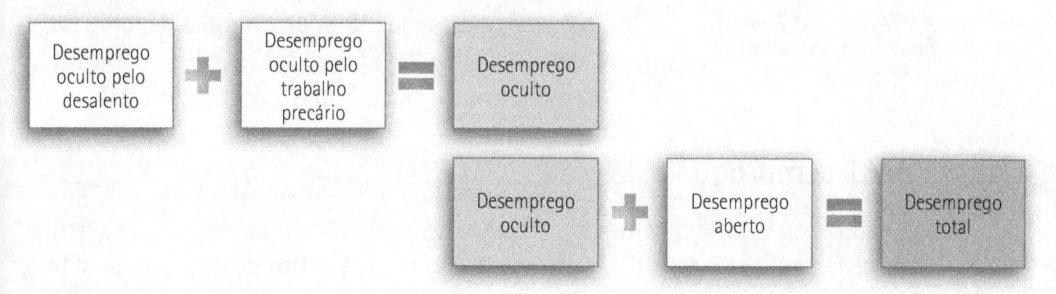

Figura 4.3 Evolução da taxa de desemprego entre janeiro e junho de 2010, segundo a PED e segundo a PME (DIEESE, 2010; IBGE, s/d).

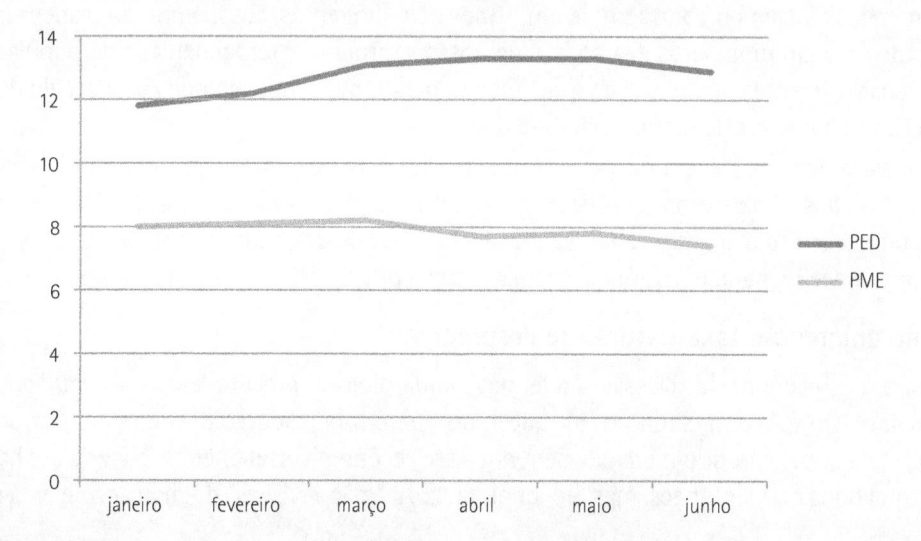

Pesquisa Nacional por Amostra de Domicílios (PNAD)

A *Pesquisa Nacional por Amostra de Domicílios* (*PNAD*) é realizada anualmente, há mais de quatro décadas, e tem como objetivo traçar um completo retrato socioeconômico da população brasileira, incluindo características gerais da população, de educação, trabalho, rendimento e habitação, entre outras. Trata-se, portanto, de uma fonte de consulta mais aprofundada e, ao mesmo tempo, menos imediatista que as outras duas já comentadas.

> Não deixe de consultar pela Internet as três pesquisas comentadas aqui. Para acessar a PME, entre no site do IBGE (<www.ibge.gov.br>) e siga este caminho: Indicadores > Trabalho e Rendimento > Pesquisa Mensal de Emprego – PME. No mesmo site, consulte a PNAD em População > PNAD. Já a PED deve ser consultada na seção "Emprego e desemprego" do site do Dieese (<www.dieese.gov.br>).

Com relação ao mercado de trabalho, além dos aspectos considerados na PME, a PNAD também investiga detalhes como:

- recebimento de benefícios (auxílio-moradia, auxílio-alimentação, vale-transporte);
- trabalho em jornada diurna e/ou noturna;
- tempo de deslocamento de casa ao trabalho;
- associação a sindicato.

A PNAD engloba, ainda, grupos de trabalhadores pouco representados nas outras pesquisas, como as domésticas diaristas e as pessoas ocupadas na atividade agrícola.

Causas do desemprego

Parece natural que, em momentos de recessão na economia, o desemprego aumente. Afinal, o ciclo é lógico: as vendas das empresas caem e, para cortar custos, elas demitem funcionários.

Uma crise geral não é, porém, o único motivo para o desemprego. Os diversos setores da economia avançam ou contraem-se em ritmos bem diferentes, absorvendo ou dispensando mão de obra em momentos distintos. Além disso, a própria heterogeneidade da população, com suas diferentes qualificações e aspirações, gera movimentos complexos e até de difícil descrição no interior do mercado de trabalho.

Basicamente, os economistas distinguem entre três tipos de desemprego, de acordo com suas causas: o desemprego friccional, o estrutural e o conjuntural (ou cíclico). Como os dois primeiros estão ligados à chamada taxa natural de desemprego, começaremos abordando esse conceito, para, em seguida, examinar um a um os três tipos de desemprego.

Pleno emprego e taxa natural de desemprego

Para os economistas clássicos, a lei natural da oferta e procura levava ao *equilíbrio de mercado*, isto é, a uma situação em que tudo que é produzido é consumido, a um preço determinado pelo próprio mercado. Segundo esses economistas pioneiros, poderia até haver desequilíbrios momentâneos, mas, no longo prazo, a "mão invisível" do mercado se encarregaria de corrigir tais distorções, tornando desnecessária – e mesmo indesejável – qualquer interferência do Estado.

No equilíbrio clássico, haveria um *pleno emprego* dos fatores de produção, inclusive do trabalho. Não existiria, portanto, o desemprego involuntário, apenas o *desemprego voluntário*, isto é, aquele que ocorre quando um indivíduo decide não trabalhar por considerar o salário insuficiente.

Com o tempo se percebeu, porém, que, mesmo quando se considerava um longo período de atividade econômica, um certo nível de desemprego involuntário era sempre registrado. A esse desemprego persistente, ainda que baixo, o qual revelava a existência de *imperfeições* ou *falhas* no mercado de trabalho, deu-se o nome de *taxa natural de desemprego*. Hoje, entende-se que a taxa natural de desemprego é formada por três componentes: o desemprego voluntário, o estrutural e o friccional, conforme ilustra a Figura 4.4. Já conceituamos o desemprego voluntário e, agora, trataremos do estrutural e do friccional.

Desemprego estrutural

O conceito de desemprego estrutural também está ligado às noções de equilíbrio e imperfeições de mercados. Assim como outros mercados, o de trabalho se caracterizaria pela existência de "compradores" – os empregadores – e "vendedores" – os trabalhadores –, e o "preço" acordado entre eles seria o salário. Ora, em um momento de crise, os empregadores pensam em conter custos, demitindo funcionários. Por outro lado, eles precisam desses funcionários, não só para manter a produção atual, como também para estar preparados caso a economia se recupere rapidamente.

Se não houvesse nenhuma regulamentação trabalhista, o natural seria, então, que os empregadores oferecessem salários mais baixos em momentos de crise. Eles barganhariam com seus funcionários, propondo um acordo do tipo: ou você aceita um salário 30% menor, ou perderá seu emprego. Quando a economia voltasse a se aquecer, os funcionários teriam

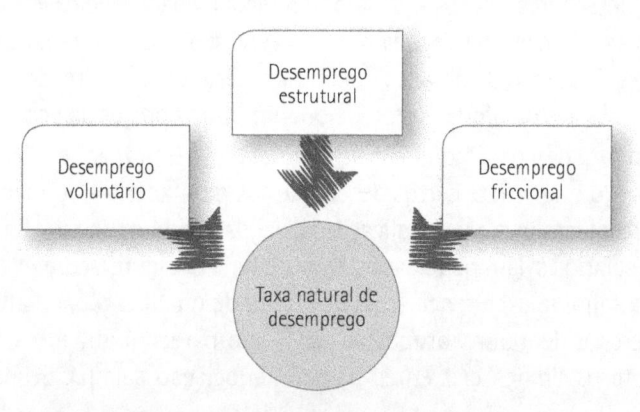

Figura 4.4 Os componentes da taxa natural de desemprego.

maior demanda por sua "mercadoria" — o trabalho — e, assim, teriam mais poder de barganha para exigir um aumento do atual empregador, ou procurar outro que pagasse melhor.

Essa mesma lógica de oferta e demanda se aplicaria a segmentos da população que costumam sofrer com o desemprego, como os jovens que estão entrando no mercado de trabalho. Uma vez que, nesse segmento, a oferta supera a demanda, os salários pagos aos jovens poderiam ser mais baixos, o que estimularia sua contratação.

Na prática, isso já ocorre: um jovem de 17 anos costuma ganhar menos do que um profissional mais experiente, por exemplo. Da mesma maneira, os trabalhadores menos qualificados e menos adaptados às novas tecnologias recebem, em geral, salários menores. Contudo, existem limites para essa barganha. Na prática, os movimentos do mercado de trabalho ditados pela oferta e procura são restringidos por três fatores:

- **salário mínimo** — a legislação da maioria dos países impede que sejam pagos valores inferiores ao salário mínimo a qualquer categoria profissional, muito menos a segmentos populacionais específicos, como jovens ou trabalhadores pouco qualificados;
- **sindicatos** — essas entidades defendem os direitos dos trabalhadores, entre eles a irredutibilidade dos salários e a manutenção do salário real, isto é, a manutenção do poder aquisitivo do salário nominal, conforme estudaremos adiante;
- **salário-eficiência** — mesmo que um empresário estivesse certo de que há mais oferta do que demanda de trabalhadores em seu segmento produtivo, não necessariamente ele consideraria a redução dos salários uma boa alternativa. Isso porque, como todos sabemos, funcionários que se sentem valorizados em seu ambiente de trabalho produzem mais. Assim, transformar o mercado de trabalho em uma "guerra de preços", na qual os trabalhadores que cobrassem menos seriam os contratados, geraria um nível de rotatividade e insatisfação entre a força de trabalho que, no fim, se converteria em prejuízo para as empresas. É por isso que as *teorias de salário--eficiência* pregam que, mesmo se fosse possível barganhar o salário de seus empregados, a maioria dos empregadores não o faria, pois reconhece que é necessário um certo nível salarial para garantir a *eficiência* do processo produtivo.

É por causa desses três fatores — salário mínimo, atividade sindical e salário-eficiência — que os economistas falam em *rigidez salarial*. Tal expressão resume o fato de que, embora seja, com efeito, o "preço" da mão de obra, e embora faça parte de um mercado, o salário não é tão flexível, tão sujeito às leis da oferta e procura quanto outros preços da economia.

Por conseguinte, damos o nome de *desemprego estrutural* àquela parcela da taxa natural de desemprego que reflete certos desequilíbrios permanentes no mercado de trabalho, os quais não se resolvem pela mera aplicação da lei da oferta e procura. Em outras palavras: por mais que os salários sejam negociados, sempre haverá alguns segmentos de trabalhadores que, seja pela falta de experiência, seja pela falta de qualificação, ou até por preconceito (caso das mulheres e de alguns grupos sociais), não parecem atraentes ao empresariado, levando em conta os limites existentes para a negociação salarial. Se não houvesse tais limites, se o salário fosse um preço como outro qualquer, um empresário talvez preferisse contratar dois trabalhadores sem qualificação, ou dois adolescentes, pagando a cada um deles um terço do salário mínimo, a contratar um trabalhador qualificado por um salário mínimo, por exemplo. Contudo, como existem tais limites – ou, para usar o termo técnico, como existe rigidez salarial –, o mercado de trabalho não pode ser considerado um mercado perfeitamente equilibrado, regido apenas pela lei da oferta e procura.

Desemprego friccional

Aceitar um emprego não é uma decisão a ser tomada frivolamente. Afinal, trata-se de um contrato pelo qual vamos comprometer uma boa parcela do nosso tempo, durante um período relativamente longo, de vários meses ou até anos. Não é de surpreender, portanto, que as pessoas hesitem antes de aceitar a primeira vaga que lhes oferecem.

Nesse período em que os trabalhadores estão examinando as ofertas de trabalho que recebem, ou oferecendo sua mão de obra a diferentes empregadores em busca da melhor proposta, ocorre o chamado *desemprego friccional*. Esse tipo de desemprego também é causado pelos diversos descompassos que podem ocorrer entre as vagas oferecidas e os trabalhadores disponíveis:

- pode haver problemas de *informação*, ou seja, os trabalhadores não sabem que há empregadores buscando profissionais com o seu perfil, ou vice-versa;
- pode haver divergência entre as *qualificações* dos trabalhadores e as desejadas pelos empregadores;
- pode faltar coincidência entre a *região geográfica* em que as vagas são oferecidas e aquela em que estão os trabalhadores;
- pode, por fim, haver um descompasso entre os *setores* que mais precisam de mão de obra e aqueles em que há maior oferta de trabalhadores.

Nota-se, portanto, que o desemprego friccional é um desemprego de adaptação, típico de economias em transformação. Mas vale lembrar que determinados descompassos responsáveis por esse tipo de desemprego – em especial, o desencontro entre as qualificações da mão de obra e as exigidas pelo mercado de trabalho – podem se transformar em causas de desemprego estrutural, caso não sejam resolvidos no médio ou no longo prazo. É o que ocorreu, por exemplo, com a grande massa de trabalhadores braçais que se viram substituídos por máquinas, sobretudo na década de 1980, e, por falta de acesso à educação profissional, não conseguiram se adaptar às novas tecnologias. Tais pessoas passaram a integrar aquele contingente "pouco atraente" aos empregadores, pelo menos dentro dos limites de barganha permitidos pela rigidez salarial.

Desemprego conjuntural ou cíclico

Conforme já comentado, os dois tipos de desemprego que examinamos até agora – o estrutural e o friccional – fazem parte, junto com o desemprego voluntário, da taxa natural de desemprego, ou seja, eles persistem mesmo quando a economia está no nível de pleno emprego. Se a economia entra em crise, surge ainda um terceiro tipo de desemprego, o chamado *desemprego cíclico* ou *conjuntural*. Ele leva esse nome porque advém de uma conjuntura negativa, mas pode ser revertido quando o ritmo de produção se recuperar, isto é, quando um novo ciclo de prosperidade se iniciar.

> *Um exemplo de pesquisa que tenta distinguir o componente estrutural na taxa de desemprego aberto brasileira pode ser conferido no artigo "A evolução da taxa de desemprego estrutural no Brasil: uma análise entre regiões e características dos trabalhadores", apresentado por Paulo Picchetti e José Paulo Chahad no XXXI Encontro Nacional de Economia da Associação Nacional dos Centros de Pós-Graduação em Economia (Anpec). O trabalho também está disponível on-line: <http://www.anpec.org.br/encontro2003/artigos/F05.pdf>*

Como você deve ter imaginado, não é nada fácil separar, nas estatísticas, um tipo de desemprego do outro. Até porque os grupos vitimados pelo desemprego estrutural são os que mais sofrem durante uma crise econômica, sendo ainda mais preteridos pelos empregadores.

Para tentar distinguir os tipos de desemprego, os pesquisadores costumam considerar o tempo que a pessoa passa procurando por um novo emprego. Quanto mais longo esse tempo, maior a probabilidade de que a pessoa seja vítima do desemprego estrutural. Também são levadas em conta variáveis como gênero, idade e escolaridade. Tradicionalmente, trabalhadores com idade mais avançada e menos anos de estudo são os mais atingidos pelo desemprego estrutural.

A Figura 4.5 resume os três tipos de desemprego descritos nesta seção.

Figura 4.5 Tipos de desemprego.

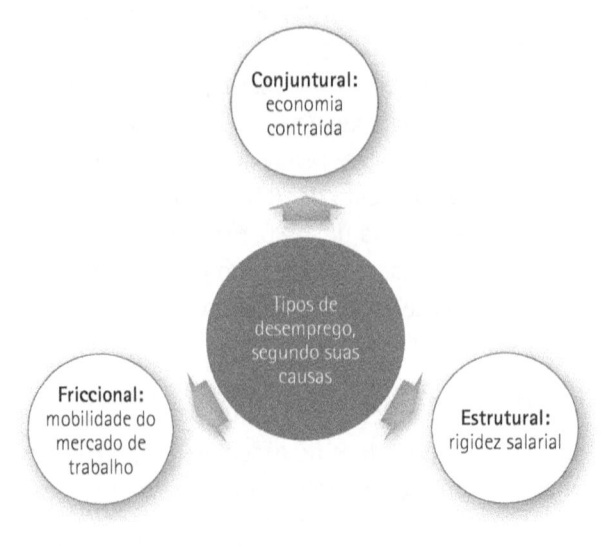

Salário nominal e salário real

No Capítulo 2, estudamos a distinção entre PIB nominal e PIB real. Agora, falaremos de uma distinção análoga – aquela existente entre salário nominal e salário real. Ela é fundamental para entendermos melhor não apenas o funcionamento do mercado de trabalho, como também as implicações que seus movimentos trazem para a macroeconomia de um país, sobretudo para suas taxas de inflação.

Posto em termos simples, o *salário nominal* nada mais é do que a quantidade de moeda que um trabalhador recebe em determinado instante. Por exemplo: quando dizemos que o salário de José era $ 1.000,00 em janeiro de 2008, isso significa que seu salário nominal era $ 1.000,00.

Contudo, conforme estudamos no capítulo anterior, os agentes econômicos precisam conhecer os *preços relativos* da economia para tomar decisões quanto à alocação eficiente de seus recursos. Com o "preço" da mão de obra, isto é, o salário, não é diferente: também precisamos saber seu preço relativo para definirmos se vale a pena alocar nossos recursos em determinado emprego. É aí que entra em jogo o conceito de salário real: se, em janeiro de 2011, José continua ganhando $ 1.000,00, o seu salário nominal é o mesmo, mas será que seu *salário real* – isto é, o poder aquisitivo dessa quantia – permanece igual?

Se não houver ocorrido inflação alguma de 2008 a 2011, então o salário real de José permanece o mesmo. Se houver ocorrido deflação, seu salário real terá aumentado; se houver ocorrido inflação, o salário real terá diminuído.

Esses raciocínios todos podem ser resumidos na seguinte equação:

$$\frac{\text{SR em 2011 com}}{\text{base em 2008}} = \frac{\text{SN em 2011}}{IP_{2008,2011}} \times 100$$

Onde:
SR = salário real;
SN = salário nominal;
IP = índice de preços.

Vamos supor que o índice de preços entre 2008 e 2011 tenha sofrido um aumento de 30% (ou seja, uma inflação de 30%). Uma vez que estamos tomando 2008 como base, o valor desse ano é 100; portanto:

$$IP_{2008,2011} = 30 + 100 = 130$$

Logo:

$$\frac{\text{SR em 2011 com}}{\text{base em 2008}} = \frac{\$1.000,00}{130} \times 100$$

$$\frac{\text{SR em 2011 com}}{\text{base em 2008}} = \$ 769,23$$

Percebemos, assim, que, embora o salário nominal de José permaneça o mesmo ($ 1.000,00), a inflação corroeu seu poder aquisitivo, de maneira que o salário real de José, em 2011, relativamente a 2008, é de apenas $ 769,23.

Nível de emprego e taxa de inflação

Nível de emprego e taxa de inflação são variáveis intimamente relacionadas na economia de um país. E agora, que você já sabe a diferença entre salário nominal e salário real, será mais fácil entender a natureza dessa relação.

Vamos começar voltando ao que estudamos no início deste capítulo sobre pleno emprego. Como vimos, os economistas clássicos acreditavam que, mesmo se houvesse desequilíbrios momentâneos — responsáveis pelo desemprego conjuntural —, no longo prazo o mercado se ajustaria de modo a garantir o pleno emprego dos fatores de produção, inclusive do trabalho. Só não trabalharia quem não estivesse disposto a aceitar os salários mais baixos do mercado.

Essas teorias, formuladas nos séculos XVIII e XIX, em plena ebulição da revolução industrial, pareciam indiscutíveis até o início do século XX. Mas, quando veio a Grande Depressão dos anos 1930, ficou difícil acreditar que as arrasadoras taxas de desemprego — que, como vimos no capítulo anterior, chegaram a atingir 20% da população norte-americana — fossem decorrentes apenas de desequilíbrios passageiros no funcionamento do mercado. Foi então que o inglês John Maynard Keynes destacou-se com uma ideia inovadora: segundo ele, a estabilidade do mercado era volátil demais, e os governos não podiam submeter sua população às terríveis consequências de uma crise; eles deveriam, portanto, usar a política fiscal e monetária para "levantar" a economia em momentos difíceis, elevando a demanda agregada, isto é, a demanda total da economia.

> A frase "Agora somos todos keynesianos" é, na verdade, de Milton Friedman, justamente um dos mais eminentes opositores do keynesianismo. Mais tarde, ele se queixaria de que sua frase fora tirada do contexto. O original era: "De certa maneira, somos todos keynesianos agora; mas, de outra, ninguém mais é keynesiano. Todos nós usamos a linguagem e o aparato keynesianos, mas nenhum de nós aceita mais as conclusões iniciais de Keynes" (FRIEDMAN, 1968a, p. 15, tradução nossa).

Em outras palavras, Keynes afirmava que o mercado, sozinho, não conseguia garantir sempre o pleno emprego, o que tornava necessária uma "mãozinha" do Estado para que se alcançasse o nível ideal de produção, aquele em que todos os fatores estão plenamente empregados. Concebida na década de 1930, a doutrina keynesiana foi aos poucos sendo adotada não apenas nos Estados Unidos, mas em países do mundo todo. Tanto que, em 31 de dezembro de 1965, uma das revistas semanais mais importantes do mundo, a norte-americana *Time*, estampou o economista inglês na capa, exibindo a histórica manchete: "Agora somos todos keynesianos".

Nos anos seguintes, porém, com a Guerra do Vietnã, que drenou o orçamento dos Estados Unidos, e o primeiro choque do petróleo, que fez o preço do barril quadruplicar, a fórmula keynesiana começou a dar sinais de desgaste. Ao mesmo tempo, foi ganhando popularidade a abordagem ortodoxa e contracionista de Milton Friedman, que já começamos a comentar no capítulo anterior.

Em 1968, Friedman havia publicado um artigo, hoje clássico, intitulado "The role of monetary policy" ("O papel da política monetária"). Nesse artigo, ele oferecia uma nova interpretação à *curva de Phillips*, uma equação usada pelos keynesianos para justificar o intervencionismo estatal. Poucos meses antes, Edmund S. Phelps (ganhador do Nobel de Economia em 2006) publicara "Phillips curves, expectations of inflation and optimal unemployment over time" ("Curvas de Phillips, expectativas de inflação e desemprego ótimo ao longo do tempo"). O texto de Phelps apresentava conclusões muito parecidas às de Friedman, de maneira que, até hoje, os trabalhos dos dois, embora desenvolvidos de modo independente, são referidos como uma coisa só: a versão Friedman--Phelps para a curva de Phillips.

Vamos conhecer, então, a tal curva que provocou tanto debate.

Curva de Phillips

Na verdade, a história da curva de Phillips começa em 1958, uma década antes dos artigos de Friedman e de Phelps. Nesse ano, o economista A. William Philips (1958) publicou um estudo que relacionava taxa de variação do salário nominal e taxa de desemprego. Usando dados do Reino Unido que cobriam o período entre 1861 e 1913, Phillips demonstrou que, nas épocas em que a taxa de desemprego era baixa, o salário nominal subia mais. Em outras palavras, quando todo mundo estava empregado, as empresas precisavam pagar um salário mais alto para atrair trabalhadores. Com isso, ficava provado que a lei da oferta e procura valia também para os salários (embora seja limitada pela rigidez salarial, conforme estudamos na segunda seção deste capítulo).

Pouco tempo depois, estudos semelhantes em outros países chegaram a conclusões parecidas. O mais famoso deles foi conduzido por Paul Samuelson e Robert M. Solow (1960) com dados da economia norte-americana entre 1935 e 1960. Porém, em vez de investigar o aumento dos salários nominais — ou seja, a *inflação salarial* —, esses dois estudiosos analisaram o aumento dos preços de maneira geral, a inflação propriamente dita. E foi essa versão da curva de Phillips que se tornou mais conhecida, a que demonstrava uma *relação inversa entre taxa de inflação e taxa de desemprego*, como se vê na Figura 4.6.

Essa versão de Samuelson e Solow para a curva de Phillips sugeria a existência de um *trade-off* (veja conceito no boxe) entre inflação e desemprego: se quisesse manter o desemprego baixo, o governo teria de aceitar uma inflação mais alta; se quisesse baixar a inflação, teria de conviver com mais desemprego. Embora não fizesse parte do modelo keynesiano original, tal interpretação da curva dava argumentos para quem defendia a manipulação do nível de produção e emprego via política monetária — com mais dinheiro na economia, a inflação aumentava, mas em compensação as pessoas consumiam mais, as empresas produziam mais e, por conseguinte, o desemprego caía.

> *Em economia, o termo trade-off designa uma opção, uma escolha exercida pelos agentes econômicos. Como você já deve ter ouvido falar, Economia é a ciência que estuda as maneiras pelas quais o ser humano pode utilizar os recursos escassos para satisfazer suas necessidades e desejos. Afinal, nossos desejos e necessidades são quase infinitos, ao passo que os recursos disponíveis (dinheiro, tempo, petróleo, florestas, mão de obra etc.) são sempre limitados. Então, é necessário fazer escolhas, abrindo mão de uma coisa em troca de outra — esse é, precisamente, o conceito de trade-off. Quando você optou por estudar Economia Brasileira em vez de Arte Barroca, por exemplo, fez um trade-off, optando por investir seus recursos (tempo, dinheiro e energia) nessa disciplina e, consequentemente, abrindo mão da outra.*

Figura 4.6 A curva de Phillips em sua versão mais conhecida.

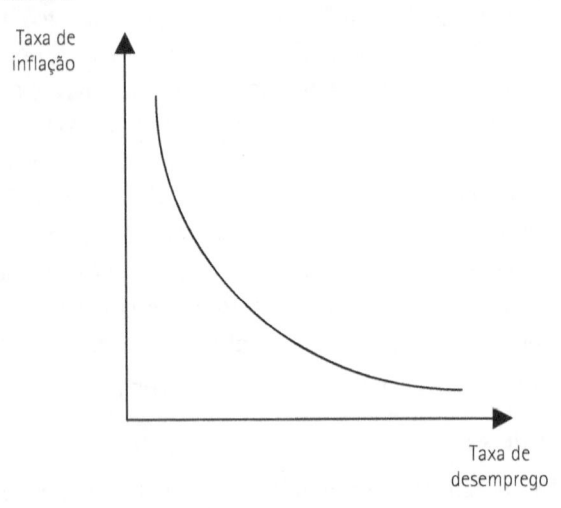

Friedman (1968b) e Phelps (1967), porém, viam problemas nessa abordagem. Em primeiro lugar, eles enfatizavam que, mesmo quando todos os fatores de produção estão plenamente empregados, sempre existe a já comentada taxa natural de desemprego. Quando a taxa efetiva de desemprego é igual à natural, a inflação fica estável. Mas, à medida que os governos intervêm na economia, na tentativa de manter a taxa de desemprego em um nível inferior ao natural, eles acabam aumentando a inflação.

Assim, segundo Friedman e Phelps, o *trade-off* sugerido pela curva de Phillips existia, sim, mas não entre inflação e desemprego, e sim entre a inflação gerada por um Estado interventor — a chamada *inflação inesperada*, ou *inflação surpresa* — e desemprego. A lógica dessa nova interpretação é a seguinte: imagine que os empresários e trabalhadores de determinado país esperem uma inflação de 5% para o período seguinte. A essa taxa de inflação, a taxa natural de desemprego é de 7%.

O governo desse país considera, porém, tal taxa de desemprego alta demais e quer abaixá-la para, digamos, 3%, por isso estimula a economia emitindo mais moeda. Conforme estudamos no capítulo anterior, com mais moeda circulando, aumenta a demanda (todos querem consumir) e, consequentemente, os preços sobem, ou seja, ocorre inflação. Nesse caso, imaginemos que a inflação efetiva após a intervenção da autoridade monetária tenha alcançado os 10%.

As empresas percebem, então, que houve perda no poder aquisitivo do salário de seus funcionários – ou seja, uma queda no salário real. Para não perder seus trabalhadores, elas lhes concedem um aumento *nominal* a fim de repor a inflação.

Acontece que os trabalhadores demoram para perceber que esse aumento é apenas para repor a inflação e o interpretam como um aumento *real*. Animados por estar ganhando mais, eles consomem mais também. A produção aumenta, mais trabalhadores são contratados, e a tentativa do governo de estimular a economia parece bem-sucedida. Contudo, a inflação também está crescendo.

No período seguinte, os trabalhadores já terão percebido que aquele aumento salarial era apenas para repor a inflação; portanto, vão exigir um aumento maior ainda no período seguinte. Assim, para causar o mesmo efeito estimulante conseguido antes, a autoridade monetária terá de injetar mais moeda na economia, alimentando cada vez mais a fogueira da inflação.

Observe que o "remédio" keynesiano só funciona porque os trabalhadores não percebem, a princípio, que o aumento salarial foi apenas para repor a inflação. Eles sofrem do que os economistas chamam de *ilusão monetária*. Se não houver ilusão monetária, a taxa de desemprego efetiva corresponderá à taxa natural de desemprego, e a inflação permanecerá constante (pode até ser alta, mas, como os salários serão reajustados na mesma proporção, será como se não houvesse inflação).

Assim, Friedman e Phelps afirmavam que a economia reagia positivamente, sim, à inflação, mas não a qualquer inflação, apenas àquela "inflação surpresa" criada artificialmente pelas autoridades monetárias. Para manter o desemprego baixo, os governos teriam, então, de estar sempre criando "inflações surpresa", as quais se retroalimentariam em uma *aceleração inflacionária*. É por isso que a interpretação de Friedman e Phelps para a curva de Phillips é conhecida como *versão aceleracionista da curva de Phillips*. Sua lógica é ilustrada na Figura 4.7.

Figura 4.7 Lógica subjacente à versão aceleracionista da curva de Phillips.

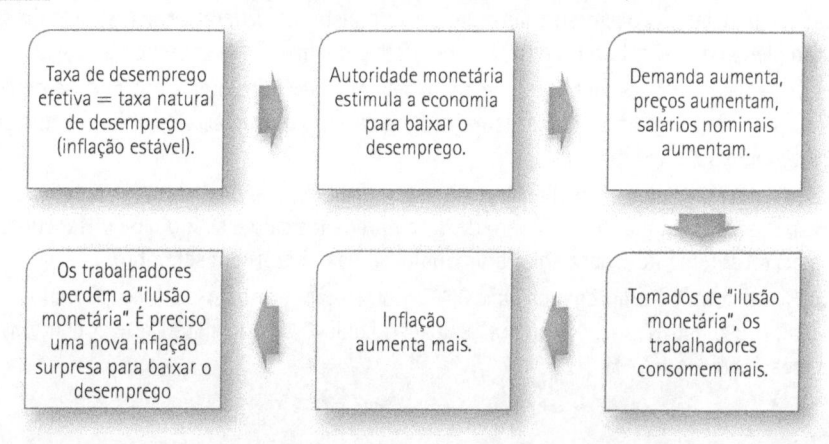

```
Taxa de desemprego       →    Autoridade monetária    →    Demanda aumenta,
efetiva = taxa natural        estimula a economia          preços aumentam,
de desemprego                 para baixar o                salários nominais
(inflação estável).           desemprego.                  aumentam.
                                                                ↓
Os trabalhadores         ←    Inflação               ←    Tomados de "ilusão
perdem a "ilusão              aumenta mais.                monetária", os
monetária". É preciso                                      trabalhadores
uma nova inflação                                          consomem mais.
surpresa para baixar o
desemprego
```

Como você deve ter percebido, a teoria de Friedman e Phelps recuperava, de certa maneira, os postulados clássicos, na medida em que condenava a intervenção do Estado na economia e pregava que o mercado se autorregularia, encontrando a taxa de desemprego natural, isto é, aquela que não aumenta a inflação. Essa e outras teses ortodoxas, alinhadas com políticas de austeridade fiscal e monetária, desfrutaram grande prestígio desde o fim dos anos 1970 até bem pouco tempo atrás, quando eclodiu a crise no mercado imobiliário dos Estados Unidos, que elevou novamente o desemprego nesse país e, de modo geral, em todo o mundo industrializado.

Hoje, economistas e governantes tentam superar o desafio de baixar a taxa de desemprego sem elevar a inflação — ou, pelo menos, sem gerar uma aceleração inflacionária como a que atingia boa parte do mundo no fim dos anos 1970, após décadas de estímulos keynesianos. Um sinal de como os dilemas do mercado de trabalho estão em evidência neste início de século foi a escolha do Nobel de Economia em 2010: os ganhadores, Peter Diamond, Dale T. Mortensen e Christopher Pissarides, investigam há décadas a adequação entre oferta e procura no mercado de trabalho, além do real efeito das políticas públicas no combate ao desemprego.

SAIU NA IMPRENSA

PORTO ALEGRE, BELO HORIZONTE E RIO ATINGEM PLENO EMPREGO

Em 3 das 6 maiores regiões metropolitanas do país, a taxa de desemprego declinou a um nível considerado como de pleno emprego — ou seja, quando a demanda se aproxima da oferta.

São elas: Porto Alegre, Belo Horizonte e Rio de Janeiro, onde as taxas ficaram, respectivamente, em 4,1%, 4,9% e 5,3% em setembro.

[...]

Não há uma definição padrão, mas muitos economistas consideram que taxas próximas a 5% significam pleno emprego. Isso porque sempre existe o chamado desemprego natural.

É que persiste uma assimetria do mercado, pela qual as vagas oferecidas nem sempre se encaixam ao perfil de quem as procura. Além disso, há pessoas que estão buscando o emprego ideal e não se ocupam até encontrá-lo.

Porto Alegre já vivia uma realidade melhor há mais tempo — em setembro, a ocupação cresceu 1% ante agosto, enquanto o número de desempregados caiu 8%. Rio e Belo Horizonte avançaram mais recentemente e não registraram indicadores tão bons em setembro.

No Rio, o total de empregados caiu 0,4% em relação a agosto. Já o de desocupados teve queda maior: 8%. Em Belo Horizonte, a ocupação subiu 0,2%, ao passo que o contingente de desempregados recuou 7,7%.

Para Fábio Romão, economista da LCA, o conceito de pleno emprego é controverso, ainda mais no Brasil. "Há uma disparidade de renda muito grande no país e alta informalidade."

Na média, porém, o desemprego caiu graças a São Paulo, onde a ocupação cresceu 0,7% de agosto para setembro e o número de desempregados cedeu 7,4%.

Fonte: *Folha de S.Paulo*, 22 out. 2010, fornecido pela Folhapress.

1. Releia: "Em 3 das 6 maiores regiões metropolitanas do país, a taxa de desemprego declinou a um nível considerado como de pleno emprego — ou seja, quando a demanda se aproxima da oferta". Relacione essa definição de pleno emprego com o conceito de equilíbrio de mercado concebido pelos economistas clássicos.

2. É comum a imprensa usar o termo "empregados" (que, como vimos neste capítulo, tem um significado específico dentro da PME) no lugar de "ocupados". Observe, por exemplo, como isso foi feito no seguinte trecho: "No Rio, o total de empregados caiu 0,4% em relação a agosto. Já o de desocupados teve queda maior: 8%". Na verdade, de acordo com a terminologia da PME, o correto seria dizer que o total de *ocupados* caiu 0,4%. De fato, examinando os resultados da PME de setembro de 2010, aos quais a reportagem se refere, encontramos os seguintes números (em mil pessoas) para o Rio de Janeiro:

	agosto/2010	setembro/2010
Pessoas ocupadas	5.268	5.247
Pessoas desocupadas	318	292

Levante hipóteses: o que poderia explicar essa pequena queda no número de ocupados (0,4%) e, simultaneamente, uma queda bem maior (8%) no número de desocupados?

3. Segundo o especialista ouvido pela reportagem, "o conceito de pleno emprego é controverso, ainda mais no Brasil". Relacione essa afirmação com o conceito de desemprego oculto adotado na Pesquisa de Emprego e Desemprego. Além disso, responda: por que o conceito de pleno emprego seria controverso até hoje? Se necessário, pesquise mais.

NA ACADEMIA

- Reúna-se com dois ou três colegas. Juntos, acessem o portal do IBGE (<www.ibge.gov.br>) e, em seguida, abram a seção Indicadores > Pesquisa Mensal de Emprego > Estudos. Nessa seção, vocês encontrarão vários estudos sobre características específicas do mercado de trabalho brasileiro, como inserção da mulher, das diferentes etnias ou das pessoas com mais de 50 anos.
- Escolham um desses estudos, leiam-no inteiramente, discutam o texto e, depois, preparem-se para apresentá-lo oralmente aos colegas.

Pontos importantes

- As principais fontes de dados sobre o mercado de trabalho brasileiro são a Pesquisa Mensal de Emprego (PME); a Pesquisa de Emprego e Desemprego (PED); e a Pesquisa Nacional por Amostra de Domicílios (PNAD).
- Segundo o IBGE, população economicamente ativa (PEA) são todas as pessoas ocupadas ou desocupadas no instante considerado. Em outras palavras, são as pessoas que já trabalham ou estão dispostas a trabalhar. Elas compõem a força de trabalho do país.
- A taxa de desemprego aberto é a proporção de pessoas pertencentes à PEA que não estavam trabalhando e efetivamente procuraram trabalho no período considerado. Já a taxa de desemprego oculto considera os desalentados (aqueles que desistiram de procurar trabalho e acabaram voltando à população economicamente inativa) e os que trabalham em condições precárias. A PME considera apenas o desemprego aberto ao calcular sua taxa de desemprego (taxa de desocupação), ao passo que a PED leva em conta também o desemprego oculto, calculando, assim, o desemprego total.
- Pleno emprego é a situação em que todos os fatores de produção, inclusive o trabalho, estão plenamente empregados. Admite-se que, mesmo no pleno emprego, exista uma taxa natural de desemprego, provocada pelo desemprego friccional, pelo estrutural e pelo desemprego voluntário, aquele em que a pessoa prefere não trabalhar por considerar o salário insuficiente.
- O desemprego estrutural surge em decorrência da rigidez salarial: certos grupos populacionais são menos atraentes aos empregadores e só conseguiriam um emprego mediante salários abaixo do mercado, mas, como existem limites à negociação salarial (salário mínimo, atividade sindical, salário-eficiência), essas pessoas permanecem desempregadas por longos períodos. Já o desemprego friccional reflete desencontros temporários entre os trabalhadores e as vagas de emprego; tais desencontros podem advir de falhas na informação, ou de descompassos em termos de qualificações, região geográfica ou setores e, também, do próprio tempo decorrido na busca por um "casamento" adequado entre profissional e vaga de emprego. Por fim, o desemprego conjuntural ou cíclico é aquele relacionado a crises na economia, podendo ser revertido quando o ritmo de produção se recupera.
- Salário nominal é a quantidade em moeda que um trabalhador recebe em determinado instante, enquanto o salário real reflete o poder aquisitivo dessa quantidade de moeda, fornecendo, portanto, uma medida do "preço relativo" da mão de obra.

- A curva de Phillips foi originalmente concebida por A. William Philips e constatava uma relação inversa entre taxa de variação do salário nominal e taxa de desemprego. Estudos posteriores extrapolaram essa constatação para demonstrar que a taxa de desemprego estaria inversamente relacionada à taxa de inflação de modo geral, não apenas à inflação salarial. Desse modo, existiria um *trade-off* entre inflação e desemprego: uma economia deveria optar entre alto desemprego e inflação baixa, ou o oposto. Contudo, para Milton Friedman e Edmund Phelps, quando a taxa efetiva de desemprego fosse igual à taxa natural, a inflação permaneceria constante. Portanto, o *trade-off* ocorria não entre desemprego e inflação, mas entre desemprego e uma "inflação surpresa" provocada pela autoridade monetária do país.

Referências

DIEESE – Departamento Intersindical de Estatística e Estudos Socioeconômicos. TABELA 5 – Taxa de desemprego total, por sexo: regiões metropolitanas e Distrito Federal – 1998/2010. São Paulo: Dieese, 2010. Disponível em: <http://turandot.dieese.org.br/icv/TabelaPed?tabela=5>. Acesso em: 22 nov. 2010.

_____. *Anuário dos trabalhadores 2009*. São Paulo: Dieese, 2009.

FRIEDMAN, Milton. Why economists disagree. *Dollars and deficits*. Nova York: Prentice-Hall, 1968a.

_____. The role of monetary policy. *The American Economic Review*, v. 58, n. 1, p. 1-17, mar. 1968b.

IBGE – Instituto Brasileiro de Geografia e Estatística. Pesquisa Mensal de Emprego (PME): séries históricas: pessoas desocupadas (PD), s/d. Disponível em: <http://www.ibge.gov.br/home/estatistica/indicadores/trabalhoerendimento/pme_nova/defaulttab_hist.shtm>. Acesso em: 22 nov. 2010.

PHELPS, Edmund S. Phillips curves, expectations of inflation and optimal employment over time. *Economica*, new series, v. 34, n. 135, p. 254-281, ago. 1967.

PHILLIPS, A. W. The relation between unemployment and the rate of change of money wage rates in the United Kingdom, 1861-1957. *Economica*, v. 25, n. 100, p. 283-299, nov. 1958.

SAMUELSON, Paul A.; SOLOW, Robert M. Analytical aspects of anti-inflation policy. *American Economic Review*, n. 50, p. 177-184, maio 1960.

Capítulo 5

SETOR EXTERNO

Neste capítulo, abordaremos as seguintes questões:
- O que a teoria da vantagem comparativa nos diz sobre o livre--comércio entre os países?
- Quais são as três principais justificativas para o protecionismo?
- Qual a diferença entre barreiras tarifárias e não tarifárias?
- O que é balanço de pagamentos e quais contas o compõem?
- Qual a diferença entre taxa de câmbio nominal e taxa de câmbio real?
- Em que circunstância existe paridade do poder de compra?
- Em que circunstância existe paridade de juros?
- O que determina a taxa de câmbio no curto prazo? E no longo prazo?
- Quais são as três fases históricas que o sistema monetário internacional já atravessou?
- De quais opções de regimes cambiais os países dispõem? E qual a mais comum hoje?

Introdução

Na introdução a esta segunda parte do livro, comentamos que um dos fatores que afetavam a macroeconomia de um país era o setor externo. De fato, os países não operam no vácuo: cada vez mais, as finanças dentro das nossas fronteiras dependem de nossas trocas com o resto do mundo.

Para abordar esse complexo assunto, dividimos o presente capítulo em cinco seções. Na primeira, conheceremos a teoria da vantagem comparativa e saberemos por que ela é um poderoso argumento a favor do livre-comércio entre os países. Na segunda, descreveremos as principais justificativas para o protecionismo, isto é, para o erguimento de barreiras contra esse livre-comércio, bem como os dois tipos de medidas protecionistas – as barreiras tarifárias e as não tarifárias – e os efeitos que cada um provoca. Na terceira seção, conheceremos o balanço de pagamentos, a mais importante fonte de informações sobre o setor externo de um país. Na quarta, discorreremos sobre taxas de câmbio, a "linguagem" que os países falam ao transacionar entre si. Ao tratar das taxas de câmbio, explicaremos também as teorias sobre paridade do poder de compra e paridade de juros, dois conceitos importantes para entender o setor externo da economia. Por fim, na quinta e última seção, descreveremos os principais regimes cambiais adotados pelos países na história recente.

Teoria da vantagem comparativa

A vida de um operário inglês no início do século XIX não era fácil. Além de trabalhar 12 ou mais horas por dia, de segunda a segunda, e de viver em cubículos insalubres, ainda tinha de gastar boa parte de seu parco ordenado com pão e outros alimentos básicos. Isso porque, de 1792 a 1815, os bloqueios impostos à Inglaterra pelo exército de Napoleão, combinados com uma série de safras ruins, haviam feito com que os preços dos cereais disparassem no país.

Para piorar a situação, o governo insistia em manter as chamadas *Corn Laws*, ou *Leis dos Cereais*, que impediam a importação de milho, trigo e outros grãos das demais nações europeias, ou dos Estados Unidos. A barreira era uma exigência dos proprietários de terra ingleses – uma classe social rica e conservadora, tão bem retratada nos livros de Jane Austen, como *Orgulho e preconceito* ou *Emma*.

Em 1815, David Ricardo (1772-1823), um londrino que havia feito fortuna na bolsa e agora se dedicava a estudar economia e política, publicou um texto hoje clássico, intitulado *Essay on the influence of a low price of corn on the profits of stock* ("Ensaio acerca da influência de um baixo preço do cereal sobre os lucros do capital"). Nele, Ricardo denunciava que as leis protecionistas inglesas estavam beneficiando um setor pouco produtivo – os atrasados latifúndios – à custa dos setores mais produtivos da economia – comerciantes, industriais e operários.

Sua *teoria da vantagem comparativa*, apresentada no ensaio e desenvolvida no livro *Principles of political economy and taxation* ("Princípios de economia política e tributação"), de 1817, é até hoje o argumento mais forte a favor do livre-comércio entre os países. Em linhas simples, o raciocínio da teoria é o que expomos a seguir.

Vamos tomar como exemplo dois países — e, para seguir o original de Ricardo, digamos que eles sejam Portugal e Inglaterra. Imaginemos, agora, que as horas de trabalho necessárias em cada país para produzir uma garrafa de vinho e um metro de tecido sejam as indicadas no Quadro 5.1.

Nesse caso, cada um dos países possui uma *vantagem absoluta* na produção de determinado bem. Portugal é mais produtivo no setor de vinho: leva apenas uma hora para produzi-lo, enquanto a Inglaterra leva três horas. A Inglaterra é mais produtiva no setor de têxteis: leva uma hora para produzir um metro de tecido, enquanto Portugal leva três. Logo, parece óbvio que os dois países só terão a ganhar com o comércio — Portugal se especializará (empregará todos os seus recursos) em vinhos, que produz com grande eficiência, e venderá seu excedente à Inglaterra; esta, por sua vez, vai se especializar em tecidos, que também produz com grande eficiência, e venderá seu excedente a Portugal. Assim, as trocas entre os dois países permitirão a cada um *consumir o bem desejado a preços menores e, consequentemente, consumir mais* — eis a vantagem do livre-comércio.

Os benefícios mútuos do comércio numa situação de vantagem absoluta como essa já haviam sido demonstrados pelo próprio "pai" do liberalismo econômico: Adam Smith, que pregara as vantagens da divisão internacional do trabalho na obra *A riqueza das nações* (1776). O modelo de Smith não contemplava, porém, todas as possibilidades de comércio. Imaginemos, por exemplo, que os números sejam um pouco diferentes, tais como apresentados no Quadro 5.2.

Quadro 5.1 Um exemplo de vantagem absoluta na produção.

Trabalho necessário para produzir...	Em Portugal	Na Inglaterra
Uma garrafa de vinho	1 hora	3 horas
Um metro de tecido	3 horas	1 hora

Quadro 5.2 Um exemplo de vantagem comparativa na produção.

Trabalho necessário para produzir...	Em Portugal	Na Inglaterra
Uma garrafa de vinho	1 hora	3 horas
Um metro de tecido	1 hora e meia	2 horas

Nessa nova configuração, Portugal tem vantagem absoluta na produção dos *dois* bens: o trabalho necessário para produzir vinho ou para fabricar tecido é sempre menor em Portugal do que na Inglaterra. De que maneira, então, o comércio internacional seria vantajoso para Portugal, isto é, que vantagem ele teria em se especializar na produção de determinado bem?

A grande inovação da teoria de David Ricardo foi demonstrar que, mesmo quando um país tem vantagem absoluta na produção de dois bens, ainda assim pode lhe ser benéfico especializar-se em um deles e adquirir o outro no estrangeiro, caso ele tenha uma *vantagem comparativa* na produção do primeiro bem. No exemplo que estamos acompanhando, Portugal tem uma vantagem comparativa na produção de vinhos. Em outras palavras, Portugal é bom em tudo, mas, comparativamente, é melhor em vinhos. Do outro lado, também é válido dizer que a Inglaterra é ruim em tudo, mas, comparativamente, é menos ruim na produção de tecidos.

Para entender melhor esses resultados, vamos analisar, no tópico seguinte, um elemento fundamental em economia, colocado em evidência pela teoria de David Ricardo: o custo de oportunidade. Em um segundo tópico, examinaremos a relação entre o livre-comércio e a alocação eficiente de recursos.

Comércio exterior e custo de oportunidade

O conceito de *custo de oportunidade* está ligado ao que já comentamos no capítulo anterior sobre recursos limitados *versus* necessidades infinitas. Toda vez que usamos nossos recursos para atender a determinada necessidade, automaticamente abrimos mão da oportunidade de usá-los para atender a outra necessidade. Produzir tecido tem um custo de oportunidade para os portugueses, porque eles estão desviando recursos que seriam destinados à produção de vinho. De acordo com os dados do Quadro 5.2, esse custo é de uma garrafa e meia de vinho a cada metro de tecido, pois é essa a quantidade de vinho que os portugueses deixam de produzir a cada uma hora e meia destinada à produção de um metro de tecido.

No comércio exterior, a vantagem comparativa surge quando o custo de oportunidade de produzir um bem é menor para o produtor de um país do que para o produtor do outro país. Vamos pensar nisso usando os dados do Quadro 5.2:

- Em Portugal → para produzir 1 garrafa de vinho, abre-se mão de 0,66 metro de tecido (1 ÷ 1,5)
- Na Inglaterra → para produzir 1 garrafa de vinho, abre-se mão de 1,5 metro de tecido (3 ÷ 2)

Portanto, apesar de Portugal ter vantagem absoluta na produção dos dois bens, vai se especializar em vinhos porque possui o menor custo de oportunidade, ou seja, desvia menos recursos da produção de tecido. A análise vale também no caso de tecido: Portugal tem um custo de oportunidade de produzir tecido de 1,5 (1,5 ÷ 1), enquanto na Inglaterra esse custo é de 0,66 (2 ÷ 3). Portanto, apesar de a Inglaterra ser menos eficiente do que Portugal na produção dos dois bens, produzirá tecido porque desvia menos recursos da produção de vinho.

Aplicando essas teses à situação de sua época, Ricardo provou que a insistência das autoridades inglesas em manter a produção de cereais nas mãos dos agricultores nacionais desviava recursos (capital, mão de obra) da nascente indústria, um setor mais produtivo. Para se tornar uma economia realmente dinâmica (como de fato se tornaria poucas décadas depois), a Inglaterra precisava parar de dar proteção a setores ineficientes e deixar os agentes econômicos decidirem livremente como alocar seus recursos – o que nos leva à discussão do próximo tópico.

Livre-comércio e alocação eficiente de recursos

A teoria da vantagem comparativa também está intimamente ligada a um conceito que comentamos no Capítulo 3: a *alocação eficiente de recursos* na economia. Segundo os economistas liberais (como Adam Smith e David Ricardo), na ausência de intervenções por parte do Estado, os agentes de uma economia alocam seus recursos da maneira mais eficiente ou racional possível, guiados pelo sistema de preços relativos.

Para entender como essa ideia se relaciona ao comércio internacional, imagine que você tenha uma fábrica de guarda-chuvas e, nos últimos anos, venha enfrentando uma concorrência feroz dos produtos chineses. Você já diminuiu sua margem de lucro para abaixar um pouco os preços, mas, ainda assim, os guarda-chuvas chineses continuam mais baratos – e por isso vendem mais – que os seus. Nessa situação, você só tem duas saídas: ou arruma uma maneira de reduzir seus custos, para abaixar os preços até o nível dos chineses, ou investe em qualidade, oferecendo ao consumidor um motivo para pagar mais por seus produtos (maior durabilidade, por exemplo). Se nenhuma dessas estratégias funcionar, você será forçado a sair do mercado, desalocando seus recursos do ramo de guarda-chuvas e realocando-os em outro setor no qual seja possível um retorno melhor.

Tudo isso reflete as relações naturais do mercado. Mas, se o governo protege a indústria nacional de guarda-chuvas estabelecendo uma barreira à importação dos produtos chineses, os empresários nacionais não são impelidos a investir na redução de custos e/ou na qualidade. Quem paga por isso? O consumidor, claro, que se vê obrigado a comprar produtos caros e de menor qualidade – e, em última instância, todo o restante da economia, conforme demonstrou David Ricardo.

O ensaio de Ricardo juntou-se ao arsenal argumentativo dos *livre-cambistas*, grupo que defendia as trocas comerciais livres entre os países, sem quaisquer barreiras, opondo-se, assim, aos chamados *protecionistas*. Ainda levaria alguns anos, porém, para que fosse fundada a organização que realmente mobilizaria a opinião inglesa contra as barreiras comerciais: a Liga contra a Lei dos Cereais. Seu criador, Richard Cobden, percorreu o país convencendo o público e, no fim, persuadiu também o primeiro-ministro, sir Robert Peel. Em 1846, as Leis dos Cereais foram definitivamente revogadas na Inglaterra.

> *A revista inglesa* The Economist, *hoje um dos mais importantes periódicos de economia do mundo, nasceu para dar voz aos livre-cambistas. Ela foi fundada em 1843 pelo escocês James Wilson, com auxílio da Liga contra a Lei dos Cereais.*

Protecionismo: barreiras tarifárias e não tarifárias

Enquanto David Ricardo tentava convencer seus conterrâneos das vantagens do livre-comércio, do outro lado do Atlântico os norte-americanos pareciam seguir na direção contrária da antiga metrópole. Em 1791, Alexander Hamilton, o primeiro secretário do Tesouro dos Estados Unidos, enviou ao Congresso um escrito intitulado *Report on manufactures* ("Relatório sobre manufaturas"), que se tornaria uma das maiores peças de defesa do protecionismo.

No relatório, Hamilton argumentava que, para que a recém-conquistada independência política do país se convertesse em uma independência econômica também, era necessário proteger a nascente indústria norte-americana, tanto por meio do estabelecimento de barreiras à importação (leia-se — à importação de manufaturados ingleses), quanto pela concessão de subsídios aos empreendedores nacionais. As ideias de Hamilton foram, de fato, acatadas pelos parlamentares norte-americanos, que, na primeira metade do século XIX, colocaram em prática um dos mais notáveis programas protecionistas da história econômica mundial, responsável, pelo menos em parte, pelo extraordinário desenvolvimento da indústria dos Estados Unidos nesse período.

O economista alemão Friedrich List, que viveu exilado nesse país entre 1825 e 1834, teve contato com tais práticas e publicou, em 1841, já de volta à Alemanha, uma obra de grande repercussão que sistematizava a defesa teórica do protecionismo: *The national system of political economy* ("O sistema nacional de economia política"). Tanto no raciocínio de Hamilton quanto no de List, aparece o primeiro argumento a favor das barreiras ao livre-comércio: a *proteção à indústria nascente*.

> O economista argentino Raúl Prebisch (1901-1986) ajudou a criar a Cepal e se destacou, ao lado de Celso Furtado, como o grande nome do estruturalismo econômico. Reveja o que comentamos sobre a Cepal e o estruturalismo no Capítulo 3.

Em meados do século XX, o protecionismo ganharia uma nova justificativa. Em uma série de artigos e livros, Raúl Prebisch (veja boxe) passou a argumentar que as vantagens do livre-comércio propaladas por David Ricardo e seus seguidores não estavam beneficiando os países subdesenvolvidos, como os latino-americanos. A razão era que, ao longo dos anos, esses países vinham sofrendo uma *deterioração dos termos de troca*: os bens primários, seus principais produtos de exportação, estavam ficando cada vez mais baratos, comparativamente aos bens industrializados que eles precisavam importar. Assim, para equilibrar suas contas externas, esses países se viam forçados a exportar volumes cada vez maiores, por preços unitários cada vez menores.

Como solução, Prebisch propunha que os países subdesenvolvidos implantassem o *processo de substituição de importações (PSI)* — isto é, a indústria nacional deveria ser favorecida (inclusive por meio de barreiras à entrada de manufaturados estrangeiros) para que o país passasse a fabricar os produtos que antes importava, assumindo, assim, posição menos frágil no comércio internacional. Tal ideia foi acatada em muitos países, inclusive no Brasil, conforme estudaremos a partir do Capítulo 9.

Por fim, um terceiro e último argumento a favor do protecionismo refere-se ao direito que uma economia tem de defender-se contra o *comércio desleal* praticado por suas concorrentes estrangeiras. O exemplo mais típico de prática comercial desleal é o *dumping* – ou seja, o ato de cobrar do consumidor estrangeiro um preço inferior ao que se cobra do consumidor nacional. Seria o caso, por exemplo, de uma empresa norte-americana que cobrasse 50 dólares (sem impostos) por certo produto nos Estados Unidos e, no Brasil, cobrasse 30 dólares (sem impostos) pela mesma mercadoria – isso seria considerado *dumping* e poderia ser impedido por medidas protecionistas determinadas pelo governo brasileiro.

Portanto, se o livre-comércio tem como principal argumento a teoria da vantagem comparativa, o protecionismo, por sua vez, apoia-se em três justificativas básicas: a) a necessidade de proteger a indústria nascente; b) a necessidade de substituir importações para refrear a deterioração dos termos de troca; e c) o direito de proteger-se do comércio desleal.

De modo geral, as medidas protecionistas podem ser divididas em dois grandes grupos: as *barreiras tarifárias* e as *barreiras não tarifárias*. Cada um desses tipos de barreira gera diferentes efeitos sobre a economia do país que o adota, conforme detalharemos a seguir.

Barreiras tarifárias

As *barreiras tarifárias* nada mais são do que os impostos de importação. Elas podem ser *específicas* (por exemplo, uma tarifa de 100 dólares sobre cada tonelada de trigo), *ad valorem* (um percentual sobre o valor da mercadoria, como, por exemplo, 5% sobre o valor do trigo) ou *mistas*, combinando características das duas formas anteriores.

> Os impostos de importação são um dos componentes das chamadas taxas alfandegárias. O outro são os impostos de exportação.

Para entender os efeitos da adoção de barreiras tarifárias sobre a economia de um país, vamos voltar ao exemplo do guarda-chuva. Imagine primeiro um país hipotético que não pratica o comércio internacional; nesse país, a indústria local vende guarda-chuvas a $ 15 cada e, para tal nível de preço, a quantidade demandada pela população é de 150 guarda-chuvas por mês. Imagine, agora, que esse país comece a praticar o comércio exterior e a receber guarda-chuvas mais baratos, vendidos por $ 10 cada. Nessa nova situação, a demanda por guarda-chuvas aumentará para, digamos, 200 unidades por mês – afinal, agora que o preço caiu, não vale mais a pena tomar chuva.

Diante da concorrência estrangeira, alguns produtores nacionais saem do mercado (realocando seus recursos em outro setor), e os que restam são forçados a baixar seu preço também para $ 10. Como alguns deixaram o mercado, a produção nacional cai para 80 guarda-chuvas por mês, de modo que os 120 restantes são supridos por importações.

Imagine, então, que, neste ponto da história, o governo do país estabeleça uma tarifa *ad valorem* de 30% sobre o guarda-chuva importado, ou seja, $ 3 a cada unidade. Com isso, o produto estrangeiro passará a custar $ 13. E os produtores nacionais que permaneceram no mercado, para não ficar para trás, aumentarão seu preço também para $ 13. Por esse preço, as pessoas pensam duas vezes antes de comprar um guarda-chuva, e a demanda cai para 170 unidades mensais. Por outro lado, alguns empreendedores nacionais que haviam deixado o mercado agora voltam, animados pelo preço maior. Assim, a produção nacional aumenta para 140 unidades, e os 30 restantes continuam sendo supridos pelo produto importado.

O Quadro 5.3 resume esses resultados do estabelecimento da barreira tarifária.

Concluímos, portanto, que os principais efeitos da imposição de uma barreira tarifária sobre uma economia são:

- o aumento do preço nacional;
- o aumento da produção nacional (e, consequentemente, do nível de emprego);
- a diminuição da demanda nacional;
- a diminuição da parcela da demanda nacional suprida por importações.

> A diminuição da demanda gerada pela imposição da barreira tarifária confirma o que dissemos antes: a vantagem do comércio exterior é permitir aos povos consumir mais, ou seja, satisfazer mais necessidades e desejos com a mesma quantidade de capital. Quando esse comércio é restrito ou interrompido, as pessoas têm de consumir menos, porque a produção fica menos eficiente e, assim, as mercadorias ficam mais caras.

Além disso, há um efeito que ainda não consideramos nesse exemplo, mas que é facilmente dedutível: a imposição da barreira tarifária *eleva as receitas públicas*, uma vez que o tributo recolhido sobre o produto estrangeiro vai parar nos cofres do governo do país em questão. No Capítulo 8, veremos que, nas primeiras décadas da história do Brasil como país independente, os impostos de importação tiveram papel fundamental em nossas receitas públicas, chegando a representar mais da metade da arrecadação.

Barreiras não tarifárias

As *barreiras não tarifárias (BNTs)* são aquelas que não envolvem a cobrança de tributos. Em outras palavras, são iniciativas para impedir, indiretamente, a entrada de concorrentes estrangeiros no mercado nacional. Esse tipo de barreira

Quadro 5.3 Exemplo dos efeitos da imposição de uma barreira tarifária.

	SEM COMÉRCIO EXTERIOR	COM COMÉRCIO, MAS SEM BARREIRA TARIFÁRIA	COM COMÉRCIO E COM BARREIRA TARIFÁRIA	EFEITOS DO ESTABELECIMENTO DA BARREIRA TARIFÁRIA
Preço	$ 15	$ 10	$ 13	Aumenta.
Produção nacional	150 unidades	80 unidades	140 unidades	Aumenta.
Demanda	150 unidades	200 unidades	170 unidades	Cai.
Volume de importações	0	120 unidades	30 unidades	Cai.

tornou-se muito comum a partir das últimas décadas do século XX, já que ele é mais fácil de dissimular perante a *Organização Mundial do Comércio* (*OMC*) – instituição formada em 1995 para substituir o *Acordo Geral sobre Tarifas e Comércio* (*Gatt*), estabelecido em caráter temporário após o fim da Segunda Guerra Mundial. A OMC zela pelo livre-comércio entre seus 153 membros e, por isso, condena a instituição de qualquer barreira, tarifária ou não.

As BNTs estão tão identificadas com os novos tempos da globalização (sendo, ao mesmo tempo, tão contraditórias a eles) que são frequentemente referidas como medidas de *neoprotecionismo*. Entre as principais BNTs, podemos citar:

- As **cotas** – nesse caso, em vez de cobrar uma tarifa sobre as importações, o país determina que só pode entrar uma determinada quantidade de mercadorias estrangeiras. No exemplo que estamos acompanhando, essa cota poderia ser de 20 unidades de guarda-chuva, para suprir parte da demanda nacional.
- O **monopólio estatal** – temos um bom exemplo desse tipo de BNT aqui mesmo no Brasil: até a promulgação da Lei nº 9.478, de 1997, a estatal Petrobras detinha o monopólio sobre a importação de petróleo e seus derivados.
- Os **controles cambiais** – conforme estudaremos na Parte III, em diferentes momentos do século XX o Brasil tentou restringir a importação de certas categorias de bens (geralmente manufaturados, a fim de proteger nossa indústria nascente) por meio de controles cambiais. No segundo governo de Getúlio Vargas, por exemplo, foi aprovado um regime de câmbio múltiplo, no qual os produtos importados eram divididos em cinco categorias, e aquelas que se queria limitar acabavam pagando um adicional (ágio) sobre a taxa de câmbio normal – o que tornava tais produtos, evidentemente, menos competitivos.
- A **proibição das importações (reserva de mercado)** – esse tipo de BNT consiste na proibição total da importação de determinado produto ou categoria de produtos. No Brasil, um exemplo notável foi a proibição de importar "bens e serviços técnicos de informática", com a intenção de criar uma "reserva de mercado" para os fabricantes nacionais – era a chamada *Lei de Informática* (Lei nº 7.232/84), que vigorou de 1984 a 1991.
- As **exigências sanitárias** – esse tipo de barreira é bastante comum no mercado europeu. Para exportar carne para a Europa, por exemplo, o produtor brasileiro precisa implantar um sistema de rastreamento em seu gado, de modo que os compradores possam verificar se os animais passaram por áreas com registro de febre aftosa ou outras doenças.
- As **exigências técnicas** – nem toda exigência técnica é uma BNT; só são consideradas como tais as exigências apoiadas em normas não transparentes, ou não embasadas em normas internacionalmente aceitas. Um exemplo disso foi a recente utilização, pela União Europeia, de padrões para a importação de biodiesel baseados no desempenho de um biodiesel regional, feito a partir de semente de colza (uma

planta híbrida de couve e nabo); esses padrões eram inadequados para medir o desempenho de outros tipos de biodiesel – como o brasileiro, produzido a partir de mamona e dendê.

- As **medidas *antidumping*** – falamos dessas medidas algumas páginas atrás, ao abordar o comércio desleal. Vale lembrar que, ao contrário de outras BNTs, o *antidumping* é plenamente aceito pela OMC, desde que se comprove que o outro país estava, mesmo, praticando preços inferiores aos cobrados no mercado interno.
- Os **subsídios ao produtor nacional** – essa é uma das mais antigas e criticadas formas de BNT. Pagos principalmente por Japão, Estados Unidos e países europeus, os subsídios causam prejuízos sobretudo aos países pobres, que, se não fosse por eles, levariam vantagem na produção de bens primários. Um exemplo claro é o do algodão norte-americano: embora tenha custos de produção superiores ao brasileiro e ao africano, o produto chega ao mercado internacional com preços inferiores, graças aos subsídios governamentais. No âmbito da OMC, o Brasil vem se destacando como uma importante liderança na luta pelo fim dos subsídios.

Os efeitos das barreiras não tarifárias variam de acordo com o tipo de barreira adotado. Um ponto em comum, porém, é que elas geralmente não elevam as receitas públicas, ao contrário do que fazem as tarifárias. Pelo contrário: no caso dos subsídios, em vez de receitas, as barreiras trazem despesas, dado que o governo é que terá que arcar com essa ajuda ao produtor nacional.

Todas as BNTs tendem, também, a aumentar a produção e o preço nacionais, pelo simples fato de que os concorrentes estrangeiros entram em menor quantidade no país (ou não entram, no caso da proibição total). A exceção fica por conta dos subsídios, que, pelo menos teoricamente, não elevariam o preço nacional – afinal de contas, o empreendedor nacional está tendo sua produção *subsidiada*, exatamente com o objetivo de tornar seus preços competitivos.

Veja, na Figura 5.1, um resumo do que acabamos de estudar sobre barreiras tarifárias e não tarifárias.

Balanço de pagamentos

As exportações e importações de mercadorias, sobre as quais falamos nas duas primeiras seções deste capítulo, tradicionalmente constituem os principais objetos de troca entre os países. Tudo que um país exporta menos tudo que ele importa durante determinado período forma o *saldo de sua balança comercial*, conforme ilustrado na Figura 5.2.

Contudo, exportações e importações de mercadorias não são as únicas maneiras pelos quais os países interagem economicamente. Os residentes de um país podem realizar diversas operações em outro país, como, por exemplo, compra de ações, abertura de empresas, contratação de empréstimos etc. Assim, notamos que a *balança comercial* é apenas parte de um sistema maior: o balanço de pagamentos.

Figura 5.1 Barreiras tarifárias e não tarifárias.

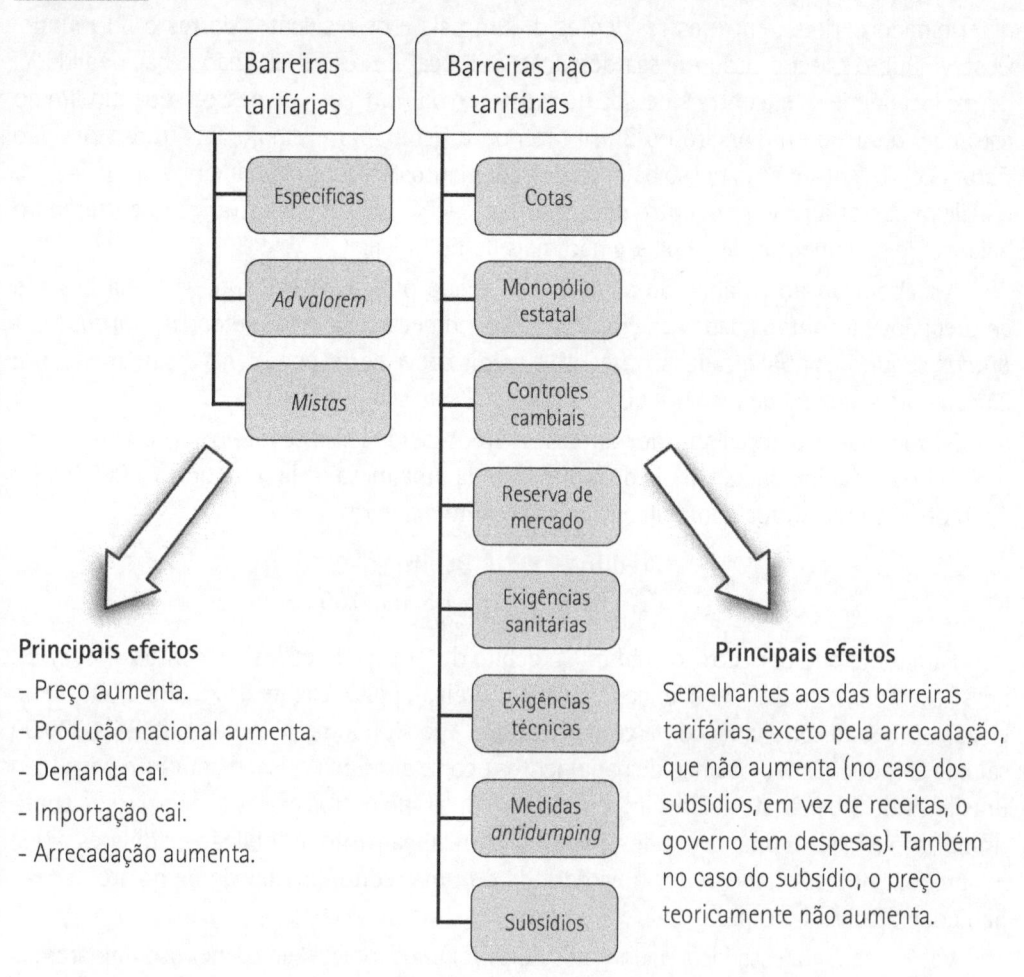

```
Barreiras tarifárias
├── Específicas
├── Ad valorem
└── Mistas

Barreiras não tarifárias
├── Cotas
├── Monopólio estatal
├── Controles cambiais
├── Reserva de mercado
├── Exigências sanitárias
├── Exigências técnicas
├── Medidas antidumping
└── Subsídios
```

Principais efeitos
- Preço aumenta.
- Produção nacional aumenta.
- Demanda cai.
- Importação cai.
- Arrecadação aumenta.

Principais efeitos
Semelhantes aos das barreiras tarifárias, exceto pela arrecadação, que não aumenta (no caso dos subsídios, em vez de receitas, o governo tem despesas). Também no caso do subsídio, o preço teoricamente não aumenta.

Figura 5.2 Saldo da balança comercial.

Saldo comercial = Exportações − Importações

Balanço de pagamentos é o registro sistemático das transações realizadas, durante determinado período, entre os residentes de um país e os residentes do resto do mundo. Observe que o critério usado nessa definição é o local de residência, não a nacionalidade, nem o local onde se encontra a pessoa no momento da transação: se pessoas que moram no estrangeiro gastarem dinheiro no Brasil fazendo turismo, por exemplo, tais transações vão figurar como "entrada" no nosso balanço de pagamentos. Da mesma maneira, se uma família brasileira passar a residir em outro país, suas transações em moeda estrangeira entrarão no balanço de pagamentos desse país, e não mais no do Brasil.

A elaboração do balanço de pagamentos segue princípios bastante semelhantes aos empregados na contabilidade das empresas. Para começar, usa-se o *método de partidas dobradas*, segundo o qual a cada lançamento a crédito deve corresponder necessariamente um lançamento a débito, de maneira que o saldo final seja sempre zero.

Se você não está familiarizado com esse método, será fácil entendê-lo usando um exemplo simples. Imagine que uma loja de móveis venda uma mesa de jantar por R$ 1.000,00. Tal operação será registrada contabilmente da seguinte maneira:

Crédito	Débito
R$ 1.000,00	– R$ 1.000,00

Para o método dar certo, o crédito e o débito devem ser lançados em contas diferentes: nesse exemplo, o crédito seria lançado na conta "Caixa", pois o cliente deixou R$ 1.000,00 no caixa; e o débito seria lançado na conta "Estoque", pois uma mesa no valor de R$ 1.000,00 saiu do estoque. Com o balanço de pagamentos ocorre a mesma coisa: se, durante um ano, o Brasil gastou 1 bilhão de dólares importando produtos de outros países – ou seja, sua conta "Importações", que é uma conta de débito, teve um lançamento de 1 bilhão de dólares –, ele vai precisar necessariamente ter uma entrada ou um crédito de 1 bilhão de dólares, senão não poderá cobrir a despesa.

Você entenderá essa ideia melhor nos dois próximos tópicos: no primeiro, detalharemos as contas do balanço de pagamentos e, no segundo, explicaremos como interpretar os resultados dessas contas.

Contas do balanço de pagamentos

Bancos centrais do mundo todo, incluindo o Banco Central do Brasil (BCB), baseiam a elaboração de seu balanço de pagamentos em um manual editado pelo FMI, o *Balance of Payments and International Investment Position Manual* ("Manual de Balanço de Pagamentos e Posição de Investimentos Internacionais"), atualmente na sexta edição. Desse modo, a metodologia e a nomenclatura usadas pelos países são basicamente as mesmas, podendo haver apenas pequenas diferenças decorrentes da tradução.

Segundo as diretrizes do FMI, o balanço de pagamentos deve ser estruturado em torno de quatro contas: transações correntes, conta capital, conta financeira e a conta de erros e omissões, conforme mostra a Figura 5.3. Nos subtópicos a seguir, conheceremos cada uma delas.

Figura 5.3 Contas do balanço de pagamentos.

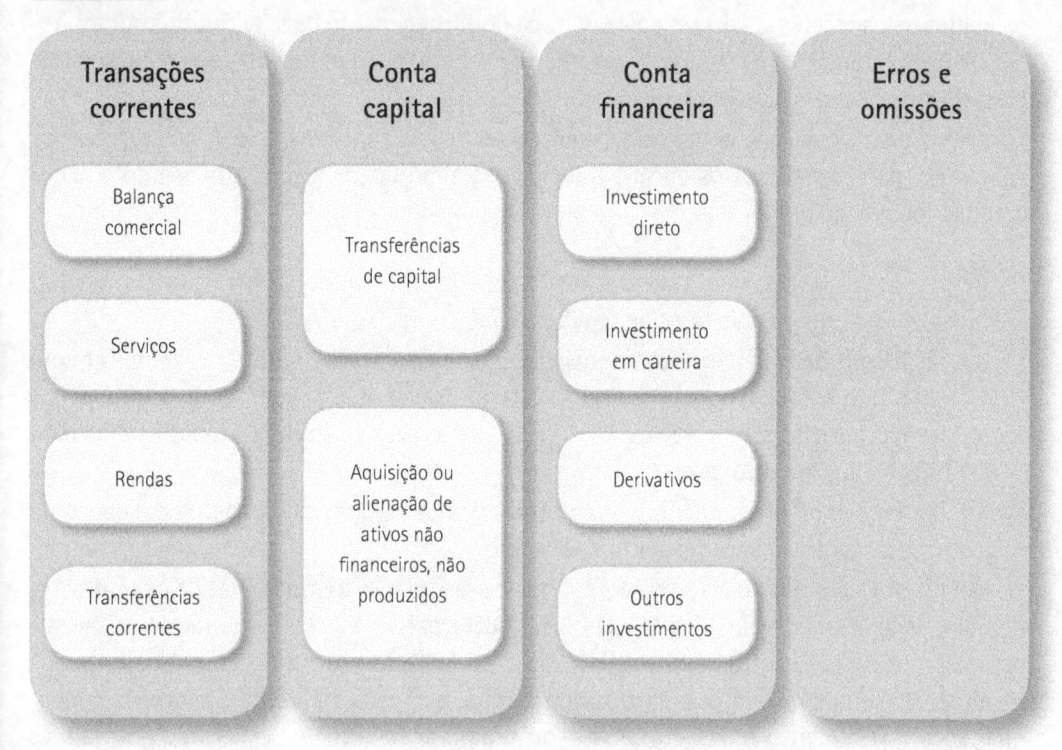

Transações correntes	Conta capital	Conta financeira	Erros e omissões
Balança comercial	Transferências de capital	Investimento direto	
Serviços		Investimento em carteira	
Rendas	Aquisição ou alienação de ativos não financeiros, não produzidos	Derivativos	
Transferências correntes		Outros investimentos	

Transações correntes

A *conta de transações correntes* está formada pelos seguintes componentes: balança comercial, serviços, rendas e transferências correntes.

Balança comercial

Nessa conta, todas as exportações do país são lançadas como crédito, e todas as importações como débito. Assim, conforme já dito, o saldo da balança comercial será igual às exportações menos as importações (créditos menos débitos). Se esse saldo é positivo, dizemos que o país teve um *superávit comercial*; se é negativo, dizemos que ele teve um *déficit comercial*.

Serviços

Os países não transacionam apenas mercadorias. Pelo contrário, à medida que as tecnologias de transporte, comunicação e informação avançam, a contratação de serviços além-fronteiras torna-se cada vez mais comum.

> Se examinar o balanço de pagamentos brasileiro no site do Banco Central (<www.bcb.gov.br>), você observará a sigla "FOB" ao lado das contas de exportações e importações. Essa sigla significa "free on board", ou livre a bordo, em português, e indica que os valores são calculados sem os custos do frete e do seguro. Estes, por sua vez, entram na conta de serviços.

A conta de serviços do balanço de pagamentos registra, pois, todos os valores pagos ou recebidos pelos residentes de um país em troca do fornecimento de serviços, tais como: fretes, viagens internacionais, seguros, *royalties* e licenças, aluguel de equipamentos, serviços prestados de governo a governo e outros.

Além disso, essa conta também inclui os serviços financeiros, isto é, as corretagens, comissões, garantias e outros encargos incidentes sobre as dívidas contraídas no exterior pelos residentes de um país.

Renda

Essa conta registra dois tipos de rendas:

- as *rendas do trabalho* — são aquelas recebidas por trabalhadores residentes em um país que estão temporariamente prestando serviços a residentes de outro país e sendo por eles remunerados, ou aqueles que cruzam a fronteira todos os dias para trabalhar em outro país; e
- as *rendas de investimentos* — correspondem à remuneração das modalidades de aplicação detalhadas na conta financeira.

Conforme veremos ao tratar da conta financeira, existem três maneiras de os residentes de um país aplicarem recursos financeiros em outro país: o investimento direto, o investimento em carteira e outros tipos de investimento (basicamente, empréstimos e financiamentos). No momento em que a aplicação é feita, ela entra na conta financeira; depois, quando o investimento rende e a pessoa ou organização colhe esses "frutos", os valores entram na conta de rendas.

Assim, as *rendas de investimento direto* incluem os lucros e dividendos relativos à participação no capital de empresas e os juros correspondentes a empréstimos intercompanhias. As *rendas de investimento em carteira*, por sua vez, englobam os lucros, dividendos e bonificações relativos a aplicações em ações e os juros correspondentes às aplicações em títulos de dívida, sejam eles públicos ou privados. Por fim, as *rendas de outros investimentos* correspondem a juros de empréstimos, financiamentos, créditos comerciais, depósitos e outros ativos e passivos.

Transferências correntes

Essa conta registra as transferências unilaterais, ou seja, aquelas que não têm contrapartida. Um bom exemplo disso é um brasileiro que vai morar no exterior e remete, mensalmente, certa quantia para seus familiares que permaneceram no Brasil. Esse valor entra como transferência corrente. O mesmo ocorre com doações feitas por um estrangeiro a uma entidade beneficente do Brasil, por exemplo.

Observe, porém, que estamos falando de transações *correntes*. Se uma família muda-se definitivamente para outro país e converte todo seu patrimônio em outra moeda, tal transação entrará na conta capital, como veremos adiante.

Conta capital

A *conta capital* registra dois tipos de transação:

- *transferências de capital* — trata-se justamente do caso que acabamos de comentar: quando uma pessoa física ou jurídica liquida seu patrimônio no país, convertendo-o totalmente em outra moeda e levando o valor apurado para o exterior, temos uma transferência de capital;
- *aquisição ou alienação de ativos não financeiros, não produzidos* — aqui estamos falando de transações que envolvem os chamados ativos intangíveis (por exemplo, logomarcas e direitos autorais cedidos definitivamente) e também recursos naturais, como a venda de terras para outro país construir sua embaixada, por exemplo.

> Não estranhe se você encontrar, em textos ou documentos mais antigos, a expressão "Conta capital e financeira". O desdobramento dessa conta em duas (capital e financeira) ocorreu em 1993, na quinta edição do manual do FMI. No Brasil, porém, a nova metodologia só seria adotada em 2001.

Conta financeira

A *conta financeira* registra as transações envolvendo ativos e passivos financeiros entre residentes e não residentes. Ela se divide em quatro grupos: investimento direto, investimentos em carteira, derivativos e outros investimentos.

Cada grupo desdobra-se em ativos e passivos, ou seja, há um item destinado a registrar fluxos que envolvem ativos externos detidos por residentes no país e outro para registrar a emissão de passivos por residentes cujo credor não reside no país.

Investimento direto

Existem duas modalidades de investimento direto:

- *participação no capital* — se os residentes de um país adquirem, subscrevem ou aumentam o capital social de empresas estabelecidas em outro país, a operação será registrada nesse item;
- *empréstimos intercompanhias* — esse item refere-se aos empréstimos concedidos pelas matrizes, sediadas em um país, a suas subsidiárias ou filiais estabelecidas em outro país.

Observe que, se uma pessoa física ou jurídica brasileira adquirir capital social de uma empresa estrangeira, ou se a matriz de uma empresa brasileira emprestar dinheiro a sua filial localizada em outro país, essas operações aumentarão os ativos do Brasil no exterior. Temos, nesse caso, o chamado *investimento brasileiro direto* (*IBD*) no exterior.

Se ocorrer o oposto, isto é, se uma pessoa física ou jurídica estrangeira adquirir capital social de uma empresa brasileira, ou se a matriz de uma empresa estrangeira emprestar dinheiro a sua filial localizada no Brasil, isso aumentará nosso passivo. Teremos, nesse caso, o *investimento estrangeiro direto* (*IED*) no Brasil.

Investimentos em carteira

São registradas nesse item as transações com títulos de crédito normalmente negociados em mercados secundários de papéis. Tais títulos podem ser de renda variável, como as ações das companhias abertas, ou de renda fixa, como bônus e *notes* emitidos por governos.

Seguindo o mesmo raciocínio do investimento direto, toda vez que um residente no Brasil compra esse tipo de título emitido por uma entidade estrangeira, nossos ativos aumentam; quando ocorre o inverso, nossos passivos é que aumentam.

Derivativos financeiros

Derivativos são ativos futuros; o nome vem do fato de que seu valor *deriva* do preço e das características dos ativos correspondentes à vista. Por exemplo: o mercado de derivativos do petróleo baseia-se nos preços e características do mercado de petróleo à vista. Um contrato futuro de café depende do café à vista; o de dólar futuro, do dólar à vista, e assim por diante. Todas as operações de derivativos envolvendo residentes e não residentes são registradas no presente item do balanço de pagamentos.

Outros investimentos

Muitas vezes, itens começados com "Outros..." não são tão relevantes em uma lista. Não é o caso aqui — o item "Outros investimentos" registra uma parte importantíssima do balanço de pagamentos:

- os *empréstimos e financiamentos* a curto e longo prazos concedidos por residentes a não residentes, ou, ao contrário, tomados por residentes de não residentes;
- as *moedas e depósitos* mantidos pelos residentes de um país em outro; e, ainda,
- os *créditos comerciais* concedidos aos exportadores de um país a seus clientes de outros países.

Para você ter uma ideia da relevância desse item, compare, no Quadro 5.4, as cifras que ele atingiu em outubro de 2010 com as atingidas por outros itens da mesma conta (conta financeira).

Erros e omissões

As informações coletadas pelo Banco Central para elaborar o balanço de pagamentos provêm de diversas fontes. É natural, portanto, que haja algumas incongruências, muitas vezes relacionadas à defasagem temporal. A conta de erros e omissões busca justamente compensar essas falhas, assegurando a homogeneidade dos dados.

Como interpretar o balanço de pagamentos

O Quadro 5.5 apresenta alguns cálculos úteis para aprendermos a interpretar o balanço de pagamentos.

Quadro 5.4 Alguns itens da conta financeira brasileira em outubro de 2010.

Investimentos diretos	Investimentos estrangeiros diretos no Brasil	Investimentos brasileiros diretos no exterior
	US$ 6,8 bilhões	US$ 2 bilhões
Investimentos em carteira	Investimentos estrangeiros em carteira	Investimentos brasileiros em carteira
	US$ 16,8 bilhões	US$ 1,52 bilhão
Outros investimentos	Outros investimentos estrangeiros no Brasil	Outros investimentos brasileiros no exterior
	US$ 4,1 bilhões	US$ 15,1 bilhões

Fonte: BCB (2010).

Primeiro, temos que o saldo em transações correntes é igual ao saldo da balança comercial mais o da balança de serviços, mais o da balança de rendas, mais o saldo de transferências unilaterais. Tradicionalmente, a balança de serviços e, sobretudo, a de rendas no Brasil são deficitárias (há mais multinacionais estrangeiras obtendo lucros no Brasil do que multinacionais brasileiras obtendo lucros no exterior). As transferências unilaterais, por sua vez, são pouco expressivas. Sobra, então, para a balança comercial a responsabilidade de gerar um superávit suficiente para cobrir os déficits nas demais balanças.

Quadro 5.5 Alguns cálculos úteis para interpretar o balanço de pagamentos.

$$TC = BC + BS + BR + TU$$
$$MK = CC + CF$$
$$BP = TC + MK + EO$$

Onde:
TC = transações correntes; MK = movimento de capitais;
BC = balança comercial; CC = conta de capital;
BS = balança de serviços; CF = conta financeira;
BR = balança de rendas; BP = balanço de pagamentos;
TU = transferências unilaterais; EO = erros e omissões.

Até este ponto do cálculo, o saldo do BP pode ser positivo ou negativo.
$$BP + VR = 0$$
Onde:
VR = variação de reservas ou haveres da autoridade monetária.

Se isso não ocorre, dizemos que o Brasil tem um *déficit em transações correntes* ou *déficit externo* e, por isso, precisa arrumar dólares no exterior para pagar suas contas que vencem em dólar. Como fazê-lo? Por meio do *movimento de capitais* (*MK*), formado pela conta financeira e pela conta capital. Os dólares entram na economia principalmente por meio dos investimentos estrangeiros diretos (IEDs), dos investimentos estrangeiros em carteira e dos empréstimos e financiamentos concedidos por entidades estrangeiras a pessoas físicas ou jurídicas residentes no Brasil.

Contudo, na hora de calcular a chamada *necessidade de financiamento externo*, o Banco Central exclui os IEDs, por não considerá-los uma forma de financiamento. Esse critério causa certa controvérsia: para alguns, os IEDs também indicam dependência do capital externo, na medida em que o país está conseguindo dólares pela venda de "pedaços" de sua economia. Nos balanços seguintes, os lucros e dividendos derivados da participação de uma empresa estrangeira no capital de uma empresa nacional vão se traduzir em dólares "voando" do balanço brasileiro para o estrangeiro, via conta de rendas.

Polêmicas à parte, há um ponto em que todos concordam: os IEDs são, pelo menos, preferíveis aos investimentos estrangeiros em carteira, pois estes últimos são extremamente voláteis. O capital especulativo entra no país porque nossos juros são comparativamente mais altos (falaremos mais disso na próxima seção, no item "Taxas de juros"); mas, diante de qualquer instabilidade internacional — como as crises de credibilidade que atingiram o México em 1994 e a Rússia em 1998 —, esse mesmo capital "bate as asas" em um piscar de olhos, deixando o país sem dólares.

Voltando ao Quadro 5.5, observamos que o saldo do balanço de pagamentos é igual ao saldo em transações correntes mais o movimento de capitais. Ora, e se a entrada de dólares via MK não for suficiente, como o país vai fazer frente a seus compromissos externos? Nessa infeliz hipótese, ele terá de mexer em suas *reservas internacionais*, ou seja, nas reservas de moeda estrangeira que todo país possui. Esses recursos ficam sob responsabilidade do Banco Central e, em sua maior parte, estão aplicados em títulos da dívida de outros países.

> *As reservas são uma conta de estoque, ao passo que o saldo (superávit ou déficit) do balanço de pagamentos é uma conta de fluxo (reveja, no Capítulo 2, o conceito de variáveis tipo estoque e fluxo). Não é coincidência que o país mais superavitário do mundo nos últimos anos — a China — seja também o que possui a maior reserva: ano a ano, os fluxos positivos vão "engordando" o estoque de reservas chinês.*

Lembra-se de que, no início desta seção, dissemos que o balanço de pagamentos segue o método das partidas dobradas, portanto seu saldo é sempre zero? Pois bem. Para chegar a esse resultado final, sempre igual a zero, existe uma conta da qual ainda não falamos: a conta de *variação de reservas internacionais* ou *haveres da autoridade monetária*. Quando o saldo do balanço de pagamentos é negativo, ocorre uma *variação negativa* da conta de reservas (as reservas diminuem); quando, pelo contrário, o saldo do balanço é positivo, ocorre uma *variação positiva* da conta de reservas (as reservas aumentam).

Em suma, ao analisar um balanço de pagamentos, precisamos prestar atenção em cinco pontos principais:

1. o *saldo da balança comercial*, que nos indicará se o país está mais exportando do que importando (superávit comercial) ou mais importando do que exportando (déficit comercial);
2. o *saldo das transações correntes*, que nos indicará se o país fechou suas contas com o resto do mundo "no azul", ou se está "no vermelho" e precisa de capital externo para financiar seu déficit;
3. o *movimento de capitais*, isto é, o saldo da conta financeira mais o saldo da conta capital, para verificar se os dólares que estão entrando são suficientes para financiar o déficit em transações correntes (caso haja);
4. os diversos itens da *conta financeira*, para avaliar a natureza dos dólares que estão entrando; e, por fim,
5. o *saldo do balanço de pagamentos*, para saber se nossas reservas internacionais aumentaram (boa notícia) ou diminuíram (má notícia).

É exatamente isso que você fará no "Estudo de caso" ao fim deste capítulo.

Taxa de câmbio

Até este ponto do estudo, foi possível perceber que o país precisa continuamente de dólares para fazer frente a seus compromissos externos — necessidade que aumenta no caso de um déficit em transações correntes. Mas o que acontece se, em algum lugar do mundo, uma crise eclode e os investidores estrangeiros, desconfiados, repentinamente retiram seus dólares do mercado brasileiro? Para saber a resposta, basta relembrar o que ocorreu no fim de 2008, após a crise detonada pelo estouro da bolha imobiliária nos Estados Unidos: o dólar subiu. E é isso que sempre ocorre quando o dólar desaparece do mercado — sua taxa de câmbio sobe. Comprove tal fato analisando a Figura 5.4.

Para entender por que isso acontece, vamos primeiro definir taxa de câmbio. A *taxa de câmbio nominal*, ou simplesmente *taxa de câmbio*, nada mais é do que a quantidade de determinada moeda que alguém precisa entregar para obter uma unidade de outra moeda. Assim, a taxa de câmbio real/dólar — que, para simplificar, chamaremos de taxa de câmbio do dólar — é a quantidade de reais que alguém precisa entregar, no *mercado de divisas*, para receber uma unidade de dólar. Se essa taxa é de 1,80, isso significa que você precisa entregar R$ 1,80 para obter US$ 1,00.

> Divisas *são as moedas estrangeiras, ou os títulos, cheques e ordens de pagamento diretamente conversíveis em moeda estrangeira. Chamamos de* mercado de divisas *ou* mercado cambial *o meio onde ocorrem as trocas de uma moeda pela outra.*

Pois bem. A taxa de câmbio é um preço como qualquer outro da economia; logo, depende da oferta e da demanda. Em um momento em que muita gente demanda dólar, o preço

Figura 5.4 Evolução da taxa de câmbio do dólar.

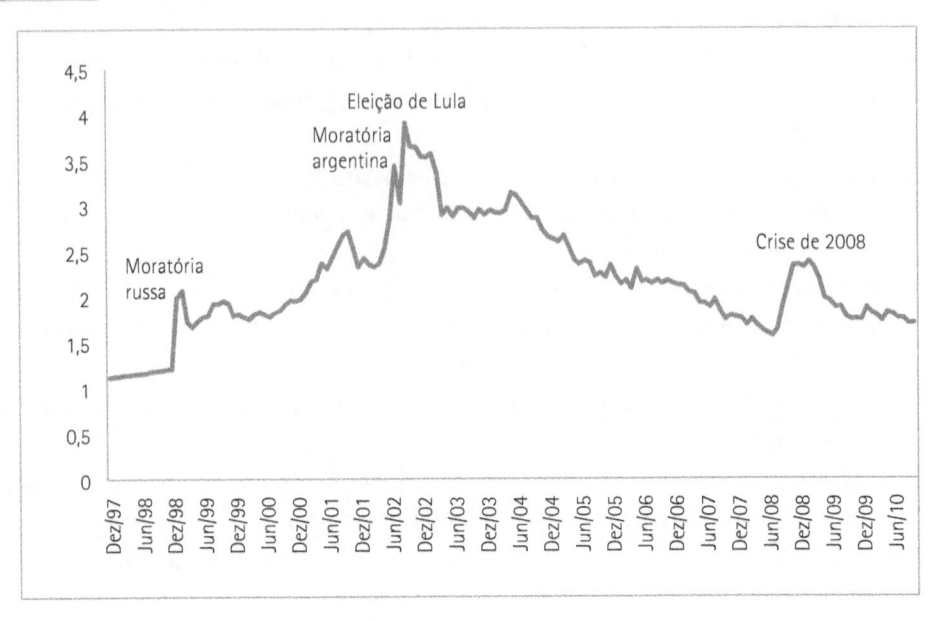

Fonte: Sistema Gerenciador de Séries Temporais do Banco Central do Brasil.

do dólar sobe – de R$ 1,80 para, por exemplo, R$ 2,00 –, ou, para usar os termos técnicos, o real sofre uma *depreciação* diante do dólar. Isso significa que precisamos de mais reais para comprar um dólar. O inverso, evidentemente, é verdadeiro: se muita gente oferta dólar, o preço do dólar cai – de R$ 1,80 para, por exemplo, R$ 1,60 –, ou seja, o real sofre uma *apreciação*: precisamos de menos reais para comprar um dólar.

De acordo com tudo que estudamos até agora, podemos concluir que o que provoca a oferta e a demanda das divisas são, basicamente, dois fluxos:

- As *transações correntes* – um aumento nas exportações brasileiras gera oferta de dólares, visto que nossos exportadores recebem dólares no exterior e querem trocá-los por reais; analogamente, um aumento nas importações brasileiras gera demanda de dólares. O turismo, que também faz parte das transações correntes (lembrando que a maior parte das atividades turísticas entra na conta de serviços), tem efeito semelhante: estrangeiros visitando o Brasil ofertam dólares, e brasileiros visitando o exterior demandam dólares.
- Os *movimentos de capitais* – como já dito, entrada de investimentos estrangeiros gera oferta de dólares, ao passo que a saída de investimentos estrangeiros gera demanda de dólares.

Desse modo, para descobrir o que determina a taxa de câmbio (pelo menos no curto prazo), precisamos definir o que afeta esses dois fluxos. É o que faremos no próximo tópico.

Durante a discussão, estudaremos também as teorias da paridade de poder de compra (PPC) e da paridade de juros e o que elas nos dizem sobre os rumos da taxa de câmbio no longo prazo.

Determinantes da taxa de câmbio

Existem basicamente três fatores que afetam as transações correntes e os movimentos de capitais — e, consequentemente, determinam a taxa de câmbio das moedas no curto prazo: a renda, a taxa de câmbio real e a taxa de juros.

Renda

O nível de renda tem sua maior influência sobre a balança comercial. Um aumento na renda disponível internamente tende a elevar as importações. Por outro lado, um aumento na renda do resto do mundo tende a elevar as exportações.

Taxa de câmbio real

Até agora falamos apenas da taxa de câmbio nominal, que, como dito, é a quantidade da moeda X que precisamos entregar em troca da moeda Y — ou seja, o preço da moeda Y. Não podemos esquecer, porém, que a moeda é um meio de troca; portanto, para conhecer o real valor de X em face de Y, precisamos saber o que cada uma dessas moedas é capaz de comprar. O que nos dará essa medida é a *taxa de câmbio real*.

Para entender esse raciocínio, imagine que você tenha planejado uma viagem aos Estados Unidos, e uma das suas intenções seja comprar um computador do tipo *tablet*. Você pesquisou o preço no Brasil e viu que o modelo desejado custa R$ 1.200; depois, visitou o *site* de uma loja americana e descobriu que o mesmo modelo custa lá US$ 500. Sabendo que o dólar está cotado a R$ 2, você percebeu que seria mais vantajoso comprar o produto no exterior. Afinal, em dólares o produto brasileiro sairia mais caro:

R$ 1.200 ÷ R$ 2 = US$ 600   (contra US$ 500 da loja americana)

Interessado no bom negócio, você separa R$ 1.000 (US$ 500 × R$ 2) das suas economias para a compra. Chegando à loja dos Estados Unidos, porém, descobre que o preço sofreu um reajuste para US$ 650. Desse modo, uma vez que a taxa de câmbio real/dólar não tenha se alterado, a quantidade de produtos (um *tablet*) que você conseguia comprar antes com aquela quantidade de dólares já não pode ser comprada. Afinal, você tem apenas US$ 500 (R$ 1.000 ÷ R$ 2) no bolso.

Isso ocorre porque os preços são reajustados em ritmos diferentes nos países ao redor do mundo. Em outras palavras, a taxa de inflação não é a mesma para todos os países. E, como já sabemos a esta altura do estudo, tais movimentos de preços dependem de vários fatores, incluindo a eficiência na produção (lembre-se do caso dos cereais ingleses) e a oferta monetária interna (lembre-se do que lemos sobre causas da inflação no Capítulo 3).

Assim, a *taxa de câmbio real* é aquela que nos indica o preço relativo dos bens e serviços de um país em relação aos bens e serviços de outros países. É ela que nos permite saber, como dito, o que cada moeda pode comprar. Sua fórmula é dada por:

$$\varepsilon = \frac{t_n \times p^{ex}}{p^n}$$

onde ε é a taxa de câmbio real; t_n é a taxa de câmbio nominal; P^{ex} é o preço médio praticado no exterior; e P^n é o preço médio nacional.

No exemplo dado, teríamos estas duas situações:

$$\varepsilon = \frac{2 \times 500}{1.200} \qquad \varepsilon = 0,83 \quad \text{(antes do reajuste)}$$

$$\varepsilon = \frac{2 \times 650}{1.200} \qquad \varepsilon = 1,3 \quad \text{(depois do reajuste)}$$

Observe que, depois do reajuste, a taxa de câmbio real do dólar aumentou, o que tornou o produto brasileiro mais competitivo em relação ao norte-americano, e o produto norte-americano, menos interessante para o consumidor brasileiro. E é exatamente isto que ocorre na prática: taxas de câmbio reais mais altas desestimulam a importação, pois os produtos estrangeiros ficam mais caros que os encontrados dentro do país; por outro lado, taxas de câmbio reais mais baixas estimulam a importação, pois os produtos nacionais é que ficam mais caros.

Como a equação nos permite perceber, a taxa de câmbio real fica mais alta ou mais baixa de acordo com alterações:

- na *taxa de câmbio nominal* – a China e outros países asiáticos, por exemplo, mantêm sua taxa de câmbio nominal artificialmente altas (são necessários muitos yuans para comprar um dólar) para favorecer as exportações;
- nos *preços estrangeiros* – a inflação norte-americana, no exemplo dado, tornou os produtos desse país menos competitivos; mas há outros motivos além da inflação para os preços de um país serem altos, conforme você e seus colegas constatarão na seção "Na academia", ao fim do capítulo;
- nos *preços nacionais* – a lógica é a mesma que a aplicada aos preços estrangeiros: inflação e outros fatores alteram os preços praticados internamente, afetando em consequência a taxa de câmbio real.

Paridade do poder de compra (PPC)

No exemplo que demos aqui, você só pôde comparar o preço de certo modelo de *tablet* porque se trata de um produto homogêneo, isto é, com as mesmas características em qualquer país do mundo. Na ausência de barreiras comerciais e de custos de transação, o preço de um produto homogêneo em países diferentes deveria ser igual, quando expresso na mesma moeda. É isso que nos diz a chamada *Lei do Preço Único*. Para que tal situação ocorra, a taxa de câmbio nominal deve refletir a relação entre esses dois preços:

$$t_n = \frac{p^n}{p^{ex}}$$

A fim de testar a validade da Lei do Preço Único, a revista *The Economist* (aquela fundada na época da luta contra as Leis dos Cereais) publica periodicamente o Índice Big Mac, que compara o preço de um dos produtos mais homogêneos do mundo — o famoso sanduíche do McDonald's — em vários países. Veja um exemplo no Quadro 5.6.

Observe a quarta coluna do Quadro 5.6, intitulada "PPC implícito do dólar". Como você deve se lembrar, empregamos a sigla "PPC" diversas vezes no Capítulo 2, ao falar sobre *PIB em dólares PPC*. Conforme vimos, essa medida do PIB nos informa a produção (e a renda) de uma economia não em dólares correntes, mas sim em termos de *paridade do poder de compra (PPC)* — ou seja, daquilo que essa economia é capaz de comprar, quando comparada a outras economias do mundo. Para tanto, elege-se uma cesta de produtos e serviços razoavelmente homogêneos e compara-se seu custo nos países analisados.

O conceito de paridade do poder de compra está intimamente ligado à taxa de câmbio. A PPC nada mais é, na verdade, do que uma taxa de câmbio nominal que leva a taxa de câmbio real a ser igual a 1, tornando válida a Lei do Preço Único. A taxa de câmbio nominal que faz isso é, por essa razão, denominada *taxa de câmbio da PPC*. E, conforme já vimos, ela é igual ao preço local de um produto homogêneo (no caso do índice da revista, o Big Mac) dividido por seu preço em dólares (P^n/P^{ex}).

Se a taxa nominal for essa, poderemos, ao trocar uma moeda pela outra, comprar o mesmo produto. Em outras palavras, de acordo com os números do Quadro 5.6, se a taxa de

Quadro 5.6 Índice Big Mac em janeiro de 2009 para países selecionados (BIG MAC, 2009).

	Preços do Big Mac		PPC IMPLÍCITO DO DÓLAR	TAXA DE CÂMBIO NOMINAL EM 30 DE JANEIRO	APRECIAÇÃO OU DEPRECIAÇÃO EM RELAÇÃO AO DÓLAR (%)
	EM MOEDA LOCAL	EM DÓLARES			
Estados Unidos	$ 3,54	3,54	–	–	
Brasil	Real 8,02	3,45	2,27	2,32	-2
China	Yuan 12,5	1,83	3,53	6,84	-48
Indonésia	Rúpia 19.800	1,74	5,593	11,380	-51
Suíça	CHF 6,50	5,60	1,84	1,16	58

câmbio yuan/dólar fosse 3,53, poderíamos trocar dólares por yuans, ou yuans por dólares, e sempre comprar um Big Mac com a mesma quantia. Contudo, nem sempre é isso o que ocorre (quando os números do Quadro 5.6 foram coletados, o dólar estava valendo 6,84 yuans, por exemplo), e aí é que temos as diferenças na taxa de câmbio real, que tornam os preços de um país mais ou menos competitivos frente aos praticados no resto do mundo.

A sexta coluna do Quadro 5.6 mostra quanto (em %) a taxa nominal efetiva se distancia da taxa de câmbio da PPC. Como era de imaginar, países como a China e a Indonésia, que inundam o planeta com seus produtos baratíssimos, têm moedas locais fortemente depreciadas em relação ao dólar (48% e 51%, respectivamente). Já o Brasil tem dificuldade para exportar seus produtos, dado que sua taxa de câmbio nominal está bem próxima da real: nossa moeda está apenas um pouco depreciada ante o dólar (2%). A Suíça, por sua vez, tem uma moeda fortíssima, muito apreciada em relação ao dólar (58%), o que torna os produtos importados da Suíça bastante caros no resto do mundo.

PPC e taxa de câmbio no longo prazo

Desde o início deste livro, temos comentado algumas vezes que um dos postulados clássicos da economia é o equilíbrio de mercado. Isso vale também para o setor externo: de acordo com a teoria que subjaz ao conceito de paridade do poder de compra, as moedas cuja taxa de câmbio nominal está distante demais da taxa de câmbio da PPC acabarão, mais cedo ou mais tarde, reencontrando seu verdadeiro poder de compra.

Isso ocorreria devido ao chamado processo de *arbitragem*, que nada mais é do que comprar onde está mais barato para vender onde está mais caro. Ou seja, se o Big Mac chinês está 48% mais barato que o Big Mac americano, como vimos no Quadro 5.6, arbitradores (comerciantes) comprariam Big Mac na China para revender nos Estados Unidos, até que a diferença acabasse. Evidentemente, isso não vale para todas as mercadorias: os custos de transporte e a heterogeneidade dos produtos são empecilhos para a arbitragem de certos bens e serviços, como sanduíches ou cortes de cabelo. Mas isso não impede que uma infinidade de outras mercadorias seja, sim, alvo de arbitragem. Isso significa que, pelo menos de acordo com essa teoria, mais cedo ou mais tarde o yuan e outras moedas asiáticas deixarão de valer tão pouco, e o real também deixará de valer tanto. Em outras palavras, o princípio econômico do equilíbrio de mercado nos diz que, no longo prazo, a taxa de câmbio nominal convergirá para a taxa de câmbio da PPC.

Taxa de juros

Chegamos, por fim, ao último dos fatores que afetam as transações correntes e o movimento de capitais, influenciando, assim, a taxa de câmbio. Trata-se da taxa de juros – ou, melhor dizendo, da diferença entre a taxa de juros praticada no país e aquela praticada no resto do mundo.

Ora, se a taxa de câmbio é o preço de uma moeda em termos de outra, podemos dizer que a taxa de juros é o preço de manter o dinheiro parado. Ou, em termos mais técnicos, diríamos que a *taxa de juros* mede o custo de oportunidade do dinheiro (recorde o que explicamos sobre custo de oportunidade no início do capítulo). Quando o banco empresta dinheiro a alguém, é obrigado a deixar esse dinheiro parado na mão da pessoa e, portanto, perde a oportunidade de usá-lo para outra coisa — por exemplo, aplicar em ações. Para compensar sua perda de oportunidade, o banco cobra juros da pessoa.

O banco só vai estar disposto a emprestar o dinheiro se a taxa de juros for relativamente mais compensadora que o retorno esperado na outra opção (no exemplo dado, o mercado de ações). Em resumo, os agentes da economia decidem onde vão investir seu dinheiro de acordo com as *taxas de juros relativas* (como sempre, é o sistema de preços *relativos* que decide a alocação dos recursos).

O mesmo ocorre no mercado internacional de capitais: os agentes decidem onde vão aplicar suas divisas de acordo com a taxa de juros relativa oferecida pelo país. Quanto maior a diferença entre as taxas de juros nacionais e as do exterior, mais investimentos em dólares serão captados. É por isso que, em momentos de instabilidade, a tendência é que o Banco Central eleve a taxa de juros. Basta dizer que, no auge da crise cambial de 1997/1998, a taxa de juros brasileira chegou a 45% ao ano, cifra quase inacreditável quando comparada à média de 1% ao ano praticada no mundo desenvolvido, ou mesmo à média de 5% ou 6% de países como África do Sul e Índia.

Paridade de juros

Você já percebeu que, se quiser investir no mercado internacional de capitais, o melhor é procurar o país com a maior taxa de juros. Mas como ficará seu investimento se a moeda desse país sofrer uma repentina desvalorização?

A resposta pode ser pensada em termos de um caso concreto e relativamente recente. Imagine que, no início de 2001, animado com a taxa de juros argentina, que rondava por volta de 15% ao ano, um investidor tivesse adquirido títulos com remuneração em pesos (que, na época, estavam artificialmente equiparados ao dólar). No fim daquele ano, a Argentina declarou moratória e, no início do ano seguinte, desvalorizou brutalmente sua moeda, de modo que, em meados de 2002, eram necessários cerca de 3,5 pesos para obter 1 dólar. Resultado: nosso hipotético e incauto investidor viu seus ativos virarem pó.

Isso porque, quando o investidor estrangeiro foi repatriar seus dólares, isto é, pegar o dinheiro de volta em dólares, a quantia ficou muito menor, e os juros do país, mesmo altos, não compensaram a perda. Compreenda melhor essa ideia observando a Figura 5.5.

É claro que estamos dando um exemplo extremo, mas a verdade é que, na maioria dos investimentos internacionais, existe certo *risco cambial*, isto é, o risco inerente à flutuação de taxa de câmbio. Uma das moedas pode se apreciar ou se depreciar em relação à outra, trazendo um retorno maior ou menor ao investidor.

Em resposta a tal fato, a teoria da *paridade de juros* afirma que, havendo plena mobilidade de capitais, ativos com características semelhantes devem oferecer rendimentos semelhantes, descontada a depreciação esperada da moeda. Logo, a taxa de juros oferecida por certo país deve ser igual à taxa de juros internacional mais a depreciação esperada da moeda local, como se vê na Figura 5.6.

Figura 5.5 Um trágico exemplo de risco cambial.

Acontece que, na vida real, a condição para a paridade de juros muitas vezes não se verifica, abrindo caminho para a arbitragem. Eiteman, Stonehill e Moffett (2002, p. 74) explicam:

> Quando o mercado não está em equilíbrio, existe o potencial para lucro "livre de risco" ou lucro de arbitragem. O arbitrador que reconhece tal desarmonia se movimentará para tomar vantagem do desequilíbrio, investindo em qualquer moeda que ofereça o retorno mais alto [...].

Figura 5.6 Condição para a paridade de juros.

taxa de juros domésticos = taxa de juros internacional + depreciação esperada da moeda local

Paridade de juros e taxa de câmbio no longo prazo

O princípio aqui é o mesmo que já comentamos no item sobre PPC: à medida que mais e mais arbitradores comprarem títulos no país onde a moeda oferece rendimentos maiores, os fluxos de fundos para aquela moeda aumentarão, o que mudará a taxa de câmbio nominal e, consequentemente, empurrará a taxa de juros novamente para a condição de paridade. Desse modo, a teoria subjacente à paridade de juros afirma que, no longo prazo, o mercado voltará ao equilíbrio: o movimento de capitais (que, como vimos, ajuda a determinar a taxa de câmbio) ficará livre da arbitragem e, assim, refletirá o real poder de atratividade dos investimentos na moeda em questão.

Regimes cambiais

Na seção anterior, examinamos os fatores que determinam a taxa de câmbio no curto e no longo prazo. Mas tudo que falamos, evidentemente, só se aplicará se o país em questão permitir que sua taxa de câmbio flutue ao sabor das leis do mercado. Se o país adotar uma taxa de câmbio fixa (por exemplo: 1 real será sempre igual a 1 dólar), nem o nível de renda, nem a taxa de câmbio real, nem a taxa de juros terão qualquer poder para modificar essa paridade.

Na atualidade, o Brasil e a maioria dos países emergentes, bem como praticamente todos os países ricos, adotam um regime de *câmbio flutuante*, que nada mais é do que um sistema liberal, no qual a taxa de câmbio é determinada pela oferta e demanda de dólares, tal como acabamos de descrever. Mas isso nem sempre foi assim. De maneira geral, podemos distinguir três fases históricas no *sistema monetário internacional (SMI)*, isto é, o sistema que determina as relações entre as diferentes divisas. A primeira fase foi a do *padrão-ouro*, que vigorou entre aproximadamente 1880 e 1914. Tratava-se de um regime cambial fixo em que o valor da moeda de cada país era determinado conforme a quantidade de ouro que ela conseguia comprar. Por exemplo: no Reino Unido, a nação mais poderosa da época, a moeda nacional — a libra esterlina — era capaz de comprar 113 gramas de ouro; nos Estados Unidos, um dólar comprava 23,22 gramas. A taxa de câmbio dólar/libra era, portanto:

$$113 \text{ gramas/libra} \div 23,22 \text{ gramas/dólar} = 4,86 \text{ dólares por 1 libra}$$

Isso significa que uma pessoa poderia comprar 23,22 gramas de ouro nos Estados Unidos por 1 dólar, atravessar o Atlântico com o metal, revendê-lo na Inglaterra por 0,205 libra (23,22 ÷ 113) e, ao voltar à América e converter o dinheiro na casa de câmbio, essa pessoa teria novamente 1 dólar no bolso (0,205 × 4,86). Enfim, era a mais plena aplicação da Lei do Preço Único, sendo o ouro o produto mais perfeitamente homogêneo que se possa imaginar.

> No Capítulo 8, você verá que a asfixia da economia interna determinada pelo padrão-ouro fez emergir, no Brasil, um debate entre os metalistas, que defendiam a plena conversibilidade, e os papelistas, que queriam abandoná-la para emitir moeda e, assim, conceder crédito aos empreendedores. Rui Barbosa, um dos mais ardorosos papelistas, pôs em prática suas ideias ao assumir o ministério da Fazenda em 1889 – o que gerou o primeiro surto inflacionário da nossa história republicana, conforme veremos no mencionado capítulo.

O sistema do padrão-ouro também pressupunha que todas as moedas seriam plenamente conversíveis em ouro, ou, em outras palavras, que os bancos centrais de cada país deveriam manter reservas do metal em quantidade suficiente para lastrear o valor de face de todas as suas cédulas e moedas em circulação. Isso significa que, se todos os cidadãos britânicos decidissem, no mesmo dia, converter todo o dinheiro que possuíam no mais reluzente ouro, o banco central inglês teria de ter reservas do metal suficientes para bancar a operação. Na prática, isso só funcionava para os países mais ricos – especialmente para a Inglaterra, que havia acumulado incríveis reservas auríferas no período colonial. Para os países periféricos, como o Brasil, manter a plena conversibilidade era um gigantesco desafio, nem sempre cumprido a contento.

Com a eclosão da Primeira Guerra Mundial, contudo, a plena conversibilidade tornou-se insustentável até mesmo para os países europeus, que tinham de emitir moeda em quantidades cada vez maiores para sustentar os gastos com o conflito. O padrão-ouro foi abandonado, então, em 1914, seguindo-se um período de indefinição, no qual era possível converter as moedas nacionais em ouro, libras ou dólares.

Esse período de indefinição acabou em 1946, logo após a Segunda Guerra Mundial, quando teve início a segunda fase do sistema monetário internacional: o *padrão ouro-dólar* ou *sistema de Bretton Woods*. Nesse novo arranjo, os Estados Unidos (que haviam se tornado a nação mais poderosa) comprometiam-se a manter o lastro de ouro, e os demais países estabeleciam uma paridade fixa – porém ajustável em casos extremos – entre sua moeda e o dólar, podendo manter reservas na forma de ouro ou de dólares.

Os Estados Unidos sustentaram o sistema de Bretton Woods durante 25 anos, mas, no início da década de 1970, em meio à evasão de capitais para a Europa (na forma dos "eurodólares", dos quais voltaremos a falar no Capítulo 10) e à necessidade de emitir cada vez mais moeda para financiar a prolongada Guerra do Vietnã, o país acabou rompendo com o acordo. Esse foi um dos primeiros e mais notáveis sinais da onda de liberalismo econômico – muitas vezes chamado de *neoliberalismo* – que começava a varrer o mundo, atingindo primeiro as nações mais ricas e depois as menos desenvolvidas. Desde então, o sistema monetário internacional entrou em sua terceira (e por enquanto última) fase, na qual a maioria das grandes economias passou a deixar sua taxa de câmbio flutuar livremente. Já os países emergentes ocasionalmente voltaram a adotar um regime de paridade fixa com o dólar, em uma estratégia anti-inflacionária denominada *âncora cambial*, da qual trataremos detalhadamente no Capítulo 12.

Ao longo dessas três grandes fases do sistema monetário internacional — primeiro, o padrão-ouro, depois, o sistema de Bretton Woods, e, por fim, o liberalismo cambial —, os países ao redor do mundo adotaram *regimes cambiais* particulares, às vezes mais, às vezes menos alinhados ao sistema dominante. Em um artigo bastante citado, os economistas Sebastian Edwards e Miguel Savastano (1999) elaboraram uma classificação dos principais regimes cambiais possíveis, a qual apresentamos no Quadro 5.7, de maneira resumida e adaptada ao histórico brasileiro. Ao examinar o quadro, observe que os sete regimes cambiais mencionados podem ser divididos em três grandes grupos: os regimes de câmbio flutuante (ou livre), os sistemas intermediários e os regimes de câmbio fixo (ou administrado).

> *O regime de* currency board *é muitas vezes chamado de dolarização — nós mesmos vamos nos referir a ele dessa maneira quando tratarmos do caso argentino, no Capítulo 12. No Quadro 5.7, porém, optamos por um detalhamento mais técnico, distinguindo a dolarização plena, na qual o país não tem moeda própria, de uma dolarização "imaterial", na qual a paridade entre a moeda local e o dólar é estabelecida por lei, como ocorre no regime de* currency board.

Quadro 5.7 Principais tipos de regime cambial.

	Regime cambial	Características	Exemplos de adoção
CÂMBIO FLUTUANTE	Flutuação pura	A taxa de câmbio é determinada apenas pelas leis do mercado, sem que a autoridade monetária do país exerça nenhuma interferência.	É um sistema hipotético, pois, na prática, nenhum país abdica totalmente da possibilidade de intervir no sistema cambial. Estados Unidos, Alemanha e Suíça seriam os países que mais se aproximam desse modelo.
	Flutuação "suja"	A taxa de câmbio é determinada pelas leis do mercado, mas, eventualmente, a autoridade monetária pode intervir, seja diretamente (comprando ou vendendo dólares), seja indiretamente (elevando ou abaixando a taxa de juros).	É o regime adotado hoje na maioria dos países industrializados e emergentes, incluindo o Brasil, que passou a utilizá-lo em 1999, conforme estudaremos no Capítulo 12.

(continua)

(continuação)

	Regime cambial	Características	Exemplos de adoção
SISTEMA INTERMEDIÁRIO	Bandas cambiais	A taxa de câmbio flutua livremente, mas apenas entre um limite superior e um inferior. Quando ela está prestes a atingir um desses limites, a autoridade monetária intervém, comprando ou vendendo dólares.	Foi o regime adotado no Brasil durante o Plano Real (ver Capítulo 12).
	Minidesvalorizações (*crawling peg*)	A taxa de câmbio é, em princípio, fixa, mas sofre reajustes periódicos a fim de compensar a inflação interna ou externa. Isso mantém constante a taxa de câmbio real (a paridade do poder de compra) e, assim, evita alterações bruscas no comércio exterior.	Vigorou durante a maior parte da ditadura militar brasileira, tendo sido interrompida em 1979 e 1983 por duas maxidesvalorizações do cruzeiro (ver Capítulo 11).
CÂMBIO FIXO	Câmbio fixo ajustável	É o sistema de Bretton Woods por excelência, já que o acordo admitia que, em situações excepcionais (os chamados "desequilíbrios estruturais do balanço de pagamentos"), os países poderiam desvalorizar sua moeda em relação ao dólar. O aval para isso seria dado pelo FMI, instituição fundada na mesma ocasião.	Tanto as minidesvalorizações quanto as "máxis" brasileiras eram, na verdade, variações — um pouco mais radicais — do câmbio fixo ajustável. Para não desequilibrar todo o sistema, as economias centrais, que tinham taxas de inflação mais baixas, evitavam essas desvalorizações. Mas algumas não escaparam do reajuste, como foi o caso da Inglaterra em 1967.

(*continua*)

(continuação)

	Regime cambial	Características	Exemplos de adoção
CÂMBIO FIXO	*Currency board*	Nesse sistema, o lastro da moeda nacional são as reservas internacionais do país. Assim, o país só poderá emitir mais moeda se suas reservas aumentarem.	O Brasil chegou a ter um regime semelhante por um breve período no início do século XX, quando foi instituída a Caixa de Conversão – uma exigência dos exportadores de café para manter o mil--réis desvalorizado (ver Capítulo 8). Mais recentemente, nos anos 1990, Argentina e Hong Kong, entre outros, adotaram o regime – o que lhes trouxe graves problemas no médio prazo, em razão da "camisa de força" que o *currency board* impõe à economia interna.
	Dolarização plena	É o que ocorre quando o país abdica de um dos maiores símbolos de sua soberania – a moeda nacional – e passa a usar o dólar como meio de troca, medida e reserva de valor.	Um caso notável e praticamente único de dolarização plena é o do Panamá: em 1903, o tratado que reconheceu a independência do país estabeleceu que ele não criaria papel--moeda próprio (foi permitida apenas a cunhagem de moedas de centavos) e, em vez disso, utilizaria o dólar. Dessa maneira, o gasto público panamenho só pode ser financiado por arrecadação tributária ou emissão de títulos públicos (BATISTA JR., 2000).

Fontes: EDWARDS; SAVASTANO (1999); MODENESI (2005).

ESTUDO DE CASO

O BALANÇO DE PAGAMENTOS BRASILEIRO

O Quadro 5.8 apresenta um resumo do balanço de pagamentos brasileiro de 2001 a 2009. Observe-o e responda às questões a seguir.

Quadro 5.8 Resumo dos balanços de pagamento brasileiros de 2001 a 2009.

	2001	2002	2003	2004	2005	2006	2007	2008	2009	2010
Balança comercial (saldo)	2.650	1.3121	24.794	33.641	44.703	46.457	40.032	24.836	25.290	
Balança de serviços (saldo)	-7.759	-4.957	-4.931	-4.678	-8.309	-9.640	-13.219	-16.690	-19.245	
Balança de rendas (saldo)	-19.743	-18.191	-18.552	-20.520	-25.967	-27.480	-29.291	-40.562	-33.684	
Transferências unilaterais correntes (saldo)	1.638	2.390	2.867	3.236	3.558	4.306	4.029	4.224	3.338	
TRANSAÇÕES CORRENTES (SALDO)	-23.215	-7.637	4.177	11.679	13.985	13.643	1.551	-28.192	-24.302	
CONTA DE CAPITAL (SALDO)	-36	433	498	372	663	869	756	1.055	1.129	
CONTA FINANCEIRA (SALDO)	27.088	7.571	4.613	-7.895	-10.127	15.430	88.330	28.297	70.172	
Investimento direto total (saldo)	24.715	14.108	9.894	8.339	12.550	-9.380	27.518	24.601	36.033	
Investimento brasileiro direto - IBD (saldo)	2.258	-2.482	-249	-9.807	-2.517	-28.202	-7.067	-20.457	10.084	
Investimento estrangeiro direto - IED (saldo)	22.457	16.590	10.144	18.146	15.066	18.822	34.585	45.058	25.949	
Investimento em carteira - total (saldo)	77	-5.119	5.308	-4.750	4.885	9.081	48.390	1.133	50.283	
Investimento brasileiro em carteira - IBC (saldo)	-795	-321	179	-755	-1.771	6	286	1.900	4.125	

(continua)

(continuação)

Investimento estrangeiro em carteira - IEC (saldo)	872	-4.797	5.129	-3.996	6.655	9.076	48.104	-767	46.159	
Derivativos - total (saldo)	-471	-356	-151	-677	-40	41	-710	-312	156	
Outros investimentos - total (saldo)	2.767	-1.062	-10.438	-10.806	-27.521	15.688	13.131	2.875	-16.300	
Outros investimentos brasileiros - OIB - total (saldo)	-6.585	-3.211	-9.752	-2.085	-5.035	-8.416	-18.552	-5.269	-30.376	
Outros investimentos estrangeiros - OIE total (saldo)	9.353	2.150	-686	-8.721	-22.486	24.104	31.683	8.143	14.076	
ERROS E OMISSÕES	-531	-66	-793	-1.912	-201	628	-3.152	1.809	-347	
RESULTADO DO BALANÇO	3.307	302	8.496	2.244	4.319	30.569	87.484	2.969	46.651	
HAVERES DA AUTORIDADE MONETÁRIA (– = aumento)	-3.307	-302	-8.496	-2.244	-4.319	-30.569	-87.484	-2.969	-46.651	

1. Entre no *site* do Banco Central do Brasil (<www.bcb.gov.br>.) e siga este caminho: Economia e finanças > Séries temporais > Séries temporais. Isso vai levá-lo ao Sistema Gerenciador de Séries Temporais (SGS). Procure o balanço de pagamentos referente ao ano de 2010 e preencha a última coluna do quadro.
2. Como você descreveria a evolução do saldo da balança comercial no Brasil, de 2001 a 2010? O que poderia explicar as oscilações ano a ano? Ainda no SGS, consulte a evolução da taxa de câmbio real/dólar no mesmo período e verifique se há algum tipo de correlação com o saldo da balança comercial.
3. Releia o tópico "Como interpretar o balanço de pagamentos". O que afirmamos sobre o saldo da balança de serviços, da balança de rendas e sobre as transferências unilaterais, no caso brasileiro, realmente se aplica? Use os dados do quadro para responder.
4. No período considerado, os déficits em transações correntes estiveram relacionados a déficits comerciais? Explique sua resposta.
5. Quais são as tendências dos investimentos estrangeiros no Brasil?

NA ACADEMIA

Em dezembro de 2010, a revista de divulgação científica *Superinteressante* publicou uma reportagem que começava desta maneira:

Por que tudo custa mais caro no Brasil

É tanta muamba que o português dos vendedores de shopping da Flórida está mais afiado do que nunca. Os brasileiros são os turistas que mais compram nos EUA: US$ 4,8 mil por pessoa, à frente dos japoneses.

[...]

Estamos virando um país de contrabandistas. Natural. Veja o caso do iPad. Aqui, nos EUA ou na Europa, ele é importado. Vem da China. Em tese, deveria custar quase igual em todos os países, já que o frete sempre dá mais ou menos a mesma coisa. Mas não. A versão básica custa R$ 800 nos EUA. Aqui a previsão é que ele saia por R$ 1.800. No resto do mundo desenvolvido é raro o iPad passar de R$ 1.000. E isso vale para qualquer coisa. Numa viagem aos EUA dá para comprar um notebook que aqui custa R$ 5.500 por R$ 2.300. Ou um videogame de R$ 500 que bate em R$ 2 mil nos supermercados daqui. E os carros, então? Um Corolla zero custa R$ 28 mil reais. Aqui, sai por mais de R$ 60 mil. [...] (BURGOS; VERSIGNASSI, 2010, p. 21).

Reúnam-se em duplas para responder às questões e fazer as atividades.

- Identifiquem o trecho em que os jornalistas se referem (sem usar os termos técnicos) à paridade do poder de compra.
- Pesquisem e expliquem: por que os produtos mencionados pelos jornalistas são comparativamente tão caros no Brasil?
- Releiam: "No resto do mundo desenvolvido é raro o iPad passar de R$ 1.000. E isso vale para qualquer coisa". É mesmo verdade que isso (a superioridade do preço relativo brasileiro diante do norte-americano) "vale para qualquer coisa"? Antes de responder, pesquisem o PIB *per capita* em dólares correntes e o PIB *per capita* PPC do Brasil e dos Estados Unidos.

Pontos importantes

- Segundo a teoria da vantagem comparativa, mesmo quando um país tem vantagem absoluta na produção de dois bens, ainda assim pode lhe ser benéfico especializar-se em um deles e adquirir o outro no estrangeiro, caso ele tenha uma vantagem comparativa na produção do primeiro bem. Em outras palavras, ocorrerá comércio internacional quando o custo de oportunidade de produzir certo bem for menor para os produtores de um país do que para os produtores de outro país. Assim, a teoria

é um argumento a favor do livre-comércio, pois a imposição de barreiras ao comércio internacional prejudicaria essa alocação eficiente de recursos promovida naturalmente pelos agentes econômicos.
- Os protecionistas, por sua vez, esgrimem três principais argumentos: a) a necessidade de proteger a indústria nascente; b) a necessidade de substituir importações para refrear a deterioração dos termos de troca; e c) o direito de proteger-se do comércio desleal.
- Barreiras tarifárias são os impostos de importação, que podem ser do tipo específico, *ad valorem* ou misto. Em consequência da imposição de uma barreira tarifária, o preço, a produção nacional e a arrecadação aumentam, enquanto a demanda e o volume de importações caem. Já as barreiras não tarifárias (BNTs) são obstáculos indiretos à entrada de produtos estrangeiros no país. Os principais tipos de BNTs são as cotas, o monopólio estatal, os controles cambiais, a reserva de mercado, as exigências sanitárias ou técnicas, as medidas *antidumping* e os subsídios ao produtor nacional. Seus efeitos sobre a economia são semelhantes aos das barreiras tarifárias, exceto pelo fato de que a arrecadação não aumenta — pelo contrário, no caso dos subsídios, em vez de receitas, há despesas públicas. Também no caso dos subsídios, o preço não deve aumentar, já que os custos de produção são bancados, pelo menos em parte, pelo governo.
- Balanço de pagamentos é o registro sistemático das transações realizadas, durante determinado período, entre os residentes de um país e os residentes do resto do mundo. Ele se estrutura em torno de quatro contas: transações correntes, conta capital, conta financeira e a conta de erros e omissões.
- A taxa de câmbio nominal, ou simplesmente taxa de câmbio, nada mais é do que a quantidade de determinada moeda que alguém precisa entregar para obter uma unidade de outra moeda. Já a taxa de câmbio real é aquela que nos indica o preço relativo dos bens e serviços de um país em relação aos bens e serviços de outros países.
- Existe paridade do poder de compra (PPC) quando a taxa de câmbio nominal é igual ao preço local de um produto homogêneo dividido por seu preço em moeda estrangeira (P^n/P^{ex}); assim, a taxa de câmbio real é igual a 1, permitindo comprar o mesmo produto ao se trocar uma moeda pela outra. Se a taxa de câmbio nominal está abaixo (ou acima) desse valor, isso significa que ela está distante da taxa de câmbio da PPC, o que pode tornar os produtos do país em questão mais (ou menos) competitivos.
- Existe paridade de juros quando a taxa de juros praticada em um país é igual à taxa de juros internacional mais a depreciação esperada da moeda local. Se houvesse pa-

ridade de juros sempre, os ativos de qualquer país seriam igualmente atraentes para os investidores. Mas não é o que ocorre na prática, pois existem falhas na paridade de juros, as quais são exploradas pelas operações de arbitragem.

- No curto prazo, a taxa de câmbio das moedas é determinada pelas transações correntes e pelo movimento de capitais; esses dois fatores são influenciados pelo nível de renda (nacional e no resto do mundo), pela taxa de câmbio real e pela diferença entre a taxa de juros doméstica e a internacional. No longo prazo, a taxa de câmbio deve, pelo menos em tese, convergir para gerar uma paridade do poder de compra e para gerar uma taxa de juros que mantenha o mercado externo em equilíbrio (paridade de juros).
- O sistema monetário internacional já atravessou três fases históricas: o *padrão-ouro* (1840-1914), regime de câmbio fixo em que o valor de cada moeda era determinado pela quantidade de ouro que ela podia comprar; o *padrão ouro-dólar* ou *sistema de Bretton Woods* (1946-1973), em que apenas o dólar norte-americano era lastreado em ouro, e as demais moedas mantinham uma taxa cambial fixa, porém ajustável, em relação a ele; e, por fim, a fase que perdura até hoje, que é a do *liberalismo cambial (câmbios flutuantes)*.
- Os países dispõem basicamente de três opções de regimes cambiais: os de *câmbio flutuante (ou livre)*; os de *câmbio fixo (ou administrado)*; e os *sistemas intermediários*, como o de bandas cambiais, adotado no Brasil na época do Plano Real. O regime mais comum hoje entre as economias centrais e emergentes é o de flutuação "suja", no qual a taxa de câmbio é determinada pelas leis do mercado, mas, eventualmente, a autoridade monetária pode intervir.

Referências

BATISTA JR., Paulo Nogueira. Dolarização: significado e consequências. *Econômica*, Niterói, n. 3, jun. 2000.

BCB – Banco Central do Brasil. *Nota para a imprensa*. 23 nov. 2010. Disponível em: <http://www.bcb.gov.br/?ecoimpext>. Acesso em: 10 dez. 2010.

BIG MAC INDEX. 4 fev. 2009. Disponível em: <http://www.economist.com/node/13055650#footnote1>. Acesso em: 7 dez. 2010.

BURGOS, Pedro; VERSIGNASSI, Alexandre. Por que tudo custa mais caro no Brasil. *Superinteressante*, São Paulo, ed. 285, dez. 2010.

EDWARDS, Sebastian; SAVASTANO, Miguel A. Exchange rates in emerging economies: what do we know? What do we need to know? Stanford: *NBER Working Papers*, n. 7228, July 1999.

EITEMAN, David K.; STONEHILL, Arthur I.; MOFFETT, Michael H. *Administração financeira internacional*. 9. ed. São Paulo: Bookman, 2002.

MODENESI, André de Melo. *Regimes monetários*: teoria e experiência do real. Barueri (SP): Manole, 2005.

Capítulo 6

POLÍTICA FISCAL

Neste capítulo, abordaremos as seguintes questões:
- O que é política fiscal?
- Quais as principais fontes de receitas públicas?
- Qual a diferença entre tributos diretos e indiretos?
- Quais são os problemas decorrentes de uma tributação predominantemente indireta?
- Qual a diferença entre tributos progressivos e regressivos?
- Como as despesas públicas podem ser classificadas?
- Qual a diferença entre superávit (déficit) primário, operacional e nominal?
- O que é dívida pública e quais são seus principais indicadores?

Introdução

Estamos preparando este livro no início da gestão da presidente Dilma Roussef, a primeira mulher eleita para o cargo no país. É grande a expectativa quanto à sua *política econômica*, isto é, ao conjunto de medidas que ela e sua equipe tomarão para regular e influenciar a economia. Embora haja grandes divergências sobre a melhor maneira de conduzir uma política econômica, a maioria dos economistas concorda que seus objetivos básicos devem ser:

- favorecer o crescimento do PIB;
- reduzir a taxa de desemprego;
- manter a inflação sob controle;
- buscar o equilíbrio externo (tema que vimos no capítulo anterior); e
- buscar o equilíbrio fiscal, ou seja, evitar que o governo gaste mais do que arrecada.

Para perseguir esses objetivos, as autoridades de um país dispõem de basicamente três *instrumentos de política econômica*:

- **política cambial** – relaciona-se à determinação da taxa de câmbio;
- **política fiscal** – refere-se às receitas e despesas do setor público;
- **política monetária** – relaciona-se à emissão de moeda e ao estabelecimento da taxa de juros.

O primeiro desses três instrumentos foi comentado no capítulo anterior, e os dois últimos serão examinados, respectivamente, neste Capítulo 6 e no Capítulo 7. No presente capítulo, vamos abordar a política fiscal de acordo com a seguinte divisão: na primeira seção, conheceremos as diferentes fontes de receitas públicas; em seguida, na segunda seção, saberemos como se classificam os tributos, e qual a proporção aproximada de cada tipo na carga tributária brasileira. Depois, na terceira seção, voltaremos nosso olhar para o destino do dinheiro arrecadado – isto é, as despesas do setor público. A quarta seção explicará os conceitos de superávit (ou déficit) primário, operacional e nominal. Por fim, a quinta e última seção será dedicada ao exame da dívida pública, sempre com foco na realidade brasileira.

> *A política fiscal é conduzida pelo Ministério da Fazenda, ao passo que as políticas monetária e cambial ficam sob responsabilidade do Banco Central.*

Receitas públicas

Lembra-se de quando, no Capítulo 3, sugerimos que você e mais cem amigos pedissem independência do Brasil e fundassem seu próprio país? Pois bem. Uma das primeiras medidas, conforme dissemos, seria fundar um Banco Central e começar a emitir moeda. Assim que a economia do país estivesse girando, com as empresas produzindo e as pessoas consumindo, o Estado teria de prover alguns serviços básicos à sociedade, como segurança, justiça e assistência social. Além disso, seria necessário construir e manter estradas, aeroportos, hospitais, rede de esgotos — enfim, toda a infraestrutura de que uma sociedade moderna precisa para funcionar adequadamente.

Para cobrir as despesas decorrentes de tais atividades, os governantes do novo país teriam quatro alternativas, ou seja, quatro principais *fontes de receitas públicas*, ilustradas na Figura 6.1: as receitas de senhoriagem, o endividamento, as receitas originárias e as receitas derivadas. Nos tópicos a seguir, estudaremos brevemente cada uma delas.

Receitas de senhoriagem

Ao emitir moeda para bancar seus gastos, o governo está obtendo *receitas de senhoriagem*, assim chamadas em referência a uma taxa que os monarcas medievais cobravam pela cunhagem de moedas. Salvo em situações excepcionais, a senhoriagem é uma medida inadequada, visto que gera inflação: basta recordar o que estudamos no Capítulo 3 sobre a teoria quantitativa da moeda, segundo a qual um aumento na quantidade de moeda sem uma contrapartida equivalente no aumento da produção gera aumento de preços, ou seja, inflação.

Mas a inflação não é o único efeito potencialmente negativo da senhoriagem. Ao engordar o caixa público via emissão de moeda, essa medida acaba transferindo riqueza da

Figura 6.1 Principais fontes de receitas públicas.

sociedade – especialmente das camadas mais pobres – para o Estado. Isso ocorre porque, enquanto o governo ganha com a senhoriagem, a população perde com a inflação gerada pela expansão da base monetária, conforme estudamos no Capítulo 3. É por isso que, em certos contextos, a receita de senhoriagem também é chamada de *imposto inflacionário*: impedido de arrecadar o suficiente quando a economia fica estagnada pela inflação, o Estado cria um novo "imposto", que usa justamente a inflação como combustível.

É fácil perceber esse efeito retroalimentador da inflação na trajetória das receitas de senhoriagem brasileiras: como se observa na Figura 6.2, elas foram mais altas, em termos de porcentagem do PIB, exatamente nos nossos anos de maior inflação. Após o Plano Real, em 1994, sofreram uma queda brusca, estabilizando-se em um patamar próximo ao das nações industrializadas – menos de 1% do PIB.

Endividamento

Também no Capítulo 3, comentamos que um governo pode vender títulos a pessoas físicas ou jurídicas; esses títulos fornecem dinheiro à vista para o governo e, por outro lado, rendem juros para o comprador, funcionando, portanto, como "empréstimos" para o setor público. A dívida, nesse caso, é chamada de *mobiliária*, porque os títulos são bens móveis, pagáveis ao portador.

Os governos podem, ainda, pedir empréstimos diretamente a bancos nacionais e internacionais, ou a organismos financiadores externos, como o Fundo Monetário Internacional (FMI) e o Banco Interamericano de Desenvolvimento (BID). Nesse caso, a dívida é chamada de *contratual*, pois suas condições são definidas em contrato.

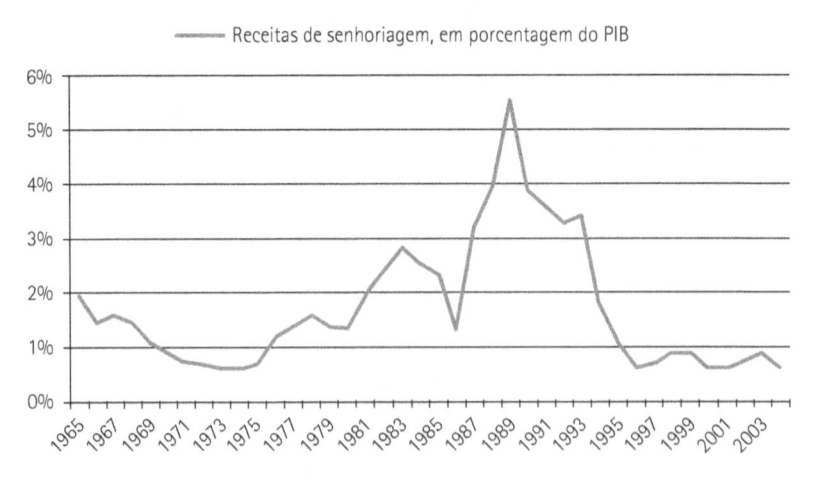

Figura 6.2 Receitas de senhoriagem no Brasil, em porcentagem do PIB, de 1965 a 2003.

Fonte: ESTRELA (2008).

Tanto os instrumentos de financiamento mobiliários quanto os contratuais podem representar um importante impulso ao crescimento de um país ou região. Mas, se usados irresponsavelmente, transformam-se em uma bola de neve — assim como ocorre com nossas finanças pessoais. No Brasil, desde a Independência o endividamento externo e interno foi utilizado como fonte preferencial de receitas públicas, em uma história recheada de calotes e renegociações. A situação só começou a mudar no fim dos anos 1990, com o Programa de Estabilidade Fiscal proposto pelo governo Fernando Henrique Cardoso na esteira da crise russa e, principalmente, com a promulgação da Lei Complementar nº 101, de 4 de maio de 2000, denominada *Lei de Responsabilidade Fiscal* (*LRF*).

A LRF pôs fim à farra fiscal de todos os entes da Federação (União, estados e municípios) e das empresas estatais, ao impor limites rígidos para o endividamento, bem como penas relevantes — suspensão de crédito, entre outras — para quem os descumprisse. Além disso, a LRF proibiu que um governante em fim de mandato assumisse dívidas que não pudesse pagar com o caixa de sua própria gestão. Tentava-se evitar, assim, os gastos exagerados em período eleitoral, que muitas vezes sobravam como uma "herança" indesejável para o novo governante.

Receitas originárias

Damos o nome de *receitas originárias* àquelas que o setor público extrai de seu próprio patrimônio, aplicando seu tesouro ou comercializando bens e serviços. Elas são, portanto, o resultado da atuação do Estado como investidor e empresário. Fazem parte dessa conta, entre outros:

- os resultados obtidos pela privatização de estatais;
- os dividendos pagos ao Tesouro pelas empresas estatais lucrativas;
- os *royalties* cobrados pela exploração de recursos naturais, como o petróleo;
- os juros derivados da aplicação das reservas internacionais em títulos de países estrangeiros;
- os aluguéis de bens públicos e os foros e laudêmios pagos por quem ocupa territórios públicos.

Um elevado volume de receitas originárias pode ser um bom sinal, caso signifique, por exemplo, que o país tem muitas reservas internacionais e está aplicando-as com sabedoria, obtendo com isso bons rendimentos. No entanto, muitas vezes um aumento em tais receitas indica que o país (ou estado, ou município) está se apoiando exageradamente em seus recursos naturais ou no lucro de suas estatais. É o que ocorre, por exemplo, em países como Venezuela e Bolívia, cujas receitas públicas provêm quase integralmente da exploração de *commodities* (petróleo e gás, respectivamente). Conforme comentamos no Capítulo 2, essa excessiva dependência pode levar à chamada "maldição dos recursos naturais", já que o preço das *commodities* no mercado externo pode desabar bruscamente, o que acabaria com a fonte fácil de receita. Há pouco tempo, a Organização para a Cooperação e Desenvolvimento

Econômico (OCDE) alertou sobre a fragilidade fiscal desses e outros países latino-americanos e aconselhou-os a elevar a carga tributária (OCDE, 2009).

Embora o Tesouro Nacional possa colher frutos de 118 empresas públicas e de economia mista, em 2009 apenas seis delas responderam por 97% dos lucros: Petrobras, Banco do Brasil, Caixa Econômica Federal, Eletrobrás, Correios e Banco Nacional de Desenvolvimento Econômico e Social (BNDES). Por outro lado, atualmente apenas 16 dessas 118 empresas dependem de recursos do Tesouro para pagar suas despesas (OLIVEIRA, 2010a). Isso prova que as antes deficitárias estatais brasileiras vêm se transformando em organizações, quando não lucrativas, pelo menos saudáveis.

O Brasil, embora exiba uma carga tributária alta, semelhante à dos países desenvolvidos e, por isso, não dependa tanto das receitas originárias, também vem aumentando a participação destas na composição de sua receita total. Basta dizer que, entre 1997 e 2010, a receita anual do Tesouro com os dividendos pagos pelas empresas estatais cresceu 19 vezes, em termos nominais, passando de R$ 822,3 milhões para estimados R$ 16,1 bilhões (OLIVEIRA, 2010a). Em 2010 essa quantia era suficiente para cobrir, com folga, o maior programa social do governo, o Bolsa Família, cujo gasto estimado era de R$ 13,1 bilhões naquele ano.

Segundo alguns analistas, o problema de "ordenhar" com tanto afinco as estatais é que seus lucros, na verdade, deveriam ser reinvestidos, a fim de aumentar a eficiência e competitividade dessas organizações. Afinal, a lógica é a mesma do setor privado: quanto mais os sócios torrarem os lucros de uma empresa, menos ela terá para investir nos períodos seguintes, ou para precaver-se contra crises e despesas inesperadas.

Receitas derivadas

Como o nome indica, as *receitas derivadas* são aquelas que não resultam da atuação direta do Estado, mas sim derivam das riquezas produzidas pelo setor privado. Correspondem basicamente aos tributos, uma importante fonte de receita pública que examinaremos com mais detalhes na próxima seção.

No Companion Website deste livro, você pode conhecer, ainda, outro tipo de classificação dos tributos: segundo o fato gerador, isto é, o fato previsto em lei que dá origem à obrigação de pagar o tributo. Nesse caso, os tributos podem ser divididos em impostos, taxas, contribuições e empréstimos compulsórios. O texto complementar on-line traz as características de cada um desses tipos.

Os tributos e sua classificação

União, estados e municípios têm o poder de *tributar*, isto é, de cobrar uma prestação pecuniária compulsória dos cidadãos e empresários a fim de financiar os gastos públicos. Os diversos tributos (no Brasil, são mais de 70) que esses entes cobram podem ser classificados de inúmeras maneiras. Nesta seção, apresentaremos duas delas: segundo a forma de incidência (tributos diretos e indiretos) e segundo a base de incidência (tributos progressivos e regressivos).

Tributos diretos e indiretos

Você, que deve estar acostumado a ouvir críticas quanto à elevada carga tributária brasileira, talvez tenha se espantado ao ler, alguns parágrafos atrás, que a OECD recentemente recomendou a certos países latino-americanos que *ampliassem* sua arrecadação de tributos. Sob essa ótica, o Brasil seria um exemplo a ser seguido no continente.

De fato, nossa carga tributária aumentou muito nas últimas duas décadas, subindo de aproximadamente 25% do PIB, nos anos 1990, para uma média atual superior a 35% do PIB. Tal aumento foi uma resposta à perda de receita pública após a estabilização monetária: afinal, sem a inflação ficou mais difícil ganhar com a senhoriagem (reveja a Figura 6.2) e com o efeito Bacha (reveja o tópico "Deterioração das contas públicas", no Capítulo 3). Para piorar, a Lei de Responsabilidade Fiscal fez secar outra fonte preferencial dos governantes, o endividamento. Ao mesmo tempo, a Constituição Federal de 1988 concedeu ao trabalhador rural direitos previdenciários iguais aos do trabalhador urbano, independentemente da contribuição individual, e a Lei Orgânica da Assistência Social (LOAS), de 1993, estabeleceu o benefício de prestação continuada (BPC) a idosos de baixa renda com mais de 65 anos — medidas que fizeram pipocar tributos para sustentar os novos benefícios.

Com tudo isso, o perfil de financiamento do setor público brasileiro foi se aproximando — pelo menos na aparência — daquele exibido pelos países europeus, com uma alta carga tributária. Em essência, trata-se de um movimento positivo, uma vez que a política tributária, quando bem conduzida, pode ajudar a promover a igualdade social e a direcionar as atividades econômicas do país para setores de maior interesse.

Infelizmente, porém, isso está bem longe da realidade no Brasil. E é aí que entramos em uma das principais maneiras de classificar os tributos: de acordo com a forma como incidem sobre a população. Segundo esse critério, eles podem ser diretos ou indiretos, como ilustra a Figura 6.3.

Tributos diretos são aqueles cujos contribuintes arcam integralmente com seu pagamento. Em geral, incidem sobre renda e propriedade. Os *tributos indiretos*, por sua vez, são aqueles cujos contribuintes podem transferir o ônus do pagamento, no todo ou em parte, para terceiros. Normalmente, oneram a produção e a comercialização, e as empresas repassam o custo que tiveram para o consumidor final.

Figura 6.3 Tipos de tributo, segundo a forma de incidência.

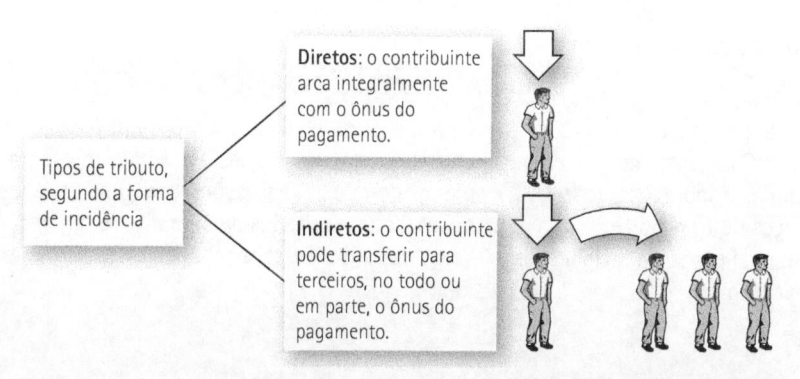

Para entender melhor a diferença, lembre que você, após pagar o Imposto de Renda de Pessoa Física (IRPF), não será ressarcido por ninguém. Já as fornecedoras de energia elétrica, quando recolhem o Imposto sobre Circulação de Mercadorias e Prestação de Serviços (ICMS), já o terão cobrado de você, consumidor, na conta de luz. O IRPF é, portanto, um tributo direto, ao passo que o ICMS é um tributo indireto. Confira, no Quadro 6.1, os principais tributos diretos e indiretos do país.

Quadro 6.1 Principais tributos diretos e indiretos do país.

PRINCIPAIS TRIBUTOS DIRETOS	
IRPF – Imposto de Renda de Pessoa Física	O IRPF é retido na fonte e, após a declaração anual, pode ser restituído no todo ou em parte. Em 2009, as alíquotas passaram de duas para quatro, conforme a faixa de renda: 7,5%, 15%, 22,5% e 27,5%.
IRPJ – Imposto de Renda da Pessoa Jurídica	Incide sobre pessoas jurídicas e empresas individuais. Existem quatro formas de contribuição: (a) Simples Nacional; (b) lucro presumido; (c) lucro real; d) lucro arbitrado.
CSLL – Contribuição sobre Lucro Líquido da Pessoa Jurídica	O lucro das empresas brasileiras é tributado duas vezes: pelo IRPJ e pela CSLL. Somente os optantes pelo Simples Nacional estão livres da bitributação.
ITR – Imposto sobre a Propriedade Territorial Rural	Incide sobre proprietários de imóveis rurais acima de determinada extensão (de 30 a 100 hectares, conforme a região do país).
IPTU – Imposto sobre a Propriedade Predial e Territorial Urbana	É recolhido pelos municípios e varia conforme o tamanho do imóvel e a região onde ele está localizado.
IPVA – Imposto sobre a Propriedade de Veículos Automotores	É recolhido pelos estados, mas dividido meio a meio com os municípios.
ITBI – Imposto de Transmissão de Bens Imóveis Inter-Vivos e **ITCMD** – Imposto sobre a transmissão *causa mortis* ou doação	O ITBI é recolhido pelos municípios, e o ITCMD, pelos estados.
PRINCIPAIS TRIBUTOS INDIRETOS	
ICMS – Imposto sobre Operações relativas à Circulação de Mercadorias e sobre Prestações de Serviços de Transporte Interestadual e Intermunicipal e de Comunicação	Cobrado pelos estados, o ICMS é a pedra no sapato dos departamentos fiscais das empresas: apresenta nada menos do que 27 legislações, com uma variedade imensa de alíquotas e critérios de apuração. É também o mais voraz dos tributos, abocanhando, sozinho, mais de 7% do PIB.

(continua)

(continuação)

PIS – Programa de Integração Social	O PIS foi criado em 1970 com o objetivo de "promover a integração do empregado na vida e no desenvolvimento das empresas". Quem ganha até dois salários mínimos tem direito a receber, anualmente, o abono salarial do PIS.
Cofins – Contribuição para o Financiamento da Seguridade Social	Mais um tributo devido pelas pessoas jurídicas, a Cofins foi criada em 1991 para bancar as despesas federais com saúde, previdência e assistência social. Entre os tributos indiretos, só perde para o ICMS em volume de arrecadação.
ISS – Imposto sobre Serviços	É cobrado pelos municípios, que podem fixar a alíquota entre 2% e 5%. Junto com o IPTU, forma a base da arrecadação municipal.
IPI – Imposto sobre Produtos Industrializados	Incide sobre produtos nacionais e estrangeiros. Quanto mais supérfluo for considerado um bem, maior será sua alíquota de IPI.
IOF – Imposto sobre Operações de Crédito, Câmbio e Seguros	É o imposto que você paga no cheque especial, no pagamento parcelado do cartão de crédito, no seguro do automóvel; enfim, em todas as operações de crédito, câmbio e seguros.
CIDE Combustíveis – Contribuição de intervenção no domínio econômico (CIDE) incidente sobre combustíveis	Incide sobre a gasolina, o álcool combustível e o gás natural. Sua principal aplicação deve ser o pagamento de subsídios aos preços ou ao transporte desses combustíveis, evitando que fiquem demasiadamente caros para a população.

Ao contrário do que ocorre na maioria dos outros países, na carga tributária brasileira o que predomina são os tributos indiretos: eles respondem por quase metade da carga total, enquanto os diretos representam apenas um quarto, e as contribuições sociais efetivas recolhidas sobre a folha de pagamentos, como FGTS e INSS, o outro quarto. Dessa maneira, a distribuição da receita tributária brasileira é, aproximadamente, a mostrada na Figura 6.4.

Figura 6.4 Distribuição aproximada da carga tributária brasileira entre tributos diretos, indiretos e contribuições sociais efetivas.

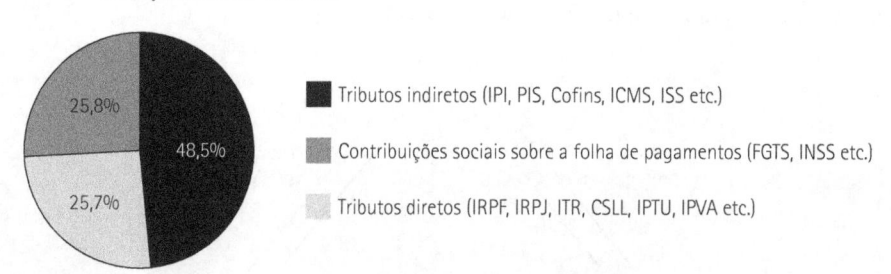

- Tributos indiretos (IPI, PIS, Cofins, ICMS, ISS etc.) — 48,5%
- Contribuições sociais sobre a folha de pagamentos (FGTS, INSS etc.) — 25,8%
- Tributos diretos (IRPF, IRPJ, ITR, CSLL, IPTU, IPVA etc.) — 25,7%

Fonte: elaboração própria sobre dados do Ipea (2010).

São vários os problemas decorrentes dessa predominância da tributação indireta. O primeiro é que ela onera a cadeia produtiva, tornando nossos produtos menos competitivos diante dos estrangeiros. Você deve ter percebido isso ao realizar o exercício proposto na seção "Na academia" do capítulo anterior; conforme você e seu colega de dupla provavelmente constataram, eletrônicos, automóveis e vários outros produtos são muito mais caros no Brasil por causa dos nossos impostos sobre produção e consumo. Enquanto inúmeros países mundo afora (incluindo todos os da União Europeia) recolhem um único imposto sobre o consumo — o imposto sobre valor agregado (IVA) —, com uma alíquota de 15% a 20%, em média, o brasileiro paga nada menos do que 36% de tributos indiretos ao comprar um carro com motor 2.0, 44,94% ao comprar uma televisão e — pasme — 78,43% ao comprar um perfume importado. Nem os alimentos escapam da sanha arrecadadora brasileira: a tributação média sobre eles é de 22,5%, percentual muito superior à média mundial, de 6,5% (IBELLI, 2010; AYRES, 2010).

O segundo problema está ligado a um fato que acabamos de comentar: enquanto outros países têm apenas um imposto de consumo — o mencionado IVA —, que vem claramente discriminado na nota ou cupom fiscal, o Brasil tem seis (IPI, Cofins, PIS, CIDE Combustíveis, ICMS e ISS), que, para piorar, na maioria das vezes não aparecem na nota. Resultado: o consumidor simplesmente não sabe quanto paga de imposto a cada compra.

Por fim, o terceiro problema da alta carga de tributos indiretos é que eles andam na contramão de um dos propósitos da política tributária, que é promover a justiça social. Isso porque eles incidem com mais intensidade exatamente sobre as camadas mais pobres da população. Para explicar isso melhor, vamos passar à segunda forma de classificar os tributos, de acordo com a qual eles podem ser progressivos ou regressivos.

Tributos progressivos e regressivos

Também podemos classificar os tributos segundo a base de incidência. Nesse caso, eles serão *progressivos* quando aumentarem à medida que se avança pela pirâmide socioeconômica, e *regressivos* quando aumentarem à medida que se desce pela pirâmide, conforme mostra a Figura 6.5. Em outras palavras, os tributos progressivos taxam mais pesadamente os mais ricos, e os regressivos, os mais pobres.

Figura 6.5 Classificação dos tributos conforme a base de incidência.

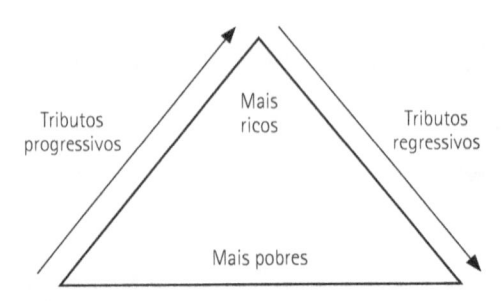

Os tributos indiretos são regressivos porque pesam muito mais no bolso das camadas desfavorecidas. Basta pensar, por exemplo, no caso do feijão. Os tributos indiretos oneram esse produto em cerca de 15%. Logo, a cada pacote de feijão que custa, digamos, R$ 4,00, paga-se 60 centavos de impostos. Ocorre que, no caso de uma família de renda alta, o gasto com feijão consome apenas uma pequena parcela do orçamento mensal, talvez menos de meio por cento. Já uma família de renda baixa gasta boa parte de seus rendimentos com alimentos, em especial os básicos, como o feijão, portanto esses 60 centavos pagos a mais a cada pacote do produto terão um peso bem maior na renda dessa família.

Um estudo divulgado pelo Ipea em 2009 deixa tal distorção bem evidente: de acordo com o estudo, famílias com renda de até dois salários mínimos destinam 48,8% da sua parca renda para os tributos; na outra ponta, famílias com renda acima de 30 salários mínimos destinam cerca de 26,3% de seu orçamento aos cofres públicos. E o pior: o arrocho tributário dos mais pobres vem aumentando nos últimos anos. Confira mais detalhes do estudo no Quadro 6.2.

Os tributos diretos são progressivos, pois incidem sobre propriedade, capital e renda (proveniente tanto do trabalho quanto do capital): quem tem mais e ganha mais, paga mais. No entanto, segundo o mesmo estudo do Ipea (2009), no ano de 2006 os impostos brasileiros sobre renda (excluídos rendimentos do trabalho), propriedade e capital somaram R$ 141,1 bilhões — uma quantia baixa, se comparada aos impostos cobrados dos trabalhadores (FGTS e IRPF retido no holerite), que somaram R$ 236,9 bilhões, e mais ainda àqueles suportados por todos, os indiretos, que somaram R$ 430,6 bilhões no mesmo ano.

Quadro 6.2 Distribuição da carga tributária bruta segundo faixa de salário mínimo (SM).

Renda mensal familiar	Carga tributária bruta (2004)	Carga tributária bruta (2008)	Dias destinados ao pagamento de tributos
até 2 SM	48,8	53,9	197
2 a 3	38,0	41,9	153
3 a 5	33,9	37,4	137
5 a 6	32,0	35,3	129
6 a 8	31,7	35,0	128
8 a 10	31,7	35,0	128
10 a 15	30,5	33,7	123
15 a 20	28,4	31,3	115
20 a 30	28,7	31,7	116
mais de 30 SM	26,3	29,0	106

Fonte: Ipea (2009).

As despesas públicas e sua classificação

Se a alta carga tributária brasileira provoca queixas, mais críticas ainda recebe a maneira como esses impostos são gastos. Analisaremos essa questão mais de perto no "Estudo de caso" ao fim do capítulo. Por enquanto, vale mencionar que as despesas públicas podem ser classificadas em cinco grandes grupos:

- **custeio** — são todos os gastos necessários para manter a máquina estatal funcionando, tais como aluguéis, manutenção de máquinas, contratação de serviços etc.;
- **pessoal** — são os gastos com o funcionalismo público, incluindo salários e encargos trabalhistas;
- **investimento** — no Capítulo 2, definimos investimento como a formação bruta de capital fixo (FBCF); no plano público, isso se traduz na construção de estradas, portos, ferrovias, redes de água e esgoto, moradias populares, escolas, hospitais; enfim, todos os bens de capital que contribuem para o desenvolvimento econômico e humano do país;
- **transferências (assistência e previdência social)** — representam as quantias pagas diretamente à população, tais como aposentadorias, seguro-desemprego, Bolsa Família etc.;
- **rolagem da dívida** — conforme veremos com mais detalhes a seguir, os governos precisam separar uma parte da receita para pagar os títulos de dívida pública que estão vencendo no período, e os juros dos que ainda não venceram.

Superávit (déficit) primário, operacional e nominal

Agora que já revisamos as fontes (receitas públicas) e os destinos (despesas públicas) da política fiscal, podemos estudar três conceitos importantes nesse campo: os de superávit (ou déficit) primário, operacional e nominal.

Vamos começar pelo superávit (ou déficit) primário. Dizemos que uma economia teve *superávit primário* quando as *receitas não financeiras* — isto é, aquelas que não envolvem juros, correções e amortizações decorrentes de empréstimos concedidos ou aplicações feitas no passado — superaram as *despesas não financeiras* — isto é, aquelas que não envolvem juros, correções e amortizações decorrentes de dívidas contraídas no passado. No caso inverso, ou seja, quando as receitas não financeiras igualaram-se às despesas não financeiras, ou mesmo ficaram abaixo destas, houve *déficit primário*.

O superávit (déficit) primário nos indica se as finanças públicas estão em ordem, ou seja, se o governo está ou não gastando de acordo com suas receitas. É por isso que tal indicador também é conhecido como *esforço fiscal*.

Nem sempre, contudo, o superávit primário é suficiente para cobrir *todas* as despesas financeiras, ou seja, para pagar todas as despesas com as dívidas contraídas no passado, como o pagamento dos títulos públicos, os juros e a atualização monetária. É neste ponto que entram em jogo os conceitos de superávit (déficit) operacional e nominal.

O *superávit (déficit) operacional* é igual ao saldo do resultado primário mais as despesas com pagamentos dos juros reais (juros nominais menos a inflação) das dívidas contraídas no passado. O *superávit (déficit) nominal*, por sua vez, é igual ao saldo operacional mais a correção monetária e cambial. Veja um resumo desses conceitos na Figura 6.6.

O Quadro 6.3 apresenta um histórico da *necessidade de financiamento do setor público (NFSP)* – isto é, o que faltou para "fechar as contas" – nominal, operacional e primária de 1991 a 2009. Observe a grande diferença entre os valores nominais e operacionais nos anos de inflação alta (antes do Plano Real). Note, também, que o esforço fiscal aumentou bastante a partir de 1999 (reflexo do acordo firmado com o FMI em 1998, conforme estudaremos no Capítulo 12), mas mesmo assim poucas vezes foi suficiente para pagar a rolagem da dívida – nos últimos anos, o país só fechou "no azul" em 2004, 2007 e 2008. Ainda assim, se considerarmos o resultado já descontadas as despesas com correção monetária e cambial, ou seja, o resultado nominal, em nenhum ano fechamos "no azul".

> Ao analisar o Quadro 6.3, leve em conta que, como estamos falando de necessidade de financiamento, o sinal positivo significa déficit, e o negativo, superávit.

Figura 6.6 Os conceitos de superávit (déficit) primário, operacional e nominal.

SALDO NEGATIVO — SALDO POSITIVO

Déficit primário ⇔ Receitas não financeiras − despesas não financeiras ⇔ Superávit primário

Déficit operacional ⇔ Resultado primário + despesas com juros ⇔ Superávit operacional

Déficit nominal ⇔ Resultado operacional + correção monetária e cambial ⇔ Superávit nominal

Quadro 6.3 Histórico da NFSP nominal, operacional e primária como porcentagem do PIB (1991 a 2009).

Ano	NFSP primária	NFSP operacional	NFSP nominal
1991	-2,71	0,19	26,75
1992	-1,58	1,74	45,75
1993	-2,18	0,8	64,83
1994	-5,64	-1,57	26,97
1995	-0,26	5	7,28
1996	0,1	3,4	5,87
1997	0,96	4,31	6,11
1998	-0,02	7,4	7,93
1999	-3,23	3,41	9,98
2000	-3,47	1,17	4,48
2001	-3,38	1,28	4,76
2002	-3,21	0,14	9,61
2003	-3,34	1,27	3,79
2004	-3,81	-1,53	2,62
2005	-3,93	2,64	3,17
2006	-3,24	1,93	3,45
2007	-3,37	-0,85	2,59
2008	-3,54	-1,6	2,01
2009	-2,05	3,69	3,23

Fonte: Ipea (s/d).

Dívida pública

Os conceitos de superávit e déficit que acabamos de ver são variáveis do tipo fluxo, ao passo que a *dívida pública* — tudo que o setor público deve — é uma variável do tipo estoque. Em outras palavras, um superávit (ou déficit) nos indica quanto o estoque de dívida diminuiu (ou cresceu) em determinado período.

Ao analisar a dívida pública de um país, devemos levar em conta quatro aspectos:

1. **Relação entre dívida pública e PIB** — nada mais é do que a relação entre aquilo que uma economia deve e a quantidade de riqueza que ela é capaz de gerar para pagar

tais dívidas. Afinal, o raciocínio é o mesmo que se aplica a nossas finanças: para uma família com renda de R$ 20.000, uma dívida de R$ 3.000 é relativamente pequena; já para uma família com renda de R$ 600, a mesma dívida é muito preocupante. A relação dívida pública/PIB no Brasil cresceu enormemente nas últimas décadas, passando de 0,5% do PIB em 1965 para mais de 50% na primeira metade do século XXI. Falaremos dessa trajetória na terceira parte do livro.

2. **Relação entre dívida externa e volume de exportações** – a dívida pública de um país divide-se entre interna e externa. Como a dívida externa deve ser saldada em dólares (ou outra moeda estrangeira), é importante saber a relação entre seu montante e o volume de exportações (que são nossa fonte de moeda estrangeira).

3. **Prazo das dívidas** – quanto mais sólida a economia de um país, mais longos serão os prazos de seus títulos de dívida. Para ter uma ideia, basta dizer que os Treasury Bonds, do tesouro norte-americano, têm prazo de dez anos ou mais. Isso significa que, na visão dos investidores, o risco de levar um calote do governo dos Estados Unidos é tão remoto que não há problemas em esperar dez anos para reaver o capital. Na outra ponta estão as economias frágeis: quanto mais desacreditadas estiverem na praça, mais curtos os prazos de seus títulos.

4. **Tipo de rentabilidade** – aqui novamente existe uma relação estreita com a credibilidade da economia: quanto mais instável ela for, mais difícil será vender títulos pré--fixados; afinal, qual investidor topará o risco de ver seus rendimentos corroídos pela inflação ou pela desvalorização cambial (sobre este último risco, reveja a Figura 5.5, do capítulo anterior)? O mais comum nessas economias, portanto, é que os títulos sejam pós-fixados, de maneira que sua remuneração seja definida posteriormente, segundo determinado indexador, como os índices de preços ou o câmbio. Do mesmo modo, quanto menor a periodicidade do reajuste, menor o risco para o investidor. Nos piores anos da hiperinflação brasileira, as Letras do Banco Central (LBCs) e as Letras Financeiras do Tesouro (LFTs) eram reajustadas diariamente, conforme veremos no Capítulo 12.

A seguir, veremos esses e outros aspectos da dívida pública brasileira hoje.

Composição da dívida pública brasileira

Um pesadelo na época de seus pais e avós, a dívida externa é hoje página virada na História do Brasil. Desde 2006, quando resgatamos antecipadamente os últimos *bradies* (títulos de renegociação da dívida externa, emitidos em 1994), nossa dívida externa diminuiu de modo expressivo. Atualmente, a *Dívida Pública Federal Externa* (*DPFe*) representa apenas 5% do estoque da *Dívida Pública Federal* (*DPF*), conforme vemos na Figura 6.7.

Selic é a sigla para Sistema Especial de Liquidação e Custódia. A taxa Selic é determinada pelo Comitê de Política Monetária (Copom), órgão do Banco Central, e funciona como a taxa de juros básica da economia, isto é, aquela que os bancos e financeiras usam como base de cálculo das suas próprias taxas. Como você percebe no Quadro 6.4, embora a parcela de títulos públicos remunerados pela Selic venha caindo, ainda é bastante alta: no fim de 2010, respondia por mais de um terço do estoque. E, como vimos no capítulo anterior, a taxa de juros básica da economia brasileira (isto é, a Selic) é uma das maiores do mundo. O que isso significa? Significa que, ao manter uma taxa tão alta, o Estado não prejudica apenas você, consumidor, e as empresas brasileiras, que pagam caríssimo pelo crédito, mas também a si mesmo, visto que uma boa parte de sua própria dívida é reajustada por essa taxa. Resultado: o país precisa produzir altos superávits primários para pagar os juros da dívida, e não sobra muito para investir. Voltaremos a esse assunto no "Estudo de caso" ao fim do capítulo.

Figura 6.7 Proporção das dívidas externa e interna na dívida pública brasileira em novembro de 2010.

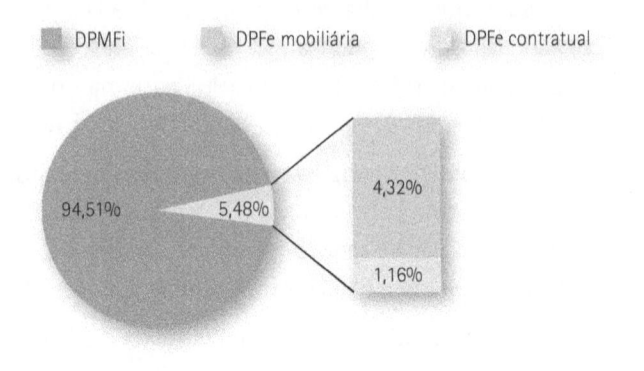

DPMFi — 94,51%
DPFe mobiliária — 5,48% (4,32%)
DPFe contratual — (1,16%)

Fonte: Tesouro Nacional (2010).

Ao contrário da dívida interna, que é inteiramente mobiliária — e por isso recebe o nome de *Dívida Pública Mobiliária Federal Interna* (*DPMFi*) —, a dívida externa ainda abriga uma pequena parcela contratual. Tal parcela resulta de empréstimos captados junto a organismos multilaterais (Bird e BID, principalmente) para financiar projetos específicos. Além desses organismos, o governo brasileiro também recorre a credores privados e agências governamentais, como o Japan Bank for International Cooperation (JBIC). Vale ressaltar que, embora não possam emitir títulos no mercado internacional, estados e municípios também têm acesso a esse tipo de financiamento.

Com relação ao tipo de indexador utilizado, a DPF brasileira vem apresentando a evolução apresentada no Quadro 6.4. A Figura 6.8 mostra o prazo médio do estoque da DPMFi. Como se nota, a melhora da economia nos últimos anos tem permitido à Secretaria do Tesouro Nacional alterar o perfil da dívida pública, aumentando a proporção de títulos prefixados e diminuindo a participação daqueles atrelados ao câmbio e à taxa Selic (veja boxe). Com relação aos prazos, observa-se o mesmo progresso: o prazo médio dos títulos da dívida interna é cada vez mais longo, o que indica maior confiança do investidor na economia brasileira. Tradicionalmente mais longo, o prazo médio da DPFe (não ilustrado na figura) também vem melhorando: passou de 5,8 anos, em dezembro de 2003, para 6,18 anos em dezembro de 2010.

Quadro 6.4 Histórico recente da composição da DPF segundo o tipo de indexador utilizado.

Tipo de indexador	Dezembro de 2000	Dezembro de 2004	Outubro de 2005	Novembro de 2010
Câmbio	22,3	5,2	3,1	5,3
TR	4,7	3,1	3,1	0,8
Índices de preços	6	14,8	13,8	26,5
Taxa Selic	52,2	57,1	56,4	31,3
Prefixado	14,8	19,7	23,6	36
TOTAL	100,0	100,0	100,0	100,0

Fonte: elaboração própria com dados de Dieese (2006); Tesouro Nacional (2010).

Figura 6.8 Histórico recente do prazo médio dos títulos no estoque da DPMFi (em anos).

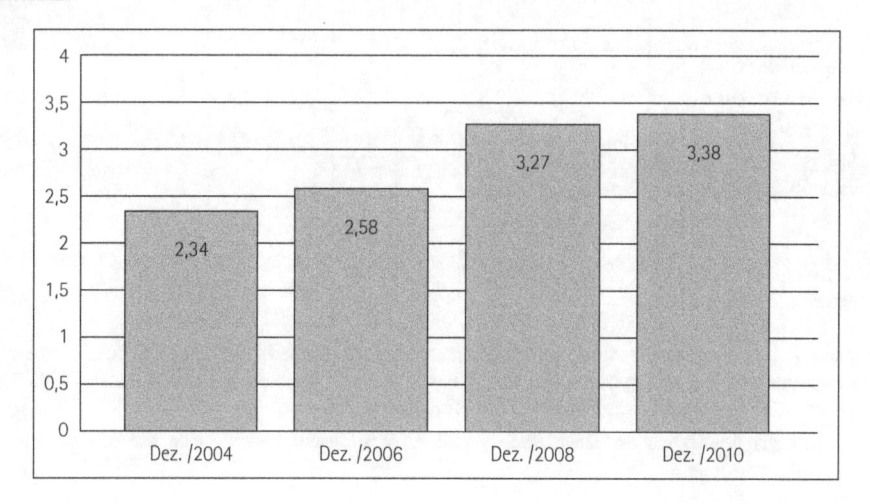

Dez./2004	Dez./2006	Dez./2008	Dez./2010
2,34	2,58	3,27	3,38

Todo mês, o Tesouro Nacional publica o Relatório Mensal da Dívida Pública Federal, que traz não apenas a composição do estoque da dívida, como também as emissões e resgates feitos no período, além de outros indicadores úteis. Você pode consultar os relatórios neste link: <http://www.tesouro.fazenda.gov.br/hp/relatorios_divida_publica.asp>. O portal do Tesouro Público também permite a leitura, na íntegra, do livro Dívida pública: a experiência brasileira.

ESTUDO DE CASO

OS GASTOS PÚBLICOS NA ERA LULA

Os gastos públicos brasileiros, que já vinham se expandindo no governo de Fernando Henrique Cardoso, cresceram em ritmo ainda mais intenso durante os anos da gestão de Luiz Inácio Lula da Silva. No Quadro 6.5 você vê, de maneira desagregada, como ocorreu exatamente essa evolução. Utilize-o para responder às questões que seguem.

Quadro 6.5 Evolução dos gastos públicos durante a era Lula (em % do PIB).

	2002	2003	2004	2005	2006	2007	2008	2009	2010*	Var/2010-02
Receita bruta	21,7	21	21,6	22,7	22,9	23,3	23,8	23,5	23,8	2,2
Transferências para estados e municípios	3,8	3,5	3,5	3,9	3,9	4	4,4	4,1	3,9	0,1
Receita líquida total	17,9	17,4	18,1	18,8	19	19,3	19,4	19,5	19,9	2
Despesas primárias	15,7	15,1	15,6	16,4	17	17,1	16,6	18,2	18,6	2,9
Pessoal e encargos	4,8	4,5	4,3	4,3	4,5	4,4	4,4	4,8	4,7	-0,1
Transferência de renda às famílias**	6,8	7,2	7,7	8,1	8,4	8,5	8,2	9	9	2,2
Investimentos	0,8	0,3	0,5	0,5	0,6	0,7	0,9	1	1,2	0,4
Custeio com saúde e educação	1,8	1,7	1,7	1,8	1,7	1,8	1,8	1,9	2,1	0,2
Demais despesas de custeio	1,4	1,5	1,5	1,8	1,7	1,7	1,4	1,4	1,6	0,2
Resultado primário sem FSB e cessão onerosa	2,1	2,3	2,5	2,5	2,1	2,2	2,9	1,3	1,3	-0,9
Impacto do FSB e da cessão onerosa***	0	0	0	0	0	0	-0,5	0	0,9	0,9
Resultado primário	2,1	2,3	2,5	2,5	2,1	2,2	2,4	1,3	2,2	0
Receita líquida menos transferências de renda às famílias	11	10,3	10,5	10,8	10,6	10,8	11,2	10,5	10,9	-0,1

* Acumulado em 12 meses até outubro de 2010. ** Compreende gastos com benefícios previdenciários, abono, seguro-desemprego, benefícios assistenciais (Loas e RMV) e Bolsa Família. *** Compreende a constituição do Fundo Soberano do Brasil (FSB), em 2008, e o resultado da capitalização da Petrobras, em 2010.

Fonte: elaborado pela Secretaria de Política Econômica (SPE), órgão ligado ao Ministério da Fazenda, e publicado em OLIVEIRA (2010b).

1. Descreva objetivamente, em um ou dois parágrafos, a evolução dos gastos públicos na Era Lula.
2. Costuma-se dizer que o Brasil gasta mais com juros da dívida do que com saúde e educação. Essa crítica procede? Responda com base no Quadro 6.5 e no que estudamos sobre superávit (déficit) primário.
3. A transferência de renda às famílias foi o item da despesa que mais aumentou durante o governo Lula, como se observa no quadro. Reveja os dados do Quadro 6.2 e responda: pode-se dizer que o setor público está tirando dinheiro dos mais pobres com uma mão e devolvendo com a outra? Em caso positivo, quais seriam as implicações sociais, políticas e econômicas disso? Se possível, discuta o tema em sala, com os colegas e o professor.

NA ACADEMIA

Como dissemos no início deste capítulo, preparamos este livro no momento em que assume o poder uma nova presidente. Um de seus maiores desafios será realizar a tão almejada reforma tributária, que vem sendo prometida desde os anos 1990 e poderia tornar o sistema tributário brasileiro mais racional e eficiente.

- Junto com dois colegas, você vai preparar um painel para informar os alunos e professores dos demais cursos sobre a reforma tributária. Dois alunos da turma não farão parte dos trabalhos, pois, junto com o professor, formarão o júri que escolherá os melhores painéis, os quais serão afixados em um corredor ou outro espaço da faculdade.
- Primeiro, você e seus colegas de grupo devem ler duas cartilhas sobre a reforma tributária, uma preparada pelo Ministério da Fazenda e outra pelo Movimento Brasil Eficiente, organizado por entidades da sociedade civil. A cartilha do Ministério da Fazenda está disponível neste link: <http://www.fazenda.gov.br/portugues/documentos/2008/fevereiro/Cartilha-Reforma-Tributaria.pdf>.
Já a cartilha do Movimento Brasil Eficiente pode ser acessada na área de *downloads* do site <www.brasileficiente.org.br>.
- Além das cartilhas, o professor pode sugerir outras fontes de consulta. Após as leituras, reúnam-se para definir o conteúdo e a abordagem do painel. Seria interessante destacar os principais pontos da reforma, quais benefícios ela pode trazer e quais empecilhos têm impedido sua aprovação. Quanto à abordagem, vocês devem decidir se usarão ilustrações, se vão usar uma linguagem mais formal ou informal e como organizarão as informações no painel.
- Elaborem um rascunho, discutam-no e executem as correções necessárias. Depois, é só preparar a versão final e submetê-la à escolha do júri.

Pontos importantes

- Política fiscal é um dos três principais instrumentos — os outros são a política cambial e a política monetária — de que dispõem as autoridades de um país para perseguir os objetivos da política econômica: favorecer o crescimento do PIB; reduzir a taxa de desemprego; manter a inflação sob controle; buscar o equilíbrio externo e conservar o equilíbrio fiscal.
- As principais fontes de receitas públicas são: as receitas de senhoriagem (emissão de moeda), o endividamento (emissão de títulos e contratação de empréstimos), as

- receitas originárias (Estado atuando como investidor e empresário) e as receitas derivadas (Estado atuando como arrecadador).
- A classificação dos tributos como diretos e indiretos baseia-se na forma de incidência sobre a população. Os tributos diretos são aqueles cujos contribuintes arcam integralmente com seu pagamento; em geral, incidem sobre renda e propriedade. Os tributos indiretos são aqueles cujos contribuintes podem transferir o ônus do pagamento, no todo ou em parte, para terceiros. Normalmente, oneram a produção e a comercialização, e as empresas repassam o custo que tiveram para o consumidor final.
- Os principais problemas decorrentes de uma tributação predominantemente indireta são: perda de competitividade da produção nacional; dificuldade da população para perceber quanto está pagando de impostos; e – o mais grave – uma sobrecarga maior sobre os mais pobres, dado que, proporcionalmente, eles despendem uma parte maior de sua renda com consumo.
- Outra forma de classificar os tributos é quanto à base de incidência: os progressivos são aqueles que aumentam à medida que se avança pela pirâmide socioeconômica, taxando mais pesadamente os mais ricos, e os regressivos são aqueles que aumentam à medida que se descende pela pirâmide, recaindo com mais força sobre os mais pobres.
- As despesas públicas podem ser classificadas em cinco grandes grupos: custeio (funcionamento da máquina estatal), pessoal (folha de pagamento do funcionalismo), investimento (construção de hospitais e estradas, por exemplo), transferências (dinheiro pago diretamente aos cidadãos) e rolagem da dívida (pagamento de juros e resgate de títulos vincendos).
- Superávit primário é aquela situação em que as receitas não financeiras superaram as despesas não financeiras; quando isso não ocorre, temos o déficit primário. Já o conceito de superávit (déficit) operacional refere-se à existência de um saldo positivo (superávit) ou negativo (déficit) após a rolagem da dívida. Por fim, o superávit (déficit) nominal é o mesmo que o superávit (déficit) operacional, porém somada a atualização monetária e cambial ao longo do período.
- Dívida pública é tudo aquilo que o setor público deve; é uma variável do tipo estoque (enquanto superávit e déficit são variáveis do tipo fluxo). Seus principais indicadores são: a relação entre a dívida pública e o PIB da economia; a relação entre a dívida externa e o volume de exportações; o prazo das dívidas; e o tipo de rentabilidade dos títulos de dívida emitidos pelo país.

Referências

AYRES, Marcela. 10 produtos que mais encarecem com os impostos. *Exame.com*. 23 set. 2010.

DIEESE – Departamento Intersindical de Estatística e Estudos Socioeconômicos. *Nota Técnica*, n. 14, fev. 2006.

ESTRELA, Márcio Antônio. *O Banco Central do Brasil e suas funções*. Palestra do Programa de Educação Financeira do Banco Central do Brasil. 2008. Disponível em: <http://www.bcb.gov.br/Pre/bcUniversidade/Palestras/BC%20e%20Universidade%2014.3.2008.pdf>. Acesso em: 4 jan. 2011.

IBELLI, Renato Carbonari. Menos imposto para se alimentar mais. *Diário do Comércio*, São Paulo, 31 jan. 2010.

IPEA – Instituto de Pesquisa Econômica Aplicada. *NFSP*: governo central, s/d. Disponível em: <www.ipeadata.gov.br>. Acesso em: 10 out. 2010.

_____. Estimativa da carga tributária de 2002 a 2009. *Nota Técnica*, n. 16, mar. 2010.

_____. Receita pública: quem paga e como se gasta no Brasil. *Comunicado da presidência*, n. 22, jun. 2009.

OCDE – Organização para a Cooperação e Desenvolvimento Econômico. *Perspectivas econômicas da América Latina 2010*. OCDE, 2009.

OLIVEIRA, Ribamar. Receita de dividendos da União já atinge R$ 26 bi. *Valor Online*, 16 jun. 2010a.

_____. Transferência de renda é a principal marca da gestão Lula. *Valor Econômico*, 27 dez. 2010b.

TESOURO NACIONAL. *Relatório Mensal da Dívida Pública Federal*. Brasília, nov. 2010.

Capítulo 7

POLÍTICA MONETÁRIA

Neste capítulo, abordaremos as seguintes questões:
- Qual é o conceito restrito de meios de pagamento?
- O que é base monetária?
- O que são meios de pagamento ampliados?
- Quais são os quatro agregados monetários com que trabalham os bancos centrais?
- Quais são as funções clássicas de um banco central?
- Por que se demanda moeda na economia? E quem a oferta?
- O que é multiplicador bancário e qual sua relação com as crises financeiras?
- Quais fatores podem afetar a quantidade de moeda na economia, independentemente da atuação do Banco Central?
- Qual a diferença entre política monetária expansionista e contracionista?
- Quais são os três instrumentos clássicos de política monetária e como eles se relacionam à política de juros do Banco Central?
- Qual a diferença entre conduzir a política monetária por meio da adoção de regras ou de forma discricionária?

Introdução

O presente capítulo, que encerra a parte deste livro dedicada à macroeconomia brasileira, está organizado em seis seções. Na primeira, revisaremos as funções e formas da moeda, descrevendo os quatro agregados monetários (M_1, M_2, M_3 e M_4) com que lidam os bancos centrais. Na segunda, conheceremos as principais funções de um banco central.

A terceira e a quarta seção serão dedicadas, respectivamente, à demanda e à oferta de moeda na economia; ao abordar este segundo aspecto, analisaremos também o multiplicador bancário, seu papel na criação da moeda bancária e, ainda, a relação que ele pode ter com as crises financeiras. Na quinta seção, trataremos da política monetária propriamente dita, ou seja, dos instrumentos de que o banco central dispõe para afetar o mercado de moeda. Por fim, na sexta e última seção, apresentaremos uma breve discussão sobre a opção entre uma política monetária por regras ou discricionária.

Moeda: funções e formas

No Capítulo 3, antes de começar a tratar do fenômeno inflacionário, estudamos as *funções básicas da moeda*. Como você deve estar lembrado, essas funções são três:

- **Meio de troca** — a moeda nos permite quitar qualquer tipo de dívida — inclusive aquela que "contraímos" ao tomar um simples café na padaria.
- **Medida de valor** — a moeda nos permite estabelecer o preço relativo dos bens e, assim, tomar decisões sobre como alocar nossos recursos.
- **Reserva de valor** — a moeda nos permite entesourar (guardar) nossa riqueza, sendo o mais líquido dos ativos.

Ainda no Capítulo 3, recordamos a evolução histórica da moeda, começando pelas unidades monetárias com valor de uso, como conchas, gado ou sal, e chegando ao atual estágio, o da *moeda fiduciária* — isto é, aquela que vale pela confiança (fidúcia) que inspira, e não mais por seu valor intrínseco. Concluímos, portanto, que na atualidade a moeda fiduciária possui as três funções mencionadas: ela serve como meio de troca, medida de valor e reserva de valor.

No entanto, apesar dessa grande versatilidade da moeda fiduciária, dificilmente as pessoas guardam toda ela no bolso ou debaixo do colchão. Por questões óbvias de segurança, a maioria dos cidadãos e das organizações guarda uma boa parte dessa moeda em contas correntes nos bancos. Assim, dentro daquilo que chamamos de moeda fiduciária, podemos distinguir dois grandes conjuntos:

a) a *moeda manual* ou *moeda legal* — conjunto composto de papel-moeda (cédulas) e de moedas metálicas (normalmente de centavos); e

b) a *moeda escritural* ou *moeda bancária* – que corresponde aos depósitos à vista nos bancos comerciais.

A soma da moeda manual com a moeda escritural corresponde ao conceito tradicional ou restrito de meios de pagamento. Na definição do próprio Banco Central (BCB, s/d), *meios de pagamento* são "o volume de recursos prontamente disponíveis para o pagamento de bens e serviços". Eles estão prontamente disponíveis porque podem ser movimentados mediante a mera entrega de cédulas e moedas (no caso da moeda manual), ou mediante a assinatura de um cheque (no caso da moeda escritural).

Outro aspecto importante no conceito de meios de pagamento é que eles só incluem a moeda manual e a moeda escritural em poder do *público não bancário*, ou seja, das pessoas físicas e das jurídicas não bancárias. Isso significa que, no cálculo restrito dos meios de pagamento, não entram os *encaixes bancários*, isto é, as reservas mantidas pelos bancos comerciais em seus próprios caixas ou recolhidas em contas específicas do Banco Central. Os encaixes bancários podem ser *voluntários* ou *compulsórios* – falaremos mais sobre este último tipo na penúltima seção do capítulo, ao tratar dos instrumentos de política monetária.

Se somarmos os meios de pagamento (conceito restrito) aos encaixes bancários, teremos outro conceito importante: o de base monetária. *Base monetária* é, portanto, a soma da moeda manual e escritural em poder do público não bancário mais os encaixes bancários.

O conceito de base monetária é importante porque está diretamente ligado aos objetivos da política monetária. Afinal, conforme veremos mais adiante neste capítulo, existem situações em que o Banco Central precisa "enxugar" ou "injetar" dinheiro na economia – o que, em termos técnicos, equivale justamente a contrair ou expandir a base monetária.

Na Figura 7.1, você pode visualizar os conceitos que abordamos até agora.

> *Nos últimos anos, os cheques vêm sendo cada vez mais substituídos pelos cartões de débito, que cumprem basicamente a mesma função: movimentar a moeda escritural, "tirando-a" da conta corrente do comprador para pagar por bens ou serviços. Não devemos, porém, confundir os cartões de débito com os de crédito; estes últimos não são meios de pagamento. Eles são um instrumento de crédito – no momento em que você os utiliza, está tomando dinheiro emprestado da instituição emissora do cartão, e é ela que está pagando pela compra. Algum tempo depois, você vai saldar o empréstimo pagando a fatura do cartão.*

> *A palavra "encaixe" também existe na contabilidade e significa simplesmente "dinheiro em caixa", isto é, os recursos de que a empresa dispõe imediatamente para adquirir bens ou pagar dívidas.*

Agregados monetários

Até agora, estivemos falando em conceito tradicional ou restrito de meios de pagamento – o que certamente deve tê-lo feito deduzir que existe um conceito mais moderno ou amplo. De fato, houve um momento na evolução da economia em que os cidadãos e organizações sentiram a necessidade de produtos financeiros que trouxessem algum benefício

Figura 7.1 Moeda fiduciária, meios de pagamento (conceito restrito) e base monetária.

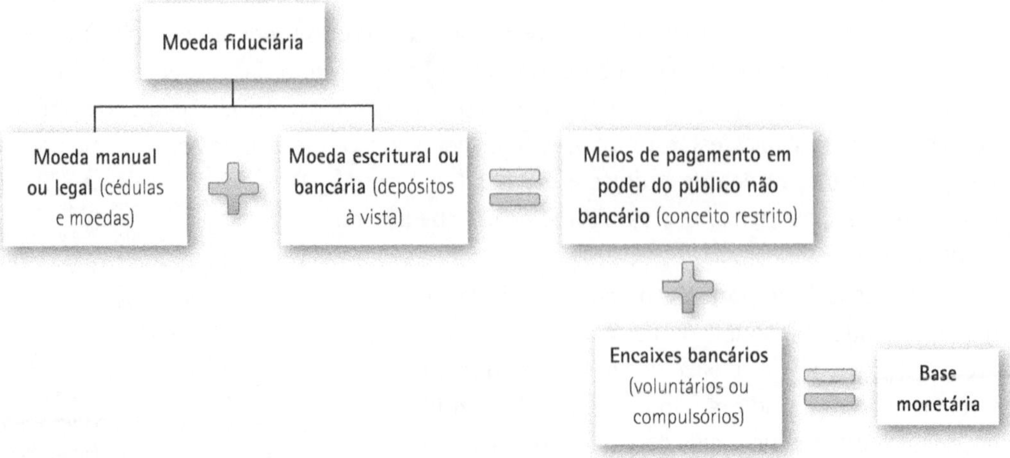

```
                    Moeda fiduciária
          ┌──────────────┴──────────────┐
   Moeda manual              Moeda escritural ou        Meios de pagamento em
   ou legal (cédulas   +     bancária (depósitos   =    poder do público não
   e moedas)                 à vista)                    bancário (conceito restrito)
                                        +
                              Encaixes bancários
                              (voluntários ou        =    Base
                              compulsórios)              monetária
```

além de meramente manter o dinheiro "guardado". Eles queriam algo que se valorizasse ao longo do tempo, mas que, por outro lado, fosse mais líquido do que uma fazenda ou carruagem, por exemplo.

Nesse momento, começaram a surgir as *quase-moedas* — ativos assim chamados porque cumprem quase todas as funções da moeda (especialmente a medida de valor e a reserva de valor), mas raramente são utilizados como meio de troca, ou seja, para quitar dívidas. Por renderem juros e terem elevada liquidez, as quase-moedas adquirem especial relevância durante processos inflacionários, pois ganham a preferência dos agentes econômicos à medida que o valor da moeda fiduciária vai sendo corroído.

A fim de refletir com mais fidelidade o papel que as moedas e quase-moedas desempenham na economia e, assim, tomar decisões de política monetária mais acertadas, bancos centrais do mundo todo lidam hoje com o conceito de *agregados monetários*. Existem quatro agregados monetários — M_1, M_2, M_3 e M_4 — e os tipos de moeda e quase-moeda incluídos em cada um deles podem variar de país para país. No Brasil, de acordo com o estabelecido pelo Banco Central, temos os agregados monetários descritos no Quadro 7.1.

Como se observa no Quadro 7.1, enquanto o M_1 corresponde ao conceito restrito de meios de pagamento, o M_2, o M_3 e o M_4 formam os *meios de pagamento ampliados*. Notamos nesse quadro também que, quanto mais nos aproximamos do M_1, mais líquidos se tornam os ativos. Assim, na ponta mais líquida, o M_1, temos as já mencionadas moeda manual e escritural, ambas prontamente disponíveis para uso do público não bancário; e, na outra ponta, ou seja, no M_4, temos todos os outros agregados (M_1, M_2 e M_3) e, ainda, os títulos públicos, uma quase-moeda com menor liquidez.

Uma variável de interesse para os economistas é a proporção de M_1 em relação a M_4, isto é, a proporção de moeda manual e escritural em relação ao total de moeda e quase-moeda

Quadro 7.1 Os quatro agregados monetários, conforme definições do Banco Central do Brasil.

Mais liquidez ↕	Meios de pagamento (conceito restrito)	M_1 =	Papel-moeda em poder do público + depósitos à vista
	Meios de pagamento ampliados	M_2 =	M_1 + depósitos especiais remunerados[1] + depósitos de poupança + títulos privados[2]
		M_3 =	M_2 + quotas de fundos de investimento[3] + operações compromissadas com títulos federais
Menos liquidez		M_4 =	M_3 + títulos federais indexados à taxa Selic + títulos estaduais e municipais

Observações: (1) Depósitos especiais remunerados são uma modalidade de poupança criada na época do Plano Collor para abrigar os ativos confiscados; eles deixaram de ser contabilizados em novembro de 1995. (2) Incluem depósitos a prazo, letras de câmbio, letras hipotecárias e letras imobiliárias. (3) Incluem fundos cambial, de curto prazo, de renda fixa (inclusive extramercado), multimercado, referenciado e outros fundos.

na economia — quanto mais alta a inflação, mais baixa tenderá a ser essa proporção, já que, conforme dito, os agentes econômicos tenderão a trocar a moeda fiduciária por ativos rentáveis (as quase-moedas). Veja um exemplo: no auge do processo inflacionário brasileiro, em 1993, o M_1 chegou a representar apenas 5% do M_4. Por outro lado, existem situações em que o público desconfia tanto do sistema financeiro que prefere manter seus recursos no maior nível de liquidez possível. Também assistimos a uma situação assim no Brasil, logo após o Plano Collor: traumatizada com o famigerado "confisco da poupança" e de outros ativos, a população, assim que começou a reaver seu dinheiro, mantinha-o dentro do bolso ou, no máximo, na forma de depósitos à vista. Nessa época, o M_1 chegou a representar 28% do M_4. Hoje em dia, temos as proporções apresentadas na Figura 7.2.

Figura 7.2 Proporção de M_1, M_2 e M_3 em relação a M_4 (fevereiro de 2011).

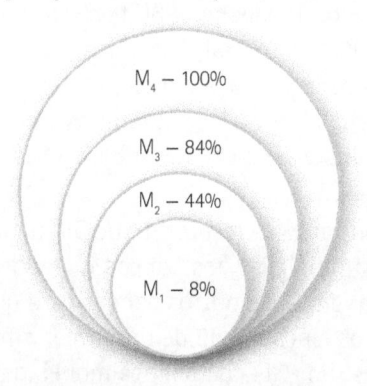

M_4 – 100%
M_3 – 84%
M_2 – 44%
M_1 – 8%

Fonte: BCB, s/d.

Funções do Banco Central

Já pensou se qualquer banqueiro privado pudesse imprimir dinheiro, ou seja, ampliar a base monetária? Uma simples reflexão pode levantar alguns possíveis problemas decorrentes dessa situação. A descentralização da emissão poderia levar, por exemplo, a um descontrole da base monetária, com uma quantidade de moeda inferior ou superior ao necessário. Também poderia haver prejuízos para a população, caso a confiança (fidúcia) depositada na moeda emitida por determinado banqueiro se perdesse – afinal, aquelas cédulas deixariam de ter valor.

Esses fatos que estamos descrevendo realmente ocorreram no passado, antes que a existência dos bancos centrais se tornasse a norma em praticamente todos os países. A primeira instituição a assumir o monopólio da emissão de moeda em um território foi o Banco da Inglaterra. Ele foi constituído em 1694, para financiar as despesas da coroa britânica em uma guerra contra a França.

Essas duas funções – o monopólio de emissões e o papel de banqueiro do governo – foram as primeiras "a delinear o perfil do que mais tarde constituiria um banco central" (BCB, 2008, p. 9). Hoje em dia, considera-se que as *funções clássicas de um banco central* sejam sete: (a) detentor do monopólio de emissão; (b) banco dos bancos; (c) banqueiro do governo; (d) supervisor do sistema financeiro; (e) executor da política monetária; (f) executor da política cambial; e (g) depositário das reservas internacionais. Comentaremos brevemente cada uma delas nos tópicos a seguir.

Detentor do monopólio de emissão

O órgão responsável por cunhar moedas e imprimir cédulas (no Brasil, trata-se da Casa da Moeda, situada no Rio de Janeiro) só pode fazê-lo mediante solicitação do Banco Central. Este detém, portanto, o monopólio sobre a emissão da moeda manual ou legal – mas não sobre a criação da moeda bancária ou escritural, conforme veremos na próxima seção.

Banco dos bancos

O Banco Central presta aos bancos comerciais os mesmos serviços que estes prestam a seus clientes. Por exemplo: se você depositar em sua conta no Banco ABC um cheque proveniente do Banco XYZ, para recebê-lo o Banco ABC terá de acionar o Sistema de Pagamentos Brasileiro, administrado pelo Banco Central. Isso porque, pela lei, os bancos estão proibidos de manter contas em outros bancos. Em vez disso, eles mantêm contas no Banco Central, nas quais são depositados aqueles encaixes voluntários e compulsórios de que falamos na seção anterior. Assim, para compensar o cheque, o Banco Central tira o dinheiro da conta do XYZ e o coloca na conta do ABC.

Além disso, o Banco Central é o *prestamista de última instância* do sistema bancário – isto é, aquele que empresta dinheiro aos bancos quando eles não conseguem levantar fundos junto ao público nem junto aos outros bancos para quitar suas dívidas do dia. Para utilizar esse socorro, os bancos lançam mão de um mecanismo chamado de *redesconto*, do qual trataremos na seção "Instrumentos de política monetária".

Banqueiro do governo

Imagine como seria difícil controlar o orçamento público se o governo tivesse várias contas, abertas em diversos bancos! É justamente para evitar tal problema que existe a *Conta Única do Tesouro Nacional*, mantida no Banco Central do Brasil. É lá que vão parar todos os tributos federais que você recolhe nos bancos públicos ou privados.

A conta única recebe, também, a receita decorrente da venda de títulos públicos nos leilões primários do Tesouro Nacional. Aliás, ainda dentro do seu papel de banqueiro do governo, o Banco Central atua nesses leilões em nome do Tesouro.

Uma última atividade do BC ligada a esta função é observada quando o país necessita contrair empréstimos no estrangeiro. Nesse caso, o Banco Central responsabiliza-se pela contratação, atuando como agente do governo federal.

Supervisor do sistema financeiro

O Sistema Financeiro Nacional (SFN) está composto dos órgãos e instituições que você vê na Figura 7.3. O Banco Central normatiza tal sistema por meio de resoluções e circulares.

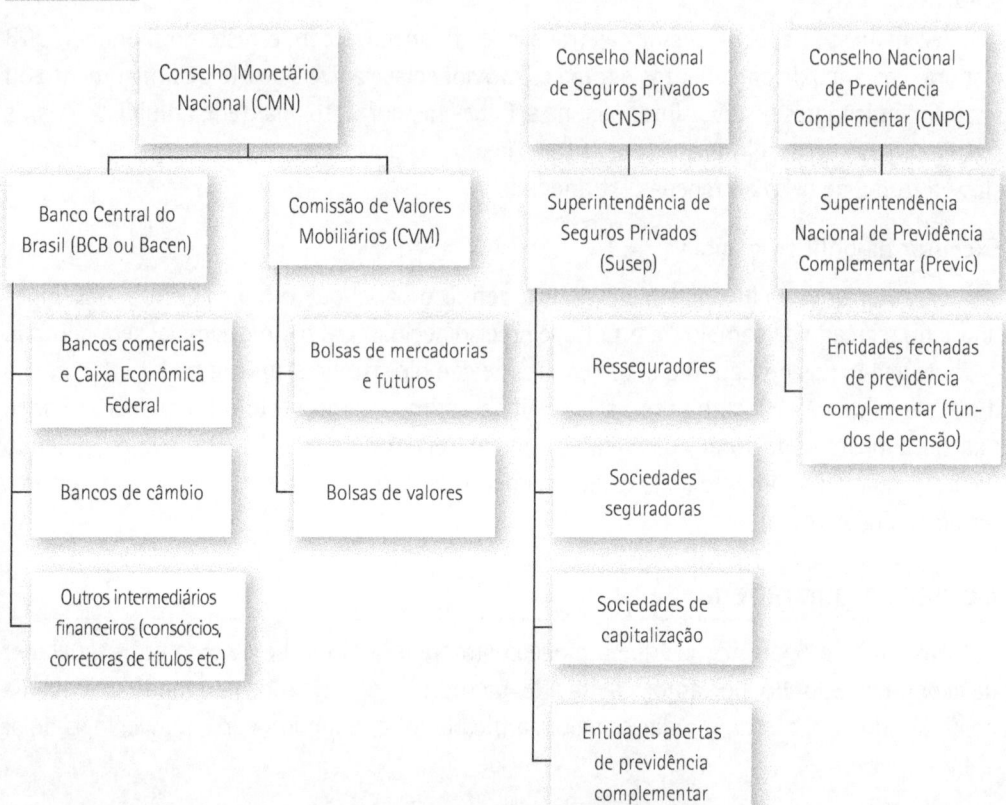

Figura 7.3 A estrutura do Sistema Financeiro Nacional (SFN).

- Conselho Monetário Nacional (CMN)
  - Banco Central do Brasil (BCB ou Bacen)
    - Bancos comerciais e Caixa Econômica Federal
    - Bancos de câmbio
    - Outros intermediários financeiros (consórcios, corretoras de títulos etc.)
  - Comissão de Valores Mobiliários (CVM)
    - Bolsas de mercadorias e futuros
    - Bolsas de valores
- Conselho Nacional de Seguros Privados (CNSP)
  - Superintendência de Seguros Privados (Susep)
    - Resseguradores
    - Sociedades seguradoras
    - Sociedades de capitalização
    - Entidades abertas de previdência complementar
- Conselho Nacional de Previdência Complementar (CNPC)
  - Superintendência Nacional de Previdência Complementar (Previc)
    - Entidades fechadas de previdência complementar (fundos de pensão)

É ele também que autoriza um banco a funcionar e fiscaliza a atuação dos existentes. Caso sejam detectadas fraudes ou falhas, o Banco Central pode intervir na instituição, assumindo sua administração em caráter temporário, ou mesmo liquidando-a extrajudicialmente.

Executor da política monetária

Uma das mais importantes atribuições do BC, a política monetária busca ajustar o volume dos meios de pagamento à real capacidade da economia de absorver recursos, de modo que não se produzam desequilíbrios nos preços, ou seja, inflação ou deflação (ESTRELA, 2009). Mais adiante, neste capítulo, veremos de quais instrumentos de política monetária o Banco Central se vale para executar tal tarefa.

Depositário das reservas internacionais

O Banco Central intermedeia todas as transações financeiras entre o país e o exterior. Isso significa que, se você exporta mercadorias e recebe dólares por elas, está obrigado a trocá-los por reais em uma casa de câmbio ou em um banco autorizado a realizar tal operação – e esta instituição, por sua vez, está obrigada a repassar os dólares ao BCB. Pela lei, você não pode guardar a moeda estrangeira em sua casa, muito menos em uma conta corrente no banco.

Assim, nesse papel de gestor das transações financeiras com o resto do mundo, o BCB elabora o balanço de pagamentos e toma as providências cabíveis diante de um aumento ou uma diminuição nas reservas internacionais. Cabe-lhe, portanto, manter e administrar essas reservas; geralmente, ele as aplica em títulos de outros governos, mas também pode mantê-las na forma de ouro ou moedas estrangeiras.

Executor da política cambial

Executar uma política cambial significa definir o papel que o Banco Central desempenhará no mercado de câmbio. Para tanto, é preciso decidir qual regime cambial será adotado – conforme vimos no Capítulo 5, os regimes de câmbio fixo pressupõem maior intervenção do BC, e os de câmbio flutuante, menor. Ainda assim, mesmo neste último caso, o Banco Central também pode atuar no mercado cambial, seja diretamente (comprando e vendendo dólares), seja indiretamente (pelo estabelecimento de taxas de juros mais ou menos atraentes ao capital externo).

Demanda por moeda

No Capítulo 5, afirmamos que a moeda estrangeira era um bem como outro qualquer da economia, estando, portanto, sujeita à lei da oferta e da demanda – quando a demanda de dólar supera a oferta, o dólar se valoriza (fica caro) e, quando ocorre o inverso, o dólar perde seu valor (fica barato). Ora, com a moeda nacional não é diferente: ela também é um bem da economia e, se for ofertada em volume superior à demanda, perderá seu valor — o que costumamos chamar *inflação*. Se, pelo contrário, o meio circulante estiver tão restrito a ponto de não atender à demanda, haverá *deflação*.

Saber quem demanda moeda nacional é fácil — são todos os agentes da economia do país, ou seja, os cidadãos, as empresas e o setor público. A pergunta que devemos fazer é: *por que* os agentes econômicos demandam moeda?

De acordo com as teorias econômicas, existem três motivos para demandar moeda:

- **motivo transação** — os agentes econômicos precisam de moeda para quitar suas dívidas, já que ela é o meio de troca por excelência;
- **motivo portfólio** (ou **motivo especulação**) — os agentes econômicos também demandam moeda porque ela é uma forma de ativo, isto é, uma forma de manter a riqueza; esse tipo de demanda está ligado, portanto, à função da moeda como reserva de valor; e
- **motivo precaução** — conforme dissemos, uma parte da moeda fiduciária fica nos bancos, mas outra parte as pessoas retêm na forma de moeda manual para pequenas operações do dia a dia, como pagar o ônibus, comprar café, dar uma caixinha para o garçom, entre outras. Essa demanda por moeda subsiste mesmo em economias altamente inflacionárias, porque ninguém quer ser pego "desprevenido", sem um centavo no bolso — é por isso que esse motivo é chamado de motivo *precaução*.

Quanto mais o PIB real de uma economia crescer, maior será a demanda por moeda, especialmente pelo motivo transação — afinal, quanto maior sua renda, mais os agentes econômicos querem fazer transações, seja para consumo, seja para investimento. É nesse sentido que dizemos que a política monetária conduzida pelo Banco Central deve atender à demanda da economia na medida certa, acompanhando o passo do crescimento, sem ficar além nem aquém dele. Voltaremos a esse assunto na seção "Instrumentos de política monetária".

Oferta de moeda

Entendido o lado da demanda no mercado monetário, passemos ao da oferta. Na seção "Funções do Banco Central", já vimos que esse órgão detém o monopólio sobre a emissão — ou seja, a oferta — da moeda manual (cédulas e moedas metálicas). Ele não é, porém, o único a ofertar moeda na economia. Os bancos também o fazem, por meio da *criação de moeda escritural*.

Para entender melhor essa ideia, vamos retroceder no tempo até a Idade Média, quando surgiram as *casas de custódia*. Como vimos no Capítulo 3, essas instituições surgiram para facilitar a vida dos mercadores europeus: para não correr risco carregando ouro e prata durante as viagens, eles guardavam seus metais nessas casas, que lhes entregavam, em troca, um certificado de depósito, o qual poderia ser resgatado a qualquer momento.

Com o tempo, contudo, aqueles primitivos banqueiros perceberam que os clientes não resgatavam seus depósitos todos de uma vez. E, mesmo quando os faziam, as baixas eram compensadas por depósitos de outros clientes, de modo que as reservas permaneciam relativamente estáveis. Dessa maneira, a riqueza ficava lá parada, enquanto muitos outros indivíduos gostariam de ter acesso a ela para, por exemplo, empreender novos negócios.

Não tardou para que um desses banqueiros tivesse uma ideia luminosa: emprestar a juros parte do dinheiro guardado. Foi assim que surgiu a noção de *reservas* ou *encaixes fracionários* – isto é, em vez de manter todo o dinheiro que recebiam dos clientes, os bancos passaram a manter apenas uma fração desse dinheiro, emprestando o restante. Surgiu assim, também, a atividade bancária propriamente dita, que consiste em tomar dinheiro de determinadas pessoas e emprestá-lo a outras.

Ao emprestar uma parte daquilo que recebem, os bancos *multiplicam* os depósitos à vista, tornando-se responsáveis pela criação de moeda bancária ou escritural. Para detalhar esse processo, vamos imaginar que o banco central de uma economia fictícia tenha emitido dez notas de $ 100, ou seja, $ 1.000, e que, por coincidência, esse dinheiro tenha ido parar todo na mão da mesma pessoa, um cidadão chamado João. Vamos imaginar, também, que esse seja todo o M_1 da economia. Ou seja, neste momento inicial, $M_1 = \$ 1.000$.

Acompanhemos agora, na Figura 7.4, o que acontece com esse M_1 (até o momento composto apenas de moeda manual), assim que ele entra no sistema bancário.

Conforme vemos na Figura 7.4, depois de passar por três bancos diferentes, os $ 1.000 iniciais de João já haviam se expandido para $ 2.440. Quando esse processo vai parar? Quando as reservas de todo o sistema bancário equivalerem aos $ 1.000 iniciais, ou seja, àquela quantia de moeda emitida a princípio pelo banco central – a base monetária dessa economia. O Quadro 7.2 detalha como a multiplicação evolui até esse ponto final.

No Quadro 7.2, observe que o depósito inicial de $ 1.000 foi multiplicado até o montante de $ 5.000. Isso significa que, agora, $M_1 = \$ 5.000$.

Política monetária | 157

Figura 7.4 O processo de criação de moeda escritural.

JOÃO DEPOSITA $ 1.000 NO BANCO ABC. O BANCO ABC MANTÉM 20% ($ 200) COMO RESERVA E COLOCA OS RESTANTES 80% ($ 800) À DISPOSIÇÃO PARA SEREM EMPRESTADOS A OUTROS CLIENTES.

PEDRO PEGA $ 800 EMPRESTADOS NO BANCO ABC E, COM ELES, COMPRA UMA BICICLETA DE MARIA.

MARIA DEPOSITA NO BANCO XYZ OS $ 800 QUE RECEBEU DE PEDRO COMO PAGAMENTO DA BICICLETA. O BANCO XYZ MANTÉM 20% ($ 160) COMO RESERVA E COLOCA OS RESTANTES 80% ($ 640) À DISPOSIÇÃO PARA SEREM EMPRESTADOS A OUTROS CLIENTES.

JOANA PEGA $ 640 EMPRESTADOS NO BANCO XYZ E, COM ELES, PAGA O QUE DEVIA A SEU DENTISTA, O DR. GOMES.

O DR. GOMES DEPOSITA NO BANCO 123 OS $ 640 QUE RECEBEU DE JOANA. O BANCO 123 MANTÉM 20% ($ 128) COMO RESERVA E COLOCA OS RESTANTES 80% ($ 512) À DISPOSIÇÃO PARA SEREM EMPRESTADOS A OUTROS CLIENTES.

E ASSIM POR DIANTE...
NOTE QUE, ATÉ AQUI, TEMOS:

DEPÓSITO INICIAL = $ 1.000

MULTIPLICAÇÃO DO DEPÓSITO
$ 1.000..... (DEPOSITADOS NO BANCO ABC)
+ $ 800...... (DEPOSITADOS NO BANCO XYZ)
+ $ 640.... (DEPOSITADOS NO BANCO 123)

$ 2.440..TOTAL

Quadro 7.2 Expansão múltipla dos depósitos à vista.

	Depósitos	Empréstimos	Reservas
Banco ABC (1ª etapa)	1.000	800	200
Banco XYZ (2ª etapa)	800	640	160
Banco 123 (3ª etapa)	640	512	128
4ª etapa	512	410	102,40
5ª etapa	410	328	81,92
6ª etapa	328	262	65,54
7ª etapa	262	210	52,43
8ª etapa	210	167,77	41,94
9ª etapa	167,77	134,22	33,55
10ª etapa	134,22	107,37	26,84
11ª etapa	107,37	85,90	21,47
12ª etapa	85,90	68,72	17,18
13ª etapa	68,72	54,98	13,74
14ª etapa	55	44	11,00
[...]	[...]	[...]	[...]
	0,03	0,02	0,01
	0,02	0,01	0,00
TOTAL PARA O CONJUNTO DO SISTEMA BANCÁRIO	$ 5.000	$ 4.000	$ 1.000

Fonte: Adaptado de MOCHÓN (2007), p. 195.

Com base nesses números, podemos determinar o *multiplicador bancário* dessa economia. Ele é dado pela seguinte fórmula:

$$k = \frac{1}{r}$$

Onde:
k = multiplicador bancário;
r = reservas.
No nosso caso, como as reservas são de 20% (0,2 × 100), o resultado é:

$$k = \frac{1}{0,2} = 5$$

Isso significa que o multiplicador bancário da nossa economia é 5: assim, devemos esperar que, para cada $ 1 emitido pelo Banco Central, o sistema bancário "acrescentará" outros $ 4, de modo que M_1 se torne igual a $ 5. A partir disso, podemos deduzir a fórmula a seguir, que determina qual quantidade de M_1 o multiplicador bancário gerará no final, a partir de dada base monetária:

$$M_1 = k \times BM$$

Ou seja, no nosso caso: $M_1 = 5 \times \$ 1.000 = \$ 5.000$.

Evidentemente, uma taxa de reserva menor levará a uma expansão maior, ao passo que uma taxa de reserva maior levará a uma expansão menor. Se as reservas fossem de 10%, por exemplo, o multiplicador seria $k = (1/0,1) = 10$, e o depósito inicial de $ 1.000 se multiplicaria até alcançar $ 10.000 ($M_1 = 10 \times \$ 1.000 = \$ 10.000$). Por outro lado, se os bancos fossem obrigados a manter 100% de reservas – ou seja, se as reservas fracionárias fossem proibidas –, não haveria empréstimos, e o total de moeda escritural permaneceria em $ 1.000, já que $k = (1/1) = 1$; logo, $M_1 = 1 \times \$ 1.000 = \$ 1.000$.

> *O exemplo e a fórmula que estamos apresentando aqui são uma simplificação, porque supõem que os agentes mantenham 100% da moeda fiduciária na conta corrente, ou seja, na forma de moeda bancária. Na prática, porém, devido à demanda por moeda pelo motivo precaução, uma parte dessa moeda é manual. No Brasil, conforme dados do Banco Central de março de 2011, 43% do M_1 é mantido na forma de moeda manual – uma grande proporção, se considerarmos as facilidades hoje existentes para as transações com cartão de débito e o risco que significa portar dinheiro, especialmente nas metrópoles.*

O multiplicador bancário e as crises financeiras

A invenção das reservas fracionárias foi, sem dúvida, uma excelente ideia, não só para os banqueiros, como para todos aqueles que se valem de empréstimos para investir em empreendimentos produtivos, consumir, pagar outras dívidas – enfim, fazer girar a roda da economia. Contudo, observando esses números, é inevitável se perguntar o que aconteceria se todos os possuidores desses depósitos "fictícios" resolvessem sacá-los de uma vez só. Ou, para usar o exemplo bem simples que analisamos na Figura 7.4, o que aconteceria se João, Maria e o dr. Gomes resolvessem sacar, todos ao mesmo tempo, o que depositaram?

Lembre que, juntos, esses três personagens depositaram $ 2.440 ($ 1.000 de João, $ 800 de Maria e $ 640 do dr. Gomes), mas os três bancos do nosso sistema guardaram apenas 20% dessa quantia, ou seja, $ 488 ($ 200 de João, $ 160 de Maria e $ 128 do dr. Gomes). E então: o que ocorreria se a população exigisse seus $ 2.440 de volta, e o sistema bancário tivesse apenas $ 488 para devolver? Se você pensou em uma onda de falências bancárias e pânico generalizado, acertou.

Estamos falando de um fenômeno conhecido como *corrida aos bancos*, que já ocorreu várias vezes na história econômica mundial. Ele tem tudo a ver com *bolha especulativa* e *crise financeira*, duas expressões que você certamente está bem acostumado a ouvir nos noticiários. Normalmente, as coisas começam assim: em uma época de economia aquecida, o crédito é farto e todos querem comprar e investir. Em geral, há um setor que concentra as atenções – todos acham que a procura por aquele bem ou serviço será cada vez maior e, consequentemente, ele trará cada vez mais lucros. No fim dos anos 1920, os setores "coqueluche" eram as novidades tecnológicas que começavam a ser produzidas em larga escala, como automóveis e aparelhos de rádio. No fim dos anos 1990, eram as empresas "pontocom". No fim da década de 2000, eram as hipotecas (empréstimos que têm um imóvel como garantia) nos Estados Unidos.

Os primeiros a serem beneficiados por essa onda de otimismo são aqueles que mantêm uma atividade produtiva no setor visado. Se você tivesse uma fábrica de rádios nos Estados Unidos dos anos 1920, por exemplo, conseguiria obter empréstimos facilmente. Também poderia transformar sua empresa em companhia aberta e vender ações na bolsa, levantando fortunas da noite para o dia.

Mas não são só os empreendedores que se beneficiam. E é aí que começa o problema. Investidores passam a executar uma operação denominada *alavancagem* – que nada mais é do que pedir dinheiro emprestado para investir onde o rendimento é maior. Por exemplo: sabendo que a indústria de rádios está fazendo um tremendo sucesso, um investidor pede 1.000 dólares emprestados para comprar 1.000 ações de uma companhia de rádios, a 1 dólar por ação; um ano depois, as ações valorizam-se 50%, passando a valer 1,5 dólar cada, e o investidor revende o lote por 1.500 dólares, obtendo 500 dólares de lucro. Mesmo se ele estiver pagando 10% de juros ao ano (100 dólares) pelo empréstimo, será um excelente negócio: afinal, sem tirar um tostão do próprio bolso, nosso investidor faturou 400 dólares.

E, quando a onda está muito boa, os banqueiros também querem surfá-la: eles mantêm uma pequena parte dos depósitos que recebem como reserva, emprestam outra parte e, ainda, investem uma terceira parte diretamente em ações ou outros ativos que estejam oferecendo lucro fácil.

Esse seria um mundo perfeito, se as pessoas comprassem aparelhos de rádio indefinidamente e o preço do rádio subisse para sempre. Mas sabemos que as coisas não são assim. Chega um momento em que a "bolha" atinge uma dimensão que já não tem relação alguma com a capacidade de gerar lucros do setor que a originou. Entre 1928 e 1929, às vésperas da quebra da Bolsa de Nova York, por exemplo, estima-se que os preços das ações cresciam três vezes mais rápido do que os lucros das empresas que as haviam emitido. É como se o círculo de empréstimos-investimentos criasse uma espiral monetária que ganhasse vida própria e se desprendesse do mundo real.

Nesse momento, em todas as crises, ocorre algo que quebra a confiança dos agentes econômicos. Pode ser que alguns percebam o estouro iminente da bolha e comecem a vender suas ações. Logo, os preços começam a cair e todos querem vender ao mesmo tempo. No momento seguinte, os preços desabam e os investidores que operavam alavancados (incluindo os banqueiros) não têm como saldar seus empréstimos.

É aí que vem a chamada "corrida aos bancos". Seja lá onde for deflagrada, a crise acaba chegando ao setor bancário, pois, temendo prejuízos, poupadores e correntistas querem ter seu dinheiro a salvo, bem guardado na carteira. O final da história você já pode imaginar: os bancos só têm uma pequena reserva daquilo que receberam dos depositantes, portanto não têm como satisfazê-los. Normalmente, as instituições menores são as primeiras a quebrar. E, quanto mais bancos quebram, mais os depositantes correm ao sistema bancário, o que provoca um efeito dominó. Desde a famigerada "quinta-feira negra" de 29 de outubro de 1929, quando a Bolsa de Nova York quebrou, até 1933, nada menos do que 11 mil dos 25 mil bancos norte-americanos faliram.

Se isso fosse um problema apenas entre banqueiros e investidores, talvez poucos se importassem. Mas o lado mais cruel das bolhas especulativas é que, quando elas estouram, os prejuízos chegam com toda força à grande parcela da população que jamais pisou em uma bolsa de valores ou em um banco de investimentos. A Grande Depressão que se seguiu ao *crack* da bolsa nos Estados Unidos, ou a grave crise, com altas taxas de desemprego, que vem se abatendo sobre os países industrializados desde 2008 são exemplos notórios disso.

É por isso que, hoje em dia, nos momentos de instabilidade, bancos centrais do mundo todo preferem salvar os bancos comerciais, injetando bilhões de dólares do contribuinte em instituições financeiras em apuros. Muito compreensivelmente, tal prática desperta a indignação do cidadão comum e levanta suspeitas quanto à moralidade do sistema financeiro. A questão toda representa, na verdade, um problema ainda não solucionado, já que alocar recursos no setor que oferece maior lucratividade está na própria essência do capitalismo, conforme observamos no Capítulo 5.

> *Nem sempre as corridas aos bancos são deflagradas pelo estouro de bolhas especulativas. Às vezes, uma instabilidade política, como a falta de confiança em um novo governo, provoca o mesmo efeito. Não é raro, por exemplo, que às vésperas de um golpe de Estado, ou logo após sua ocorrência, a população corra aos bancos para salvaguardar seus recursos. Uma catástrofe natural, como um terremoto ou inundação, também pode desencadear o processo. Outras vezes, são os próprios desmandos da equipe econômica que originam a corrida: na Argentina, por exemplo, houve uma corrida aos bancos no início de 2002, quando depositantes que haviam tido seus recursos confiscados no "corralito" de 2001 obtiveram na Justiça o direito de reavê--los e, obviamente, correram para fazê-lo. A pressão foi tanta que o Banco Central Argentino teve de decretar feriado bancário por tempo indeterminado.*

Instrumentos de política monetária

Ao enumerar as funções do Banco Central, na segunda seção deste capítulo, afirmamos que uma das mais importantes era executar a política monetária. Mas em que consiste, exatamente, a *política monetária*? O economista espanhol Francisco Mochón (2007, p. 206) a define como o conjunto de "decisões que as autoridades monetárias tomam a fim de alterar o equilíbrio no mercado monetário, ou seja, a fim de modificar a quantidade de moeda ou a taxa de juros".

Dessa definição, depreende-se que a política monetária visa influenciar duas variáveis-chave: a quantidade de moeda e a taxa de juros. Note que o Banco Central tenta *influenciar* tais variáveis, mas não é o único responsável por elas. Se não existissem bancos centrais (como de fato não existiram durante boa parte da História), o mercado monetário acabaria encontrando, sozinho, uma quantidade de moeda de equilíbrio, assim como uma taxa de juros de equilíbrio. Nem sempre, porém, eles estariam de acordo com os objetivos gerais da política econômica — daí a necessidade da atuação de um banco central.

> *Recorde o que estudamos sobre taxa de juros no Capítulo 5. Entre outros aspectos, observamos que a taxa de juros é o custo de oportunidade do dinheiro; portanto, ela também pode ser considerada o "preço" praticado no mercado monetário, entre aqueles que querem vender moeda (emprestar dinheiro) e os que querem comprá-la (tomar um empréstimo).*

Independentemente da atuação do Banco Central, existem basicamente quatro fatores que afetam a quantidade de moeda na economia (e, consequentemente, as taxas de juros, conforme veremos a seguir):

a) O **setor externo** — se o país recebe muita moeda estrangeira, seja na forma de muitas exportações (lembre que os exportadores recebem em dólar ou outra divisa), seja na forma de empréstimos e investimentos, surge uma pressão para expandir a base monetária, uma vez que essas divisas precisam ser trocadas por moeda nacional. O inverso — muitas importações ou muitos empréstimos e investimentos direcionados ao exterior — leva à situação oposta, ou seja, a uma pressão contracionista sobre a base monetária.

b) O **crescimento do PIB real** — quando as empresas produzem mais, gastam mais com insumos (salários, matérias-primas, máquinas), o que aumenta a renda, e isso, por sua vez, aumenta a demanda por bens e serviços e, portanto, por moeda, que é necessária para realizar as transações. Se a produção diminui, ocorre o inverso (menor demanda por moeda).

c) A **política fiscal** — se o governo gasta mais do que arrecada, ele está colocando mais moeda na sociedade do que tirando; portanto, isso gera uma pressão para expandir a base monetária. Se ocorre o oposto, ou seja, se o governo tem um superávit fiscal, ele está tirando mais dinheiro da economia do que pondo e, assim, há uma pressão para a contração da base monetária.

> *Quando falamos em governo, estamos nos referindo ao setor público de maneira geral, incluindo empresas estatais. Afinal, conforme estudamos no Capítulo 6, uma das fontes de receitas públicas são as receitas originárias, advindas da atividade do governo como empreendedor. Desse modo, se as estatais são deficitárias, seja por má gestão, seja porque o governo deliberadamente opta por cobrar tarifas abaixo dos custos, isso tende a aumentar a quantidade de moeda na economia e, muitas vezes, leva à inflação. Na terceira parte deste livro, veremos que, durante as décadas de 1970 e 1980, nossas então deficitárias estatais tiveram um importante papel nas altas taxas de inflação.*

d) **O mercado de crédito** – o crédito nacional é oferecido por instituições públicas e privadas. Se esses emprestadores registram um saldo negativo, isto é, se concederam um volume de empréstimos superior ao que receberam dos devedores na forma de juros e amortizações, isso gera uma pressão para expandir a base monetária, observando-se o oposto no caso de um saldo positivo. No caso dos emprestadores públicos (instituições como Banco do Brasil e Caixa Econômica Federal, por exemplo), a pressão expansionista gerada por um déficit costuma ser maior, já que a dificuldade para fechar um banco estatal é imensa, e o Banco Central acaba sendo obrigado a imprimir moeda para cobrir o rombo dessas instituições.

Assim, pode acontecer de esses quatro fatores estarem levando a quantidade de moeda para uma direção não desejada pela equipe econômica. É aí que entram em jogo os *instrumentos de política monetária*, isto é, os meios de que o Banco Central dispõe para reajustar a rota da base monetária. Ele pode utilizá-los de duas maneiras:

- se executar uma *política monetária contracionista*, isso significa que vai usar os instrumentos para diminuir a base monetária e aumentar a taxa de juros;
- se executar uma *política monetária expansionista*, o objetivo será o oposto: aumentar a base monetária e reduzir a taxa de juros.

Os instrumentos clássicos de política monetária são três: os depósitos compulsórios, a taxa de redesconto e as operações de *open market*. Analisaremos cada um deles nas subseções a seguir. Por fim, em uma última subseção, entenderemos a relação desses instrumentos com a política de juros adotada pelo Banco Central.

Depósitos compulsórios

Depois de ter estudado, na seção anterior, o processo de criação de moeda pelo multiplicador bancário, você não terá dificuldades para entender por que bancos centrais do mundo todo exigem, dos bancos comerciais, o recolhimento de reservas obrigatórias sobre os depósitos de clientes. Essas reservas, chamadas de *depósitos compulsórios*, são mantidas na conta que cada banco comercial possui no Banco Central. Além delas, os bancos costumam manter em seus caixas reservas voluntárias para as transações diárias. Assim, podemos expandir a fórmula do multiplicador bancário do seguinte modo:

$$k = \frac{1}{r+e}$$

Onde:

k = multiplicador bancário;
r = reservas (depósitos compulsórios);
e = encaixes voluntários.

Analisando essa nova fórmula com atenção, percebemos que os depósitos compulsórios não servem apenas para resguardar o sistema bancário contra instabilidades; eles também podem servir como instrumento de controle da base monetária, já que são, assim como os encaixes voluntários, inversamente proporcionais ao multiplicador bancário. Logo, se quiser praticar uma política monetária contracionista, o Banco Central deve elevar o percentual dos depósitos compulsórios; se a política escolhida for expansionista, ele deve abaixar esse percentual.

Quando o percentual dos depósitos compulsórios aumenta, sobram menos recursos para serem emprestados. Isso torna o crédito mais raro e, portanto, mais caro — o que significa que a taxa de juros (o "preço" da moeda) sobe. Assim, ao ajustar o percentual dos depósitos compulsórios, o Banco Central consegue manipular as duas variáveis-chave de que falamos: a quantidade de moeda e a taxa de juros.

Taxa de redesconto

O *redesconto de liquidez* é uma operação a que os bancos comerciais recorrem quando suas reservas não são suficientes. Imagine, por exemplo, que o Banco ABC tenha recebido, em determinado dia, 1 milhão de reais em depósitos. Suponha, ainda, que o percentual de depósitos compulsórios estipulado pelo Banco Central seja 30%; logo, no fim do dia, o Banco ABC precisa ter 300 mil reais em sua conta de reservas. Mas imagine que tenham ocorrido muitos saques naquele dia e o ABC chegue ao fim do expediente com apenas 200 mil reais na conta de reservas.

O que ele faz? O primeiro passo será recorrer aos outros bancos e pedir um empréstimo interbancário a ser pago no dia seguinte — mas não falaremos disso ainda. Imaginemos, por enquanto, que o banqueiro do ABC não conseguiu empréstimos com nenhum colega. Nessa hipótese, ele terá de recorrer ao Banco Central, que vai emprestar os 100 mil reais faltantes, abonando-os na conta de reservas do ABC. Mas, é claro, isso não vai sair de graça: o Banco Central cobrará do ABC uma *taxa de redesconto* pelo empréstimo.

Quanto maior a taxa de redesconto, mais os bancos evitarão operar "a descoberto". Portanto, menor será o volume de recursos disponíveis para empréstimo, já que os bancos manterão encaixes voluntários maiores e, portanto, menor será a quantidade de moeda circulando na economia e, mais uma vez, maior será a taxa de juros (ocorrendo todo o inverso caso a taxa de redesconto seja diminuída).

Operações de *open market* (mercado aberto)

Já falamos um pouco sobre operações de *open market* nos capítulos 3 e 5. Agora, vamos recapitular o que sabemos e, ao mesmo tempo, acrescentar novos detalhes.

Tudo começa quando o governo gasta mais do que arrecada. Para não emitir moeda manual (o que incharia a base monetária, gerando inflação), o governo cobre seu déficit emitindo títulos públicos. No Brasil, o órgão que faz isso é o Tesouro Nacional. Pessoas físicas e jurídicas podem comprar títulos do Tesouro; mas, na prática, os maiores compradores são mesmo os bancos. Eles compram os títulos em leilões promovidos pelo Banco Central — afinal, conforme vimos, um dos papéis desempenhados pelo BC é atuar nesses leilões em nome do Tesouro. Não perca de vista, porém, que os títulos são emitidos pelo Tesouro, não pelo BC; este apenas os vende no leilão.

Ocorre, porém, que nem todos os bancos podem participam dos leilões. Eles estão abertos apenas aos *dealers* primários (cerca de dez instituições). Mas, depois, todos os bancos podem comprar títulos no mercado secundário — ou seja, não diretamente no leilão do Banco Central, mas dos *dealers* primários. No fim, praticamente todos os bancos acabam tendo títulos públicos em suas carteiras.

Entendida esta parte, vamos ao *open market*. Quando o Banco Central quer expandir a base monetária, ele *vende* aos bancos comerciais os títulos do Tesouro que estão em sua própria carteira. Vale ressaltar que os bancos são obrigados a aceitar tais títulos, portanto a operação é automática: o BC retira determinada quantia das contas de reservas dos bancos e lhes entrega, em troca, a quantidade correspondente de títulos públicos. Como as reservas ficaram mais baixas, os bancos terão de recompô-las, levantando dinheiro junto ao público ou junto aos outros bancos. Logo, o volume de recursos a serem emprestados ficará menor e, consequentemente, a taxa de juros aumentará.

Quando a necessidade é oposta — isto é, expandir a base monetária —, o Banco Central *recompra* os títulos públicos que estão no mercado. Para tanto, basta que ele tire os títulos da carteira dos bancos comerciais e credite o valor correspondente em suas contas de reservas. Assim, os bancos terão mais dinheiro para emprestar, a quantidade de moeda se expandirá, e a taxa de juros cairá.

O Quadro 7.3 resume os efeitos dos três instrumentos clássicos de política monetária que acabamos de apresentar.

Quadro 7.3 Efeitos dos três instrumentos clássicos de política monetária.

	Depósitos compulsórios		Taxa de redesconto		*Open market*
ELEVAÇÃO	$ DIMINUI % AUMENTA	ELEVAÇÃO	$ DIMINUI % AUMENTA	Vende títulos	$ DIMINUI % AUMENTA
QUEDA	$ AUMENTA % DIMINUI	QUEDA	$ AUMENTA % DIMINUI	Recompra	$ AUMENTA % DIMINUI

$ = base monetária. % = taxa de juros.

Política de juros do Banco Central

Além de lançar mão dos depósitos compulsórios, da taxa de redesconto e do open market, o Banco Central também pode intervir diretamente no mercado de crédito, impondo regulamentações que expandam ou contraiam o nível de empréstimos. Ele pode, por exemplo, limitar o número de parcelas dos financiamentos; ou, pelo contrário, pode facilitar o crédito, permitindo o desconto diretamente no holerite (crédito consignado) — o que diminui o risco do banco e, consequentemente, a taxa de juros.

Pelo que estudamos até agora, foi possível perceber que a elevação ou a queda na taxa de juros é uma *consequência* da aplicação dos instrumentos de política monetária pelo Banco Central. Isso talvez seja uma surpresa para você, que está acostumado a ouvir nos noticiários que "o Banco Central elevou a taxa de juros" ou "o Banco Central abaixou a taxa de juros". Da maneira como isso é anunciado, podemos ficar com a impressão de que o BC *estabelece* a taxa de juros. Na verdade, seria mais correto dizer que ele a *direciona* ou *induz*.

A cada 45 dias, aproximadamente, o Comitê de Política Monetária (Copom) do Banco Central se reúne para decidir a *meta* da taxa Selic. E o que é a taxa Selic? No Capítulo 6, nós já a definimos como "a taxa de juros básica da economia", mas agora vamos detalhar isso um pouco mais.

Primeiro, vamos voltar àquela situação que mencionamos algumas páginas atrás: o Banco ABC precisa ter 300 mil reais em depósitos compulsórios no fim de determinado dia, mas tem apenas 200 mil. Então, ele pede dinheiro emprestado ao Banco XYZ (como dissemos, recorrer aos outros bancos seria a primeira opção, antes do redesconto do Banco Central). O Banco XYZ concede o empréstimo, creditando os 100 mil faltantes na conta de reservas do ABC. Em troca, o ABC oferece como garantia títulos públicos de sua carteira — títulos esses que estão registrados no Sistema Especial de Liquidação e Custódia (Selic). Portanto, os empréstimos interbancários de que estamos falando aqui são *lastreados com títulos públicos federais registrados no Selic*.

Pela lei, os bancos são obrigados a pagar tais empréstimos de liquidez no dia seguinte. Assim, o Banco XYZ vai cobrar do Banco ABC uma taxa de juros por ter lhe emprestado 100 mil reais durante uma noite — é por isso que esse tipo de operação também é chamado *overnight*.

Agora que já entendemos tudo isso, fica mais fácil definir o que é *taxa Selic*: é justamente a média da taxa de juros que os bancos cobram uns dos outros em seus empréstimos de liquidez *overnight*, empréstimos esses lastreados com títulos públicos federais registrados no Selic (daí o nome da taxa). Voltando, então, às reuniões do Copom, observamos que esse comitê, depois de analisar a situação macroeconômica do país, estabelece uma *meta* para a taxa Selic. Se a meta for superior à taxa atual, o Banco Central terá de adotar uma política monetária contracionista, já que o objetivo é *aumentar* a taxa de juros; se a meta for inferior à taxa atual, o BC adotará uma política expansionista, a fim de *diminuir* a taxa de juros. Em qualquer uma das hipóteses, ele lançará mão de alguns ou de todos os três instrumentos de política monetária que acabamos de comentar — depósitos compulsórios, taxa de redesconto e *open market*.

Concluímos, assim, que o objetivo do Banco Central ao manipular esses instrumentos é, na verdade, alterar a taxa de juros interbancária — a taxa Selic — até que ela atinja a meta definida nas reuniões do Copom. Por que tanta preocupação com a Selic? Porque, embora ela seja uma taxa de juros para operações de curtíssimo prazo, as alterações nela produzidas se transmitem para as taxas de juros praticadas no mercado financeiro em geral, como, por exemplo, as praticadas no crédito pessoal, no crediário, no financiamento de veículos e imóveis ou na remuneração da poupança e dos fundos de investimento. Do mercado financeiro, as alterações se transmitem, finalmente, para a esfera da produção e do consumo, freando ou acelerando o ritmo da economia. É por isso que as taxas de juros são consideradas o principal *mecanismo de transmissão* da política monetária. E é por isso também que, diversas vezes ao longo deste livro, afirmamos que, quando quer desaquecer a economia e combater a inflação, o governo eleva a taxa de juros — ao falar dessa maneira mais simples, era a todo esse processo que acabamos de descrever que estávamos nos referindo. Na Figura 7.5, você observa como uma elevação ou uma queda na taxa de juros transmite-se para a economia como um todo.

> A taxa de juros é o principal, mas não o único mecanismo de transmissão da política monetária. Para uma discussão detalhada do assunto, recomendamos obras mais específicas, como, por exemplo: Política monetária, bancos centrais e metas de inflação, de José Luís Oreiro, Luiz Fernando de Paula e Rogério Sobreira (organizadores), Editora FGV, 2009.

Figura 7.5 A taxa de juros como mecanismo de transmissão da política monetária.

Taxa de juros cai → Investimento aumenta → Demanda agregada aumenta → Produção aumenta

Taxa de juros aumenta → Investimento cai → Demanda agregada cai → Produção cai

Política monetária por regras ou discricionária

Na seção "Na academia" do Capítulo 3, você foi convidado a fazer uma pesquisa em grupo sobre o sistema de metas de inflação. Durante a pesquisa, você e os colegas devem ter descoberto que, nesse sistema, a função básica do Banco Central é manter a inflação dentro de uma meta anual divulgada publicamente pelo Conselho Monetário Nacional (CMN). Para tanto, o Banco Central utiliza a taxa de juros, elevando-a ou diminuindo-a, de acordo com os procedimentos que estudamos na seção anterior.

Contudo, pode acontecer de o objetivo do Banco Central ser frontalmente contrário a outros objetivos da política econômica. Imagine, por exemplo, que determinado governo pretenda estimular a economia, aumentando o nível de produção e de emprego. Se a inflação nesse país estiver ascendente e ameaçando ultrapassar a meta, o Banco Central minará os esforços expansionistas do governo, pois, ao elevar a taxa de juros para trazer a inflação de volta para a meta, ele acabará forçando uma queda no investimento e, consequentemente, na demanda agregada e na produção, conforme vemos na Figura 7.5.

Tal observação nos remete a um debate sobre a condução da política monetária que existe praticamente desde que os primeiros bancos centrais foram criados: a política monetária deve ser conduzida por meio da adoção de regras ou de forma discricionária? A primeira opção – a das regras – é a que se observa no regime de metas de inflação: o Banco Central deve seguir a regra de manter a inflação dentro dos limites inferior e superior previamente estipulados. Outros objetivos de política econômica, como estimular o crescimento ou equilibrar as contas externas, ficam em segundo plano.

A condução da política monetária por regras existiu, também, na vigência do padrão ouro: a única preocupação das autoridades monetárias naquela época era assegurar que a quantidade de moeda circulante estivesse toda lastreada em ouro. Se isso levasse a um aperto no crédito tão intenso a ponto de asfixiar o setor produtivo, o Banco Central lavava as mãos.

Para os defensores dessa opção, a vantagem de a política monetária ser conduzida por regras está na grande autonomia proporcionada ao Banco Central. Nesse arranjo, não se corre o risco de deixar o controle da base monetária sob a influência de governos populistas e esbanjadores. Em outras palavras, os defensores das regras acreditam que sua existência evita a ocorrência do chamado *viés inflacionário* – isto é, "a propensão que a autoridade monetária tem para flexibilizar a política monetária visando inflacionar a economia e, consequentemente, reduzir a taxa de desemprego" (MODENESI, 2005, p. XLIV).

Reveja o que estudamos no Capítulo 4 sobre a relação entre taxa de inflação e nível de emprego.

Do outro lado, estão os proponentes do *discricionarismo*, para quem a autoridade monetária deve usar livremente os instrumentos de que dispõe, tomando as decisões que considerar mais adequadas à situação macroeconômica vivida a cada momento. Segundo seus defensores, essa política daria mais agilidade ao Banco Central para lidar com situações inesperadas, como uma crise financeira. Quando a política é conduzida por regras, o processo pode ser lento, já que as medidas necessárias para contornar a crise podem ser contrárias às regras preestabelecidas e, nesse caso, sua execução só ocorrerá após um amplo debate político, o que consumirá um tempo precioso. No Brasil, o embate entre regras e discricionarismo opôs papelistas e metalistas no início do século XX (tema que veremos com mais detalhes no próximo capítulo) e, até hoje, desperta polêmicas quanto ao maior ou menor grau de autonomia que deve ser dado ao Banco Central.

Vale ressaltar que, mesmo entre as nações que se orgulham de adotar práticas liberais, como política monetária por regras e câmbio flutuante, poucas são as que possuem uma autoridade monetária realmente independente. No Brasil, por exemplo, o Banco Central desfruta de uma autonomia considerável, mas não é independente, já que é o presidente da República quem indica o presidente desse órgão — e provavelmente o fará de acordo com suas intenções políticas.

Além disso, nosso BC precisa contar com a cooperação do Ministério da Fazenda: se os gastos públicos forem sempre excessivos, chegará um momento em que os títulos federais não encontrarão mais aceitação no mercado — já que o "calote" da dívida pública pode se tornar um risco real. Nesse momento, só restará ao governo vender seus títulos ao Banco Central, e este, como não tem dinheiro próprio, terá de imprimi-lo, o que pode levar ao descontrole da base monetária. Portanto, o Banco Central e o Ministério da Fazenda devem possuir objetivos em comum, ou pelo menos respeitar os objetivos um do outro.

ESTUDO DE CASO

A HISTÓRIA DO BANCO CENTRAL NO BRASIL

Neste capítulo, conhecemos as principais funções de um banco central. Embora elas sejam tão relevantes para as economias modernas, países de industrialização tardia, como o Brasil, demoraram bastante para tomar consciência disso e instituir um banco central propriamente dito, capaz de exercer com exclusividade todas as suas funções clássicas. Acompanhe os principais marcos dessa evolução no texto a seguir, extraído do *site* do BCB.

O Banco Central do Brasil, autarquia federal integrante do Sistema Financeiro Nacional, foi criado em 31.12.64, com a promulgação da Lei nº 4.595.

Antes da criação do Banco Central, o papel de autoridade monetária era desempenhado pela Superintendência da Moeda e do Crédito — SUMOC, pelo Banco do Brasil — BB e pelo Tesouro Nacional.

A SUMOC, criada em 1945 com a finalidade de exercer o controle monetário e preparar a organização de um banco central, tinha a responsabilidade de fixar os percentuais de reservas obrigatórias dos bancos comerciais, as taxas do redesconto e da assistência financeira de liquidez, bem como os juros sobre depósitos bancários. Além disso, supervisionava a atuação dos bancos comerciais, orientava a política cambial e representava o País junto a organismos internacionais.

O Banco do Brasil desempenhava as funções de banco do governo, mediante o controle das operações de comércio exterior, o recebimento dos depósitos compulsórios e voluntários dos bancos comerciais e a execução de operações de câmbio em nome de empresas públicas e do Tesouro Nacional, de acordo com as normas estabelecidas pela SUMOC e pelo Banco de Crédito Agrícola, Comercial e Industrial.

O Tesouro Nacional era o órgão emissor de papel-moeda.

Após a criação do Banco Central buscou-se dotar a instituição de mecanismos voltados para o desempenho do papel de "banco dos bancos". Em 1985 foi promovido o reordenamento financeiro governamental com a separação das contas e das funções do Banco Central, Banco do Brasil e Tesouro Nacional. Em 1986 foi extinta a conta movimento e o fornecimento de recursos do Banco Central ao Banco do Brasil passou a ser claramente identificado nos orçamentos das duas instituições, eliminando-se os suprimentos automáticos que prejudicavam a atuação do Banco Central.

O processo de reordenamento financeiro governamental se estendeu até 1988, quando as funções de autoridade monetária foram transferidas progressivamente do Banco do Brasil para o Banco Central, enquanto as atividades atípicas exercidas por esse último, como as relacionadas ao fomento e à administração da dívida pública federal, foram transferidas para o Tesouro Nacional.

[...]

Banco Central do Brasil. *Histórico*. Disponível em: <www.bcb.gov.br/?HISTORIABC>. Acesso em: 18 abr. 2011.

1. Releia a seção "Funções do Banco Central", neste capítulo, e indique quais delas eram exercidas pela Sumoc, pelo Banco do Brasil e pelo Tesouro Nacional, anteriormente à reforma de 1964.

2. A *"conta movimento"* a que o texto se refere permitia que o Banco Central fornecesse "suprimentos automáticos" de moeda ao Banco do Brasil, a fim de cobrir rombos no orçamento público (cujas contas ficavam divididas entre o BC e o BB). Quais problemas você imagina que poderiam advir dessa prática?

3. Nas últimas linhas do texto, confirma-se algo que estudamos neste capítulo: o responsável pela administração da dívida pública federal hoje é o Tesouro Nacional, único órgão autorizado a emitir títulos públicos, atuando o Banco Central apenas como seu leiloeiro. Antes de 1988, porém, o Banco Central também podia emitir títulos. Essa operação lhe parece potencialmente problemática? Por quê?

NA ACADEMIA

Chegou a hora de conferir, na prática, como funcionam os instrumentos de política monetária estudados neste capítulo.

- Forme um grupo com alguns colegas e, juntos, pesquisem as últimas alterações na alíquota para depósitos compulsórios e na taxa de redesconto ocorridas no sistema financeiro brasileiro. Qual era a situação macroeconômica quando essas alterações foram realizadas? Por que o Banco Central teria decidido fazê-las? Já foi possível comprovar seus efeitos? Em caso positivo, eles foram aqueles esperados, ou houve fatores que atrapalharam a atuação do BC?
- As operações de *open market* são realizadas rotineiramente todos os dias, portanto você obterá poucas informações sobre elas nos noticiários. No entanto, as reuniões do Copom, nas quais se decide a meta para a taxa Selic, são bastante comentadas. Junto com seus colegas, trace uma linha do tempo com as últimas três alterações da meta da Selic e explique quais fatores da economia teriam contribuído para elas.
- No fim do trabalho, todos os grupos deverão apresentar seus resultados em sala, e será possível confirmar se chegaram a resultados semelhantes.

Pontos importantes

- Em seu conceito restrito, os meios de pagamento correspondem à moeda manual ou legal (cédulas e moedas metálicas) somada à moeda escritural ou bancária (depósitos à vista).
- Base monetária é a soma dos meios de pagamento restritos com os encaixes bancários, sejam eles voluntários ou compulsórios.
- Os meios de pagamento ampliados incluem, além da moeda fiduciária, as quase-moedas, isto é, ativos que servem como reserva e medida de valor, mas geralmente não como meio de troca, porque não são tão plenamente líquidos quanto a moeda.
- Os banco centrais trabalham com quatro agregados monetários, M_1, M_2, M_3 e M_4. Os tipos de moeda e quase-moeda incluídos em cada um deles podem variar de país para país; no entanto, existe sempre uma escala descendente de liquidez, indo de M_1 (o mais líquido, pois corresponde aos meios de pagamento restritos) até M_4 (o menos líquido, que engloba todos os outros agregados e, no caso brasileiro, inclui também títulos públicos).

- Um banco central desempenha sete funções clássicas: (a) detentor do monopólio de emissão; (b) banco dos bancos; (c) banqueiro do governo; (d) supervisor do sistema financeiro; (e) executor da política monetária; (f) executor da política cambial; (g) depositário das reservas internacionais.
- Os agentes econômicos demandam moeda pelos motivos de transação, portfólio e precaução. A moeda é ofertada primariamente pelo Banco Central, que emite a moeda manual, imprimindo células e cunhando moedas metálicas. Mas, a partir do momento em que entra no sistema bancário, a moeda manual é multiplicada por meio da expansão múltipla dos depósitos à vista, que tem como resultado a criação da moeda escritural.
- Multiplicador bancário (k) é o índice de expansão dos depósitos à vista pelo sistema bancário. Ele é inversamente proporcional à taxa de reserva (r) adotada nesse sistema, já que $k = 1/r$. Assim, uma taxa de reserva baixa levará a um multiplicador alto, e uma taxa alta, a um multiplicador baixo. Em momentos de instabilidade, pode haver um fenômeno chamado corrida aos bancos, em que os depositantes querem reaver seus recursos todos ao mesmo tempo – o que não é possível, já que o sistema bancário trabalha com reservas fracionárias. Em consequência, se não houver intervenção da autoridade monetária, podem ocorrer falências e pânico.
- Existem quatro fatores que podem afetar a quantidade de moeda na economia, independentemente da atuação do Banco Central: o resultado do setor externo, o comportamento do PIB real, a política fiscal e o saldo do mercado de crédito.
- Política monetária contracionista é aquela em que a autoridade monetária usa os instrumentos de política monetária para diminuir a quantidade de moeda e aumentar a taxa de juros. Uma política monetária expansionista, em contrapartida, é aquela que visa aumentar a quantidade de moeda e reduzir a taxa de juros.
- Os três instrumentos clássicos de política monetária são os depósitos compulsórios, a taxa de redesconto e as operações de *open market*. Ao elevar o percentual de depósitos compulsórios e a taxa de redesconto, e ao vender títulos públicos no *open market*, o Banco Central diminui a quantidade de reservas no sistema bancário, o que, por sua vez, eleva a taxa de juros cobrada nas operações interbancárias – a taxa Selic, que é também a taxa de juros básica da economia. Assim, quando quer que a taxa Selic atinja determinado nível, o BC usa os instrumentos para aumentar ou diminuir a liquidez do sistema.
- A condução da política monetária por regras ocorre quando a autoridade monetária usa os instrumentos de acordo com uma regra preestabelecida. Isso ajuda a evitar o viés inflacionário, mas pode entrar em contradição com outras políticas econômicas adotadas pelo governo. Já a condução da política monetária

de forma discricionária é aquela em que a autoridade monetária pode usar livremente os instrumentos de que dispõe, tomando as decisões que considerar mais adequadas à situação macroeconômica vivida a cada momento.

Referências

BCB – Banco Central do Brasil. *Glossário*. S/d. Disponível em: <www.bcb.gov.br>. Acesso em: 12 abr. 2011.

_____. *Séries temporais*: meios de pagamento ampliados. S/d. Disponível em: <www.bcb.gov.br>. Acesso em: 12 abr. 2011.

_____. *Banco Central do Brasil*: fique por dentro. 4. ed. Brasília: BCB, 2008.

ESTRELA, Márcio Antônio. *O Banco Central do Brasil e suas funções*. Brasília: BCB, 2009.

MOCHÓN, Francisco. *Princípios de economia*. São Paulo: Pearson; Prentice Hall, 2007.

MODENESI, André de Melo. *Regimes monetários*: teoria e experiência do real. Barueri (SP): Manole, 2005.

PARTE III
HISTÓRIA DA ECONOMIA BRASILEIRA

Na primeira parte deste livro, examinamos a inserção do Brasil na economia mundial contemporânea. Na segunda parte, conhecemos os fundamentos teóricos da macroeconomia, com foco em sua aplicação à realidade do país. Agora, nesta última parte, vamos nos dedicar à análise da economia brasileira sob a perspectiva histórica – um passo fundamental para entendermos muitos dos fatos e conceitos mencionados nas partes anteriores.

No Capítulo 8, o primeiro dos cinco que compõem a parte, a análise recairá sobre os quatro primeiros séculos após a chegada dos europeus ao território brasileiro, período considerado como o de formação da nossa economia. O Capítulo 9 abordará o processo de industrialização, desde seus primórdios, nos anos 1930, até sua transformação em política de Estado, na década de 1960. O Capítulo 10 analisará o início do governo militar e a época do chamado "milagre econômico", de 1968 a 1973; o Capítulo 11, por sua vez, enfocará o penoso período que se seguiu àqueles anos eufóricos: a "década perdida" de 1980. Por fim, o Capítulo 12 comentará os altos e baixos da economia no Brasil democrático, desde os planos de combate à inflação até os dois mandatos consecutivos de Luís Inácio Lula da Silva, terminados em 2010.

Capítulo 8

FORMAÇÃO DA ECONOMIA BRASILEIRA

Neste capítulo, abordaremos as seguintes questões:
- Quais as principais características do ciclo econômico do açúcar?
- Quais as principais características do ciclo econômico do ouro?
- Quais as mais importantes mudanças realizadas pela Corte portuguesa durante sua estada no Brasil, de 1808 a 1821?
- Quais as origens da crise fiscal e monetária que se prolongou durante todo o Império?
- Por que o ciclo do café se diferenciou dos outros ciclos de exportação de bens primários do Brasil pré-industrial?
- Do ponto de vista econômico, que fatos mais marcaram a República Velha?

Introdução

Neste capítulo você encontrará os principais fatos que contribuíram para a formação da nossa economia nos primeiros séculos após a chegada dos europeus. Com o objetivo de facilitar a explanação didática, o conteúdo foi dividido em três seções, correspondentes às três fases políticas que se sucederam desde 1500 até a crise de 1929: Brasil colônia, Brasil império e República Velha.

Brasil colônia

Dentro da história econômica mundial, o momento de prosperidade que Portugal e Espanha viveram durante as grandes navegações insere-se no contexto do mercantilismo. Conforme explica Azevedo (1997), damos o nome de mercantilismo a um conjunto de práticas econômicas que vigeram no decorrer dos séculos XVI, XVII e XVIII e que tinham como pressuposto a identificação entre riqueza e acúmulo de metais preciosos. Esses metais poderiam ser conseguidos pela pirataria ou pelo comércio regular (nesse último caso, buscava-se a todo custo um saldo positivo na balança comercial, pois essa era a única maneira de ganhar mais metais). Outra característica do mercantilismo era a forte intervenção do Estado na economia, por meio de políticas protecionistas e dirigistas.

A carta enviada por Pero Vaz de Caminha ao rei D. Manuel, em maio de 1500, dando conta do "achamento" de uma "terra nova", veio se somar a uma série de boas notícias que os portugueses vinham recebendo nos últimos tempos. Impulsionado pelo enriquecimento da burguesia e pela ascensão de uma série de monarcas progressistas, o pequeno país às margens do Atlântico vivia anos de glória. A abertura da rota para as Índias via costa africana tinha lhe possibilitado eliminar os intermediários árabes e, ao mesmo tempo, quebrar o monopólio das repúblicas da Península Itálica sobre o comércio de especiarias, sedas e outros produtos orientais, cada vez mais cobiçados pelos europeus. No espaço de pouco mais de um século, Lisboa tornou-se "a metrópole comercial da Europa, de onde se distribuíam, por terra e por mar, as mercadorias vindas do Oriente para todos os grandes centros consumidores europeus" (FURTADO, 2000, p. 9).

E foi assim, em meio a uma prosperidade sem precedentes, que Portugal tomou posse de mais um território — dessa vez, uma terra tão extensa que Caminha e seus companheiros de viagem, mesmo "a estender os olhos", não conseguiam ver "senão terra e arvoredos" (PRADO, 1989, p. 109). Nos tópicos a seguir, revisaremos os sucessos e percalços dessa empreitada, desde as primeiras expedições até a independência política do novo país, em 1822.

Da chegada de Cabral às capitanias hereditárias

Com cerca de 1 milhão de habitantes, Portugal não tinha gente suficiente para explorar o recém-descoberto território. Para piorar, as possessões já constituídas na África, na Índia e no Extremo Oriente drenavam os recursos financeiros e humanos do pequeno país. Isso explica, em boa parte, por que o Brasil viveu as primeiras três décadas após a chegada da esquadra de Pedro Álvares Cabral praticamente em abandono.

A saída encontrada pelo rei D. Manuel foi firmar "contratos de arrendamento" com particulares, como o rico comerciante Fernando de Noronha. Os novos donos do Brasil ficavam obrigados a mapear um pouco do território a cada ano e a construir fortes para defesa, além de enviar uma porcentagem dos lucros ao rei. Em troca, tinham direito de explorar à vontade as riquezas naturais da nova terra. Os produtos preferidos eram o pau-brasil, de cuja casca se produzia tintura para tecidos, e em menor medida o algodão, que crescia naturalmente nas Américas.

Contudo, para a preocupação de Portugal, não eram apenas os autorizados pelo rei que saqueavam as dádivas brasileiras. Os franceses, que não reconheciam a validade do Tratado de Tordesilhas, atacavam as mal guarnecidas feitorias portuguesas, negociavam com os indígenas e pilhavam com voracidade nossos recursos.

Para defender suas posses, o rei Dom João III (que assumira o trono em 1521) tomou duas resoluções. A primeira foi enviar, em 1530, o fidalgo Martim Afonso de Sousa como líder de uma expedição desbravadora, que percorreu todo o litoral do Brasil e, ainda, fundou nossas duas primeiras vilas: São Vicente, no litoral paulista, e Piratininga, a futura cidade de São Paulo.

A segunda decisão de D. João III, tomada após o retorno de Martim Afonso, foi fatiar todo o território brasileiro em 15 imensos lotes, cada um com cerca de 300 quilômetros de largura, e distribuí-los entre heróis de navegação e alguns burocratas graduados. Nasciam, assim, as *capitanias hereditárias*, ou *donatarias*, um modelo já praticado por Portugal nas colônias da África, nas ilhas do Atlântico e até no seu próprio território, quando o Algarve e o Alentejo foram reconquistados dos mouros. Além de continuar explorando o pau-brasil e o algodão, os donatários e seus colonos eram incentivados a implantar lavouras de cana-de-açúcar, já existentes nas ilhas de Madeira e São Tomé.

O modelo das donatarias foi, porém, desapontador no Brasil. Constantes ataques dos franceses, conflitos com nativos, desordens causadas pelos degredados (criminosos que vinham cumprir pena por aqui) e a dificuldade de adaptar a mão de obra indígena ao trabalho nos engenhos determinaram o fracasso da maioria das capitanias. Apenas as de São Vicente e de Pernambuco puderam ser consideradas relativamente vitoriosas. Não por acaso, ambas eram líderes na produção de açúcar.

O ciclo do açúcar

Embora o conceito de *ciclo* tenha várias aplicações na Economia, quando falamos do Brasil pré-industrial, normalmente ele está ligado à ascensão, predominância e, por fim, declínio de certo bem primário na nossa pauta de exportações. Vale lembrar que, na maioria das colônias do Novo Mundo, incluindo o Brasil, foi implantado pelos europeus um *modelo econômico agroexportador*. Isso significa que praticamente todos os recursos presentes nessas colônias eram destinados ao fim único de produzir bens para exportação, a serem comercializados ou consumidos pela metrópole. Assim, todo o capital fixo que houvesse na

> Como este capítulo é uma síntese, analisaremos apenas os três grandes ciclos econômicos do Brasil pré-industrial: o do açúcar, o do ouro e o do café. Houve, porém, vários subciclos, determinados ou por uma demanda gerada no próprio ciclo (o ciclo da cana, por exemplo, gerou demanda por gado para mover os moinhos, o que fez florescer o subciclo da pecuária no Nordeste), ou por uma conjuntura internacional que favoreceu certo produto regional, como foi o caso do algodão nordestino, do cacau baiano ou da borracha amazonense.

colônia (casas, máquinas, lavouras de subsistência, animais de carga) deveria servir aos fins da agroexportação, e não desdobrar-se em atividades econômicas paralelas.

No Brasil colonial, o primeiro ciclo agroexportador foi, sem dúvida, o do açúcar, que já na segunda metade do século XVI suplantou o pau-brasil como principal produto de exportação.

O período que vai de 1570 a 1670 pode ser chamado de "século do açúcar", tão impressionante foi o crescimento de sua produção no país: passou-se de 60 engenhos em 1570 para mais de 500 um século depois (SCHWARTZ; LOCKHART, 2002). Nesse período, o Brasil tornou-se o maior fornecedor mundial do produto, até passar a sofrer a pesada concorrência das Antilhas. Mesmo com a crise, porém, engenhos (mais tarde transformados em usinas) baianos e pernambucanos continuaram produzindo e exportando, tanto que só se considera o ciclo do açúcar como definitivamente encerrado no século XIX, após o início do ciclo do café. Na Figura 8.1 você encontra mais detalhes dessa trajetória.

Tendo aparecido tão cedo e assumido papel tão importante na economia colonial, a cana-de-açúcar consagrou um sistema de organização da produção que teria profundos impactos na História do Brasil, não apenas no âmbito econômico, mas também no social e cultural. Esse sistema de produção, posteriormente batizado de *plantation*, apoiava-se em quatro perigosos pilares:

1. **Produção voltada para o mercado externo** — embora o Brasil e outras colônias em que o modelo agroexportador foi instalado se valessem de uma vantagem comparativa natural na produção de gêneros tropicais, a alocação dos recursos de maneira quase exclusiva nesse setor tornava a economia frágil, extremamente sujeita às flutuações do mercado internacional.

    > Reveja o conceito de vantagem comparativa no Capítulo 5.

2. **Monocultura** — a concentração da produção em um único item agravava o problema anterior: quando o preço daquele bem caía, toda a economia se via desestruturada. Isso sem falar no desgaste do solo e no pouco progresso tecnológico que a monocultura implica.
3. **Latifúndios** — a tradição das extensas propriedades, que já vinha das capitanias hereditárias, permaneceu no modelo açucareiro, até porque a produção só se tornava lucrativa em grandes volumes. Resultado: a renda — e o poder — concentravam-se em poucas mãos.
4. **Mão de obra escrava** — para tocar enormes plantações com baixa tecnologia, eram necessários braços, muitos braços. Na América Latina, no Caribe e no sul dos Estados Unidos, a solução para tal necessidade foi a importação em massa de escravos africanos. O componente escravista do sistema de *plantation* foi, sem dúvida, o que mais provocou distorções na economia e na sociedade brasileiras, cujos reflexos se fazem sentir até hoje.

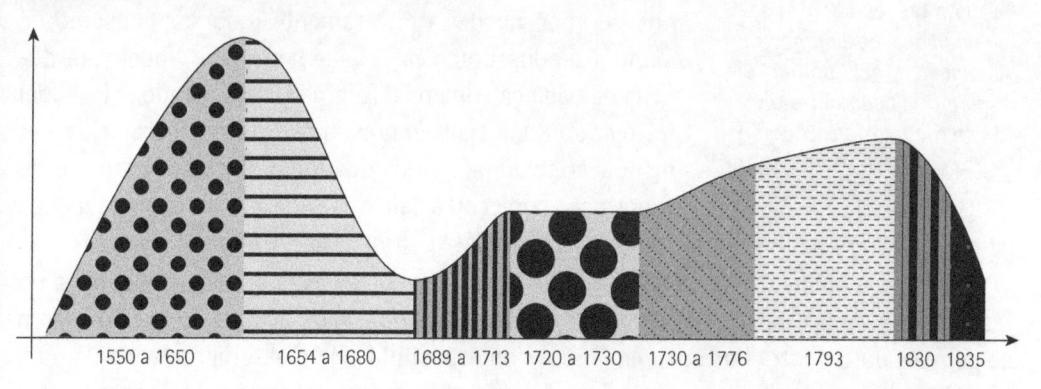

Figura 8.1 Principais momentos do ciclo do açúcar.

| | 1550 a 1650 | 1654 a 1680 | 1689 a 1713 | 1720 a 1730 | 1730 a 1776 | 1793 | 1830 1835 |

- É a época áurea do açúcar brasileiro. A elevação do preço no mercado europeu atrai investimentos. Na maior parte do país, a mão de obra indígena é substituída pela africana, que se torna o verdadeiro motor da indústria açucareira.

- Expulsos do Nordeste, os holandeses levam as técnicas de fabricação para as Antilhas, que logo se tornam poderosas concorrentes do Brasil. Em pouco tempo os preços no mercado internacional despencam.

- Com as ocasionais disparadas no preço provocadas por guerras na Europa, a produção brasileira retoma o fôlego.

- O preço se estabiliza, mas os lucros são corroídos pela alta no preço de escravos e gêneros alimentícios, provocada pela mineração.

- Período de estagnação, interrompido por conflitos entre as metrópoles europeias e concorrentes antilhanos, durante os quais o preço voltava a se elevar.

- A Revolução Haitiana tira esse importante concorrente do mercado e inicia um período de relativa recuperação, que se estende até a Independência.

- A produção do açúcar de beterraba na Europa faz os preços despencarem.

- O açúcar brasileiro responde apenas por 10% do mercado mundial.

Fonte: elaboração própria com dados de Schwartz (1988) e Abreu, Barros (2009).

O economista norte-americano Werner Baer, especialista na história econômica da América Latina, resume assim o que o ciclo do açúcar nos deixou:

> O legado do ciclo de exportação do açúcar foi negativo. A organização da agricultura no interior do Nordeste permaneceu primitiva e nas plantações costeiras as técnicas agrícolas continuaram a ser arcaicas. O sistema escravagista manteve os recursos humanos subdesenvolvidos [...]. Muitos dos lucros não previstos proporcionados pelo ciclo da cana-de-açúcar passaram às mãos dos portugueses e intermediários estrangeiros, enquanto grande parte do lucro que cabia aos fazendeiros e senhores de engenho foi gasta com bens de consumo importados, e não em melhoras técnicas e de infraestrutura. (BAER, 2003, p. 35).

O ciclo do ouro

A fase próspera de Portugal que descrevemos no início deste capítulo durou pouco. Os lucros obtidos com o comércio internacional não foram investidos no desenvolvimento da produção manufatureira. O resultado é que Portugal vendia açúcar, pimenta, gengibre e

> *Reveja o que estudamos sobre equilíbrio do balanço de pagamentos, no Capítulo 5, e sobre a relação entre dívida externa e exportações, no Capítulo 6.*

outros bens primários aos demais países europeus, mas tinha de importar deles praticamente todo seu consumo de manufaturados. Como estes valiam mais que aqueles, os déficits na balança comercial foram se acumulando, e Portugal foi tendo de contrair empréstimos externos para saldá-los. A situação ficou pior ainda quando o preço dos produtos de exportação começou a cair, e as rotas orientais, antes monopolizadas pelos lusitanos, passaram a ser "invadidas" por ingleses e franceses.

Uma crise política, marcada pelo trágico reinado de D. Sebastião (morto em batalha no Marrocos) e, depois, de D. Henrique, que reinou apenas dois anos, acabou desencadeando o golpe mais duro contra Portugal: em 1580 o rei espanhol Filipe II assumiu o trono do país, que se tornava assim "vice-reino da Espanha". Quando conseguiu reaver sua soberania, em 1640, Portugal era uma nação falida: pesados tributos pagos à Espanha haviam arruinado a economia, e do antigo império colonial não restava quase nada. O Brasil era a única fonte de renda ainda expressiva, mas a perda de parcelas cada vez maiores do mercado açucareiro para as Antilhas (reveja a Figura 8.1) minguavam esse último recurso também.

Não é de espantar, então, que a Coroa portuguesa tenha recebido com interesse especial a notícia, em fins do século XVII, de que os bandeirantes paulistas andavam descobrindo ouro, diamantes e outros metais preciosos pelo interior do Brasil. Nas décadas seguintes, à medida que os boatos se confirmavam, a atividade mineradora foi se desenvolvendo com intensidade, sobretudo no atual estado de Minas Gerais, mas também em Goiás, Mato Grosso, São Paulo e na Bahia (região de Jacobina e de Rio das Contas). Ansiosa para garantir sua fatia do bolo, a Coroa portuguesa desenvolveu um rígido sistema de tributação — os mineradores deveriam recolher aos cofres reais o famoso "quinto", ou seja, um quinto de tudo que extraíam — e de fiscalização, na tentativa (muitas vezes inútil) de evitar o contrabando.

> *O maior símbolo da fragilidade lusitana diante da Coroa britânica foi a assinatura, em 1703, do Tratado de Methuen, também conhecido como "tratado dos panos e vinhos". Por esse acordo, os portugueses ficavam proibidos de fabricar tecidos; em vez disso, deveriam importá-los da Inglaterra — e pagar com ouro. Esta, em troca, compraria os vinhos portugueses, pagando com tecidos ou outros produtos manufaturados. Não é exagero dizer, portanto, que boa parte do ouro brasileiro serviu para bancar o consumo, em Portugal, de bens tão prosaicos quanto agasalhos de lã.*

Considera-se que o ciclo do ouro no Brasil tenha durado mais ou menos um século, findando-se com o esgotamento progressivo das jazidas a partir de 1760. No auge do ciclo, o país chegou a ser o maior fornecedor mundial de ouro. Boa parte do metal foi parar nos cofres da Inglaterra, dada a já antiga e cada vez maior dependência econômica de Portugal em relação ao vizinho rico.

No Brasil, os reflexos mais imediatos da corrida pelo ouro foram a carestia e a inflação, uma vez que as províncias interioranas não tinham condições de oferecer alimentos, mão de obra e demais recursos às multidões que para elas acorreram. Em um segundo momento, esse deslocamento da atividade econômica do Nordeste para o Centro-Sul fez com que ganhasse importância a cidade do Rio de Janeiro, por cujo porto saíam os minérios e entravam as importações. A maior prova disso foi a transferência, em 1763, da sede administrativa colonial de Salvador para o Rio.

Comparando o ciclo do ouro com o do açúcar, Baer (2003) observa que aquele foi mais benfazejo para a economia brasileira: como a maior parte da mineração era de aluvião (ou seja, de superfície), pequenos empreendedores podiam participar, o que gerou uma concentração de renda menor que a do Nordeste. Além disso, a atividade mineradora teve reflexos positivos na economia de outras regiões, como foi o caso do Sul, que fornecia mulas para o transporte das cargas, e de São Paulo, que abastecia os mineiros com alimentos e outros produtos.

A chegada da Corte

A partir de 1795, Napoleão Bonaparte começa a varrer a Europa em uma trajetória avassaladora. Poucos anos depois, a maior parte do continente está em suas mãos. Para atacar o único inimigo que ainda resiste, a poderosa Inglaterra, o imperador decreta em 1807 o *Bloqueio Continental*, uma série de medidas que visava suspender o fluxo comercial dos britânicos com o restante da Europa.

É nesse ponto que D. João VI, príncipe regente de Portugal, se vê espremido entre dois gigantes: de um lado, os exércitos napoleônicos, que ameaçam destroná-lo caso continue negociando com os ingleses; de outro, a própria Inglaterra, tradicional aliada, à qual se encontra atado por uma série de acordos. Sem saída, o príncipe toma uma decisão que acabaria mudando nossa história: em novembro de 1807, foge com toda a Família Real para o Brasil, aonde chegaria quatro meses depois.

As mudanças ocorridas durante os 16 anos em que a Corte portuguesa esteve no Rio de Janeiro foram tão impressionantes, que se tornou até lugar-comum considerar essa época como o verdadeiro "nascimento" do Brasil. Na área econômica, uma das principais medidas de D. João foi abrir os portos "às nações amigas", pondo fim, portanto, ao pacto colonial – sistema segundo o qual os portugueses tinham monopólio total sobre o comércio com o Brasil, de maneira que este só podia importar mercadorias através das companhias de comércio portuguesas.

Com a abertura dos portos, os brasileiros passaram a participar diretamente das trocas internacionais, o que fortaleceu a classe dos comerciantes, especialmente no Rio de Janeiro. As importações, por sua vez, vinham quase todas da Inglaterra, já que esta, em troca de proteção militar à Família Real durante a travessia, havia exigido acesso privilegiado ao mercado brasileiro.

Outras ações importantes da Corte no país foram a criação das primeiras instituições de ensino superior, na Bahia e no Rio de Janeiro, e a instalação da Biblioteca Real (hoje Biblioteca Nacional). Além disso, D. João mandou abrir estradas – cuja construção estava proibida desde o século XVI, numa política deliberada de Portugal para manter o isolamento entre as províncias – e liberou a atividade de imprensa.

Nessa época nasceu também o primeiro estabelecimento bancário: o Banco do Brasil, criado ainda em 1808. A nova instituição acabou sendo responsável por um surto inflacionário: como ela emitia moeda descontroladamente para financiar os nada modestos gastos da Corte, os réis se desvalorizaram em poucos anos. Para piorar, antes de regressar a Portugal, em 1821, o rei e seus nobres limparam o cofre do banco, o que comprometeu sua solvência, conforme veremos adiante.

Brasil império

A revolução operada pela estada da Família Real havia transformado o Brasil em um novo país. Ou, melhor dizendo, em uma nação de verdade, que não cabia mais no *status* de colônia. De fato, pouco mais de um ano após o retorno de D. João VI à Europa, o príncipe regente do Brasil, D. Pedro I, proclama a Independência e torna-se imperador do Brasil, inaugurando o período conhecido como Primeiro Reinado (1822-1831). Com a abdicação de D. Pedro I a favor de seu filho Pedro de Alcântara, ainda menino, tem início o Período Regencial (1831-1840). Por fim, a emancipação de Pedro, aos 15 anos, leva à instituição do Segundo Reinado (1840-1889).

Do ponto de vista econômico, dois fatos sobressaem no Império: a grave crise fiscal e monetária que se prolongou por todo o período, e o início do ciclo do café. Cada um desses temas será abordado nos tópicos a seguir.

Crise fiscal e monetária

Os anos pós-independência foram turbulentos, marcados por diversas crises econômicas, políticas e sociais. Em primeiro lugar, o país já nasceu com uma série de dívidas. Com o Banco do Brasil quebrado após o saque da Família Real, D. Pedro se viu obrigado a lançar, em julho de 1822, "um empréstimo interno, no valor de 400 contos de réis, a juros de 6% ao ano e com prazo de dez anos, com garantia dada pelas rendas da província do Rio de Janeiro" (ALMEIDA, 2001, p. 180). Nascia, assim, a dívida pública interna do Brasil.

Esse empréstimo, mais tarde chamado de "empréstimo da Independência", pouco serviu, porém, para aliviar as contas públicas: naquele ano, as receitas estimadas eram de 4 mil contos de réis, e as despesas, de quase 5 mil contos (*idem, ibidem*). Um primeiro empréstimo externo para financiar o déficit foi feito em 1824. Mas a situação ainda pioraria: para reconhecer a independência da ex-colônia, Portugal fez duas exigências — primeiro, que o Brasil assumisse uma dívida de 1,4 milhão de libras esterlinas contraída por Portugal na Inglaterra, e, em segundo lugar, que pagasse à Coroa 600 mil libras esterlinas a título de indenização pela perda das terras coloniais.

Para fazer frente a esses novos "papagaios", o Brasil recorre novamente aos bancos ingleses em 1825, cena que se repetiria em 1829. E o pior: como outros países latino-americanos recém-independentes também estavam pedindo empréstimos e não conseguindo pagá-los, o custo do crédito externo havia disparado. Para se ter uma ideia, basta dizer que as condições do empréstimo de 1829 foram tão aviltantes que ele ganhou o apelido de "o ruinoso" (ALMEIDA, 2001).

Em 1827, é criada a Caixa de Amortização, o primeiro órgão responsável pela administração da dívida pública interna e externa, e começam a ser emitidos os primeiros títulos de dívida. Conforme vemos na Figura 8.2, o estoque da dívida aumentou constantemente ao longo de toda a época imperial, sofrendo uma trajetória explosiva durante a Guerra do Paraguai (1864-1870).

A espiral do endividamento brasileiro era agravada pela política monetária do Banco do Brasil, que continuava emitindo moeda sem lastro. A situação tornou-se tão caótica nos primeiros anos após a Independência que a instituição acabou falindo, em 1829.

> Apenas em 1853 o Banco do Brasil seria reorganizado como banco nacional. Mas ele ainda passaria por inúmeras mudanças ao longo do tempo até assumir o caráter que tem hoje, de instituição bancária e financeira, não mais emissora de moeda.

Uma das razões para o desequilíbrio fiscal que acompanhou o Brasil durante todo o Império era sua fraca base de arrecadação, centrada quase totalmente em taxas alfandegárias. As principais eram as de importação, que respondiam por mais da metade da receita pública. Não que as alíquotas fossem altas: até 1844, ficavam em torno de 15%; após esse ano, com a reforma executada pelo ministro da Fazenda Manoel Alves Branco, chegaram a dobrar, mas ainda assim permaneciam bem abaixo das praticadas por outros países, como Itália (41%), França (43%), Rússia (45%), e Estados Unidos (50%) (VILLELA, 2005). O que fazia diferença eram os volumes, já que o Brasil importava de tudo, especialmente tecidos, ferragens, manufaturas diversas e, claro, escravos. Calcula-se que de 1841 a 1850 — ano em

Figura 8.2 Emissão de títulos e estoque da dívida interna (1827-1889).

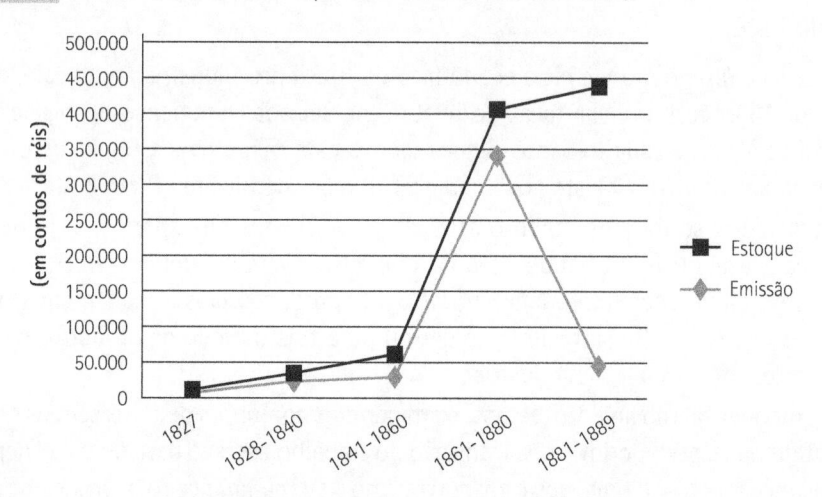

Fonte: elaboração própria com dados de SILVA (2009), p. 39.

que foi promulgada a Lei Eusébio de Queiroz, proibindo o tráfico de africanos –, eles representaram 28% das importações legais (NOVAIS; ALENCASTRO, 1997).

Do outro lado da balança comercial, a trajetória do setor exportador durante o Império pode ser dividida em dois períodos: antes e depois do início do ciclo do café. Na primeira década após a Independência, o café já aparecia na pauta de exportações, mas com uma participação ainda modesta, de 18,6%. Quem continuava ocupando o primeiro lugar era o açúcar (32,2%), seguido pelo algodão (20%); o problema, conforme vimos na primeira seção do capítulo, é que o preço do açúcar estava em queda, o que contribuía para um déficit crônico na balança comercial.

Essa história mudaria antes mesmo do fim da década de 1840, quando o café superou o açúcar na pauta de exportações. Em 1861, graças a esse produto, finalmente inauguramos um longo período de superávits comerciais, que só voltaria a ser interrompido de modo significativo na década de 1970. Apesar disso, as dívidas externas contraídas anteriormente tinham um serviço tão pesado que muitas vezes as exportações não eram suficientes para equilibrar o saldo em transações correntes. Essa situação foi se alterando no período que vai de 1850 a 1889, conhecido como "período de construção" da dívida externa. Nessa época, os diplomatas brasileiros conseguiram entrar em acordo com os credores externos para renegociar e resgatar os empréstimos anteriores.

Desse modo, o Brasil pôde terminar o Império com a dívida externa sob controle. A dívida interna, porém, prosseguia bastante elevada. O principal motivo era uma série de gastos extraordinários, como os conflitos provinciais do Período Regencial (cabanagem, balaiada, farroupilha etc.) e, principalmente, a Guerra do Paraguai. Isso sem falar no histórico mau uso do dinheiro público: Almeida (2001) lembra, por exemplo, que as emissões nesse período foram usadas até para bancar o dote e o enxoval da princesa de Joinville.

O ciclo do café

O terceiro e último grande ciclo econômico do Brasil pré-industrial, o do café, começa na década de 1830, com a implantação de lavouras na Baixada Fluminense, depois no Vale do Paraíba, sul de Minas e Espírito Santo. Em seguida, o café migra para a região de Campinas e, por fim, para o chamado "Oeste novo paulista" (regiões de Ribeirão Preto e Araraquara).

Embora tenha se iniciado como outros ciclos brasileiros de exportação de bens primários, o café acabou participando de uma dinâmica que culminou, no início do século seguinte, em uma verdadeira mudança no *modo de produção* brasileiro. Em consequência da economia cafeeira, o Brasil finalmente deixou para trás o modo de produção colonial e ingressou na era do capitalismo industrial.

Para entender tal movimento, vamos examinar dois conjuntos de fatos sem os quais ele dificilmente teria existido: primeiro, a transição do trabalho escravo para o livre e, depois, os diversos avanços na tecnologia, nos transportes e no sistema financeiro ocorridos na segunda metade do século XIX.

Transição do trabalho escravo para o livre

Podemos afirmar que a transição do trabalho escravo para o livre no Brasil tem como marco inicial o ano de 1850. Nesse ano foi promulgada, conforme já mencionamos, a *Lei Eusébio de Queiroz*. Ao proibir o tráfico negreiro, essa lei transformou o escravo africano em uma mercadoria difícil de conseguir e, portanto, cada vez mais cara.

Para resolver o problema da escassez de mão de obra em suas lavouras, os cafeicultores do Sudeste primeiro importaram escravos das decadentes fazendas nordestinas, mas aos poucos passaram a empregar trabalhadores livres, tanto brasileiros quanto estrangeiros. A entrada de imigrantes europeus, que começou a ocorrer ainda nos anos 1840, intensificou-se muito nas décadas seguintes. Em 1884, o governo brasileiro passou a subsidiar a vinda de europeus e japoneses, fornecendo passagens grátis e outras vantagens. Em 1888, foi promulgada a Lei Áurea, que aboliu definitivamente a escravatura. Todos esses fatos, juntos, provocaram o surgimento de dois elementos fundamentais no sistema capitalista: um mercado de trabalho assalariado e, consequentemente, um mercado consumidor.

Outra importante lei promulgada em 1850 foi a *Lei de Terras*, que separou definitivamente as terras públicas das privadas e estabeleceu que estas últimas só poderiam virar propriedade de alguém mediante compra. Para muitos historiadores, essa lei também foi um passo fundamental na transição do trabalho escravo para o livre. Isso porque ela...

> *Na verdade, o mercado de trabalho assalariado propriamente dito, nos moldes capitalistas, só se formou com a urbanização. Antes, na lavoura cafeeira, predominava o regime de colonato, um sistema em que os lavradores recebiam um pagamento fixo pelo trato do cafezal, um pagamento variável conforme a colheita e, ainda, o direito de produzir gêneros para seu próprio sustento, ou mesmo para comércio, se quisessem. O acordo era bom para os camponeses e melhor ainda para os fazendeiros, que podiam comprar terras virgens (na época muito baratas) e não precisavam investir para formar os cafezais, pois os colonos cuidavam disso. Depois, o lucro na hora de vender a propriedade (que passava a valer muito mais com os cafezais implantados) ficava todo nas mãos do fazendeiro – o que, é claro, contribuía para a concentração de renda.*

> abriu a possibilidade de transformar a terra em renda territorial capitalizada, permitindo ao fazendeiro transfigurar seu capital, anteriormente investido em escravos, na aquisição de terras. Estabelecer-se-iam as condições para manter o padrão de acumulação, sem prejuízo dos interesses dos fazendeiros de café (MOTTA, 2005, p. 279).

Avanços da segunda metade do século XIX

Uma série de desenvolvimentos ocorridos na segunda metade do século XIX contribuiu para propiciar as condições necessárias à industrialização brasileira, que estudaremos no próximo capítulo. Entre eles, destacamos:

   a) a construção de ferrovias para escoar a produção de café, a princípio com capital inglês e, depois, também com investimentos dos próprios cafeicultores paulistas;

b) o avanço tecnológico, que se fez visível na lavoura com a implantação de máquinas para beneficiamento do café e com a substituição, no Nordeste, dos velhos engenhos pelas usinas;

c) a formação de um sistema creditício, com bancos comerciais e outras instituições capazes de proporcionar o crédito necessário a novos empreendimentos.

Vale destacar que esses e outros avanços eram muito mais notáveis no eixo Rio-São Paulo do que no restante do país. Essa desigualdade regional seria, aliás, uma marca constante da realidade socioeconômica brasileira, conforme veremos na seção "Saiu na imprensa".

República velha

A nova estrutura do país, ancorada no trabalho livre e no dinamismo econômico, não combinava mais com o regime monárquico. A proclamação da República em 1889 veio, portanto, como consequência natural do processo histórico.

Durante o período que ficou conhecido como *Primeira República* ou *República Velha* (1889-1930), o Brasil começa a dar seus primeiros passos rumo à industrialização. São exemplos disso:

Um dos sinais mais importantes desse início de industrialização é que, quando o comércio exterior foi interrompido durante a Primeira Guerra Mundial, os impostos sobre consumo superaram, pela primeira vez, a arrecadação dos impostos de importação — o que provava que o país, lentamente, começava a substituir suas importações por produção própria. O imposto sobre a renda foi criado em 1924, mas só se tornou uma fonte expressiva de receitas nos anos 1940.

a) a forte expansão na capacidade de geração de energia elétrica, que se ampliou a um ritmo superior a 30% ao ano entre 1883 e 1910 (GOMES *et al.*, 2002), já com predominância da matriz hidráulica;

b) a construção de usinas siderúrgicas, sendo a mais importante delas a Companhia Siderúrgica Belgo-Mineira (1921);

c) o aumento no número de estabelecimentos industriais, que passou de 903 em 1889, para 3.120 em 1907, e 13.336 em 1920, com predominância dos setores alimentício e têxtil (CARONE, 1978).

Foi, aliás, uma tentativa de deixar para trás o passado agrário e ingressar definitivamente na era industrial que acabou gerando um dos mais desastrados planos econômicos do país. Tudo começou quando Rui Barbosa foi nomeado ministro da Fazenda — o primeiro da história republicana — pelo general Deodoro da Fonseca.

Barbosa era um dos mais radicais representantes dos *papelistas*, grupo que defendia a emissão de moeda para fomentar o crescimento econômico; seus opositores eram os *metalistas*, que privilegiavam a estabilização monetária, com base no padrão-ouro e na plena conversibilidade da moeda. Uma vez no poder, Rui Barbosa colocou suas ideias em prática: em 1890, estabeleceu que os créditos bancários não seriam mais cobertos por metais preciosos, e sim por títulos de dívida. "Com isso, bastava um empresário apresentar plano de instalação de qualquer tipo de estabelecimento — comercial, industrial ou agrícola — para que o crédito fosse concedido", explica o historiador Antonio Carlos do Amaral Azevedo (1997, p. 160).

Essa política ficou conhecida como *encilhamento*, uma referência ao local do hipódromo onde os cavalos eram encilhados e as apostas, feitas. Com efeito, a economia brasileira tornou-se uma grande casa de apostas, onde a especulação corria solta: empresas surgiam da noite para o dia, muitas delas sem nenhum cunho produtivo, tendo como único objetivo vender suas próprias ações. Em apenas um ano, a inflação disparou, a economia entrou em colapso, Barbosa teve de deixar o cargo e o próprio marechal Deodoro renunciou. A estabilidade monetária só seria recuperada durante a presidência de Campos Sales (1898-1902).

No campo externo, durante a República Velha os governantes brasileiros se viram premidos por duas necessidades conflitantes: valorizar o mil-réis diante da libra esterlina, para conseguir rolar sua crescente dívida externa, e desvalorizar o mil-réis, para contentar os exportadores de café. A pressão destes últimos foi maior e a balança acabou pendendo para este lado; assim, as exportações de café brasileiras prosperavam, mas a dívida externa também disparava, tanto que o país foi obrigado a pedir seus primeiros *funding loans* (grandes empréstimos de consolidação da dívida) durante esse período, em 1898 e 1914.

Boa parte dos empréstimos externos era usada para controlar o preço do próprio café no mercado exterior (veja o boxe). Na década de 1920, a receita de exportação do café atinge seu auge, alcançando o nível recorde de 74 milhões de libras esterlinas em 1925 (FURTADO, 2000). Entretanto, o gigantesco afluxo de recursos para esse ciclo econômico acabou determinando seu fim: supersafras de café se sucederam ao longo de toda a década, até o ponto em que as políticas governamentais de controle da oferta — que incluíam o armazenamento em imensos estoques e a traumática queima de café, em fogueiras que ardiam durante dias — não deram mais conta de segurar os preços. A crise mundial de 1929 só veio agravar a situação e, ano após ano, o preço do café foi caindo, o que acabou levando boa parte do capital a migrar do setor agrário para o nascente setor industrial. Acabava-se, assim, a era dos grandes ciclos exportadores no Brasil.

> *O "lobby" dos cafeicultores teve seu ponto alto no Convênio de Taubaté: em 1906, reunidos nessa cidade paulista, os governadores de São Paulo, Minas e Rio propuseram que a União passasse a comprar e armazenar os excedentes de café, a fim de segurar a queda nos preços. Para tanto, ela deveria contrair um empréstimo de 15 milhões de libras — quantia que também seria usada para criar uma Caixa de Conversão, cuja função seria estabilizar a taxa de câmbio. Como garantia do empréstimo, os três estados se comprometiam a arrecadar uma sobretaxa a cada saca de café. Apesar do protesto dos agricultores de outros estados, dos pioneiros industriais e do próprio presidente Rodrigues Alves (que temia perder a estabilidade conquistada a duras penas após a crise do encilhamento), no fim a União acabou capitulando e o convênio virou lei em junho de 1906, dando início à política oficial de valorização do café.*

SAIU NA IMPRENSA

RAÍZES DA DIFERENÇA

[...] A Topbooks está relançando agora o segundo livro de Evaldo Cabral de Mello, "O Norte Agrário e o Império", de 1984.

Em meio à discussão sobre a ida da Ford para a Bahia, o relançamento é oportuno: a obra aborda o fim do Império, período em que a ação do Estado começa a pender a balança do equilíbrio regional para o Sul/Sudeste, em prejuízo do Norte/Nordeste.

O pernambucano, que se define como historiador regional, recebeu a reportagem da *Folha* em seu apartamento em Ipanema, na terça-feira passada.

[...]

Folha – "O Norte Agrário e o Império" se ocupa do período de 1871 a 1889, e o sr. sustenta, logo no prefácio do livro, que foi nessa época que a balança do equilíbrio regional começou a pender para os Estados do Sul. O sr. poderia explicar esse processo?

Evaldo Cabral de Mello – O processo de desigualdade já havia começado algum tempo antes de 1871. Mas esse é o tipo de processo que é difícil de datar. Desigualdade regional no Brasil você pode datar a partir da descoberta do ouro em Minas, no fim do século 17, começo do século 18. Foi o primeiro acontecimento que colocou essa região do Brasil na economia internacional. Até então só o que interessava à economia internacional eram Bahia e Pernambuco. A descoberta do ouro jogou essa região Centro-Sul no mercado internacional num momento que havia uma pronunciada regressão da economia do Nordeste. Já se sustentou que a descoberta do ouro em Minas teria incentivado a migração de escravos do Nordeste para o Centro-Sul, encarecendo a mão de obra e tornando a lavoura canavieira mais onerosa ainda.

[...]

Folha – Foi seu segundo livro, não foi? E o sr. demorou dez anos...

Mello – É, foram quase dez anos. Eu então resolvi me concentrar num período. E por que esse? Porque no fim do Império é que o Estado imperial começa a atuar – como se diz agora em Brasília – como indutor do desenvolvimento.

Folha – No caso, do Sul...

Mello – Não. Só a partir de 1860, 1850, com as primeiras estradas de ferro, que foram rateadas por D. Pedro II, que o Estado começou a ter recursos para dar garantias de juros, dar outras vantagens, levantar empréstimos lá fora... Não adiantava eu procurar a disputa em torno das divergências regionais a propósito da capacidade de investimento do Estado no período anterior. Porque até 1850/60 o Estado brasileiro estava numa confusão tal que tratava apenas de se manter à tona. É a partir de 1850/60 que ele começa a ter condições de atuar. Então eu escolhi esse período. [...]

Fonte: TOLEDO, José Roberto de. *Folha de S. Paulo*, 12 set. 1999, fornecido pela Folhapress.

1. Nesse trecho da entrevista que concedeu ao jornal *Folha de S.Paulo*, Evaldo Cabral de Mello comenta vários dos fatos que abordamos neste capítulo. Procure relacionar fragmentos da entrevista com trechos deste capítulo que se refiram aos mesmos assuntos. Mencione os números de página ou, se preferir, sublinhe os trechos.
2. Discuta com seus colegas e o professor: hoje em dia, o Estado brasileiro atua no sentido de aumentar ou eliminar as desigualdades regionais? Ofereçam exemplos e argumentos para justificar suas opiniões.

NA ACADEMIA

Neste capítulo, você conheceu uma breve síntese sobre o período de formação da nossa economia. Agora, junto com os colegas, você produzirá uma bibliografia comentada para que toda a classe possa aprofundar seus estudos. Para tanto, siga estas instruções.

1. Individualmente, escolha um ou mais temas vistos no capítulo e pesquise sobre eles em livros ou em periódicos acadêmicos. No Companion Website, você encontra uma lista de periódicos para consulta on-line. O professor também pode dar valiosas indicações.
2. Selecione um dos textos encontrados — pode ser um livro inteiro, um capítulo de livro ou um artigo acadêmico. Leia o material integralmente e prepare uma resenha para apresentá-lo aos colegas. A resenha deve conter uma sinopse do conteúdo e uma apreciação crítica, na qual você explicará a importância daquele material ao estudo do tema.
3. No fim do trabalho, todas as resenhas podem ser reunidas em um livrinho, para consulta da classe, ou podem ficar disponíveis on-line na página da faculdade ou da turma. Não deixe de conferir as sugestões de leitura dos colegas.

Pontos importantes

- O chamado ciclo do açúcar teve sua fase áurea entre 1570 e 1670. Contudo, Bahia e Pernambuco continuaram produzindo e exportando até o início do século XIX. O açúcar era produzido em um sistema que ficou conhecido como *plantation* e que se baseava em quatro elementos: produção voltada para a exportação, latifúndios, monocultura e mão de obra escrava. Isso trazia como principal consequência uma economia pouco diversificada e frágil, já que excessivamente dependente das flutuações de preço no mercado externo; além disso, o sistema de *plantation* era altamente concentrador de renda.
- O ciclo do ouro começou em fins do século XVII e perdurou até fins do século XVIII. De modo geral, os efeitos desse ciclo para a economia brasileira parecem ter sido mais positivos que os do açúcar, já que seu modo de exploração era menos concen-

trador de renda (pequenos empreendedores também podiam participar) e outras regiões do país puderam se beneficiar abastecendo os mineradores.

- Durante sua estada no Brasil, de 1808 a 1821, a Corte portuguesa executou uma série de mudanças importantes, entre elas a determinação da abertura dos portos, que extinguiu o pacto colonial, a construção das estradas e a liberação de imprensa. Além disso, foi criada a primeira instituição bancária, o Banco do Brasil.
- A crise fiscal e monetária que se prolongou durante todo o Império tem suas origens em um grave desequilíbrio entre receitas e despesas públicas. Em primeiro lugar, o país já nasceu endividado: a Corte portuguesa raspou os cofres do Banco do Brasil antes de voltar à Europa e, após a independência (1822), Portugal fez uma série de exigências para reconhecer o novo país, as quais implicaram mais dívidas. Para piorar, as emissões descontroladas do Banco do Brasil até sua extinção, em 1829, desvalorizavam a moeda nacional. Por outro lado, a base de arrecadação era pequena e dependia bastante das taxas alfandegárias. Até aproximadamente 1850, o preço das exportações estava em queda, o que contribuía para déficits externos; mas depois, com a ascensão do café, esse problema foi resolvido e o Brasil se tornou superavitário na balança comercial. Ao fim do Império, nossa dívida externa estava sob controle; a dívida pública interna, porém, continuava crescendo, principalmente em função de gastos extraordinários, como conflitos internos e a Guerra do Paraguai.
- Na República Velha, a dívida externa volta a crescer, principalmente pelo esforço do governo em controlar o preço do café no mercado internacional. Logo nos primeiros anos da República, o país vive a crise do encilhamento, com a emissão descontrolada de moeda e um consequente surto inflacionário, efeitos que só seriam debelados no governo Campos Salles. Outros fatos importantes da época são o aumento da capacidade de geração de energia elétrica, o avanço da siderurgia e do número de estabelecimentos industriais e, por fim, o término do ciclo do café, após uma crise de superprodução na década de 1920.

Referências

ABREU, Yolanda Vieira de; BARROS, Carlos Alexandre Aires. *Visões sobre a economia colonial*: a contribuição do negro. Málaga: Eumed.Net; Universidade de Málaga, 2009.

ALMEIDA, Paulo Roberto de. *Formação da diplomacia econômica no Brasil*: as relações econômicas no Império. São Paulo: Ed. Senac, 2001.

AZEVEDO, Antonio Carlos do Amaral. *Dicionário de nomes, termos e conceitos históricos*. 2. ed. rev. ampl. Rio de Janeiro: Nova Fronteira, 1997.

BAER, Werner. *A economia brasileira*. 2. ed. rev. e atual. Tradução de Edite Sciulli. São Paulo: Nobel, 2003.
CARONE, Edgard. *A República Velha*: instituições e classes sociais. 4. ed. São Paulo: Difel, 1978.
FURTADO, Milton Braga. *Síntese da economia brasileira*. 7. ed. São Paulo: LTC, 2000.
GOMES et al. *BNDES 50 anos — histórias setoriais*: o setor elétrico. 2002. Disponível em: <www.bndes.gov.br>. Acesso em: 25 jan. 2011.
MOTTA, Márcia (Org.). *Dicionário da terra*. Rio de Janeiro: Civilização Brasileira, 2005.
NOVAIS, Fernando A.; ALENCASTRO, Luiz Felipe de (Orgs.). *História da vida privada no Brasil*: Império. São Paulo: Cia. das Letras, 1997.
PRADO, J. F. de Almeida. *A carta de Pero Vaz de Caminha*. Estudo crítico. Rio de Janeiro: Agir, 1989.
SCHWARTZ, Stuart B. *Segredos internos*: engenhos e escravos na sociedade colonial. Tradução de Laura Teixeira Mota. São Paulo: Cia. das Letras, 1988.
_____; LOCKHART, James. *A América Latina na época colonial*. Tradução de Maria Beatriz de Medina. Rio de Janeiro: Civilização Brasileira, 2002.
SILVA, Anderson Caputo. Origem e história da dívida pública no Brasil até 1963. In: _____; CARVALHO, Lena de Oliveira; MEDEIROS, Otavio Ladeira de (Orgs.). *Dívida pública*: a experiência brasileira. Brasília: Secretaria do Tesouro Nacional; Banco Mundial, 2009.
VILLELA, André. Política tarifária no II Reinado: evolução e impactos, 1850-1889. *Nova Economia*, Belo Horizonte, v. 15, n. 1, p. 35-68, jan.-abr. 2005.

Capítulo 9

O PROCESSO DE INDUSTRIALIZAÇÃO

Neste capítulo, abordaremos as seguintes questões:
- O que causou o "crescimento para dentro" verificado no Brasil a partir de 1930?
- Em que consiste o processo de substituição de importações (PSI) e como ele ocorreu no Brasil?
- De que forma o Estado varguista atuou como agente regulador e empreendedor da economia brasileira?
- Do ponto de vista econômico, que fatos mais marcaram a gestão de Eurico Dutra e o segundo governo de Vargas?
- No que o Plano de Metas, encetado durante os anos JK, diferia das políticas anteriores de industrialização por substituição de importações?
- Quais foram os resultados do Plano de Metas?
- Do ponto de vista econômico, o que caracterizou o governo de João Goulart?

Introdução

Conforme vimos no capítulo anterior, ainda no fim do Império o Brasil começa a dar os primeiros passos rumo à substituição do modelo agroexportador pelo capitalismo industrial. Contudo, é apenas após a crise de 1929 e a ascensão ao poder de Getúlio Vargas que o processo de industrialização consolida-se, até o ponto de se transformar, nas décadas seguintes, em uma política de Estado coordenada e sistemática.

A parte dessa história que vai da crise de 1929 até o golpe de 1964 será contada brevemente no presente capítulo. Seguindo o mesmo critério do capítulo anterior, dividiremos o conteúdo de acordo com as principais fases políticas que marcaram a época: a Era Vargas (1930-1945); a gestão de Dutra e o segundo governo de Vargas (1945-1955); os anos JK (1956-1961); e os governos de Jânio Quadros (janeiro a agosto de 1961) e João Goulart (1961-1964), este último encerrado pelo golpe militar.

Era Vargas

Durante quase toda a República Velha, as elites agrárias de São Paulo e Minas alternaram-se no poder, em um arranjo que ficou conhecido como "política do café com leite" – uma referência aos principais produtos dessas regiões. Mas, após a crise de 1929, o então presidente Washington Luís, representante da oligarquia paulista, resolveu romper a tradição e indicou como sucessor o também paulista Júlio Prestes. O objetivo era garantir a continuidade da estabilização monetária e de uma nova política de valorização do café, ambas iniciadas em seu governo (conforme veremos adiante).

As elites mineiras, porém, não ficaram nada satisfeitas com a mudança e decidiram se juntar a outro estado também rico, mas alijado do poder há longo tempo: o Rio Grande do Sul. Forma-se, assim, a Aliança Liberal, que lança Getúlio Vargas como candidato da oposição. Em meio a denúncias de fraudes, Júlio Prestes sai vitorioso nas urnas, mas nem chega a assumir, pois antes disso eclode a Revolução de 1930, que leva Getúlio ao poder. Seu governo, que deveria ser apenas provisório, acaba se perpetuando até 1945, tornando-se, assim, o mais longo de todo o período republicano. Nesta seção, revisaremos os fatos que mais marcaram a economia durante a chamada *Era Vargas*.

Colapso do setor externo

No capítulo anterior, vimos que a política econômica da República Velha dedicou-se, acima de tudo, a proteger os interesses do setor cafeeiro. Empréstimos internos e externos eram tomados para comprar excedentes da produção (e, assim, conter a queda nos preços), e o mil-réis era mantido artificialmente desvalorizado para favorecer as exportações. As consequências amargas para o país eram o aumento do endividamento externo (confira, na Figura 9.1, a escalada da razão dívida externa/exportações entre 1880 e 1930) e a expansão da base monetária, com a consequente inflação. Nos piores momentos de descontrole, entre 1923 e 1924, o país chegou a experimentar taxas de inflação de dois dígitos ao ano.

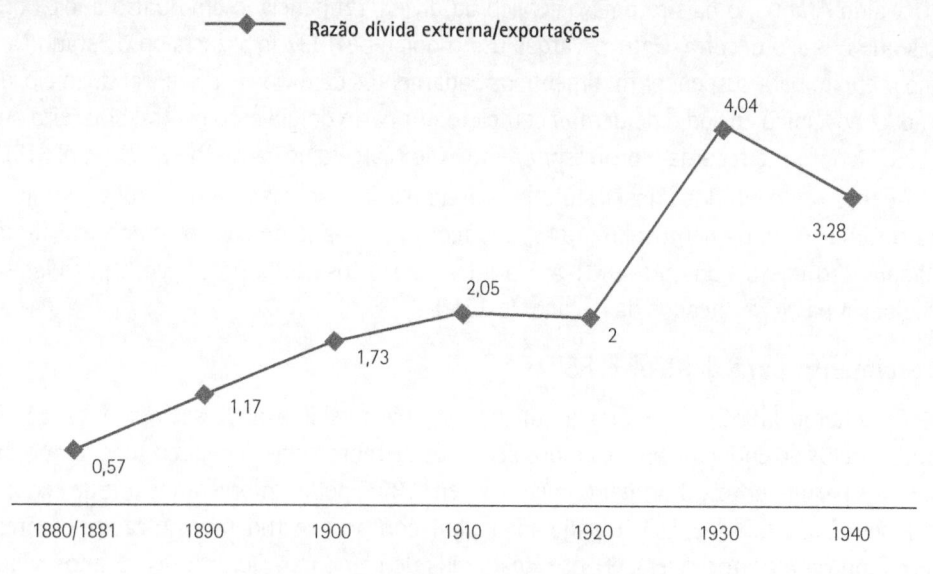

Figura 9.1 Razão dívida externa/exportações entre 1880 e 1940.

─◆─ Razão dívida extrerna/exportações

[Gráfico com os seguintes pontos: 1880/1881: 0,57; 1890: 1,17; 1900: 1,73; 1910: 2,05; 1920: 2; 1930: 4,04; 1940: 3,28]

Fonte: elaboração própria com dados de Abreu (2002).

Em 1926, na tentativa de realizar uma reforma monetária, a gestão de Washington Luís levantou capitais ingleses e norte-americanos para criar a Caixa de Estabilização, cuja função seria emitir moeda 100% conversível em ouro. O plano era, aos poucos, tornar todo o meio circulante lastreado em ouro. Além disso, os recursos da Caixa seriam utilizados para manter uma paridade fixa entre o mil-réis e a libra.

Apenas esse último propósito foi atingido — para satisfação dos cafeicultores, que mantiveram exportações elevadas nos anos seguintes, conforme vimos no capítulo anterior. Porém, em 1929, a quebra da Bolsa de Nova York acabou com a festa: os financiadores externos rapidamente retiraram seus fundos da Caixa de Estabilização, que quebrou no ano seguinte. O mil-réis sofreu uma desvalorização brutal, de 55%. Esse fato, somado à retração do crédito externo e à queda violenta no preço do café, provocou um verdadeiro colapso nas contas externas brasileiras.

Em 1930, o país devia aos credores estrangeiros quatro vezes mais do que exportava em um ano, como se vê na Figura 9.1. A pedido do governo brasileiro, o Bank of England enviou ao país um alto funcionário, sir Otto Niemeyer, para estudar uma renegociação. Escaldados com as moratórias de 1898 e 1914, os ingleses relutavam em conceder um novo *funding loan* (empréstimo de consolidação), alegando que "o homem que afunda três vezes em geral se afoga" (*apud* ABREU, 2002, p. 529). Mas, à medida que os reflexos da quebra da bolsa nova-iorquina chegavam também à Europa, os credores se convenceram de que não havia alternativa para o país latino-americano. Assim, em 1931, o Brasil entrou em sua terceira moratória.

Em 1934, por meio do chamado *esquema Aranha,* em referência ao ministro da Fazenda Oswaldo Aranha, o país retoma o serviço da dívida, refinanciado em quatro anos. Porém, antes que o prazo decorra, Getúlio Vargas usa o golpe de 1937 (que instalou o Estado Novo) como pretexto para suspender totalmente os pagamentos da dívida externa, dando início, desse modo, ao "único episódio de *default* completo por parte do governo central brasileiro antes de 1987", conforme recorda o professor da PUC-Rio Marcelo de Paiva Abreu (2002, p. 518).

Apenas no início dos anos 1940 o país acumularia reservas internacionais o suficiente para retomar os pagamentos. Em 1943, um acordo permanente com os credores estendeu o pagamento das dívidas pré-1931 até o início dos anos 1980, porém com parcelas bem reduzidas a partir de meados da década de 1950.

"Crescimento para dentro" e PSI

Para Abreu (1999), a história da dívida externa brasileira pode ser resumida em dois grandes ciclos de endividamento, ambos seguidos de moratórias, renegociações temporárias e acordos permanentes. O primeiro iniciou-se em 1824, pelos empréstimos que se seguiram à independência e à indenização paga a Portugal, conforme estudamos no capítulo anterior, e terminou na moratória de 1931 que acabamos de comentar. Durante os 35 anos seguintes, o Brasil permaneceu afastado do mercado financeiro privado internacional, recebendo "créditos externos apenas de governos, do Eximbank [agência norte-americana], além de investimentos externos diretos", como relata a cientista política Maria Antonieta Parahyba Leopoldi (2007, p. 276). Somente em meados da década de 1960 inicia-se o segundo ciclo de endividamento externo, que culminará na crise da dívida durante a década de 1980.

Entre um ciclo e outro, as quase quatro décadas de escassez de capital externo tiveram como principal efeito aquilo que os historiadores econômicos chamam de "crescimento para dentro" da economia brasileira. Nas palavras de Leopoldi (*idem, ibidem*):

> Depois da crise de 1929 inicia-se um período em que os investimentos externos escassos levam o país a voltar-se para o próprio mercado, buscando no capital nacional, na sociedade (via impostos) e no Estado as fontes de recursos para o crescimento econômico.

O primeiro passo nessa transformação — de uma economia que era voltada para fora (agroexportadora) para uma economia voltada para dentro — foi o chamado *processo de substituição de importações (PSI).* De acordo com Gremaud, Vasconcellos e Toneto Júnior (2002), o PSI desenvolve-se em ciclos, tendo como motor dinâmico o *estrangulamento externo* da economia (veja a Figura 9.2).

É interessante notar, nessa figura, que o PSI se desenvolve em "rodadas", uma vez que o fim de um ciclo gera demanda por outros tipos de bens. Normalmente, a primeira rodada de PSI concentra-se na produção de *bens não duráveis* (que não exige muita tecnologia nem investimento); depois, a segunda rodada costuma contemplar a produção de *bens duráveis,* como eletrodomésticos e automóveis; a terceira rodada focaliza a produção de *bens inter-*

Figura 9.2 O ciclo do processo de substituição de importações (PSI).

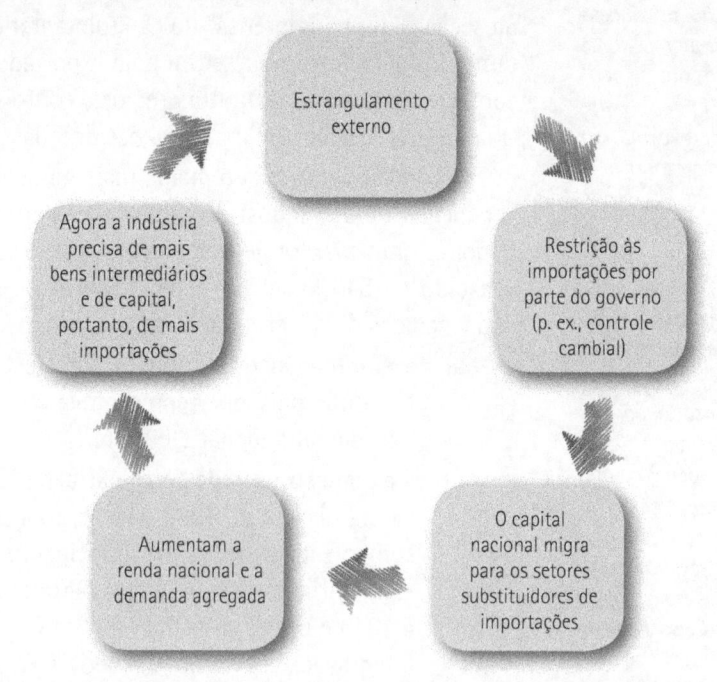

```
                    Estrangulamento
                         externo
                            ↓
    Agora a indústria                    Restrição às
    precisa de mais                      importações por
    bens intermediários                  parte do governo
    e de capital,                        (p. ex., controle
    portanto, de mais                    cambial)
    importações
            ↑                               ↓
    Aumentam a                           O capital
    renda nacional e a                   nacional migra
    demanda agregada         ←           para os setores
                                         substituidores de
                                         importações
```

Fonte: elaboração própria com base em Gremaud, Vasconcellos e Toneto Júnior (2002).

mediários, como ferro, aço e cimento; e a quarta e última rodada, por fim, ocorre quando o país começa a produzir seus próprios *bens de capital*, como máquinas e equipamentos.

Segundo os autores citados, o PSI no Brasil seguiu, de fato, essa trajetória de "industrialização por etapas". Contudo, obviamente as coisas não aconteceram de uma maneira tão linear assim: desde o início do processo, houve várias iniciativas para desenvolver setores mais "pesados" da indústria, conforme veremos adiante, ainda neste capítulo.

Ascensão do Sudeste

O capital nacional que serviu de combustível ao PSI originou-se, principalmente, da elite cafeeira, que aos poucos desalocou seus investimentos do setor agrário e realocou-os no industrial. Na verdade, essa migração do capital cafeeiro havia se iniciado *antes* da crise de 1929: conforme vimos no capítulo anterior, durante a Primeira Guerra Mundial, a suspensão das importações havia estimulado a produção nacional de bens de consumo (algo que poderíamos chamar de um surto embrionário de PSI). Com o fim da guerra e a retomada das importações, esse parque industrial, instalado principalmente em São Paulo, havia ficado ocioso. Assim, após a crise cambial de 1931, os industriais paulistas puderam retomar a produção usando apenas a capacidade já instalada.

Essa oportunidade que São Paulo teve de "largar na frente" na corrida da industrialização acentuou as desigualdades regionais — cujas origens podem ser retraçadas a um

A industrialização do Sudeste, combinada a uma série de secas calamitosas que se abateram sobre o Nordeste entre 1930 e 1950, provocou um intenso fluxo migratório desta região para aquela, tendo como principais destinos os estados de São Paulo, Rio de Janeiro e Paraná. Tal fluxo contribuiu, também, para a transição da economia do modelo rural-primário para o urbano-industrial. Contudo, para as regiões que sofreram o êxodo restou uma decadência ainda maior. A fim de amenizar o flagelo das desigualdades regionais, em 1959 Juscelino Kubitschek atendeu às solicitações do economista Celso Furtado e criou a Superintendência do Desenvolvimento do Nordeste (Sudene), entregue à liderança do próprio Furtado. O objetivo do órgão era mudar a abordagem aos problemas da região — que até então se limitava à mera implantação de açudes pelo Departamento Nacional de Obras Contra as Secas (DNOCS), existente desde 1909 —, a fim de abranger uma estratégia mais articulada de desenvolvimento. Embora tenha tido um início promissor, a Sudene progressivamente perdeu poder após o golpe de 1964 e se desviou de seus propósitos iniciais, até ser alvo de denúncias de corrupção na Nova República, o que levou à sua extinção em 2001, durante o governo de FHC. A instituição seria recriada em 2007, sob a gestão de Lula.

passado tão antigo quanto o ciclo do ouro, conforme vimos na seção "Saiu na imprensa" do capítulo anterior. Em pouco tempo, São Paulo tornou-se um polo exportador de bens de consumo para todas as outras regiões, conforme mostra o Quadro 9.1, posição que manteria nas décadas seguintes.

Além de contar com o maior, mais moderno e mais diversificado parque industrial, com o maior mercado consumidor e com o mais organizado mercado de trabalho do país, o estado de São Paulo foi beneficiado nesse processo por duas medidas do governo central:

a) a **eliminação dos impostos interestaduais e intermunicipais**, que representavam uma verdadeira "barreira alfandegária interna";

b) a **expansão da rede ferroviária**, de 1929 até o início da década de 1960 (momento a partir do qual somente decresceria), e, principalmente, **da rede rodoviária**, que se ampliou 72% apenas entre 1937 e 1949 e passou a contar com importantes vias de integração, tais como: a Rodovia Washington Luís (Rio-Petrópolis), inaugurada em 1928 e asfaltada em 1931, a Via Anhanguera (1940), a Rodovia Anchieta (1947) e a Via Dutra (1950) (CANO, 2007).

Ação do Estado como regulador e empreendedor

Um Estado forte e centralizador, capaz de garantir a defesa dos interesses nacionais e o crescimento econômico (inclusive naqueles setores que não despertam o interesse da iniciativa privada), era peça-chave do ideário varguista. Isso se traduziu, em primeiro lugar, na criação de uma série

Quadro 9.1 Exportações totais de São Paulo, segundo o destino (% do valor).

Média	Para o exterior	Para o restante do Brasil
1900-1910	85%	15%
1910-1920	75%	25%
1920-1930	50%	50%

Fonte: CANO (2007), p. 68.

de órgãos destinados a aumentar o controle estatal sobre a planificação e coordenação das atividades econômicas. São exemplos disso a fundação:
a) em 1934, do *Conselho Federal de Comércio Exterior*, que realizou importantes estudos para identificar os pontos de estrangulamento da economia;
b) em 1937, do *Conselho Técnico de Economia e Finanças*, que tentou dar à União maior controle sobre a administração financeira de estados e municípios;
c) em 1938, do *Conselho Nacional do Petróleo (CNP)*, que representou a primeira tentativa de regular o setor petrolífero (até então limitado ao refino, já que não havia exploração em solo brasileiro); no ano seguinte foi perfurado o primeiro poço do país, na cidade de Lobato, no Recôncavo Baiano;
d) também em 1938, do *Departamento Administrativo do Serviço Público (DASP)*, que racionalizou o funcionalismo e organizou os primeiros concursos públicos (antes, as contratações eram feitas sem critério técnico, apenas por apadrinhamento); e
e) em 1939, do *Conselho Nacional de Águas e Energia Elétrica (CNAEE)*, órgão de natureza reguladora voltado especialmente às hidrelétricas.

O ideal de um Estado forte e interventor também se fez presente na regulamentação do mercado de trabalho: para os varguistas, as relações entre patrões e empregados não poderiam ficar entregues às leis do capitalismo, senão estes últimos sairiam prejudicados; o Estado deveria, então, intervir, protegendo o empregado. Não à toa, a criação do Ministério do Trabalho, Indústria e Comércio, em novembro de 1930, foi uma das primeiras iniciativas do governo Vargas, ainda em sua fase revolucionária. Anos mais tarde, em 1943, esse ministério elaboraria e faria aprovar a *Consolidação das Leis do Trabalho (CLT)*, que reuniu uma série de normas anteriores (quase todas promulgadas durante a própria Era Vargas), garantindo praticamente todos os direitos trabalhistas que conhecemos hoje (férias, descanso semanal, licença-maternidade etc.).

Com relação à atividade dos sindicatos, a legislação adotou o modelo do *corporativismo estatal*, abertamente inspirado no fascismo italiano. Nesse modelo, os sindicatos só podiam existir e funcionar dentro das rígidas regras estabelecidas pela lei. Era também a lei que garantia a sobrevivência dessas associações, mediante a contribuição compulsória cobrada dos trabalhadores. Na prática, os sindicatos funcionavam como colaboradores do Estado, e não como órgãos independentes.

> Vale lembrar que, como não houve nenhuma reforma de vulto na legislação trabalhista e sindical brasileira desde os anos 1930, muitas das normas intervencionistas estabelecidas durante a Era Vargas permanecem em vigor até hoje.

Além dessa atuação como regulador, o Estado varguista também agiu como empreendedor, ou seja, como agente direto da economia. Isso ocorreu, justamente, naqueles setores onde era mais difícil atrair o capital privado – ou seja, na indústria de base, em que o investimento inicial é alto e demora para render frutos. Algumas dessas ações diretas são exemplificadas na Figura 9.3.

Figura 9.3 Alguns exemplos de ações diretas do Estado, durante a gestão Vargas, em prol da formação da indústria de base no país.

1941 – É instalada, em Volta Redonda (RJ), a **Companhia Siderúrgica Nacional (CSN)**, financiada por um empréstimo do Eximbank no valor de US$ 20 milhões.

1943 – São criadas a **Companhia Nacional de Álcalis**, para produção de barrilha e soda cáustica, e a **Fábrica Nacional de Motores (FNM)**, que mais tarde produziria os populares caminhões "fenemê". Ambas se instalam no estado do Rio.

1942 – A partir da antiga Itabira Iron Ore Company, é criada a **Companhia Vale do Rio Doce (CVRD)**, para a exploração de minério de ferro em Minas Gerais.

1944 – Entra em operação, com capital privado amplamente financiado pelo Banco do Brasil, a **Companhia Aços Especiais Itabira (Acesita)**, em Minas Gerais. Em 1954, com o não pagamento do empréstimo, o banco assumiria o controle acionário da empresa.

Gestão Dutra e segundo governo de Vargas

O agendamento das eleições presidenciais para dezembro de 1945 assinala a volta da democracia ao país. O candidato vitorioso, Eurico Gaspar Dutra, governaria de 1946 a 1951, ano em que Getúlio Vargas volta ao poder "nos braços do povo". O segundo governo de Vargas, único legitimado pelo voto, termina tragicamente em agosto de 1954, com seu suicídio no Palácio do Catete.

Do ponto de vista econômico, o decênio que vai da eleição de Dutra, em 1945, até a eleição de Juscelino, em 1955, ficou marcado pelos seguintes fatos:

a) Primeiro, um breve momento de **política cambial liberal**, que levou a um aumento explosivo das importações (115% em 1946-47) e exauriu rapidamente as reservas internacionais acumuladas durante a Segunda Guerra Mundial. A fim de reequilibrar seu balanço de pagamentos, em 1949 o país é obrigado a recorrer pela primeira vez ao recém-criado Fundo Monetário Internacional.

b) Ainda em 1947, o governo Dutra retrocedeu e voltou a manter a taxa de câmbio fixa, além de **restringir as importações** por meio da Carteira de Exportação e Importação (Cexim) do Banco do Brasil. As medidas beneficiaram o setor industrial, já que limitavam a importação de manufaturados, mas não de máquinas, equipamentos e insumos.

c) Em 1949, houve um rápido favorecimento das exportações, principalmente pelo aumento no preço do café. O saldo comercial positivo nesse ano levou a Cexim a afrouxar sua política de restrição às importações – o que rapidamente provocou **novo desequilíbrio do balanço**, maior ainda que os anteriores. Resultado: em 1951 o Brasil volta a bater às portas do FMI.

d) Quanto à estabilidade monetária, nos primeiros anos de mandato a gestão Dutra conseguiu trazer a inflação, que havia disparado durante a Segunda Guerra, de volta para níveis de um dígito ao ano. No último biênio de seu governo, porém, a ortodoxia foi abandonada e o descontrole voltou, de maneira que Vargas assumiu o poder em meio a uma **inflação ascendente**. Inicialmente, seu compromisso foi retomar a estabilidade monetária, mesmo à custa do crescimento econômico – o que de fato foi cumprido em 1951. Contudo, a pressão por gastos públicos e aumentos salariais ganhou a batalha já no ano seguinte, e as medidas austeras logo se afrouxaram. O pior momento foi o ano de 1954, quando Vargas concedeu um aumento de 100% no salário mínimo, e a inflação disparou para 25,8% ao ano, mais que o dobro do observado no início do mandato (12,4%).

e) Apesar da instabilidade econômica, o PIB apresentou um **crescimento médio bastante razoável** durante todo o período (7,6% sob Dutra e 6,2% sob Vargas), com destaque para a produção industrial, que continuava crescendo a níveis de dois dígitos ao ano.

f) Embora visassem mais ao combate dos desequilíbrios no balanço do que ao favorecimento da indústria, duas medidas cambiais tomadas nesse período acabaram contribuindo para o crescimento industrial. A primeira delas foi a **Instrução 70** da Superintendência da Moeda e do Crédito – Sumoc (1953), que criou os leilões de câmbio. O sistema funcionava assim: a taxa de câmbio permanecia fixa, conforme determinado pelo Acordo de Bretton Woods; mas, internamente, as divisas obtidas pelos exportadores brasileiros eram compradas abaixo do valor oficial (era o chamado *"confisco cambial"*) e revendidas em leilão, com ágio maior para a importação de bens de consumo, e menor para os de bens de produção. A segunda medida cambial foi tomada em

Além de atenuar os desequilíbrios no balanço e estimular a indústria, a Instrução 70 da Sumoc constituiu uma significativa fonte de receitas para o governo, graças ao ágio cobrado sobre o câmbio. Quem "pagava o pato" eram os agricultores, que eram responsáveis por quase toda a exportação brasileira e tinham de recolher esse tributo indireto sobre suas operações.

1955, já no governo de Café Filho (vice de Getúlio que assumiu após o suicídio deste): era a **Instrução 113 da Sumoc**, que liberava a importação de máquinas e equipamentos sem cobertura cambial (sem a necessidade de adquirir as divisas correspondentes no leilão da Sumoc) por subsidiárias de empresas estrangeiras estabelecidas no país.

g) A ambiguidade da política externa de Vargas manifestou-se na tomada de atitudes, por um lado, nacionalistas, como a **criação da Petrobras** (1953) e, por outro lado, de abertura ao capital estrangeiro. Este último tipo de posicionamento tem como maior símbolo a instituição, em 1951, da **Comissão Mista Brasil-Estados Unidos (CMBEU)**. Formada por técnicos dos dois países, a comissão propôs 41 projetos de desenvolvimento, concentrados na área de transportes e energia, os quais seriam financiados pelo Estado brasileiro e, também, pelo Bird e pelo Eximbank. No fim, dos 387 milhões prometidos pelos bancos estrangeiros, vieram apenas 181 milhões, e muitos projetos não chegaram a se concretizar. Contudo, a CMBEU rendeu um fruto de importância decisiva: o **Banco Nacional de Desenvolvimento Econômico (BNDE)**, que foi criado em 1952 para financiar e gerir os recursos dos projetos e, mais tarde, se transformaria em peça-chave do projeto desenvolvimentista de JK e dos governos militares (D'ARAUJO, s/d).

Anos JK

Logo depois da fundação do BNDE, uma parte de sua equipe juntou-se a técnicos da também recentemente fundada Comissão Econômica para a América Latina e o Caribe (Cepal), sobre a qual já falamos no Capítulo 3. Liderado pelo economista Celso Furtado, o *Grupo Misto Cepal/BNDE*, como ficou conhecido, elaborou uma proposta de planejamento para o desenvolvimento do país que influenciaria, em grande medida, o *Plano de Metas* de Juscelino Kubitschek.

O plano tinha esse nome porque estabelecia 30 metas, precisas e específicas, para seis áreas estratégicas — energia, transportes, alimentação, indústria de base e educação. A construção de Brasília foi acrescentada depois, passando a ser a 31ª meta. Ao longo da gestão de JK — que tomou posse em 1956, pondo fim ao estado de sítio que vigorava desde o suicídio de Getúlio —, a nova capital foi se tornando a "meta-síntese", símbolo máximo de uma época eufórica, em que o país sonhava em deixar para trás o passado de atraso e lançar-se, de um salto só, na modernidade ocidental.

A estratégia de industrialização intensiva de JK, consubstanciada no Plano de Metas, consagrava o processo de substituição de importações, mas dava vários passos além. Em primeiro lugar, o PSI ganhava um planejamento com um nível de sistematização e institucionalização nunca visto antes. Em segundo lugar, foi estabelecida pela primeira vez uma política cambial consistente e deliberadamente pensada para proteger a indústria nacional, cujos eixos eram, conforme descrevem Versiani e Suzigan (1990):

a) uma nova tarifa aduaneira, pela primeira vez inteiramente em base *ad valorem* e fortemente protecionista (reforma aduaneira de 1957);

b) uma nova política cambial, com duas categorias de importações (geral e especial), que subsidiava a importação de máquinas, equipamentos e insumos industriais e gravava a importação de bens "menos essenciais"; e

c) uma importante barreira não tarifária às importações representada pela promulgação, também em 1957, da Lei do Similar Nacional, que proibia a importação de produtos estrangeiros que tivessem similar no país.

> *Reveja no Capítulo 5 os conceitos de tarifa ad valorem e barreira não tarifária.*

O Plano de Metas tinha, ainda, uma terceira e última importante diferença em relação às políticas industriais anteriores: enquanto o PSI tradicional atacava apenas os pontos de estrangulamento da economia, o plano de JK focava, também, os *pontos de germinação* – isto é, aqueles em que a ação do Estado, como criador de demanda, acabaria por gerar um efeito multiplicador, que geraria mais empregos, mais investimento, mais demanda, e assim por diante, em um círculo virtuoso de crescimento. O maior ponto de germinação previsto no Plano de Metas era, evidentemente, a construção de Brasília.

Do ponto de vista da consecução das metas, o Plano de JK foi muito bem-sucedido: embora algumas metas não tenham sido cumpridas, as seis áreas-alvo obtiveram, de modo geral, resultados bastante satisfatórios. Sobressaíram a indústria automobilística, que atingiu 133% da meta original (100 mil veículos produzidos em 1960), e a pavimentação de rodovias (em 1961, havia um total de 13.169 quilômetros asfaltados) – o que assinalou, definitivamente, a opção do país pelo transporte rodoviário, em detrimento do ferroviário. Também se destacaram positivamente os setores de geração de energia elétrica, produção e refino de petróleo, marinha mercante, construção naval, mecanização da agricultura, produção de fertilizantes e produção de aço e cimento. De 1956 a 1960, o PIB brasileiro experimentou uma taxa média de crescimento de 8,1% ao ano, inédita até então, chegando ao recorde de 10,8% em 1958.

Mas tudo isso tinha um preço. Afinal, para pôr em prática um plano tão ambicioso, o governo de JK tivera de contornar um problema evidente – a falta de poupança interna. A solução veio de duas fontes principais:

a) o **dinheiro público**, que se originava em créditos oficiais estrangeiros e na emissão de moeda e era distribuído via empréstimos subsidiados, concedidos pelo BNDE e pelo Banco do Brasil;

b) o **investimento estrangeiro privado**, que entrava no país principalmente por meio da já comentada Instrução 113 da Sumoc, direcionando-se principalmente à indústria automobilística e siderúrgica.

Não é difícil concluir que esse uso abusivo de poupanças externas e da expansão monetária conduziria, inevitavelmente, ao déficit público e à inflação. Com efeito, já em 1957

> *O grande problema dos investimentos que entravam via Instrução 113 da Sumoc, também chamados de "créditos de fornecedores", é que eles custavam mais e tinham prazo mais curto do que os financiamentos concedidos por órgãos oficiais, como o Eximbank. E esses "créditos de fornecedores" dispararam durante os anos JK, passando de 149 milhões de dólares em 1955 para 983 milhões de dólares em 1961. Resultado: Jânio Quadros e João Goulart levaram de "herança" uma dívida externa composta de obrigações que, em sua maioria (dois terços do total), venciam em três anos a partir de 1960 (DIAS, s/d).*

o quadro econômico começa a se complicar: uma queda brusca no preço do café (ainda o carro-chefe das nossas exportações) desequilibra a balança comercial, ao passo que, internamente, uma série de greves leva à concessão de reajustes salariais. Em 1958, com a inflação já em alta e as contas externas deteriorando-se rapidamente, Lucas Lopes assume o Ministério da Fazenda e, ao lado do ortodoxo Roberto Campos, prepara um *Plano de Estabilização Monetária (PEM)*. No mesmo ano, começam negociações com o FMI para um empréstimo de 300 milhões de dólares.

As exigências do Fundo quanto à estabilização monetária e ao ajuste fiscal são vistas com desconfiança pelos setores desenvolvimentistas do governo. Inicia-se, assim, um intenso embate entre estruturalistas e monetaristas (cujas teorias básicas conhecemos no Capítulo 3). Também ganha espaço o confronto entre nacionalistas (como João Goulart e Leonel Brizola), que criticavam as altas remessas de lucros das multinacionais aos seus países de origem, e setores mais moderados, que queriam conservar o liberalismo econômico e a entrada de capital estrangeiro.

Em 1959, fica claro que a postura expansionista e nacionalista sairia vitoriosa: Juscelino rompe com o FMI, alegando que aceitar as condições do Fundo significaria abrir mão do cumprimento do Plano de Metas e da construção de Brasília. Ao mesmo tempo, o ministro Lucas Lopes, vitimado por um infarto, é substituído pelo desenvolvimentista Sebastião Paes de Almeida, que não interrompe a concessão de crédito nem a emissão de moeda. Grandes volumes de recursos são destinados, ainda, à compra de café para deter a queda nos preços e, assim, garantir o apoio político das elites agrárias. Os resultados de tudo isso podem ser observados no Quadro 9.2, que retrata o galopante aumento do déficit público entre 1956 e 1961. No mesmo período, a inflação passou de 12,5% para 30,5% anuais (DIAS, s/d).

Quadro 9.2 Evolução do déficit público de 1956 a 1961.

Ano	Déficit da União (em milhares de cruzeiros)
1956	-32.945.664
1957	-32.923.125
1958	-30.662.084
1959	-26.446.558
1960	-23.623.695
1961	-102.459.969

Fonte: DIAS (s/d), p. 133-134.

Governos de Jânio Quadros e João Goulart

Nas eleições de 1960, saem vitoriosos o candidato à presidência Jânio Quadros e o candidato à vice-presidência João Goulart (presidente e vice eram eleitos separadamente). Em janeiro, Juscelino Kubitschek passa a faixa a Jânio em meio a um cenário de crescente instabilidade econômica e polarização política.

Em sua curta e conturbada gestão, Jânio Quadros tentou recuperar a estabilidade, principalmente por meio da reforma cambial que desvalorizou a moeda e unificou a taxa de câmbio – acabando, portanto, com os subsídios à importação dos bens considerados estratégicos. Jânio também renegociou as obrigações da dívida externa que venciam no curto prazo e conseguiu, enfim, o empréstimo do FMI negado na gestão anterior.

Contudo, sua renúncia oito meses após a posse impediu a concretização de qualquer política econômica mais consistente. Ainda piores seriam os efeitos da saída de Jânio no plano político: os militares e certos setores da sociedade civil queriam impedir a posse de Goulart, tido como esquerdista radical, enquanto outros defendiam a manutenção da legalidade. Para acalmar os ânimos, adotou-se o parlamentarismo, e Tancredo Neves tornou-se primeiro-ministro. Numa tentativa de ganhar credibilidade, Goulart escolheu como ministro da Fazenda o banqueiro Walter Moreira Salles, de perfil ortodoxo. O resultado foi um plano de estabilização implantado em 1962 e composto de medidas impopulares, como contenção de gastos, aumento de impostos e limitação no crédito público.

Salles não consegue, porém, apoio político (nem sequer do próprio presidente) para implantar seu pacote e acaba deixando o ministério em setembro do mesmo ano. Em 1963, Goulart assume poderes plenos com a volta do presidencialismo (escolhido por plebiscito) e tenta colocar em prática o *Plano Trienal*, elaborado sob a coordenação de Celso Furtado. Embora tivesse cunho progressista, prevendo, por exemplo, a reforma agrária, o Plano tinha...

> como pré-requisito a estabilidade a curto prazo, sem a qual as próprias metas de crescimento seriam comprometidas. Assim, previa a execução de típicas políticas restritivas de programas de estabilização convencionais, como redução do déficit público, controle das emissões e restrição do crédito ao setor privado. Além disso, propunha a uniformização das taxas cambiais e sua fixação em níveis realistas. (FONSECA; MONTEIRO, 2003, p. 15)

Em pouco tempo, porém, João Goulart cedeu às pressões dos nacionalistas e sindicalistas (setores, aliás, nos quais estavam suas raízes políticas) e acabou afrouxando crescentemente a política creditícia, fiscal e monetária. No fim de 1963, o Plano Trienal já havia naufragado, e as medidas anti-inflacionárias pareciam abandonadas por completo. Imerso no caos econômico e vendo fracassar, no âmbito político, sua tentativa de conciliar a esquerda e o centro, João Goulart é deposto pelo golpe militar de 31 de março de 1964.

O Quadro 9.3 mostra a aceleração inflacionária durante os governos de Jânio Quadros e João Goulart e, ao mesmo tempo, a impressionante queda do crescimento. Você poderá verificar esse último dado, com todo o seu impacto visual, se voltar as páginas deste livro até a Figura 2.5, apresentada na seção "Na academia" do Capítulo 2.

Quadro 9.3 Queda na taxa de variação do PIB e aceleração inflacionária observadas durante os governos de Jânio Quadros e João Goulart.

	Variação do PIB (%)	Inflação (IGP-DI)
1961	8,6	47,8
1962	6,6	51,6
1963	0,6	79,9
1964	3,4	92,1

Fonte: FONSECA; MONTEIRO (2003).

ESTUDO DE CASO

O NOVO DESENVOLVIMENTISMO

Ao longo dos anos 2000, tanto em periódicos acadêmicos quanto na grande imprensa, começou a aparecer uma expressão pertinente aos temas que estudamos neste capítulo: "novo desenvolvimentismo". Durante a campanha presidencial de 2010, o conceito foi bastante comentado, especialmente por parte daqueles que identificavam a candidata Dilma Roussef (mais tarde eleita) como uma representante dessa que seria uma nova corrente do pensamento econômico.

Individualmente ou em duplas, empreenda uma pesquisa a respeito tendo como base as questões a seguir. Depois, comente os resultados com os colegas e o professor.

1. Quais são suas origens e em que consiste o novo desenvolvimentismo?
2. O novo desenvolvimentismo pode, mesmo, ser considerado uma nova abordagem à política econômica? Nesse caso, no que ele diferiria do "antigo" desenvolvimentismo? E quais seriam as correntes, na contemporaneidade, que poderiam ser consideradas antagônicas a esse novo desenvolvimentismo?

NA ACADEMIA

- Ao longo deste capítulo, mencionamos o nome de algumas personalidades públicas que tiveram papel fundamental nas mudanças econômicas, políticas e sociais ocorridas entre 1930 e 1964. Agora, junto com os colegas, você vai organizar um *Dicionário Biográfico da Industrialização Brasileira*, que conterá pequenos verbetes sobre os mais importantes economistas e políticos da época.

- No campo da economia, algumas sugestões de verbetes são: Roberto Simonsen, Eugênio Gudin, Celso Furtado, Roberto Campos, Otávio Gouveia de Bulhões e San Tiago Dantas. Não se esqueçam de incluir a data de nascimento e morte de cada biografado, bem como um breve retrospecto de sua atuação na vida pública e um comentário sobre seus posicionamentos dentro da filosofia econômica ou política. No fim do verbete, mencionem as fontes consultadas de acordo com o padrão acadêmico.
- O *Dicionário Biográfico* pode ficar disponível on-line e tornar-se, assim, uma boa referência para todos os interessados nesse importante período da nossa História.

Pontos importantes

- O "crescimento para dentro" verificado no Brasil a partir de 1930 foi determinado, acima de tudo, pela grave crise cambial que se seguiu à quebra da bolsa de Nova Iorque, em 1929. Sem acesso ao crédito externo, o país teve de restringir as importações, o que favoreceu a indústria nacional de bens de consumo, sobretudo a de São Paulo, que já tinha formado um parque industrial durante a Primeira Grande Guerra.
- O processo de substituição de importações (PSI) nasce sempre de um estrangulamento externo (escassez de divisas, por exemplo), que leva o governo a restringir as importações, o que incentiva o capital nacional a migrar para os setores substituidores de importações, o que, por sua vez, aumenta a renda nacional e a demanda agregada, e isso, por fim, leva à necessidade de mais importações (dessa vez, de insumos industriais e bens de capital). Por esse caráter cíclico, o PSI normalmente se desenvolve em etapas (primeiro bens duráveis, depois não duráveis, depois bens intermediários e, por último, bens de capital). No Brasil, foi isso que ocorreu, mas o processo não foi perfeitamente linear, tendo havido, desde o início, algumas iniciativas para desenvolver a indústria de base.
- O Estado varguista atuou como regulador da economia criando diversos órgãos voltados a aumentar o controle estatal sobre a planificação e a coordenação das atividades econômicas; e, também, por meio de uma legislação trabalhista e sindical que permitia ao Estado intervir fortemente no mercado de trabalho. Como empreendedor, o Estado varguista teve papel importante na troca da indústria leve pela pesada, ao executar ações diretas como a criação da Companhia Siderúrgica Nacional e da Companhia Vale do Rio Doce, entre outras.

- Do ponto de vista econômico, a gestão Dutra e o segundo governo de Vargas ficaram marcados por sucessivos desequilíbrios na balança de pagamentos, que levaram ao aumento do endividamento externo para cobrir os déficits. Também foram importantes a Instrução 70 e a Instrução 113 da Sumoc que, indiretamente, beneficiaram o crescimento industrial, o qual manteve índices bem razoáveis ao longo de todo o período. No fim do governo Vargas, destaca-se a criação do BNDE.
- O Plano de Metas, encetado durante os anos JK, diferia das políticas anteriores de industrialização por substituição de importações basicamente por três aspectos: um nível inédito de sistematização e institucionalização; a adoção de uma política cambial consistente e deliberadamente pensada para proteger a indústria nacional; e, por fim, o foco não apenas nos pontos de estrangulamento da economia, mas também nos pontos de germinação.
- O Plano de Metas alcançou suas finalidades: de 1956 a 1960, o PIB brasileiro experimentou uma taxa média de crescimento de 8,1% ao ano, e, em 1961, uma boa parte das metas havia sido atingida. Contudo, para resolver seus problemas de financiamento, o plano adotou medidas que deixaram como saldo um aumento expressivo no endividamento externo (especialmente de curto prazo), no déficit público e na inflação.
- Do ponto de vista econômico, o governo de João Goulart caracterizou-se por duas tentativas de promover a estabilização monetária e fiscal, a primeira no início da fase parlamentarista, e a segunda no início da fase presidencialista. Ambas, porém, fracassaram estrondosamente, já que o governo acabou cedendo às pressões de variados setores e afrouxando os controles. Às vésperas do golpe de 1964, a inflação estava fora do controle e o ritmo de crescimento despencara.

Referências

ABREU, Marcelo de Paiva. Os *funding loans* brasileiros – 1898-1931. *Pesquisa e Planejamento Econômico*, v. 32, n. 3, p. 515-540, dez. 2002.

_____. *Brasil, 1824-1957*: bom ou mau pagador? Rio de Janeiro: Pontifícia Universidade Católica – Departamento de Economia, 1999 (Texto para discussão, n. 403).

CANO, Wilson. *Desequilíbrios regionais e concentração industrial no Brasil, 1930-1970*. 3. ed. São Paulo: Ed. Unesp, 2007.

D'ARAUJO, Maria Celina. Comissão Mista Brasil-Estados Unidos, s/d. Disponível em: <http://cpdoc.fgv.br/producao/dossies/AEraVargas2>. Acesso em: 7 fev. 2011.

DIAS, José Luciano Mattos (Org.) O BNDES e o Plano de Metas, s/d. Disponível em: <www.bndes.gov.br>. Acesso em: 7 jan. 2011.

FONSECA, Pedro Cezar Dutra; MONTEIRO, Sérgio Marley Modesto. Credibilidade e populismo no Brasil: a política econômica dos governos Vargas e Goulart. *Anais da III Jornada de História Econômica*. Montevidéu, CD-Rom, 2003.

GREMAUD, Amaury Patrick; VASCONCELLOS, Marco Antonio S. de; TONETO JÚNIOR, Rudinei. *Economia brasileira contemporânea*. 7. ed. São Paulo: Atlas, 2009.

LEOPOLDI, Maria Antonieta P. A economia política do primeiro governo Vargas (1930-1945): a política econômica em tempos de turbulência. In: FERREIRA, Jorge; DELGADO, Lucilia de Almeida Neves. *O tempo do nacional-estatismo*: do início da década de 1930 ao apogeu do Estado Novo. 2. ed. Rio de Janeiro: Civilização Brasileira, 2007. (O Brasil republicano, v. 2.)

VERSIANI, Flávio R.; SUZIGAN, Wilson. O processo brasileiro de industrialização: uma visão geral. Congresso Internacional de História Econômica, 10, Louvain, ago. 1990. Disponível em: <http://vsites.unb.br/face/eco/textos/industrializacao.pdf>. Acesso em: 7 fev. 2011.

Capítulo 10

O MILAGRE ECONÔMICO

Neste capítulo, abordaremos as seguintes questões:
- O que foi o PAEG, quais suas principais medidas e quais resultados elas trouxeram?
- Quais fatores internos e externos mais contribuíram para o chamado "milagre econômico" brasileiro?
- Qual a relação entre os planos desenvolvimentistas posteriores ao AI-5 (Programa de Metas e Bases de Ação e I PND) e a situação política vivida no país?

Introdução

Neste capítulo cobriremos o decênio que vai da deposição do presidente João Goulart por uma junta militar, em 31 de março de 1964, até o fim do mandato do general Emílio Garrastazu Médici, em 15 de março de 1974. Nesse intervalo, o Brasil teve três presidentes: o marechal Humberto de Alencar Castelo Branco (1964-1967), o marechal Artur da Costa e Silva (1967-1969) e o próprio Médici (1969-1974).

Foi também durante esse período, especificamente entre 1968 e 1973, que o país vivenciou o "milagre econômico" — assim chamado por combinar altíssimas taxas de crescimento com taxas de inflação relativamente baixas. Os historiadores econômicos costumam atribuir a ocorrência do "milagre" a fatores tanto internos quanto externos. Os do primeiro grupo devem ser buscados no plano de estabilização monetária e nas reformas institucionais levadas a cabo durante o governo de Castelo Branco — temas que abordaremos na primeira seção do capítulo. Também figuram entre as causas internas a política fiscal e monetária expansionista de Costa e Silva e Médici — das quais trataremos na segunda e última seção. Ainda nessa última seção, falaremos dos fatores externos que contribuíram para o "milagre".

Para melhor avaliar o êxito do PAEG, é importante lembrar uma discussão muito em voga nas décadas de 1960 e 1970: a inflação deveria ser combatida com um tratamento de choque, que eliminasse de uma vez só suas causas, ainda que à custa de uma séria recessão, ou com uma solução gradualista, na qual se conviveria com a inflação durante certo período até que ela fosse rebaixada para níveis civilizados? Esse dilema foi abordado em um conhecido livro de Mário Henrique Simonsen, intitulado Inflação: gradualismo x tratamento de choque *(1970), no qual o professor defendia a solução gradualista. Essa foi, também, a escolha do regime militar, traduzida tanto nas políticas do PAEG quanto nas do PED e dos dois PND, sobre os quais falaremos adiante. Nos anos 1980, com a inflação já fora de controle, a discussão voltaria à tona — mas dessa vez os elaboradores do Plano Cruzado, o primeiro grande plano de combate à inflação após o PAEG, preferiram apostar na solução oposta, o tratamento de choque, conforme veremos no último capítulo deste livro.*

Castelo Branco: estabilização e reformas

Conforme vimos no capítulo anterior, o ano de 1963 registrou uma inflação de 79,9%, a maior da história até então. Não é de surpreender, portanto, que a primeira preocupação dos militares tenha sido planejar um conjunto de medidas anti-inflacionárias. A tarefa ficou a cargo dos economistas Otávio Gouveia de Bulhões, nomeado ministro da Fazenda ainda pela junta militar interina, e Roberto Campos, que se tornou ministro extraordinário para o Planejamento e Coordenação Econômica após a posse de Castelo Branco.

O plano desenvolvido por Bulhões e Campos ganhou o nome de *Plano de Ação Econômica do Governo (PAEG)* e é considerado o segundo mais bem-sucedido plano de combate à inflação na história brasileira, perdendo apenas para o Plano Real. Com efeito, o PAEG foi capaz de baixar a inflação de um nível de 80% a 100% entre 1963 e 1964 para 34,5% em 1965 e 38,8% em 1966 e, depois, para um patamar estável, em torno de 20%, entre 1967 e 1973.

A receita do êxito do PAEG tinha três ingredientes, que detalharemos a seguir: correção monetária, arrocho salarial e reforma institucional.

Correção monetária

Coloque-se no lugar de um empresário do ramo da construção no último ano do governo João Goulart. Você planeja construir um edifício e vender os apartamentos por meio de financiamento. Ocorre, porém, que vigora uma lei no país — a *Lei da Usura* — segundo a qual ninguém pode cobrar taxas de juros superiores a 12% ao ano. Lembrando que a inflação ronda os 80% anuais, você se sentiria estimulado a vender apartamentos financiados dessa maneira?

Provavelmente não. Os empresários dessa época também não, o que resultava em uma crônica paralisia na construção civil, com altos índices de desemprego entre os trabalhadores do setor, muitos deles provenientes das grandes levas migratórias ocorridas nos anos anteriores.

Da mesma maneira, pouca gente se sentia animada a comprar os títulos públicos brasileiros, visto que estes também só podiam render 12% ao ano. Assim, sem poder usar a dívida mobiliária para financiar seu déficit, o governo era obrigado a emitir moeda — o que realimentava a fogueira da inflação, de acordo com os mecanismos que estudamos no Capítulo 3.

A solução encontrada por Bulhões e Campos para matar esses dois coelhos de uma cajadada só foi introduzir um mecanismo hoje corriqueiro no nosso vocabulário: a *correção monetária*. Assim, tornou-se possível acrescentar à taxa oficial de juros uma correção, que refletia a inflação do período anterior.

Na verdade, a correção monetária até existia antes, mas seu uso era bastante restrito (SIMONSEN, 1975). Foi apenas a partir do PAEG que, por meio de uma série de normas legais, a correção monetária foi oficialmente introduzida nos contratos imobiliários, no cálculo dos tributos e nos títulos públicos.

Os principais benefícios resultantes dessa medida foram:
1. **Aumento nas receitas derivadas** — até 1964, as receitas públicas oriundas da arrecadação de tributos eram corroídas pelo efeito Olivera-Tanzi — que, conforme estudamos no Capítulo 3, surge quando coexistem dois fatores: a) defasagem temporal entre fato gerador e arrecadação; e b) inflação. A partir do momento em que o cálculo dos tributos incorporou a correção monetária, o problema acabou, e a tributação ganhou peso na matriz de receitas públicas.
2. **Financiamento não inflacionário do déficit público** — a Lei nº 4.357, de 1964, que criou as *Obrigações Reajustáveis do Tesouro Nacional (ORTNs)*, finalmente tornou os títulos públicos uma opção atraente de investimento. Para estimular ainda mais a procura, o governo estabeleceu certas facilidades, como a possibilidade de pagar tributos federais com ORTNs. O resultado é que, se em 1964 o déficit era totalmente financiado pela emissão de moeda, em 1965 já se percebia uma inversão de tendência (55,5% de financiamento via dívida mobiliária) e, em 1966, a transição já fora totalmente completada, com 100% do déficit financiado junto ao público (CYSNE, 1986).

3. **Revitalização do mercado imobiliário** — a introdução da correção monetária nos contratos imobiliários, juntamente com a criação do Banco Nacional da Habitação (BNH), que comentaremos a seguir, tirou a construção civil do marasmo, amenizando o desemprego entre os trabalhadores não qualificados.
4. **Elevação da poupança interna** — a mesma lei que criou o BNH estendeu a correção monetária às cadernetas de poupança, até então pouco atraentes, porque tinham seus rendimentos corroídos pela inflação. Isso resultou num aumento exponencial da captação, especialmente na década de 1970 (BARBOSA, 1992). Some-se a isso a criação dos fundos de "poupança forçada" (FGTS e Pis/Pasep) em 1966 e 1970 e o *boom* dos fundos de pensão no início da década de 1970, entre outros fatos, e assim teremos um aumento da poupança interna de 17,5% do PIB em 1959 para 21% do PIB em 1973, um dos maiores índices na História do país (BAER, 2003).
5. **Reaparelhamento dos serviços públicos** — as concessionárias de luz, água, telecomunicações e outros serviços públicos estavam descapitalizadas após vários anos de instabilidade e inflação. Com a aplicação da correção monetária também às tarifas públicas, elas recuperaram sua capacidade de investir e modernizaram-se. De deficitárias, passaram a superavitárias, de maneira que, no início da década de 1970, já eram quase totalmente autofinanciadas (BAER, 2003). O "poder de fogo" proporcionado por essa capitalização também contribuiu para intensificar a estatização no fornecimento de serviços públicos, quebrada apenas nos anos 1990, durante a gestão de Fernando Collor e Fernando Henrique Cardoso, conforme vimos no Capítulo 1.

Apesar de seus excelentes efeitos iniciais, a correção monetária iria se revelar um "ovo de serpente" — nas palavras de Eustáquio Reis, economista do Ipea (ALMEIDA, 2009) —, pois ajudou a engendrar um gigantesco processo de indexação na economia, que mais tarde tornaria dificílimo o combate à inflação. Nos próximos capítulos, veremos como essa serpente rompeu a casca e se transformou em um verdadeiro "dragão".

Arrocho salarial

Reajustar tributos, tarifas, títulos públicos e dívidas contratuais pela correção monetária permitia recompor as finanças do poder público e das empresas. Mas, se esses mesmos agentes tivessem de pagar a seus funcionários reajustes salariais iguais ou superiores à correção, a melhora nas receitas sairia toda pelo ralo das despesas. Além disso, com mais dinheiro no bolso os funcionários públicos e privados gastariam mais, o que realimentaria a inflação.

A engenhosa solução encontrada pelos criadores do PAEG foi o *arrocho salarial*: um mecanismo segundo o qual, enquanto o reajuste das dívidas e contratos refletiria *toda* a inflação passada (por meio da correção monetária), o reajuste dos salários refletiria apenas parte dela, pois eles seriam reajustados pelo salário real *médio* dos últimos 24 meses (e não pelo salário real do último mês). É certo que esse valor receberia dois acréscimos: primeiro, uma taxa correspondente ao "aumento da produtividade nacional" (calculada pelo Conselho Nacional de Economia) e, segundo, um "resíduo inflacionário", equivalente à metade da inflação prevista para o ano seguinte. Ainda assim, como não é difícil imaginar, no fim das contas o reajuste dos salários era inferior ao reajuste dos outros preços da economia.

Também não é difícil deduzir que a nova medida não agradou nem um pouco os assalariados. Mas, como desde junho de 1964 vigorava a nova Lei de Greve (veja boxe), o jeito era sofrer calado. O sociólogo Evaldo Vieira (2000) registra que o número de greves no país caiu de 302 em 1963 para 25 em 1965 e apenas 15 em 1966.

E foi desse modo que, durante um longo período da História brasileira, as negociações entre sindicatos e empregadores limitaram-se a discutir questões como férias, transporte, condições de trabalho e índices de produtividade, já que o reajuste dos salários era decidido pelo *Conselho Nacional de Política Salarial (CNPS)*. Ao mesmo tempo, delineava-se um modelo de crescimento altamente concentrador de renda, com o achatamento progressivo do salário real, conforme verificaremos no "Estudo de caso" ao fim do capítulo.

Reforma institucional

É importante frisar que o PAEG não era apenas um plano de combate à inflação; Bulhões e Campos pretendiam criar as condições institucionais para a retomada do crescimento após a estabilização monetária. Nesse sentido, várias das medidas propostas por eles contribuíram, de fato, para um importante aperfeiçoamento da estrutura financeira e produtiva do país, processo que seria aprofundado ao longo de todo o governo de Castelo Branco. Entre as principais alterações da época, destacam-se:

a) A **reforma bancária** (Lei nº 4.595/64), que criou o Banco Central do Brasil e o Conselho Monetário Nacional, unificando as funções de autoridade monetária no país, conforme vimos no "Estudo de caso" do Capítulo 7.

b) A promulgação da primeira **Lei de Mercado de Capitais** (Lei nº 4.728/65), que disciplinou o mercado de títulos e valores mobiliários, com a intenção de aumentar a capacidade de capitalização do setor privado.

Uma das primeiras medidas repressivas tomadas pelo regime militar foi a promulgação da Lei de Greve (Lei nº 4.330), em 1º de junho de 1964. Além de proibir as greves de funcionários públicos, ela tornava ilegais as paralisações da iniciativa privada que tivessem sido deflagradas por "motivos políticos". Como os militares atribuíam fundo político a quase todas as greves, na prática as do setor privado também ficaram proibidas.

Na verdade, o Conselho Nacional de Política Salarial (CNPS) fora criado em 1963, ainda no governo João Goulart, numa tentativa (mal-sucedida na época) de controlar os reajustes salariais nas estatais e nas concessionárias de serviços públicos. Já no governo militar, a Lei nº 4.725/65 estendeu os poderes do CNPS à iniciativa privada e inaugurou, assim, um período de intensa utilização da política de rendas como instrumento de política econômica. Damos o nome de política de rendas ao conjunto de medidas tomado pelo poder público para interferir nas rendas da economia. Isso pode ser feito por meio de controles de preços (que controlam a renda das empresas), de salários (controlam a renda do trabalhador) e por meio de transferências de renda (programas como o Bolsa Família), entre outros mecanismos. No Brasil, a política de rendas seria abandonada quase por completo nos anos 1990.

c) A criação do **Sistema Financeiro de Habitação (SFH)** e do **Banco Nacional de Habitação (BNH)** (Lei nº 4.380/64), que ficaria responsável pelo financiamento de projetos habitacionais privados e públicos (estes últimos realizados principalmente pelas Companhias de Habitação Popular — Cohabs). As formas de financiamento previstas nesse primeiro momento eram as cadernetas de poupança e as letras imobiliárias.

d) A criação do **Fundo de Garantia do Tempo de Serviço — FGTS** (Lei nº 5.107/66), uma "poupança forçada" concebida para compensar o fim da estabilidade no emprego (antes disso, o funcionário com mais de dez anos no serviço não podia ser demitido). O FGTS entrou, também, como uma nova e polpuda fonte de recursos para o SFH.

e) A promulgação do **Código Tributário Nacional** (Lei nº 5.172/66), que substituiu alguns impostos em cascata por impostos de valor adicionado, como o IPI e o ICM. Além disso, o novo código centralizou, nas mãos da União, o poder de tributar e de decidir como a arrecadação seria aplicada. Com esse arranjo, estados e municípios tornaram-se política e financeiramente dependentes do governo central, o que facilitava o controle da oposição e, também, propiciava sobras de caixa para investir nas grandes empresas estatais, já que a maioria delas estava ligada à União.

f) A concretização da **Zona Franca de Manaus** (Decreto-Lei nº 288/67), que havia sido idealizada dez anos antes como uma maneira de integrar aquela região economicamente estagnada ao processo nacional de industrialização.

g) A **reforma na Lei de Remessa de Lucros**, ou seja, na Lei nº 4.131/62, que fora promulgada ainda no governo João Goulart e, por fazer parte de seu projeto nacionalista, limitava a remessa de lucros das multinacionais a seus países de origem. Confirmando a mudança de rumos na política externa, que agora abria as portas ao investidor estrangeiro, a lei dos militares (Lei nº 4.390/64) acabava com as restrições e, na prática, garantia ao capital externo o mesmo tratamento dado ao nacional.

A reforma na Lei de Remessa de Lucros serviu, também, para viabilizar a compra das dez empresas de energia elétrica controladas pela American and Foreign Power Company (Amforp) no Brasil. Essa operação vinha sendo negociada por Roberto Campos desde o governo de João Goulart, mas era duramente criticada pelos setores nacionalistas, que julgavam exorbitante o preço cobrado pelos norte-americanos. O empresário José Ermírio de Moraes (fundador do Grupo Votorantim) chegou a dizer pessoalmente a Castelo Branco que o Brasil estava pagando uma fortuna por um "ferro velho" (MARCOVITCH, 2005, p. 257). Na ótica dos opositores de Castelo Branco, a compra da Amforp figurou como um primeiro e simbólico ato do "entreguismo" de seu governo, que teria servido, também, como uma demonstração de boa vontade para com os capitalistas estrangeiros, a fim de atrair seus empréstimos e investimentos.

Ainda no campo das relações internacionais, destaca-se no governo de Castelo Branco a negociação da dívida externa, que foi reescalonada para um período de cinco anos, com dois anos de carência. Esse fato, somado à recuada da inflação, contribuiu para que o próximo presidente ditatorial, Costa e Silva, recebesse um quadro econômico relativamente sob controle.

No que tocava ao crescimento econômico, porém, os números ainda eram bem modestos. Como vimos no capítulo anterior, no último ano do governo de João Goulart o PIB havia experimentado um crescimento pífio, de 0,6% (bem inferior à taxa de crescimento da população, que alcançava uma média de 2,9% ao ano). Em 1964, o PIB cresceu 3,4%; em 1965, apenas 2,4%; em 1966 houve uma recuperação (6,7%), mas a taxa ainda era pequena se comparada à dos anos JK.

Completando o quadro recessivo, a restrição no crédito havia provocado uma onda de falências pelo país, ao mesmo tempo que o arrocho salarial – que fizera o salário mínimo perder um quinto de seu poder aquisitivo de 1964 a 1967 (SIMONSEN, 1985) – causava agitação nos sindicatos, não obstante os mecanismos de repressão. Assim, ao ser nomeado ministro da Fazenda pelo recém-empossado presidente Costa e Silva, o economista Delfim Netto recebeu a missão de perseguir dois objetivos nem sempre fáceis de conciliar: combate à inflação e crescimento econômico.

Costa e Silva e Médici: o "milagre econômico"

As propostas de Delfim Netto e do novo ministro do Planejamento, Hélio Beltrão, foram consubstanciadas no *Plano Estratégico de Desenvolvimento (PED)*, apresentado em julho de 1967 com vistas à aplicação no biênio de 1968-1970. O período de execução do PED ainda não estava terminado, quando, em agosto de 1969, Costa e Silva sofreu um derrame e foi afastado da presidência, vindo a falecer poucos meses depois. Assumiu em seu lugar uma junta provisória, que editou o *Programa de Metas e Bases de Ação*. Em outubro do mesmo ano, o general Emílio Garrastazu Médici tomou posse como presidente e retomou o programa da junta, lançando assim o *Primeiro Plano Nacional de Desenvolvimento – I PND*.

Nos tópicos a seguir, reveremos brevemente os principais momentos dessa trajetória: primeiro, o período de expansão fiscal e monetária do governo Costa e Silva, que deu início ao *boom* do milagre; depois, o período de 1970-1974, em que o governo Médici abraça o projeto do "Brasil grande potência" como uma resposta às tensões sociopolíticas que convulsionavam o país.

> *O conjunto de planos formado pelo PED, pelo Programa de Metas e Bases de Ação, pelo I PND e, mais tarde, pelo II PND (que abordaremos no próximo capítulo), marca o apogeu no Brasil do chamado* dirigismo estatal, *isto é, uma linha de pensamento segundo a qual era possível, e mesmo desejável, a ação do Estado no sentido de planificar centralmente as atividades econômicas do país. Um importante defensor desse ideário foi o economista João Paulo dos Reis Velloso, que ocupou o Ministério do Planejamento nas gestões Médici e Geisel (1969-1979), ocasiões em que coordenou pessoalmente o Programa de Metas e Bases e os dois PND.*

Expansão fiscal e monetária: o início do *boom*

Elaborado por Otávio Bulhões e Roberto Campos, dois economistas de perfil claramente monetarista, o PAEG não surpreendentemente focalizava a inflação de demanda; por isso, impunha a contenção do déficit público, a contração da moeda e do crédito e a compressão salarial. Ao assumir a pasta da Fazenda, Delfim Netto argumentou que as taxas de inflação relativamente altas que persistiam em 1967 não podiam mais ser atribuídas ao lado da demanda, uma vez que o déficit público havia sido significativamente reduzido (caíra de 4,2% do PIB em 1963 para 1,1% em 1966), os salários já estavam devidamente "arrochados", e as empresas, à beira da falência por falta de crédito.

> Reveja no Capítulo 3 os conceitos de inflação de demanda e inflação de custos, bem como a interpretação monetarista da inflação.

A causa da inflação deveria ser buscada, então, no lado dos custos: segundo Delfim e sua equipe, o culpado pela inflação remanescente era o alto custo do crédito, que as empresas repassavam aos produtos finais. Logo, a solução estaria em "abrir a torneira" dos empréstimos nos bancos públicos e, ao mesmo tempo, forçar os bancos privados a abrir sua torneira também, baixando a taxa de juros. As duas medidas de fato foram tomadas, e o resultado foi um impressionante aumento na oferta de crédito: em termos reais, o crédito bancário ao setor privado cresceu 28,5% em 1967 e 29,9% em 1968, conforme registra o professor José Pedro Macarini (2000), da Unicamp.

Toda essa fartura creditícia também tinha o propósito, é claro, de estimular o crescimento. Para intensificar tal efeito, o governo Costa e Silva lançou mão da política monetária, abandonando o contracionismo do PAEG e voltando a injetar dinheiro na economia: em 1967, a oferta de moeda se expandiu em 17,6%, e em 1968, em 14,6% (*idem, ibidem*). A expansão monetária coincidiu, ainda, com o abandono da política de financiar o déficit público por meio da emissão de títulos – "já em 1967 as emissões de ORTN cobriram menos da metade do déficit e em 1968 tão somente 14%, objetivando, dessa forma, diminuir a pressão sobre o setor privado", completa Macarini (2000, p. 9).

Essas medidas de expansão no crédito e na moeda poderiam ter, evidentemente, efeito inflacionário. Para evitá-lo, Delfim e sua equipe adotaram uma solução heterodoxa: o *controle de preços*, instituído oficialmente em 1968, pelo estabelecimento da *Comissão Interministerial de Preços – CIP* (Decreto-Lei nº 63.196/68). Esse era mais um passo rumo à aplicação plena da política de rendas, que, como dissemos, se caracteriza por uma grande interferência estatal na regulação da economia.

O ano de 1968, o primeiro de plena implementação do PED, foi marcado por um crescimento expressivo, superando, em muito, a meta inicial do próprio plano, que era de 6%. De fato, a indústria experimentou um crescimento de nada menos que 14% naquele ano, com destaque para o recorde no setor automobilístico (mais de 270 mil unidades produzidas, contra 225 mil em 1967), o crescimento de 16% na siderurgia e o *boom* na construção civil, que levou até mesmo à escassez de cimento no mercado (MACARINI, 2000). Como um todo, a produção cresceu 9,8% em 1968, índice que não se via desde 1959, no auge do Plano de Metas.

No setor externo as notícias também eram boas: embora o modelo exportador (do qual trataremos no próximo tópico) ainda não tivesse se tornado peça-chave da política econômica, as exportações começaram a subir. Ao mesmo tempo, as reservas internacionais atingiram a meta de aumento, que era de 100 milhões de dólares. Na prática, o milagre já havia se iniciado — ainda que não houvesse uma percepção nítida disso, nem entre a população, nem entre os próprios militares.

No âmbito político e social, contudo, o ano de 1968 fora marcado por graves tensões, das quais merecem destaque: o assassinato do estudante Edson Luís pela polícia carioca, em março; a Passeata dos Cem Mil, em junho; e a prisão de centenas de pessoas no congresso clandestino da União Nacional dos Estudantes (UNE), em Ibiúna, em outubro. No início de setembro, o deputado oposicionista Márcio Moreira Alves havia feito dois veementes discursos na Câmara, o primeiro denunciando a tortura nas Forças Armadas, e o segundo propondo um boicote aos festejos da Independência no dia 7. Os discursos servem de pretexto para a edição, em 13 de dezembro de 1968, do *Ato Institucional nº 5*, que fecha o Congresso, suspende direitos constitucionais e dá início à fase mais repressiva do regime militar.

O ano de 1969 traria novas tensões, como a cassação de mais de 40 deputados logo em janeiro, a cinematográfica fuga de Carlos Lamarca do quartel de Quintaúna, no mesmo mês, e o sequestro do embaixador norte-americano pelo MR-8, em setembro. Mesmo no seio das Forças Armadas o clima era de discórdia: certos membros da cúpula militar, como o general Albuquerque Lima, ministro do Interior em 1967-1968, consideravam acanhadas as ambições da política econômica de Delfim. De acordo com Macarini (2005, p. 58), o discurso de Albuquerque Lima "se caracterizou por associar enfaticamente a Revolução de 1964 à tarefa de realizar 'grandes reformas e transformações sociais', vistas como passagem obrigatória para o pleno desenvolvimento da Nação".

Médici, que fora escolhido pelo colégio eleitoral em detrimento justamente de Albuquerque Lima, acabou adotando o mesmo discurso, a fim de acalmar suas próprias bases e, ao mesmo tempo, tentar convencer a sociedade civil de que o país estava em boas mãos — e, por isso, a prisão e tortura de alguns "baderneiros" não deveria preocupar os "cidadãos de bem". A promessa de um crescimento espetacular surge, assim, como instrumento de legitimação para uma ditadura que se tornava cada vez mais feroz. A maior expressão dessa fase será a ambiciosa política econômica desenvolvida a partir de 1970, de que falaremos no próximo tópico.

Modelo extrovertido e endividamento externo: o "Brasil grande potência"

Divulgado em 1970, o Programa de Metas e Bases deixava claro que os militares haviam abraçado o ideário do "Brasil grande potência", segundo o qual o país deveria alcançar o *status* de "nação desenvolvida" até o fim do século XX. As metas do programa, incorporadas pelo I PND, eram, de fato, grandiosas, como descreve Roberto Campos (1976):

a) taxa de crescimento entre 7% e 9% ao ano, em termos reais, evoluindo para 10% ao fim do período;
b) a expansão crescente do emprego, da ordem de 2,8% a 3,3% até 1973;
c) inflação decrescente, em nível não superior a 10% em 1973;
d) elevação do investimento, da média de 15% a 16%, para mais de 18% até 1975.

Exceto no que toca à queda da inflação, todas as outras metas foram razoavelmente cumpridas, como observamos no Quadro 10.1, que retrata os principais indicadores macroeconômicos do período.

O êxito da política econômica na época do "milagre" deve-se, como já dito, a uma conjunção favorável de fatores internos e externos. Os principais fatores internos já foram vistos neste capítulo: as conquistas do PAEG, no que diz respeito à estabilização econômica, à elevação da poupança interna e à criação de um arcabouço institucional propício ao crescimento; e a expansão fiscal e monetária durante os anos de aplicação do PED, que deram um primeiro impulso ao crescimento.

Com relação aos fatores externos, o projeto dos militares recebeu duas ajudas essenciais. A primeira foi o excelente momento que atravessava a economia mundial, com os países desenvolvidos crescendo a uma média de 5% ou 6% ao ano – taxa bastante alta para economias já maduras. Ainda no início do governo Médici, Delfim Netto, que continuava à frente da equipe econômica, propôs uma mudança de rumo que serviria como uma luva para aproveitar esse momento externo positivo: em vez de apostar todas as fichas na substituição de importações (que a essa altura já dava mostras de esgotamento por insuficiência do mercado interno), o país deveria voltar suas forças para as exportações, em especial de produtos agrícolas.

Quadro 10.1 Principais indicadores macroeconômicos no período do "milagre".

Ano	Crescimento do PIB (%)	Inflação (IGP-DI)	Taxa de investimento (FBCF/PIB)	Exportações (US$ bilhões)	Importações (US$ bilhões)	Dívida externa bruta (US$ bilhões)
1968	9,8	25,5	18,7	1,8	1,8	4,0
1969	9,5	19,3	19,1	2,3	1,9	4,6
1970	10,4	19,3	18,8	2,7	2,5	6,2
1971	11,3	19,5	19,9	2,9	3,2	8,2
1972	11,9	15,7	20,3	3,9	4,2	11,4
1973	14,0	15,5	20,4	6,1	6,1	14,8
1974	8,2	34,5	21,8	7,9	12,6	20,0

Fontes: IBGE (s/d); BCB (s/d); SILVA, CARVALHO, MEDEIROS (2009).

Para sustentar esse *modelo extrovertido*, com ênfase na agroexportação, o governo lançou mão de duas estratégias principais:

a) primeiro, um amplo sistema de **créditos e subsídios ao setor agrícola**, centrados principalmente na aquisição de maquinaria; afinal, o objetivo era elevar a produtividade por hectare, e não simplesmente ampliar a área plantada, como ocorrera no passado;

b) segundo, uma política cambial marcada por **minidesvalorizações do cruzeiro** (regime de *crawling peg*). Em vez das maxidesvalorizações do passado, que pegavam exportadores e importadores de surpresa ao compensar, de uma vez só, a inflação interna diante da inflação mundial, as minidesvalorizações compensavam a inflação interna aos poucos, criando um ambiente mais seguro e estável para os acordos comerciais.

É importante frisar, porém, que a política econômica desse período não privilegiava unicamente a agricultura. Pelo contrário: o objetivo era promover um *desenvolvimento multissetorial* (ideia já contida, aliás, no velho Plano Trienal de Celso Furtado, mencionado no capítulo anterior) no qual o setor agroexportador atuaria como um "abre-alas", ampliando a capacidade aquisitiva do mercado interno para permitir, em um segundo momento, a absorção dos bens duráveis e não duráveis produzidos pela indústria nacional. Além disso, desde o início o setor industrial também foi beneficiado por três tipos de política: a) aumento no crédito ao consumidor; b) facilidade para obter capital, inclusive com taxas de juros subsidiadas; e c) estímulo às exportações, não só por meio da política de minidesvalorizações cambiais, que favorecia o setor exportador como um todo, mas também por meio da isenção (parcial ou total) do IPI nos produtos manufaturados vendidos ao mercado externo.

> *Conforme vemos no Quadro 10.1, o aumento nas exportações à época do "milagre" se fez acompanhar de uma elevação maior ainda das importações, sendo estas impulsionadas pela redução de taxas alfandegárias na compra de maquinaria e insumos. Apesar desse desequilíbrio na balança comercial, o saldo do balanço de pagamentos foi positivo ao longo de todo o período, chegando a culminar, em 1972 e 1973, em aumentos recordes nas reservas internacionais, de aproximadamente 2,5 bilhões de dólares ao ano. Esse fluxo todo vinha dos abundantes investimentos e financiamentos estrangeiros, que entravam, literalmente, como água no país, conforme veremos adiante.*

A maior prova do desenvolvimento industrial nesse período está no crescimento das exportações de manufaturados (que aumentaram sua participação na pauta de exportações de 20% para 31%) e, por outro lado, na rápida diminuição da capacidade ociosa do setor, que baixou de 24% em 1967 para 7% em 1971 e praticamente desapareceu em 1972 (PRADO; EARP, 2007). Aliás, foi essa aproximação rápida do limite da capacidade que levou, especialmente no triênio 1972-1974, a aumentos expressivos no investimento (formação bruta de capital fixo), conforme se observa no Quadro 10.1.

Afinal, uma vez que a demanda interna e externa estava "correndo na frente" da capacidade instalada, o jeito era investir, às pressas, para ampliar tal capacidade. E de onde vinha o dinheiro para comprar e construir tantos bens de capital? Está certo que a poupança interna havia aumentado desde o início do regime militar, conforme comentado antes, mas sozinha ela não daria conta do investimento necessário. É aí que chegamos ao segundo fator exógeno que favoreceu o "milagre econômico": a abundância de crédito internacional entre fins dos anos 1960 e início dos anos 1970. Essa época ficou conhecida como a "era de ouro" dos *eurodólares* – dólares que o governo norte-americano emitia para cobrir seu saldo no balanço de pagamentos (arruinado pela Guerra do Vietnã) e iam parar nos bancos europeus, de onde saíam sem controle algum para as economias em desenvolvimento, fosse na forma de investimentos diretos (IEDs), fosse na forma de empréstimos e financiamentos.

Com efeito, o endividamento externo nessa época cresceu de maneira exponencial: o valor da dívida externa bruta quintuplicou de 1968 a 1974, como vemos no Quadro 10.1. E não era apenas o setor público que captava empréstimos para seus projetos grandiosos, como a rodovia Transamazônica e a usina nuclear de Angra 1; o setor privado também se valia do crédito fácil e não sofria restrição alguma por parte do setor público. Afinal, como registram Prado e Earp (2007, p. 227-228), "ninguém no Brasil esperava que se estivesse às vésperas de uma crise internacional de grandes proporções, nem que as taxas de juros pudessem sofrer aumento significativo".

A crise internacional de que falam os autores tem início em 1973, com o primeiro choque do petróleo, que fez o preço do barril saltar de 2,59 dólares em outubro de 1973 para 13 dólares em 1975 (FURTADO, 2000). Na verdade, esse primeiro momento da crise não chegou a paralisar a onda de crescimento brasileira: como se observa no Quadro 10.1, no próprio ano de 1973 o "milagre" chega ao seu apogeu, com 14% de crescimento do PIB e, mesmo em 1974, o ritmo forte é mantido, com 8,2% de crescimento. Contudo, a inflação sofreu um aumento de quase 20 pontos percentuais entre 1973 e 1974, em razão tanto do "choque de custos" (o aumento no preço do combustível encarecia toda a cadeia produtiva) quanto da elevação no preço das importações, das quais o país dependia intensamente para sustentar seu acelerado crescimento. O pior, contudo, ainda estava por vir: conforme veremos no próximo capítulo, a febre de endividamento iniciada no "milagre" era uma bomba-relógio que explodiria anos mais tarde, com a disparada nas taxas de juros internacionais que se seguiu ao segundo choque do petróleo, em 1979.

ESTUDO DE CASO

CRESCIMENTO PARA POUCOS

O modelo de crescimento consagrado pela ditadura militar brasileira foi um dos mais concentradores de renda na história econômica mundial. Apesar de todas as tentativas do governo de mascarar essa realidade, no início dos anos 1970 ela veio à tona e provocou duras críticas, dentro e fora do país. Tudo começou em 1971, quando o economista norte-americano Albert Fishlow desenvolveu um estudo com base na comparação entre os censos brasileiros de 1960 e 1970. Entre os dados coletados, figuravam números tão alarmantes quanto os do Quadro 10.2, que mostram a impressionante queda, durante a década, da participação dos 80% mais pobres na renda nacional, acompanhada de um proporcional aumento na participação dos 5% mais ricos.

Fishlow apresentou os resultados de seu estudo na sede do Banco Mundial, presidido na época por Robert McNamara. Em abril de 1972, durante uma reunião da United Nations Conference on Trade and Development (Unctad) no Chile, McNamara criticou publicamente a distribuição de renda no Brasil, tendo por base alguns dados do estudo de Fishlow. O fato repercutiu no país por meio de uma reportagem publicada no *Jornal do Brasil*, que logo provocou um intenso debate na sociedade, com a participação de jornalistas, parlamentares, economistas e sociólogos.

No meio acadêmico, surgiram basicamente duas explicações para a desigualdade:

- de um lado, estavam aqueles que, como o próprio Fishlow, achavam que o problema nascia da política de arrocho salarial iniciada pelo governo de Castelo Branco e continuada pelos presidentes seguintes, e, ao mesmo tempo, da repressão militar, que impedia a atuação dos sindicatos na negociação salarial;
- de outro, estavam os defensores do regime. Estes se escoravam, principalmente, em um estudo desenvolvido pelo economista Carlos Geraldo Langoni a pedido do Ministério da Fazenda. Para Langoni, a desigualdade seria fruto da rápida transição da economia agrária para a industrial, que teria aumentado a demanda por trabalhadores qualificados (que eram uma minoria) e, assim, aumentado brutalmente a participação destes na receita to-

Quadro 10.2 Participação na distribuição da renda, 1960-1970.

	1960	1970
40% mais baixos	11,2	9,0
Próximos 40%	34,3	27,8
Próximos 15%	27,0	27,0
5% mais altos	27,4	36,3
TOTAL	100,0	100,0

Fonte: BAER (2003), p. 99.

tal. Contudo, esses desequilíbrios seriam apenas temporários: com o tempo, a oferta de trabalhadores mais qualificados aumentaria e os salários tenderiam a se reequilibrar. Vem daí a famosa metáfora usada por Delfim Netto, de que era preciso primeiro esperar "o bolo crescer" para depois dividi-lo.

Fonte: ALMEIDA, Ana Maria F. O assalto à educação pelos economistas. *Tempo Social: Revista de Sociologia da USP*, v. 20, n. 1, jun. 2008. • FISHLOW, Albert. Brazilian size distribution of income. *American Economic Review*, v. 62, n. 2, p. 391-402, 1972. • LANGONI, Carlos Geraldo. *Distribuição da renda e desenvolvimento econômico do Brasil*. 3. ed. Rio de Janeiro: FGV, 2005.

1. Na atualidade, existem vários estudos empíricos que demonstram, efetivamente, a relação entre maior escolaridade e maior nível salarial. Pesquise pelo menos um estudo desse gênero e apresente os resultados à turma.

2. O argumento dos militares escondia, porém, uma falácia, na medida em que o acesso à educação não era (e continua não sendo) democrático no Brasil. Você concorda com essa afirmação? Em caso positivo, explique-a; em caso negativo, apresente seus contra-argumentos.

3. Além do arrocho salarial, também teria contribuído para a concentração de renda no regime militar a transferência de poupança dos mais pobres para os mais ricos. O que justifica essa hipótese? Para responder, leve em conta o que comentamos neste capítulo sobre a "poupança forçada" dos assalariados (FGTS e PIS/Pasep) e os créditos subsidiados concedidos pelos bancos públicos à iniciativa privada.

NA ACADEMIA

- Como os anos do milagre econômico são avaliados pelos economistas hoje? Para responder a essa pergunta, reúna-se com dois colegas e pesquise algumas entrevistas ou artigos (acadêmicos ou jornalísticos) que tragam comentários contemporâneos sobre o período. Os autores dos comentários podem ou não ter participado do processo (lembrem que vários dos economistas daquela época continuam atuantes hoje).

- Façam um resumo das opiniões levantadas e preparem uma apresentação eletrônica para o resto da classe. Quando todos os grupos tiverem exposto seu trabalho, promovam um debate, sob a coordenação do professor, a respeito dos erros e acertos do "milagre".

Pontos importantes

- O Plano de Ação Econômica do Governo (PAEG) foi um programa gradualista e ortodoxo de combate à inflação. Suas principais medidas foram: a) a introdução da correção monetária para reajustar alguns preços da economia (títulos públicos, contratos imobiliários, tarifas públicas); b) o estabelecimento da política de arrocho salarial, para manter os salários reajustados em um ritmo menor; e c) uma ampla reforma institucional, que incluiu as reformas bancária, do mercado de capitais, do sistema habitacional, do mercado de trabalho (FGTS), do sistema tributário e da Lei de Remessa de Lucros.

- Os principais fatores internos que contribuíram para o "milagre econômico" brasileiro foram: a estabilização monetária e fiscal, o arcabouço institucional favorável ao crescimento e a elevada taxa de poupança interna proporcionados pelo PAEG; e a política monetária e creditícia expansionista estabelecida pelo PED, no governo de Costa e Silva. Os principais fatores externos, por sua vez, foram o ótimo momento que vivia a economia internacional – habilmente aproveitado pela política brasileira de estímulo às exportações, sobretudo de produtos agrícolas – e a abundância de crédito no mercado financeiro mundial, graças aos chamados eurodólares (dólares depositados em bancos europeus).

- Os planos desenvolvimentistas posteriores ao AI-5 (Programa de Metas e Bases de Ação e I PND) surgem como uma tentativa do regime militar de legitimar-se no poder por meio de um crescimento econômico vigoroso e, assim, pacificar suas próprias bases e a sociedade civil em torno do projeto do "Brasil grande potência".

Referências

ALMEIDA, Cássia. Inflação e dívida externa, heranças superadas. *O Globo*, Rio de Janeiro, 16 ago. 2009.
BAER, Werner. *A economia brasileira*. 2. ed. rev. e atual. Tradução de Edite Sciulli. São Paulo: Nobel, 2003.
BARBOSA, Fernando Holanda. *A indexação dos ativos financeiros*: a experiência brasileira. Rio de Janeiro: FGV; EPGE, 1992. (Ensaios Econômicos, 194.)
BCB – Banco Central do Brasil. *Sistema gerador de séries temporais*. Disponível em: <www.bcb.gov.br>. Acesso em: 10 fev. 2011.
CAMPOS, Roberto. A experiência brasileira de planejamento. In: _____; SIMONSEN, Mário Henrique. *A nova economia brasileira*. Rio de Janeiro: José Olympio, 1976.

CYSNE, Rubens Penha. *Política macroeconômica no Brasil*: 1964/66 e 1980/84. Rio de Janeiro: FGV, 1986.

FURTADO, Milton Braga. *Síntese da economia brasileira*. 7. ed. São Paulo: LTC, 2000.

IBGE – Instituto Brasileiro de Geografia e Estatística. *Séries estatísticas e séries históricas*. Disponível em: <http://seriesestatisticas.ibge.gov.br>. Acesso em: 10 fev. 2011.

MACARINI, José Pedro. A política econômica do governo Médici: 1970-1973. *Nova Economia*, Belo Horizonte, v. 15, n. 3, p. 53-92, set.-dez. 2005.

_____. A política econômica da ditadura militar no limiar do "milagre" brasileiro: 1967/69. *Texto para Discussão*, IE/UNICAMP, n. 99, set. 2000.

MARCOVITCH, Jacques. *Pioneiros e empreendedores*: a saga do desenvolvimento no Brasil. São Paulo: Edusp, 2005.

PRADO, Luiz Carlos Delorme; EARP, Fábio Sá. O "milagre" brasileiro: crescimento acelerado, integração internacional e concentração e renda (1967-1973). In: FERREIRA, Jorge; DELGADO, Lucilia de Almeida Neves. *O tempo da ditadura*: regime militar e movimentos sociais em fins do século XX. 2. ed. Rio de Janeiro: Civilização Brasileira, 2007. (O Brasil Republicano, 4.)

SILVA, Anderson Caputo; CARVALHO, Lena de Oliveira; MEDEIROS, Otavio Ladeira de (Orgs.). Anexo estatístico. In: *Dívida pública*: a experiência brasileira. Brasília: Secretaria do Tesouro Nacional; Banco Mundial, 2009.

SIMONSEN, Mário. A inflação brasileira: lições e perspectivas. *Revista de Economia Política*, v. 5, n. 4, out./dez. 1985.

_____. Correção monetária: a experiência brasileira. *Conjuntura Econômica*, Rio de Janeiro, v. 29, 1975.

_____. *Inflação*: gradualismo x tratamento de choque. Rio de Janeiro: Apec, 1970.

VIEIRA, Evaldo. Brasil: do golpe de 1964 à redemocratização. In: MOTA, Carlos Guilherme (Org.). *Viagem incompleta. A experiência brasileira (1500-2000)*: a grande transação. 2. ed. São Paulo: Ed. Senac-SP, 2000.

Capítulo 11

A DÉCADA PERDIDA DE 1980

Neste capítulo, abordaremos as seguintes questões:
- Quais as principais fases que podemos divisar na condução da política econômica durante o governo Geisel?
- Qual relação de continuidade o II PND mantinha com o I PND? E que inovações apresentava?
- Quais teriam sido as razões dos militares para encetar um plano tão ambicioso quanto o II PND, mesmo em um cenário externo e interno adverso?
- Como se caracterizou a fase heterodoxa da gestão econômica de Delfim Netto durante o governo Figueiredo?
- Por que a gestão de Delfim guinou radicalmente rumo à ortodoxia, e quais foram os resultados disso?

Introdução

Em dezembro de 1983, na tradicional edição retrospectiva de fim de ano, a revista *Veja* publicou na capa uma charge do artista plástico paulistano Wesley Duke Lee. No alto, o número "1983"; no centro, um grande e opressivo retângulo negro. Abaixo, a legenda imitava um diálogo: "— você está vendo alguma coisa?", perguntava alguém, e a outra pessoa respondia "— nada".

O trabalho de Lee traduzia a falta de perspectivas no fim daquele ano, um dos mais trágicos da história econômica do país. Na reportagem principal, a revista resumia bem o que havia ocorrido em 1983:

> Quebrado, arrastando penosamente uma dívida externa de 95 bilhões de dólares, o país contemplou, aflito, cenários típicos de regiões conflagradas. Procissões de desempregados vagaram pelas grandes cidades à caça de empregos inexistentes, sempre colidindo com portões fechados. Saques a lojas e supermercados, outrora associados exclusivamente ao Polígono das Secas, incorporaram-se à paisagem urbana — em diferentes períodos do ano, São Paulo e Rio de Janeiro sucumbiram ao assalto dos saqueadores. A inflação atravessou o ano atropelando palpites otimistas de homens do governo, e ultrapassou o dramático patamar dos 200%. O Produto Interno Bruto acusou sua queda mais violenta desde 1908, os salários sofreram uma corrosão sem paralelo e o volume de falências e concordatas foi várias vezes multiplicado em relação aos anos anteriores. (1983, p. 54)

Neste capítulo, vamos investigar o que conduziu a tal estado um país que, apenas dez anos antes, crescia uma média de 10% ao ano e batia recordes na acumulação de reservas internacionais. Para tanto, teremos de recuar um pouco no tempo, rumo às decisões tomadas a partir de meados da década de 1970, ainda sob o efeito inebriante do "milagre econômico".

É por isso que este capítulo, embora intitulado "A década perdida de 1980", começa ainda na década anterior, no governo de Ernesto Geisel (1974-1979), onde poderemos localizar a gênese de boa parte dos problemas vividos adiante. À gestão de Geisel e ao Segundo Plano Nacional de Desenvolvimento — II PND, executado sob seu comando, dedicaremos a primeira seção do capítulo. Na segunda, examinaremos a conturbada gestão de João Batista Figueiredo, o último dos generais-presidentes.

Geisel: o fim de uma era

Em um estudo de 1997, o economista Guido Mantega (professor da FGV e ministro da Fazenda desde 2006) afirmou que os antecedentes de Ernesto Geisel forneciam algumas pistas de como poderia ser sua atuação econômica, a maioria das quais se revelariam falsas (MANTEGA, 1997). De fato, Geisel era um militar pertencente ao "grupo da Sorbonne" (veja boxe) — assim como Castelo Branco, que, conforme vimos no capítulo anterior, realizara uma gestão econômica relativamente liberal e ortodoxa. Já Costa e Silva e Médici, que pertenciam à corrente militar adversária — a "linha-dura" —, haviam adotado práticas bem mais estatizantes e expansionistas. A opção de Geisel pelo economista Mário Henrique Simonsen (assessor de Bulhões e Campos durante a implantação do PAEG) para ocupar a pasta da Fazenda parecia confirmar os novos ventos contracionistas.

A conjuntura interna e externa, aliás, estava mesmo pedindo contenção e disciplina: após o primeiro choque do petróleo, em 1973, a inflação dera um perigoso salto, passando de 15,5% para 34,5%, e a dívida externa assumira uma trajetória explosiva — em 1974, batera na casa dos 20 bilhões de dólares, equivalendo a duas vezes e meia as exportações do mesmo ano (reveja esses números no Quadro 10.1, no capítulo anterior). No âmbito externo, o quadro também era desanimador: já em fins de 1974, Estados Unidos e a maior parte da Europa mergulhavam em uma época de vacas magras, marcada por desemprego, recessão e alta taxa de juros para controlar a inflação ascendente.

> *Sorbonne é a designação popular da Universidade Paris IV, uma das mais tradicionais da Europa. No Brasil, era o apelido da Escola Superior de Guerra (ESG), um centro de altos estudos das Forças Armadas. No contexto da ditadura, o "grupo da Sorbonne" (composto de militares formados na ESG) defendeu a solução legalista, que previa o funcionamento normal do Legislativo; já os militares "linha-dura" não confiavam nos parlamentares civis e preferiam fechar o Congresso.*

Em resumo: tudo parecia pedir "austeridade e caldo de galinha", nas palavras de Mantega (1997, p. 5). Mas não foi absolutamente nada disso que se viu de março de 1974 a março de 1979, período em que a presidência da República foi ocupada pelo general Ernesto Geisel. Pelo contrário: nosso penúltimo general-presidente realizou a mais expansionista, estatizante e desenvolvimentista gestão de toda a era militar. Seu governo entraria para a história como uma era de ufanismo e megalomania, sustentada por um crescente nível de "absorção de poupança externa" — eufemismo bastante usado na época para se referir à contração de dívidas no exterior.

O aumento significativo da dívida externa pode ser confirmado no Quadro 11.1, onde encontramos esses e outros indicadores macroeconômicos da gestão Geisel.

Seria um erro, porém, imaginar que a política econômica de 1974 a 1979 se limitou a um frenesi ininterrupto de gastos e endividamento. Na verdade, uma análise mais detalhada, como a executada por Macarini (2008a), revela uma série de idas e vindas nas determinações do governo central, que ora privilegiava o combate à inflação, ora tentava reviver o acelerado crescimento dos anos do "milagre". O resultado foi uma trajetória do tipo "*stop and go*" (pare e siga), alternando um período de maior crescimento com outro de taxas mais comedidas, como se nota no Quadro 11.1.

Em linhas gerais, podemos divisar dois principais momentos na política econômica da gestão Geisel, conforme descreveremos a seguir.

De 1974 a 1976: ambições do II PND

A primeira fase da política econômica sob o governo de Geisel estende-se desde a posse, em março de 1974, até fins de 1976. Esse período ficou marcado pelo desejo de fazer jus à

Quadro 11.1 Principais indicadores macroeconômicos na gestão Geisel.

Ano	Crescimento do PIB (%)	Inflação (IGP-DI)	Taxa de investimento (FBCF/PIB)	Exportações (US$ bilhões)	Importações (US$ bilhões)	Dívida externa bruta (US$ bilhões)
1974	8,2	34,5	21,8	7,9	12,6	20,0
1975	5,2	29,4	23,3	8,6	12,2	25,1
1976	10,3	46,3	22,4	10,1	12,3	32,1
1977	4,9	38,8	21,3	12,1	12,0	37,9
1978	5	40,8	22,3	12,6	13,6	52,1
1979	6,8	77,2	23,4	15,2	18,0	55,8

Fontes: IBGE (s/d); BCB (s/d).

herança de crescimento deixada por Médici e, assim, dar continuidade ao projeto de "Brasil grande potência" – que, conforme vimos no capítulo anterior, pretendia colocar o país entre as nações plenamente industrializadas até o fim do século XX.

Nesse primeiro momento, o professor Simonsen vê seu ministério, o da Fazenda, perder poder para o do Planejamento, que continuava liderado pelo desenvolvimentista Reis Velloso (reveja o capítulo anterior). E é justamente sob a coordenação de Reis Velloso que, ainda no ano da posse, em setembro de 1974, vem à luz o ambicioso *Segundo Plano Nacional de Desenvolvimento* – II PND, que previa um vigoroso crescimento, na ordem de 10% ao ano.

O jornalista Elio Gaspari (2004, p. 48), que conduziu um minucioso estudo documental sobre a ditadura militar, registra essa primeira fase da gestão econômica no governo Geisel da seguinte maneira: "Formara-se um novo estilo de governo. Simonsen 'arrancava os cabelos' com a inflação. Reis Velloso preponderava. Depositário da ortodoxia teórica do regime, o ministro da Fazenda transformara-se num brilhante e respeitado contador. Já o seu colega do Planejamento, irrelevante no currículo, tornara-se instrumento do projeto de poder do presidente".

Segundo Macarini (2008a), em relação ao I PND, executado na gestão anterior, o II PND tinha um componente de continuidade e outro de inovação. O componente da *continuidade* consistia na manutenção:

a) da política de estímulo à agricultura e às exportações; e

b) da atitude de "portas abertas" ao capital estrangeiro, viesse ele na forma de investimentos estrangeiros diretos (IEDs), viesse na forma de empréstimos.

Já o componente *inovador* do II PND estava no tratamento prioritário dado à indústria de bens intermediários e bens de capital (máquinas e equipamentos) – um importante ponto de estrangulamento da economia, que havia pressionado a pauta de importações durante o I PND. Vale lembrar que, conforme vimos no Capítulo 9, o Brasil de modo geral seguiu uma trajetória de "industrialização por etapas", típica de países que se industrializaram pelo processo de substituição de importações (PSI). Na "primeira rodada" de industrialização, durante a Era Vargas, floresceu a indústria de bens de consumo não duráveis. No Plano de Metas de Juscelino Kubitschek, tentou-se chegar às "rodadas" seguintes, ou seja, à nacionalização da produção de bens duráveis (automóveis, eletrodomésticos) e da chamada indústria de base (bens intermediários e bens de capital). Embora o Plano de Metas tenha sido razoavelmente bem-sucedido também nesse aspecto, a recessão do início dos anos 1960 havia deixado à míngua a indústria de base, altamente dependente de financiamentos de longo prazo. Para piorar, o extraordinário avanço da indústria de bens duráveis durante o I PND (esse setor crescera 23% ao ano de 1968 a 1974) criara um novo "gargalo" nos setores mais pesados. E era justamente esse ponto que o II PND pretendia atacar.

Sob essa perspectiva, o programa de Geisel e sua equipe assemelhava-se ao Plano de Metas de JK. Outro ponto em comum era a ênfase na infraestrutura, sobretudo nos transportes e na produção de energia. Aliás, os projetos mais vistosos do II PND estavam exatamente nesses setores. No campo dos transportes, destacaram-se:

a) em 1975, o início da construção da *Ferrovia do Aço*, concebida para dinamizar o transporte de carga entre Minas, Rio e São Paulo; e

b) em 1976, o início das obras para o *Porto de Sepetiba*, em Itaguaí (RJ), e para a *Estrada de Ferro Carajás*, que ligaria a região mineradora do Pará ao Porto de Itaqui, no Maranhão.

O investimento na geração de energia, por sua vez, ganhou um caráter de urgência após a crise do petróleo. Mais do que nunca, era preciso aumentar a produção nacional do óleo e, ao mesmo tempo, diminuir a dependência dos combustíveis fósseis. Com relação ao primeiro quesito, Ernesto Geisel foi abençoado com uma maravilhosa notícia ainda no início de seu governo: em novembro de 1974 foi descoberta a *Bacia de Campos*, a maior província petrolífera do Brasil, hoje responsável por mais de 80% da produção nacional.

Para dar conta da segunda necessidade (substituir combustíveis fósseis na matriz energética), o II PND concebeu projetos grandiosos, que, embora tenham sofrido atrasos durante a execução, contribuíram para mudar a matriz energética brasileira. Como se observa no Quadro 11.2, em 1974, a lenha e o carvão vegetal, fontes de energia pouco eficientes e com uma forma de extração agressiva ao meio ambiente, respondiam por mais de um terço (37,1%) da nossa oferta interna de energia, enquanto as hidrelétricas representavam apenas 6,4%. Dez anos depois, quando os grandes projetos dos militares começavam a apresentar seus frutos, o quadro havia mudado: a participação da lenha e do carvão vegetal havia caído para 27%, e a das hidrelétricas havia subido para 11,6%. Outra fonte relativamente limpa, o álcool combustível, havia mais que dobrado sua participação, passando de 5,2% para 13%.

Quadro 11.2 Evolução da matriz energética brasileira de 1974 a 1984.

	1974	1984
Energia não renovável	**50,8**	**47,2**
Petróleo e derivados	47,2	37,7
Gás natural	0,6	2,0
Carvão mineral e derivados	3,1	6,9
Urânio e derivados	0,0	0,7
Energia renovável	**49,2**	**52,8**
Hidráulica e eletricidade	6,4	11,6
Lenha e carvão vegetal	37,1	27,0
Derivados da cana-de-açúcar	5,2	13,0
Outras renováveis	0,4	1,2
Total	**100,0**	**100,0**

Fonte: MME (s/d).

Os maiores responsáveis por esses avanços foram os seguintes projetos, todos nascidos no seio do II PND:

a) a *Usina de Itaipu Binacional*, a maior geradora de energia hidrelétrica do mundo, cujos canteiros de obras foram implantados no segundo semestre de 1974;

b) a *Usina de Tucuruí*, em plena selva amazônica, que teve suas obras iniciadas em 1975;

c) a continuação da construção da *Usina de Angra 1* (que, como vimos, foi iniciada ainda durante o governo Médici, em 1972) e a assinatura do *Acordo Nuclear Brasil-Alemanha*, que previa a construção de nada menos do que oito usinas nucleares; e

d) a criação do Programa Nacional do Álcool – *Proálcool* (Decreto nº 76.593, de 1975), que tinha como objetivo estimular, por meio de créditos subsidiados, a produção de cana-de-açúcar e sua transformação em álcool combustível.

Contudo, se o II PND lembrava o Plano de Metas no que diz respeito ao favorecimento da indústria de base e da infraestrutura, diferentemente do programa de JK o plano dos militares dava atenção também ao setor agroexportador – recuperando, como dito, um dos pontos-chave do I PND. Por tudo isso, podemos dizer que o II PND representou, em termos de sofisticação e articulação de objetivos, o ponto mais alto da planificação econômica brasileira até então. Nas palavras de Macarini (2008a, p. 17), "pode-se argumentar que o governo Geisel deu seguimen-

Você e seus colegas aprenderão mais sobre esses grandes projetos da era Geisel na seção "Na academia", ao fim do capítulo.

to ao projeto Brasil Grande Potência gestado anteriormente, conferindo-lhe um grau de consistência que até então não havia revelado".

Por outro lado, apesar dos seus inegáveis méritos, o II PND repetia os principais erros dos planos de industrialização que o precederam, desde os anos 1950: ele continuava apostando no *protecionismo frívolo*, e não no *protecionismo de aprendizagem*. Esses dois termos foram cunhados pelo economista chileno Fernando Fajnzylber (1983) para distinguir as estratégias de PSI adotadas na América Latina em geral (inclusive no Brasil) daquelas adotadas em outros países de industrialização tardia mais bem-sucedidos posteriormente, como Japão e, depois, Coreia do Sul e outras nações do Sudeste Asiático. Neste último grupo de países, que optaram pelo *protecionismo de aprendizagem*, a proteção à indústria nacional tinha um propósito bem definido: fortalecer alguns setores estratégicos, nos quais se buscava não apenas a mera nacionalização da produção, mas o desenvolvimento de tecnologia própria, igual ou superior às dos países centrais. Concomitantemente, eram feitos investimentos maciços em educação e em pesquisa e desenvolvimento. No Brasil e na América Latina, porém, as políticas protecionistas eram aplicadas a todos os setores, indiscriminadamente e independentemente de sua produtividade, em um arranjo que na verdade protegia a ineficiência — daí a denominação de *protecionismo frívolo*.

> *Pouco tempo depois de anunciado, o II PND ganhou, ainda, um reforço da política salarial: a Lei nº 6.147, de novembro de 1974, mudou o cálculo para o reajuste dos salários, amenizando um pouco o "arrocho" que havia vigorado nos dez anos anteriores. Em vez de considerar como base o salário real médio dos últimos 24 meses (reveja o capítulo anterior), passou-se a considerar o salário real médio dos últimos 12 meses. Além disso, concedeu-se um abono emergencial de 10%, que seria considerado como antecipação do próximo reajuste. Embora essa descompressão salarial não fosse positiva para o controle da inflação, era ótima para estimular a economia: afinal, com mais dinheiro no bolso, os assalariados poderiam consumir os produtos nacionais que chegariam ao mercado.*

Assim, ao fim do ciclo de industrialização — que no nosso caso se encerra com o II PND —, tínhamos, de maneira geral, uma indústria cara e pouco produtiva, que alimentava a inflação e, duas décadas depois, revelaria sua fragilidade ao ter de enfrentar a concorrência estrangeira.

Por que arriscamos tanto?

Outro ponto em que o II PND é facilmente atacável diz respeito à adversidade das conjunturas interna e externa à época de sua concepção. Além de todos os problemas que mencionamos no início desta seção (inflação, endividamento externo, recessão global), era preciso considerar que a indústria nacional operava muito próxima do limite de sua capacidade. Qualquer tentativa de expansão implicaria a necessidade imediata de investimento. E de onde viria o dinheiro para isso? Com as contas já "no vermelho", seria realmente prudente embarcar em uma nova onda de endividamento?

Quando contrastamos a situação econômica do país e do mundo em 1974 e as ambições megalomaníacas do II PND, o primeiro impulso é classificar o plano de Geisel como uma irresponsabilidade. Entretanto, vários estudiosos hoje acreditam que o presidente e sua equipe tinham motivos bastante razoáveis para agir como agiram. Em primeiro lugar, muita gente ainda temia o fantasma do PAEG, que tivera fortes efeitos recessivos e, mesmo assim, não conseguira baixar a inflação para menos de 30% ao ano. Além disso, o regime militar teria dificuldades políticas para abortar o projeto do "Brasil grande potência", que ele mesmo engendrara e com o qual buscara se identificar tão profundamente.

No plano político-econômico, o ano de 1975 ficou marcado, também, por uma campanha antiestatização, que reuniu o empresariado nacional sob a liderança de um membro do próprio governo, o ministro da Indústria e Comércio Severo Gomes. Apesar de agraciados com generosíssimas taxas de juros pelos bancos oficiais (de 20% ao ano, portanto bem abaixo da inflação), os empresários nacionais estavam descontentes com o avanço do setor público na economia. Eles se queixavam do aumento nos impostos (a carga tributária saltara de 17% do PIB em 1964 para 25% do PIB em 1973) e do fato de eles servirem para financiar as gigantescas empresas públicas, cuja participação na indústria nacional havia passado de 8% em 1966 para 15% em 1972 (GASPARI, 2004). Embora não tenha conseguido seu objetivo de frear a estatização, a campanha dos empresários acabou contribuindo para os movimentos pró-redemocratização, na medida em que o capital nacional — até então um importante apoiador do regime — sinalizava que poderia mudar de lado caso seus interesses fossem contrariados.

Por falar em razões políticas, outro motivo bastante palpável que pode ter contribuído para a adoção do II PND foi o resultado nas eleições de novembro de 1974. Em seu propósito de promover uma distensão "lenta, gradual e segura" do regime, Geisel havia liberado as eleições diretas para senadores e deputados naquele ano. Apostando na força que lhe dava o fato de praticamente todos os governadores e prefeitos do país pertencerem à Arena (o partido situacionista), Geisel preparou-se para a eleição de 1974 "com a serenidade do vitorioso" (GASPARI, 2003, p. 453). Sua expectativa era de que o MDB (o partido oposicionista) repetisse o vexame de 1970, quando havia sido atropelado pela popularidade do "milagre econômico" e ficara com menos de um terço das cadeiras da Câmara e apenas 6 das 46 cadeiras de senador. Em 1974, porém, o resultado foi bem diferente: aproveitando-se da recém-implantada propaganda pela TV — aparelho que agora estava na casa de 9 milhões de famílias (BOLAÑO, 2004) –, os oposicionistas impuseram uma significativa derrota ao regime.

Isso acendia um sinal amarelo para Geisel, não só no que dizia respeito à insatisfação popular, mas também quanto às disputas internas do próprio regime. Afinal, seus opositores, os militares da "linha-dura", volta e meia ameaçavam estancar o processo de abertura. Para calar todas essas vozes, o jeito era apostar, mais uma vez, num estrondoso crescimento econômico.

E assim foi feito. Em 1974, ainda na esteira dos investimentos do "milagre", o PIB cresceu 8,2%, e a inflação bateu em 34,5%. Preocupados com o superaquecimento, Simonsen e sua equipe tentaram segurar um pouco a economia nos primeiros meses de 1975, o que levou a um crescimento menor nesse ano (5,2%), com uma baixa correspondente na inflação (29,4%). Ao longo do próprio ano de 1975, porém, à medida que os investimentos do II PND iam sendo liberados, a economia foi se reaquecendo, em um processo que desembocou, em 1976, no espantoso crescimento de 10,3%, que pegou de surpresa até o próprio governo.

De 1976 a 1979: "desaceleração controlada"

Nas palavras de Reis Velloso (CASTRO; D'ARAÚJO, 2004, p. 189), aquele "segundo semestre de 1976 foi uma espécie de divisor de águas no governo Geisel". Simonsen passou a escrever uma série de notas para o presidente, com cópia para Velloso, alertando sobre a perda de credibilidade que o país começava a experimentar no exterior. De acordo com Simonsen, aquele ritmo frenético de crescimento, anabolizado por investimentos públicos, era incompatível com a progressiva deterioração das contas externas: a balança comercial colecionava sucessivos prejuízos desde 1974 (em parte por causa das importações de petróleo, que, apesar da disparada nos preços, continuavam a todo vapor) e o déficit em transações correntes acumulado entre 1974 e 1976 já ultrapassara os 20 bilhões de dólares (BCB, s/d). Para o ministro da Fazenda, não adiantava tentar apagar incêndios com políticas monetárias de curto prazo se o maior ralo de todos – o déficit público – continuava aberto.

Reis Velloso conta que concordou com o colega e, juntos, eles elaboraram uma proposta ao presidente. A ideia era perseguir uma "desaceleração controlada" da economia, para um patamar de crescimento de 5% ao ano, mas sem sacrificar os setores prioritários do II PND (petróleo, energia elétrica e insumos básicos).

E foi assim que a política econômica do governo Geisel entrou em sua segunda fase, quando passou a exibir índices mais modestos de crescimento, como se percebe no Quadro 11.1. Mas, no mesmo quadro, nota-se que a taxa de inflação ignorou esse esforço e seguiu impávida em sua trajetória ascendente.

Por que a inflação continuou subindo, apesar do desaquecimento na economia? As secas e geadas que prejudicaram a produção agrícola em 1976, 1978 e 1979 e obrigaram o país a importar até mesmo alimentos básicos, como feijão e arroz (BAER, 2003), certamente tiveram seu papel. Outro problema era a já mencionada política de arrefecimento do arrocho salarial,

Reveja, no Capítulo 7, a influência que o setor externo pode ter na quantidade de moeda da economia e, consequentemente, na inflação.

pela Lei nº 6.147/74. Por fim, mas não menos importante, estava a entrada desenfreada de dólares na economia, que, apesar dos sucessivos déficits em transações correntes, possibilitou fechar o ano de 1978, o último da gestão Geisel, com reservas de US$ 11,9 bilhões, mais que o dobro dos US$ 5,2 bilhões de 1974 (SILVA; CARVALHO; MEDEIROS, 2009).

O endividamento externo, é óbvio, aumentou no mesmo ritmo, como vemos também no Quadro 11.1: de 1974 a 1978, a dívida bruta mais do que dobrou, passando de 20 para 52 bilhões de dólares. Mais assustadora ainda foi a trajetória da relação dívida externa/exportações, que já estava alta (2,5) e saltou para 4,1, um índice que não se via desde a crise de

1929. E o pior: esses empréstimos todos não vinham mais de organismos oficiais, como no passado. Conforme relata Mantega (1997, p. 55):

> [...] os organismos oficiais estavam oferecendo pouco crédito para os países em desenvolvimento, enquanto os banqueiros privados ofereciam em abundância. Para se ter uma ideia mais precisa desse fenômeno, basta mencionar que, entre 1975 e 1980, o crédito concedido pelas principais agências oficiais internacionais subiu de US$ 11 bilhões para cerca de US$ 18 bilhões, enquanto os empréstimos concedidos pelo setor privado aos países em desenvolvimento subiu de US$ 21 bilhões para US$ 60 bilhões.

Ocorre que o crédito dos bancos privados era mais caro e de prazo mais curto que o dos organismos oficiais. Ainda por cima, era contratado com taxas de juros flutuantes — o que se transformaria em um pesadelo na década seguinte. Com efeito, no início a mudança do perfil da dívida foi pouco sentida: de 1975 a 1978, o custo médio real da dívida externa chegou até mesmo a declinar, em relação a 1974. Isso ocorria porque, embora a *prime rate* (taxa de juros praticada pelos credores norte-americanos) já tivesse começado a aumentar em termos nominais (havia passado de aproximadamente 5% em 1971 para 10% em 1974), a inflação nos Estados Unidos também estava alta, por volta dos 9%, o que tornava os juros reais muito baixos, em torno de 1% ou 2% ao ano. No entanto, o salto nas taxas de juros a partir de 1980 (que comentaremos a seguir), aliado à queda na inflação norte-americana, mudou essa situação da água para o vinho. Em 1982, apenas os juros da dívida externa absorviam metade das exportações do Brasil (BAER, 2003). Vamos repetir: apenas os juros.

Figueiredo: a crise da dívida

Em março de 1979, o general João Batista Figueiredo assume a presidência da República em um clima sombrio. A crise já não era desconfiança. Era certeza. Apesar das taxas modestas de crescimento (se comparadas às dos anos anteriores), a inflação seguia alta. Somente naquele mês de março o IGP subiu 5,8%.

Para piorar, o mundo estava em polvorosa com as notícias que chegavam do Oriente Médio: no mês anterior, a revolução islâmica comandada pelo aiatolá Khomeini expulsara o xá Reza Pahlevi do Irã. Uma das primeiras medidas dos novos líderes foi romper unilateralmente com as petrolíferas ocidentais que operavam no país e anunciar que venderiam o petróleo no mercado livre, ao preço que bem entendessem. Tinha início, assim, o segundo choque do petróleo, que fez o preço do barril saltar de 12,37 dólares no início de 1979 para 22,77 dólares ao fim do mesmo ano (FURTADO, 2000).

Diante dessas turbulências todas, o novo presidente decide não apenas manter o equilibrado Simonsen na equipe econômica — dessa vez à frente do Planejamento —, mas também lhe dar plenos poderes para combater a inflação a seu modo. Simonsen, vendo finalmente a chance de reviver o êxito do PAEG, não se faz de rogado. Elabora um pacote completo de medidas ortodoxas, incluindo restrições à captação de empréstimos no exterior; cortes nos orçamentos das estatais; redução dos subsídios às exportações; e, como não podia deixar de ser, uma significativa contração da base monetária.

Figueiredo parecia, porém, dar mais ouvidos ao "canto das sereias" de Delfim Netto, que havia voltado ao ministério (na pasta da Agricultura) e afirmava ser possível, sim, retomar o crescimento. Sem apoio político para levar à frente seu plano, Simonsen pede demissão em agosto. Para alegria do empresariado, que vê seu grande defensor voltar ao poder, Delfim entra no lugar de Simonsen e dá início à mais heterodoxa das suas atuações, fortemente baseada em tabelamentos e indexações. Veremos essa primeira fase no tópico a seguir; em um segundo tópico, acompanharemos a desesperada volta da equipe econômica à ortodoxia.

De 1979 a 1980: a fase heterodoxa

Lembra-se do que falamos no capítulo anterior sobre a correção monetária ser um "ovo de serpente"? Pois bem. É justamente a partir de 1979 que tal serpente, já rompida a casca nos governos anteriores, cresce e vai se transformando em um dragão. Para entender essa ideia, vamos recapitular o que já estudamos sobre a correção: ela foi introduzida em 1964 pelos formuladores do PAEG (Campos e Bulhões, com auxílio de Simonsen) para combater a inflação pelo lado da demanda, já que permitiria ao governo recompor suas receitas (via reajuste nos tributos e tarifas públicas) e, ao mesmo tempo, financiar o déficit que sobrasse de forma não inflacionária (via ORTNs). Além disso, ela combatia a inflação pelo lado dos custos, pois os salários não eram reajustados na mesma medida (arrocho).

Contudo, como recorda o próprio Simonsen (1985, p. 18), a indexação formal estabelecida pelos formuladores do PAEG "pretendia ser a exceção, não a regra". Se ela se universalizasse, qualquer plano anti-inflacionário ficaria prejudicado, pois todos os preços da economia continuariam "replicando" a inflação indefinidamente, por meio da correção automática.

Ao longo dos governos seguintes ao de Castelo Branco, a cautela dos formuladores do PAEG foi sendo lentamente abandonada. Exemplo disso foi a já comentada Lei nº 6.147/74, pela qual os salários passaram a acompanhar mais de perto a inflação. Mas foi apenas nessa volta de Delfim durante a gestão Figueiredo que a indexação formal virou, literalmente, a regra da economia.

Reveja o que estudamos sobre inflação inercial no Capítulo 3.

O primeiro grande passo nesse sentido foi a nova política salarial, adotada em 1979 em resposta às gigantescas greves que convulsionavam o país desde o ano anterior. De acordo com a Lei nº 6.708, de outubro de 1979, os salários nominais passariam a ser reajustados semestralmente pelo recém-criado INPC — ou seja, além de a periodicidade do reajuste ter diminuído, os salários agora absorveriam inteiramente a inflação passada. Em pouco tempo o INPC virou indexador de outros preços da economia: por exemplo, em 1981, 15 produtos básicos da safra agrícola também tiveram seus preços colados ao novo índice. Mais ou menos na mesma época, a correção chegou à taxa de câmbio, acabando com qualquer esperança de regulação espontânea do mercado.

Mas, por enquanto, voltemos àquela reestreia de Delfim na equipe econômica, dessa vez disposto aos mais heterodoxos expedientes para frear a inflação e recuperar o crescimento. Para começar, mandou tabelar a taxa de juros e aumentar a rigidez no controle de preços do

A política de maxidesvalorização do cruzeiro fazia parte, na verdade, do Terceiro Plano Nacional de Desenvolvimento — III PND, concebido por Delfim e sua equipe para dar continuidade aos PNDs anteriores, mas que, como veremos, foi tão malsucedido que hoje é pouco lembrado na história econômica brasileira. O III PND pretendia incentivar as mesmas áreas prioritárias do I PND (exportações e agricultura) e, agora, um setor novo: o energético, que havia se tornado estratégico devido aos choques do petróleo e tinha grandes projetos em curso naquele momento, como vimos na primeira seção.

CIP (a primeira medida deleitou os empresários, a segunda preocupou-os). Além disso, demonstrando sua fé na capacidade do governo de controlar a economia por decreto, Delfim prefixou para o ano de 1980 a correção monetária em 45%, e a correção cambial em 40% — níveis inferiores à inflação esperada, de 50%. Tratava-se de um "golpe psicológico", na expressão de Simonsen (1985), cuja intenção era diminuir a expectativa de inflação e, assim, amenizar o efeito inercial.

Ocorre que medidas tomadas pela mesma equipe econômica acabaram estimulando a inflação por outros meios. Primeiro, ainda no segundo semestre de 1979, veio à luz um pacote de *pesados reajustes nas tarifas públicas*, que durante a gestão Geisel haviam sido mantidas em níveis artificialmente baixos. Segundo, em dezembro de 1979, Delfim havia determinado a *maxidesvalorização do cruzeiro* — a primeira desde a adoção das minidesvalorizações em 1968 — que fez a moeda nacional perder 30% de seu valor de uma vez só. A "máxi", como foi apelidada, pretendia, além de estimular as exportações (veja boxe), trazer a taxa de câmbio para níveis mais realistas e, assim, derrubar a inflação no médio prazo. Mas, na prática, os empresários atropelaram o CIP e repassaram seus prejuízos para o consumidor, como lembra José Serra (1981). E, por fim, uma terceira medida com potencial inflacionário foi a já comentada nova política de reajustes salariais.

Como se nota no Quadro 11.3, que apresenta os grandes indicadores do governo Figueiredo, esse conjunto de medidas um tanto contraditórias tomadas por Delfim no início da sua gestão teve sucesso na retomada do crescimento, que subiu para 9,2% em 1980. Contudo, seu efeito sobre o controle da inflação foi nulo: o IGP fechou o ano rompendo a terrível barreira dos três dígitos.

Para piorar, já no segundo semestre de 1980 o setor externo apresentava um quadro de alarmante deterioração. O novo presidente do Federal Reserve (o banco central dos Estados Unidos), Paul Volcker, havia assumido em agosto de 1979 com a promessa de aumentar a taxa de juros do país o quanto fosse preciso para baixar a inflação interna, sem se importar com o que aconteceria aos endividados países latino-americanos (ANDRADE, 2008). Dito e feito: em dezembro de 1980, a *prime rate* estava em 21,5%, nível mais alto de sua história, representando um aumento de dez pontos percentuais em relação a 1978. E a Libor, praticada pelos bancos europeus, acompanhava a mesma marcha.

Como se isso não bastasse para desequilibrar o balanço brasileiro, nossas exportações, mesmo tendo aumentado mais de 30% em relação a 1979, como se vê no Quadro 11.3, ficaram bem abaixo das importações, cujo valor disparara em virtude da alta no preço do petróleo.

Quadro 11.3 Principais indicadores macroeconômicos na gestão de Figueiredo.

Ano	Crescimento do PIB (%)	Inflação (IGP-DI)	Taxa de investimento (FBCF/PIB)	Exportações (US$ bilhões)	Importações (US$ bilhões)	Dívida externa bruta (US$ bilhões)
1979	6,8	77,2	23,4	15,2	18,0	55,8
1980	9,2	110,2	24,3	20,1	22,9	64,2
1981	-4,3	95,1	23	23,2	22,0	73,9
1982	0,8	99,8	19,9	20,1	19,3	85,4
1983	-2,9	210,9	18,9	21,8	15,4	93,7
1984	5,4	223,8	18	27,0	13,9	102,1
1985	7,8	235,1	24,3	25,6	13,1	105,1

Fontes: IBGE (s/d); BCB (s/d).

Resultado: o déficit comercial, somado ao déficit na balança de serviços e rendas, ficou tão grande que as reservas internacionais acumuladas no passado rapidamente se esvaíram.

De 1981 a 1985: o retorno desesperado à ortodoxia

Em fins de 1980, o aperto era tamanho que a política econômica de Delfim mudou radicalmente de rumo. Nas palavras de Macarini (2008b), "com atraso e numa situação muito mais deteriorada, Delfim Netto rendeu-se à 'doutrina' Simonsen". Com efeito, seu novo pacote de medidas não poderia ser mais ortodoxo: liberação da taxa de juros (o que significou sua elevação, é claro); abandono da prefixação das correções monetária e cambial; liberação gradual de preços; nova alteração na política salarial, com redução dos indexadores para as faixas salariais mais altas (Lei nº 6.886/80); cortes substanciais no orçamento das estatais; restrição das importações; e, por fim, uma brutal redução na concessão de créditos pelos bancos oficiais.

Macarini (2008b) ressalta, porém, que o objetivo último dos formuladores dessa política econômica recessiva não era controlar a inflação, e sim restabelecer o equilíbrio das contas externas o mais rápido possível, para poder voltar a contrair empréstimos e, assim, dar continuidade aos projetos do "Brasil grande potência" — vale lembrar que, àquela altura, Itaipu, Tucuruí, Carajás e outros não passavam de gigantescos canteiros de obras inacabadas. Em outras palavras, o regime militar continuava pensando em crescimento via déficit público, e enxergava naquele desequilíbrio apenas um obstáculo passageiro a tal propósito.

À medida que os duros meses de recessão se passavam, porém, a ilusão ia se desfazendo. Em primeiro lugar, a crise foi maior e mais duradoura do que se pensava: de 1981 a 1983, o país viveu a mais típica estagflação (estagnação + inflação alta), como se vê no Quadro 11.3. Em segundo lugar, as torneiras do crédito internacional, já pouco abertas para os latino-americanos desde 1979, secaram totalmente no chamado "setembro negro" de 1982.

O "setembro negro"

A crise de setembro de 1982 havia começado, na verdade, no mês anterior, quando o México decretou moratória, confirmando os temores, já espalhados no mercado financeiro pelo FMI, de que boa parte dos 700 bilhões de dólares emprestados aos países subdesenvolvidos na época das vacas gordas eram de "recebimento duvidoso". Os credores internacionais rapidamente deixaram de financiar esses países, que recorreram aflitos ao fundo; porém, reunidos em setembro no Canadá, os conselheiros do FMI lavaram as mãos. "Danem-se", teria dito Donald Regan, secretário do Tesouro dos Estados Unidos (SETEMBRO, 2002).

No Brasil, o "setembro negro" traduziu-se em uma queda abrupta na entrada de dólares, que despencou de uma média de 1,5 bilhão ao mês para uma média de 390 milhões (MACARINI, 2008b). A equipe econômica executou os mais variados malabarismos para não recorrer ao FMI antes das eleições de novembro — afinal, estavam em jogo o controle do novo congresso e a composição do colégio eleitoral que, em 1985, escolheria o primeiro presidente civil após 20 anos de ditadura. No entanto, assim que as urnas foram fechadas, a corrida ao fundo foi imediata: em 22 de novembro de 1982, o Brasil obteve um vultoso "empréstimo-ponte" para fechar suas contas naquele ano, mas já em 1983 deveria liquidá-lo, por meio de uma renegociação global com o conjunto de credores.

Foi o que ocorreu em janeiro de 1983, quando o Brasil fechou o primeiro *Acordo com o FMI*. Garantiu um crédito de 4,4 bilhões de dólares, a ser disponibilizado em quatro parcelas, e em troca assinou uma carta de intenções, na qual prometia cortes drásticos nos gastos públicos, elevação das receitas (via aumento de impostos e reajuste realista de tarifas públicas) e das exportações, além de redução da inflação. Porém, já em fevereiro o país tem dificuldade para fazer os pagamentos, visto que a primeira parcela do empréstimo chegaria só em março. Nesse mesmo mês de fevereiro, em uma tentativa desesperada de estimular as exportações — e, assim, garantir alguns milhares de dólares para acalmar os credores —, o governo pega o mercado de surpresa ao decretar a segunda maxidesvalorização do cruzeiro, que perde novamente 30% de seu valor.

Essa nova máxi tem um efeito inflacionário bem pior que o da primeira. Afinal, como a economia a essa altura já estava fortemente indexada, a brutal desvalorização da moeda espalhou a inflação como um rastilho de pólvora. Some-se a isso a descompressão dos preços administrados, e a natural instabilidade que todos esses problemas causavam, e vemos a taxa de inflação praticamente dobrar em 1983, atingindo o nível inédito de 200% anuais.

Resultado: ainda em maio, o FMI considera o acordo descumprido — já que uma das cláusulas era a contenção da inflação — e suspende as parcelas do empréstimo. Daí para a frente, ou seja, do início de 1983 até praticamente o fim do governo Figueiredo, a política econômica brasileira perdeu toda e qualquer capacidade de planejamento global. Vivia-se "em função de fechar o balanço de pagamentos", como definiu Maria da Conceição Tavares (*apud* MACARINI, 2008b). Àquela primeira carta de janeiro de 1983 seguiram-se outras seis, todas elas igualmente descumpridas.

Não que o país não se esforçasse: como os números do Quadro 11.3 comprovam, o investimento caiu brutalmente a partir de 1982, as exportações aumentaram e as importações despencaram — um "aperto de cinto" que, obviamente, agravou a recessão, com terríveis consequências em termos de aumento no desemprego e na pobreza. Tudo isso para fazer frente ao pesadíssimo serviço da dívida externa, que, conforme já dissemos, consumia, só em juros, metade das nossas exportações.

A recuperação de 1984 e 1985

A penosa situação começa a se alterar apenas em 1984. Nesse ano, um superávit recorde na balança comercial, impulsionado pela recuperação da economia mundial e pela queda no preço do barril de petróleo, finalmente permitiu ao país desfrutar o primeiro superávit em transações correntes desde 1965. Também contribuíram para esse resultado positivo o relaxamento das restrições impostas pelo FMI; o aumento da produção nacional de petróleo; a recuperação das lavouras com relação às últimas secas e geadas; e, é claro, a entrada em funcionamento de alguns projetos do II PND, como a Usina de Itaipu, que começou a operar em 1984.

Além de possibilitar o pagamento dos juros da dívida, a folga no balanço foi suficiente para que as reservas internacionais começassem a se recompor, com um fluxo de 7 bilhões de dólares. Ao mesmo tempo, após três anos de recessão, a economia interna se recuperava aproveitando a capacidade ociosa e os grandes contingentes de desempregados, o que permitiu chegar sem esforço a uma expansão de 5,4%, como se vê no Quadro 11.3.

Um olhar mais amplo revela, porém, que quando a República finalmente voltou para mãos civis, em março de 1985, o Brasil já havia perdido metade da década. Entre 1980 e 1984 a renda *per capita* encolhera 13%, voltando ao nível de 1976 (SERRA, 1984), a inflação "estabilizara-se" no absurdo patamar de 200% ao ano, e a dívida externa ainda equivalia a 4,1 vezes as exportações anuais. Pior do que isso era a estrutura institucional e produtiva deixada pelos militares: uma economia fechada, ineficiente e engessada pelo intervencionismo do Estado — que, aliás, daí em diante seria obrigado a recolher seus tentáculos por mera falta de verbas.

Desse modo, a transição para a democracia no Brasil é marcada, também, pela chamada *falência do Estado* — Estado esse que, após ter passado décadas alimentando o crescimento econômico via déficit público, viu as torneiras de financiamento se fecharem. Na nova conjuntura, o Estado brasileiro teria de, cada vez mais, abdicar de seu papel de agente direto para assumir o de simples regulamentador da economia. Nessa trajetória, ele seguiria o exemplo de muitas nações ocidentais, que realizaram tal transição ainda no início dos anos 1980, com a ascensão ao poder de governantes afeitos à liberalização econômica e à minimização do Estado, tais como Ronald Reagan, nos Estados Unidos, e Margaret Thatcher, na Inglaterra. Pode-se argumentar, porém, que no Brasil a transição liberal nunca foi completada, pois os gastos públicos continuaram altos, porém menos direcionados ao investimento, e mais à assistência social, conforme vimos no "Estudo de caso" do Capítulo 6.

SAIU NA IMPRENSA

BRASIL PODE TER EXPANSÃO DO PIB BEM MAIS FRACA COM INFLAÇÃO ALTA

Menos crescimento e mais inflação. Essa será a consequência para o Brasil caso a crise na Líbia resulte em um choque de oferta que leve a uma alta forte e duradoura do preço do petróleo.

Nem a bola de cristal mais certeira do mundo analítico pode, no momento, cravar se isso irá ou não acontecer.

É cedo demais para arriscar qualquer palpite.

Mas, independentemente da Líbia, o Brasil pode estar caminhando neste ano para cenário de crescimento bem mais fraco em ambiente de inflação alta. Dados como ritmo menor de concessão de crédito, taxas de juros mais altas nos empréstimos e ligeiro desaquecimento do mercado de trabalho apontam para desaceleração econômica.

[...]

A dúvida é em que medida e ritmo a desaceleração econômica se traduzirá em menos pressão inflacionária.

Mesmo que o consumo enfraqueça a reboque de corte de gastos do governo, menor crescimento da renda e maior desemprego, há outros riscos para a inflação. Este será, por exemplo, um ano de muitos reajustes automáticos de serviços com base na inflação passada. Analistas também dizem que a alta dos preços de *commodities* em 2010 pode não ter sido ainda totalmente repassada ao consumidor.

Tudo isso tem causado preocupação sobre como se dará o ajuste fino entre desaceleração da economia e controle da inflação no Brasil. Líbia e petróleo podem aumentar esses temores.

Fonte: FRAGA, Érica. *Folha de S. Paulo*, 25 fev. 2011, fornecido pela Folhapress.

1. No início de 2011, o mundo parecia viver um novo "choque do petróleo" devido às rebeliões pró-democracia nos países árabes. No que diz respeito à economia global e à economia brasileira, quais as semelhanças e diferenças dessa nova situação em relação à de 1979?

2. Como essa matéria jornalística indica, alguns preços da economia brasileira continuam sujeitos a "reajustes automáticos com base na inflação passada". Você sabe quais preços são esses? Quais indexadores eles utilizam? Que prejuízo essas indexações remanescentes continuam nos trazendo e o que pode ser feito para eliminá-las?

NA ACADEMIA

- Na primeira seção deste capítulo, citamos sete dos principais projetos do II PND: a Ferrovia do Aço, o Porto de Sepetiba, a Estrada de Ferro Carajás, o Proálcool e as Usinas de Itaipu, Tucuruí e Angra. Nenhum deles ficou isento de polêmicas. Praticamente todos tiveram seus prazos de conclusão e custos subestimados. E praticamente todos foram prejudicados pela recessão pós-1979, que atrasou ainda mais sua execução. Alguns foram maculados por denúncias de corrupção e superfaturamento; outros tiveram sua própria razão de ser questionada.
- Nesta atividade, a classe será dividida em sete grupos. Cada um ficará responsável por pesquisar a história e os erros e acertos de cada obra ou programa mencionado. No fim, o grupo apresentará os resultados de seu estudo à classe, com uma avaliação crítica do projeto sob o ponto de vista econômico.

Pontos importantes

- Podemos divisar duas principais fases na condução da política econômica durante o governo Geisel. A primeira, de 1974 a 1976, caracteriza-se pelo desejo de dar continuidade ao projeto do "Brasil grande potência", ainda que à custa de prosseguir endividando-se em uma conjuntura interna e externa já adversa. Na segunda fase, de 1976 até o fim do mandato, o próprio governo admite que o crescimento vigoroso é incompatível com os graves desequilíbrios no balanço de pagamentos e estabelece um ritmo mais modesto, não conseguindo, porém, baixar a inflação, principalmente porque os dólares continuam entrando no país desenfreadamente via empréstimos privados.
- Em relação ao I PND, o II PND mantinha uma relação de continuidade no que diz respeito à política de estímulo à agricultura e às exportações e de abertura ao capital externo. Inovava, porém, ao retomar pontos do Plano de Metas, como o tratamento prioritário à indústria de base e a ênfase nos setores de energia e transportes.
- Podemos apontar, como possíveis razões para os militares terem encetado um plano tão ambicioso quanto o II PND, mesmo em um cenário externo e interno adverso, o temor de reviver a recessão do PAEG, a dificuldade política do

regime para desvencilhar-se do ideal do "Brasil grande potência", que ele mesmo criara, e, por fim, a fragorosa derrota eleitoral sofrida em 1974, que demonstrava a insatisfação popular e podia despertar a reação também dos opositores da abertura.

- A fase heterodoxa da gestão econômica de Delfim Netto durante o governo Figueiredo durou de 1979 a 1980 e caracterizou-se pela tentativa de controlar a inflação e, ao mesmo tempo, retomar o crescimento. Para tanto, foram tomadas medidas um tanto contraditórias: por um lado, determinou-se o tabelamento de juros e preços e até a prefixação da correção monetária e cambial em níveis abaixo da inflação esperada; mas, por outro lado, foram executadas ações com potencial inflacionário, como reajustes nas tarifas públicas, concessão de reajuste automático dos salários pelo INPC e, ainda, a maxidesvalorização do cruzeiro em 1979. O resultado foi a retomada do crescimento, mas também o aumento da inflação.

- No fim de 1980, o avassalador desequilíbrio no balanço de pagamentos — gerado, principalmente, pelo segundo choque do petróleo e pela alta nas taxas de juros internacionais — obriga Delfim Netto a guinar radicalmente rumo à ortodoxia. Ele determina a liberação da taxa de juros; o abandono da prefixação das correções monetária e cambial; a liberação gradual de preços; a redução na indexação dos salários; cortes substanciais no orçamento das estatais; restrição das importações; e, por fim, uma brutal redução na concessão de créditos pelos bancos oficiais. Essas medidas recessivas não são suficientes para baixar a inflação nem reequilibrar o balanço. Após o "setembro negro" de 1982, quando as torneiras dos credores internacionais fecham-se definitivamente para os latino-americanos, o país é obrigado a recorrer ao FMI. A partir de então, assina sete acordos no período de dois anos, nenhum dos quais consegue cumprir. Quando o mandato de Figueiredo termina, a economia está começando a se recuperar, mas a inflação "estabilizou-se" na casa dos 200% ao ano.

Referências

1983. *Veja*, 28 dez. 1983.

ANDRADE, Cyro. Setenta meses inesquecíveis. *Valor Econômico*, 4 abr. 2008.

BAER, Werner. *A economia brasileira*. 2. ed. rev. e atual. Tradução de Edite Sciulli. São Paulo: Nobel, 2003.

BOLAÑO, César. *Mercado brasileiro de televisão*. 2. ed. rev. e ampl. Aracaju (SE): Educ; Ed. da UFS, 2004.

BCB – Banco Central do Brasil. *Sistema gerador de séries temporais*. Disponível em: <www.bcb.gov.br>. Acesso em: 10 fev. 2011.

CASTRO, Celso; D'ARAÚJO, Maria Celina Soares. *Tempos modernos*: João Paulo dos Reis Velloso, memórias do desenvolvimento. Rio de Janeiro: Ed. FGV, 2004.

FURTADO, Milton Braga. *Síntese da economia brasileira*. 7. ed. São Paulo: LTC, 2000.

FAJNZYLBER, Fernando. *La industrialización trunca de América Latina*. México, D.F.: Editorial Nueva Imagen, 1983.

GASPARI, Elio. *A ditadura encurralada*. São Paulo: Cia. das Letras, 2004. (O Sacerdote e o Feiticeiro, 2.)

_____. *A ditadura derrotada*. São Paulo: Cia. das Letras, 2003. (O Sacerdote e o Feiticeiro, 1.)

IBGE — Instituto Brasileiro de Geografia e Estatística. *Séries estatísticas e séries históricas*. Disponível em: <http://seriesestatisticas.ibge.gov.br>. Acesso em: 10 fev. 2011.

MACARINI, José Pedro. Governo Geisel: transição político-econômica? Um ensaio de revisão. *Texto para Discussão*, IE/UNICAMP, Campinas, n. 142, maio 2008a.

_____. Crise e política econômica: o Governo Figueiredo (1979-1984). *Texto para Discussão*, IE/UNICAMP, Campinas, n. 144, jun. 2008b.

MANTEGA, Guido. O governo Geisel, o II PND e os economistas. *Relatório de Pesquisa EAESP/FGV*, n. 3, 1997.

MME — Ministério de Minas e Energia. *Balanço Energético Nacional*: séries históricas. Brasília: MME, s/d. Disponível em: <https://ben.epe.gov.br/BENSeriesCompletas.aspx>. Acesso em: 27 fev. 2011.

SERRA, José. A crise econômica e o flagelo do desemprego. *Revista de Economia Política*, v. 4, n. 4, out./dez. 1984.

_____. Crítica ao receituário ortodoxo. *Revista de Economia Política*, v. 1, n. 4, out./dez. 1981.

SETEMBRO negro. *Agência Estado*, 19 set. 2002.

SILVA, Anderson Caputo; CARVALHO, Lena de Oliveira; MEDEIROS, Otavio Ladeira de (Orgs.). Anexo estatístico. In: *Dívida pública*: a experiência brasileira. Brasília: Secretaria do Tesouro Nacional; Banco Mundial, 2009.

SIMONSEN, Mário Henrique. A inflação brasileira: lições e perspectivas. *Revista de Economia Política*, v. 5, n. 4, out./dez.1985.

Capítulo 12

O BRASIL DEMOCRÁTICO

Neste capítulo, abordaremos as seguintes questões:
- O que mudou com relação ao diagnóstico da inflação latino-americana em meados da década de 1980?
- Quais foram as principais medidas do Plano Cruzado e como podemos explicar seu fracasso?
- Como podemos descrever, de maneira sucinta, os planos de estabilização que se seguiram ao Cruzado?
- Sob que aspectos o Plano Real se diferenciou positivamente dos planos de estabilização anteriores?
- Quais foram as três fases em que se dividiu o Plano Real?
- Em que consistia o mecanismo de âncora cambial e quais problemas ele causou?
- Como podemos resumir os oito anos da gestão de Lula?

Introdução

Se de 1980 a 1983 a economia brasileira viveu "em função de fechar o balanço de pagamentos", como vimos no capítulo anterior, de 1985 a 1994 vivemos em função de combater a inflação. Em menos de dez anos, foram dez ministros da Fazenda e um número quase equivalente de planos de estabilização, desde os mais ortodoxamente previsíveis até os mais heterodoxamente inusitados.

Por causa dessa trajetória tão peculiar da economia brasileira entre a segunda metade dos anos 1980 e a primeira dos anos 1990, decidimos romper com o padrão que vimos seguindo nesta Parte III e, em vez de dividir o conteúdo por fases políticas, vamos apresentá-lo em três seções — a primeira, referente ao período anterior à estabilização, descreverá os diversos planos econômicos da Nova República; a segunda abordará o único que deu certo, ou seja, o Plano Real; na terceira seção, trataremos dos dois mandatos de Luís Inácio Lula da Silva, transcorridos em um cenário econômico já estabilizado.

Os planos de estabilização

Antes de examinar os diversos planos de estabilização colocados em prática na primeira década pós-redemocratização, precisamos entender a situação vivida pelo Brasil e pela América Latina como um todo em meados dos anos 1980. Conforme vimos no capítulo anterior, no início da década, o Brasil e outros países em desenvolvimento haviam sido pegos pela *crise da dívida externa*: após manter um ritmo acelerado de crescimento nos anos 1960 e 1970, turbinado por empréstimos estrangeiros fáceis e baratos, esses países "caíram do cavalo" quando os juros reais cobrados pelos credores dispararam. O jeito foi pedir socorro ao FMI, que exigiu, em troca, a adesão a um rígido programa de ajuste.

Esse programa — que no fim da década de 1980 passaria a ser conhecido como "consenso de Washington" — tinha como objetivo último a quitação das dívidas passadas e, por isso, enfatizava a obtenção de superávits fiscais e comerciais. Em outras palavras, era preciso cortar gastos públicos, reduzir a demanda interna e priorizar as exportações, a fim de devolver muitos e muitos bilhões de dólares ao cofre dos credores estrangeiros. É por causa disso que, no jargão da economia, costuma-se dizer que, durante os anos 1980, os países latino-americanos tornaram-se *exportadores líquidos de capital para o resto do mundo*. Estima-se que, enquanto de 1974 a 1981 as transferências líquidas de recursos do resto do mundo para a América Latina somaram, em média, US$ 15,8 bilhões ao ano (2,2% do PIB da região), nos seis anos seguintes, de 1982 a 1988, as transferências líquidas no sentido inverso — isto é, da América Latina para o resto do mundo — somaram, em média, US$ 24,2 bilhões ao ano, o equivalente a nada menos que 3,7% do PIB da região! (PORTELLA FILHO, 1994).

Saiba mais sobre o "consenso de Washington" lendo o texto complementar disponível no Companion Website deste livro (<.www.prenhall.com/academia_br>).

Passar quase uma década mandando dinheiro para o exterior foi um golpe fatal na economia desses países: o PIB *per capita* da América Latina e Caribe, que crescera 3,2% ao ano durante a década de 1970, regrediu, em média, 0,7% de 1982 a 1988 (PORTELLA FILHO, 1994). Se pelo menos essa queda no poder aquisitivo da população viesse acompanhada da queda na inflação, seria menos mal. Vale lembrar que, de acordo com os mais ortodoxos manuais de economia, era isso que deveria ocorrer: economia contraída, com o Estado gastando menos e a população consumindo menos, geraria automaticamente uma diminuição na inflação (como havia ocorrido, por exemplo, durante a Grande Depressão norte-americana). Mas não era nada disso que ocorria nos países latinos. Quase todos os que haviam se submetido à cartilha ortodoxa do FMI continuavam altamente inflacionários. O México é um caso emblemático. Como vimos no capítulo anterior, o país fora o primeiro a quebrar, em agosto de 1982. Após adotar o receituário do Fundo baixou sua inflação da casa dos 100% anuais, em 1983, para a casa (ainda alta) dos 50% anuais, em 1985. Mas em 1986 o índice já havia voltado a subir, batendo na casa dos 80% (CARDOSO, 1989).

Por esses e outros exemplos, começaram a ganhar voz nos meios intelectuais latino-americanos teses que enfatizavam os efeitos da *inflação inercial*. Afinal, se a demanda agregada já estava mais do que desaquecida, a única explicação para os preços continuarem subindo era a *memória inflacionária*, que levava os agentes econômicos a reajustarem seus preços mesmo na ausência de choques (alterações súbitas) nos custos ou na demanda. No caso de economias fortemente indexadas, como a brasileira, a situação era ainda pior, porque os indexadores estabelecidos nos contratos formais e informais serviam como "lembretes" bem palpáveis da memória inflacionária.

A bem da verdade, a inflação inercial não era assunto novo. Desde 1969, Mário Henrique Simonsen já alertava sobre ela e sobre o papel que a indexação exerce em sua realimentação. Mas foi somente em meados dos anos 1980, após o fracasso do receituário ortodoxo na América Latina, que a "explicação inercialista espalhou-se rapidamente entre os economistas brasileiros e até mesmo passou a ser tema corriqueiro de artigos de jornais e de colunas econômicas dos mais diversos autores" (RAMALHO, 2003, p. 224).

Feita essa introdução, ficará mais fácil entender por que os planos de estabilização engendrados no Brasil a partir de 1986 insistiam tanto em eliminar a memória inflacionária. Hoje, acredita-se que eles tenham falhado justamente porque focalizavam apenas esse aspecto — ou melhor, o combate à inércia inflacionária era o único aspecto para o qual os formuladores dos planos conseguiam apoio político, embora também tentassem, sem sucesso, combater o déficit público. Fernando de Holanda Barbosa (2007), professor da FGV, usa a metáfora da febre para explicar essa limitação dos planos pré-Real: quando temos uma infecção, nosso corpo exibe um sintoma, a febre; podemos tratá-la com um antitérmico, mas isso não resolverá a causa do problema, que é a infecção. Transplantando essas imagens para a economia brasileira, a infecção, ou seja, a *origem* do problema da nossa inflação era a crise fiscal (o Estado gastava mais do que arrecadava), e a febre eram os *mecanismos de propagação*, ou seja, a memória inflacionária e a indexação. Os planos de estabilização heterodoxos conseguiam atacar temporariamente os mecanismos de propagação; mas, como não obtinham apoio para resolver a crise fiscal, a "infecção" permanecia intacta para, dali a alguns meses, voltar novamente a causar problemas.

Nos próximos tópicos, reveremos essa trajetória analisando o contexto e as principais características dos diversos planos de estabilização anteriores ao Real.

Plano Cruzado

A elaboração do *Plano Cruzado* marca a ascensão, na esfera governamental, de uma nova geração de economistas, quase todos ligados à Pontifícia Universidade Católica do Rio de Janeiro (PUC-Rio). Dois desses profissionais — Pérsio Arida e André Lara Resende — haviam acabado de concluir o doutorado em economia no Massachusetts Institute of Technology (MIT), onde haviam defendido teses a respeito da estabilização monetária. Ao retornar, passaram a conviver na faculdade com professores mais antigos, também estudiosos do assunto, como Francisco Lopes e Edmar Bacha (PIO, 2001). Todos esses intelectuais tiveram influência na concepção da política econômica do primeiro governo democrático. E todos tinham um ponto em comum: a convicção de que a inflação brasileira exibia um componente peculiar — a altíssima indexação da economia, gerada ao longo de várias décadas de convívio com uma inflação crônica; por isso, as fórmulas ortodoxas não funcionavam aqui. Para combater um problema heterodoxo, era necessário um remédio igualmente heterodoxo.

Embora concordassem nesse ponto, os economistas da PUC-Rio divergiam quanto à maneira de aplicar tal remédio. Havia, basicamente, duas linhas de pensamento:

1. De um lado, estava a solução **"Larida"**, assim chamada por ter sido idealizada por André Lara Resende e Pérsio Arida. Esses dois economistas achavam necessário introduzir uma nova moeda plenamente indexada, vinculada à ORTN na paridade 1 para 1. Essa nova moeda — chamada provisoriamente de Novo Cruzeiro (NC) — circularia paralelamente ao cruzeiro durante certo período. Todos os depósitos à vista no sistema bancário seriam contabilizados em NCs e, portanto, defendidos da desvalorização do cruzeiro. Da mesma maneira, todas as transações no sistema financeiro (poupança, empréstimos, operações com títulos públicos etc.) passariam a ser contabilizadas na nova moeda — o que direcionaria todas as outras indexações para uma única indexação, a do NC. Igualmente, os contratos antigos, celebrados com outras indexações, poderiam ser convertidos para a nova moeda, mas sem obrigatoriedade. Com o tempo, as pessoas acabariam percebendo que era um bom negócio adotar o NC como medida de valor e passariam a celebrar os novos contratos sem indexação, simplesmente expressos na nova moeda. Segundo artigo escrito na época por Lara Resende (1985, p. 133), a nova moeda indexada diariamente equivaleria à indexação total e instantânea da economia; com isso, o cruzeiro e a inflação medida

em cruzeiro perderiam o sentido, e desapareceriam, portanto, os problemas de indexação e de inércia inflacionária.
2. Do outro lado, estava Francisco Lopes (1986), que defendia o **choque heterodoxo**: na sua opinião, deveria ser feito um congelamento temporário de preços, seguido de um período de descompressão, no qual os preços relativos se ajustariam. Uma experiência bastante semelhante – o Plano Austral – acabara de ser tentada na Argentina e, até aquele momento, vinha obtendo sucesso.

Arida e Lara Resende opunham-se ao choque heterodoxo por considerar que ele provocava uma grave distorção no sistema de preços relativos. Afinal, os preços da economia não se reajustam de maneira sincronizada. Para entender essa ideia, imagine que você seja dono de uma padaria e que compre a mistura de trigo para pão todo dia 1º, por $ 30,00 o saco, para depois vender o pãozinho francês a $ 3,00 o quilo. Todo dia 30 você paga seu padeiro, que recebe $ 600. Imagine, agora, que a inflação do país esteja alta – digamos, 10% ao mês. No dia 1º, o moinho que fornece a mistura aumentou o preço do saco para $ 33,00. Mas, como você ainda tinha mistura antiga em estoque, resolveu fazer uma promoção, repassando apenas 5% de aumento para o preço do pão. Assim que o estoque acabasse, lá pelo meio do mês, você aumentaria o pão mais 5% e, no dia 30, também daria os 10% de aumento a seu funcionário (até porque o salário dele provavelmente está indexado a algum índice de preços).

Ocorre, porém, que no dia 10 o governo decretou um congelamento de preços. Esse fato inesperado pegou os três agentes econômicos que estamos considerando – o moinho de trigo, você e o padeiro – em posições bem diferentes em relação à inflação, como se vê na Figura 12.1. O moinho fornecedor da mistura pegou a inflação no pico – seus preços foram reajustados plenamente. Você, dono da padaria, ficou na média, com metade do reajuste. E o pobre do padeiro ficou no vale, com seu "preço" (o salário) congelado no patamar antigo.

Figura 12.1 Situação em que diferentes agentes econômicos podem se encontrar quando ocorre um congelamento de preços em uma economia inflacionária.

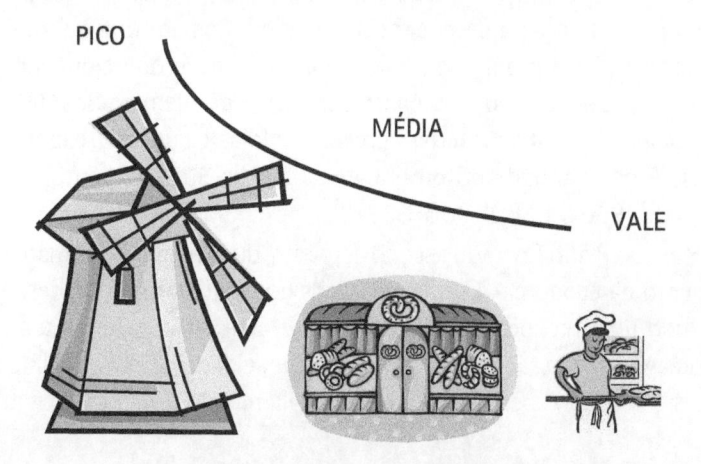

O problema gerado pelo congelamento é que, mais cedo ou mais tarde, esses agentes que saíram perdendo tentarão reaver sua parte, o que criará tensões inflacionárias. E o pior: após a suspensão das amarras artificiais, a inflação costuma voltar com força redobrada. Lara Resende (1985) apontava, ainda, como desvantagens do congelamento o fato de ele ser compulsório, interferir no funcionamento normal dos mercados e exigir controles administrativos.

Apesar de todos esses pontos fracos, o congelamento de preços tinha um apelo irresistível: era facílimo de entender. Políticos e cidadãos captavam a ideia imediatamente. Enquanto isso, a proposta "Larida" precisava recorrer a conceitos econômicos difíceis, como "moeda indexada" e "sincronização de reajustes".

Resultado: a ideia do congelamento acabou vencendo. Em 1º de março de 1986, o ministro da Fazenda Dílson Funaro (que substituíra o ortodoxo Francisco Dornelles) anunciou o *Plano Cruzado*, cujas principais medidas eram:

a) congelamento geral dos preços nos níveis de 27 de fevereiro de 1986;
b) troca da denominação da moeda, de cruzeiro para *cruzado* (sendo 1 cruzado equivalente a 1.000 cruzeiros);
c) reajuste dos salários com base na média real dos seis meses anteriores, mais um abono de 8% para todos os salários e de 15% para o mínimo;
d) instituição do "gatilho salarial", que seria acionado toda vez que a inflação acumulada, a partir da data de anúncio do plano, ultrapassasse 20% (nesse caso, os salários seriam reajustados automaticamente no mesmo percentual);
e) reajuste dos aluguéis e prestações do SFH com base na média real dos 12 meses anteriores;
f) substituição da ORTN pela Obrigação do Tesouro Nacional (OTN), que seria reajustada apenas dali a 12 meses;
g) proibição de cláusulas de indexação nos contratos inferiores a 12 meses;
h) fixação da taxa de câmbio em 13,84 cruzados por dólar.

Em princípio, o resultado do Plano Cruzado foi prodigioso, como se observa no Quadro 12.1: foram quatro meses em que cidadãos e empresas puderam finalmente respirar aliviados, livres da luta diária para defender seus rendimentos do "dragão" da inflação. Agradecida, a população aderiu prontamente ao congelamento, proporcionando um fantástico apoio ao novo plano. Quem viveu essa época com certeza se lembra dos "fiscais do Sarney", cidadãos que voluntariamente conferiam preços em lojas e supermercados e denunciavam as remarcações. A popularidade do presidente saltou de 33%, em outubro de 1985, para 82%, em março de 1986 (ROXBOROUGH, 1992).

O mecanismo do Plano Cruzado escondia, porém, duas pequenas armadilhas. A primeira era o aquecimento da economia. Conforme vimos no capítulo anterior, desde 1984 o Brasil vinha engrenando uma recuperação, à medida que a situação externa se normalizava e a produção retomava espaço, aproveitando-se da capacidade ociosa. No início de 1986, os abonos salariais concedidos pelo próprio plano haviam dado um impulso extra a tal expan-

Quadro 12.1 Evolução da inflação (IGP-DI) de janeiro a novembro de 1986.

1986										
jan.	fev.	mar.	abr.	maio	jun.	jul.	ago.	set.	out.	nov.
17,79	14,98	5,52	-0,58	0,32	0,53	0,63	1,33	1,09	1,39	2,46

Fonte: FGV.

são. Isso sem falar no otimismo da sociedade diante da nova estabilidade. O resultado é que, após anos de recessão, empresas e cidadãos queriam finalmente consumir, consumir muito – e isso, como você sabe, gera inflação.

Mas o que ocorre quando a demanda está superaquecida em um mercado regulamentado, no qual os agentes estão impedidos por lei de reajustar seus preços? Ora, desabastecimento. Ou porque os produtores verdadeiramente não conseguem atender à demanda; ou porque até conseguem, mas foram pegos pelo congelamento no "vale" e não querem ter prejuízo; ou, ainda, simplesmente porque preferem segurar as mercadorias para ganhar uns tostões a mais com a especulação.

Foi exatamente o que ocorreu no Brasil. Já no mês seguinte ao anúncio do plano começaram a faltar produtos, sendo particularmente graves os casos do leite, da carne bovina e dos automóveis (a espera por um carro novo era tão grande que o usado ficou mais caro que o zero). As filas proliferaram, e o ágio – que não deixa de ser uma inflação disfarçada – começou a aparecer.

No fim de maio de 1986, presidente, ministros e equipe econômica reuniram-se em Carajás, no Pará, para discutir os rumos do plano. Os economistas estavam preocupados. Sabiam que o descongelamento precisava ser feito o quanto antes, mas também que, se o fizessem num cenário de forte demanda como aquele, as consequências seriam catastróficas. Para piorar, havia a segunda armadilha do Cruzado: o gatilho salarial (veja boxe), que na prática sepultaria o plano caso a inflação batesse em 20%. Como se não bastasse, as contas externas estavam se deteriorando rapidamente: a alta no consumo interno desviara recursos do setor exportador, e as importações haviam disparado, não só para complementar a oferta interna, mas também para reabastecer as empresas nacionais, que se aproximavam perigosamente do limite da

> Em entrevista para o livro *Conversas com economistas brasileiros*, Francisco Lopes declarou, a respeito do gatilho salarial: "[...] o Cruzado teve um erro grave de concepção, que foi o gatilho. O gatilho acabou sendo uma criança sem pai. Mais tarde a gente se perguntava: quem foi que inventou o gatilho? Ninguém sabia [...]. O gatilho foi terrível porque ele criou um limite de 20% ao ano para a inflação. O Cruzado largou com o seguinte desafio: ou você mantém a inflação abaixo de 20% no primeiro ano ou você reindexa de forma caótica. [...] A economia teve um crescimento fantástico e o objetivo de inflação média de 1,5% ao mês foi ficando cada vez mais impossível. A partir daí, a história interna do Cruzado é uma história de um esforço desesperado daquele grupo para retirar o gatilho. [...]" (MANTEGA; REGO, 1999, p. 345-346).

capacidade. As negociações com o FMI estavam malparadas desde 1985, entre outros motivos por causa da crescente rejeição que o Fundo enfrentava na opinião pública. Sem o aval do FMI, os fluxos externos minguavam, abrindo um rombo na conta corrente: o superávit de 1984 fora substituído por um déficit crescente, que até o fim do ano de 1986 ultrapassaria os 5 bilhões de dólares.

Contudo, quando a equipe econômica chegou ao polo minerador de Carajás, a decepção foi total. O presidente os havia chamado para fazer um plano de desenvolvimento, nos moldes dos grandiosos planos militares (daí a escolha do pujante cenário), e não queria nem ouvir falar em descongelamento, muito menos em desaceleração da economia. Para completar, as eleições para governador e para os congressistas que comporiam a Assembleia Constituinte seriam em 15 de novembro, e o PMDB de Sarney queria distância de qualquer medida impopular.

Daquele encontro em Carajás nasceu apenas o "cruzadinho", um pacote fiscal de pequeno alcance que criava empréstimos compulsórios sobre gasolina, álcool, automóveis e viagens internacionais, numa tentativa tímida de esfriar a demanda e, ao mesmo tempo, alavancar as receitas públicas. Os problemas maiores foram empurrados com a barriga para depois das eleições – que, com efeito, renderam uma vitória acachapante ao PMDB. Os votos nem tinham terminado de ser apurados, quando, em 21 de novembro de 1986, os ministros Funaro, João Sayad (Planejamento) e Almir Pazzianotto (Trabalho) foram à TV anunciar o Plano Cruzado II, que caiu como uma bomba para sociedade e imprensa.

Plano Cruzado II

Em uma entrevista recente, José Sarney declarou:

> O Cruzado II foi o maior erro que nós cometemos no governo, e por ele eu paguei muito caro. Toda a teoria do Cruzado II era errada. Os economistas tinham a teoria de que aumentando os impostos sobre cinco produtos de consumo de elite, eles não contaminariam a inflação. (FEHLBERG, s/d)

Os economistas a que Sarney se refere são, basicamente, Luiz Gonzaga Belluzzo e João Manuel Cardoso de Mello, dois pesquisadores da Unicamp que Funaro (que não era economista, e sim administrador) convidara para assessorá-lo desde que assumira o ministério. O *Plano Cruzado II* ficou tão vinculado a esse último profissional que ganhou o pejorativo apelido de *Manuelaço*.

Em essência, o plano pretendia diminuir o déficit público por meio do aumento das receitas e, por outro lado, tirar – "expurgar", como se diz no jargão da economia – dos índices de inflação o aumento no preço de produtos supostamente consumidos pelas camadas mais favorecidas, evitando, assim, que o gatilho salarial fosse disparado. As principais medidas do plano foram, portanto, um forte aumento do IPI sobre o preço de certos produtos (80% para automóveis, 120% para cigarros e 100% para bebidas) e reajuste de alguns preços administrados (60% para gasolina e álcool, 35% para contas telefônicas e serviços postais e até 60% para energia elétrica). Por fim, para acabar com as expectativas de uma maxidesvalorização cambial, que vinham segurando as exportações, determinou-se a volta das minidesvalorizações, que poderiam compensar a inflação doméstica até mesmo diariamente.

As medidas impopulares do Cruzado II eram o empurrão que faltava para a desorganização da economia. Como o Cruzado tinha desindexado tudo, as empresas e cidadãos não tinham nem sequer um balizamento para se adaptar à nova situação. Resultado: na tentativa de defender sua fatia do bolo, cada setor foi reajustando seus preços em percentuais cada vez maiores, que misturavam o anseio de compensar prejuízos anteriores ao temor de uma inflação futura. As consequências disso você pode observar no Quadro 12.2, que mostra a impressionante aceleração inflacionária a partir do plano.

Em janeiro o gatilho foi disparado. Em fevereiro, o congelamento de preços foi totalmente suspenso, o que acabou de desmoralizar a equipe econômica — já considerada oportunista e manipuladora por ter deixado o "pacotão" do Cruzado II para depois das eleições. No âmbito externo, o grave desequilíbrio no balanço que se desenhava desde meados de 1986 chegou ao auge em 23 de fevereiro de 1987, quando José Sarney comunicou, em cadeia de rádio e TV, que o país estava decretando a *moratória dos juros da dívida externa* (vale lembrar que o principal já não era pago desde dezembro de 1982). Em abril de 1987, sob uma inflação de 20% mensais, Funaro é substituído pelo economista Luiz Carlos Gonçalves Bresser Pereira.

Para conseguir o "expurgo" do índice de inflação, os idealizadores do Plano Cruzado II criaram um novo índice, dessa vez apenas para famílias de renda mais alta. Essa foi a tentativa mais explícita de maquiar a inflação durante a vigência do cruzado, mas não a primeira: após o lançamento do "cruzadinho", Funaro obrigara o IBGE a descontar os empréstimos compulsórios do preço dos itens sobre os quais eles incidiam para não "contaminar" os índices de inflação. Edmar Bacha, que presidia o órgão, aceitou a determinação do ministro a contragosto; mas, após o Cruzado II, pediu demissão. Era o primeiro membro da equipe econômica original que abandonava o governo. Até janeiro de 1987, Lara Resende e Pérsio Arida também sairiam. Desde então até 1993, os economistas da PUC-Rio estiveram relativamente afastados de Brasília. Com a posse de Fernando Henrique no Ministério da Fazenda de Itamar, porém, eles voltaram com força total, como veremos na segunda seção.

Quadro 12.2 Evolução da inflação (IGP-DI) de novembro de 1986 a junho de 1987.

1986		1987					
nov.	dez.	jan.	fev.	mar.	abr.	maio	jun.
2,46	7,56	12,04	14,11	15,0	20,08	27,58	25,88

Fonte: FGV.

Plano Bresser

A insistência em manter o congelamento por um período muito além do que seria razoável teve um alto custo para o governo Sarney. Sua política econômica havia ficado desacreditada: agora, além da expectativa de inflação futura, o medo de um novo congelamento pairava permanentemente no imaginário dos agentes econômicos, o que os levava a reajustar seus preços numa periodicidade cada vez menor, para não serem novamente pegos em vales. Enquanto isso, o gatilho, que agora disparava todos os meses, realimentava a fogueira.

Assim, quando o Planalto anunciou, em junho de 1987, o *Plano Bresser*, suas pretensões eram — e só podiam ser — bem mais modestas que as do Cruzado. A ideia era fazer apenas um ajuste emergencial para evitar a hiperinflação e reorganizar minimamente a economia. Elaborado por Bresser e Francisco Lopes (o único da equipe original que permanecia no governo), o novo plano não deixava de ser um choque heterodoxo: os preços e salários seriam congelados outra vez. Mas agora, escaldados com os erros do passado, os formuladores da política econômica limitavam a compressão a 90 dias e previam, a partir de então, uma fase de flexibilização em que os reajustes seriam feitos mensalmente, com base em um novo índice — a *Unidade Referencial de Preços* (*URP*), equivalente à média da inflação no trimestre anterior.

A esse choque heterodoxo, Bresser agregava — ou pelo menos prometia agregar — um elemento bem ortodoxo: um rígido ajuste monetário e fiscal. Quanto ao primeiro item, a taxa de juros real deveria ser mantida sempre em níveis positivos (para estimular a poupança e evitar o consumo descontrolado), mas não tão alta a ponto de sufocar as empresas, e a emissão de moeda deveria ser feita em ritmo "um pouco menor do que a inflação, de forma que a quantidade real de moeda vá diminuindo" (BRESSER PEREIRA *apud* MACARINI, 2009, p. 43).

Com relação ao ajuste fiscal, a meta de Bresser era ambiciosa: ele pretendia baixar o déficit público estimado na época em 6,7% do PIB para 2,5% do PIB. Para tanto, a primeira medida foi um reajuste prévio das tarifas públicas, antes mesmo do congelamento. Depois, o ministro conseguiu suspender o subsídio ao trigo (ação tentada sem sucesso antes por Funaro) e, em seguida, anunciou a suspensão temporária ou o abandono definitivo de vários projetos polêmicos, como a Ferrovia Norte-Sul, a Ferrovia Leste-Oeste e o Trem-Bala entre Rio e São Paulo (MACARINI, 2009).

Logo, porém, o governo Sarney demonstrou sua pouca disposição em aderir ao ajuste imposto por Bresser. Autorizou aumentos salariais a funcionários públicos, concedeu um milionário socorro à moribunda companhia aérea Transbrasil e, embalado na campanha pela aprovação do mandato de cinco anos, atendeu generosamente a pedidos de governadores e congressistas.

Enquanto isso, Bresser ia sendo "frito" no Congresso e na imprensa por ter imposto políticas recessivas e ressuscitado o arrocho salarial — afinal, ao contrário do gatilho, que aumentava o salário real, o reajuste pela URP o comprimia. Em setembro ele se encontrou nos Estados Unidos com o secretário do Tesouro, James Baker III, para renegociar a dívida externa, mas voltou de mãos vazias, o que piorou sua sustentabilidade política. Nos últimos meses do ano, Bresser ainda tentou emplacar uma reforma tributária, que aumentaria a arrecadação no topo da pirâmide (com tributos maiores sobre ganhos de capital) e amenizaria o imposto de renda dos assalariados. Mas a resistência foi generalizada, tanto por parte dos constituintes, quanto do empresariado e do próprio PMDB. Acuado, em dezembro Bresser pede demissão e é substituído por Maílson da Nóbrega.

No Quadro 12.3, vemos como a taxa de inflação recua logo após a implantação do Plano Bresser, mas volta a se acelerar com força na fase de flexibilização. Macarini (2009) aponta como principais causas a não implantação do prometido ajuste fiscal (no fim do ano o déficit permanecia em 5,5% do PIB), os aumentos salariais além da variação da URP e a reação defensiva dos grandes empresários, que tentaram elevar sua margem de lucro para compensar prejuízos anteriores.

"Arroz com feijão" e Plano Verão

Maílson da Nóbrega assumiu o Ministério da Fazenda anunciando que combateria a inflação com uma política *"arroz com feijão"* — sem soluções heroicas, sem planos mirabolantes, apenas a mais estrita aplicação do monetarismo, com um clássico aperto fiscal e monetário. Tratava-se, portanto, de uma negação das teorias sobre a inflação inercial e uma volta ao ajuste de 1981-1983.

Aliás, uma das primeiras medidas tomadas por Maílson era bastante semelhante às do início da década: ele voltou a negociar com o FMI e anunciou a suspensão da moratória. Nesse âmbito, sua gestão foi beneficiada por uma alta de quase 30% nas exportações, impulsionada pela supersafra de 1988.

Para equacionar os problemas internos, Maílson, a exemplo de seu antecessor, pretendia sanear as finanças públicas, cerrando fogo principalmente no lado das despesas. Na verdade, o orçamento público já era um velho conhecido do economista: funcionário de carreira do Banco do Brasil, Maílson havia se tornado secretário-geral do Ministério da Fazenda em 1983 e, nesse cargo, liderara um estudo que pretendia racionalizar e modernizar nossas contas públicas. Os principais frutos desse estudo só vingariam na gestão Sarney:

Quadro 12.3 Evolução da inflação (IGP-DI) de junho a dezembro de 1987.

1987						
jun.	jul.	ago.	set.	out.	nov.	dez.
25,88	9,33	4,5	8,02	11,15	14,47	15,89

Fonte: FGV.

a) primeiro, em janeiro de 1986, foi extinta a *"conta movimento"* do Banco do Brasil, que permitia a essa instituição emitir moeda para cobrir rombos no orçamento (conforme vimos no "Estudo de caso" do Capítulo 7);
b) depois, no fim de 1987, pouco antes de Maílson assumir o ministério, conseguiu-se extinguir o *"orçamento monetário"* — um orçamento paralelo ao fiscal que contemplava as operações de crédito dos bancos federais e estaduais (veja boxe).

Com o fim do orçamento monetário, o orçamento passou a ser um só: o fiscal, aprovado ano a ano pelos parlamentares. Qualquer despesa não prevista ali teria de ser negociada no Congresso. Embora fosse um importante avanço, Maílson ainda tinha pela frente a monumental tarefa de enxugar uma máquina cevada durante várias décadas de estatização.

Na prática, a única coisa que ele conseguiu foi arrochar o salário do funcionalismo público — ainda assim, foi constantemente contrariado por ministros e outros dirigentes que insistiram em conceder reajustes além dos limites acordados. Em outubro de 1988, a nova Constituição entrou em vigor e acabou de atropelar os planos do ministro. Benefícios sociais foram criados sem que se previssem novas fontes de financiamento — conforme comentamos no Capítulo 6, essas fontes só seriam criadas alguns anos mais tarde, como o Cofins, instituído em 1991. Para piorar o déficit, a nova CF elevou as transferências da União para Estados e municípios.

Do lado das receitas públicas, Maílson havia dado prosseguimento à política de Bresser de reajustar as tarifas — mas isso acabava minando o combate à inflação, já que as empresas repassavam tais custos ao consumidor final. Outro problema era o comportamento defensivo da sociedade, que continuava reajustando seus preços o mais rápido possível, com medo de novas perdas.

O resultado é o que se vê no Quadro 12.4: após um ano de "arroz com feijão", a inflação não apenas não recuara para a meta pretendida — que já era pouco ambiciosa (15% ao mês) —, como ameaçava acelerar de novo. Em novembro, tentando uma última cartada, o governo assinou com empresários e sindicatos um documento chamado *Compromisso Social — Pacto Contra a Inflação*, que prefixava o percentual de reajustes. Mas, à medida que o INPC foi revelando uma inflação superior ao reajuste prefixado, o pacto foi para o espaço e os índices se aceleraram novamente.

Em janeiro de 1989, Maílson contraria suas promessas iniciais de não lançar nenhum pacote e anuncia o *Plano Verão*, cujas principais medidas são:

Quando a torneira do orçamento monetário se fechou, veio à luz o descalabro administrativo dos bancos estaduais. Se examinados sob critérios objetivos, esses bancos estavam, em sua grande maioria, simplesmente quebrados. Contudo, graças a diversas pressões políticas, muitos deles ainda sobreviveriam mais uma década, até a edição do Programa de Incentivo à Redução da Presença do Estado na Atividade Bancária (Proes), em 1996, a partir do qual instituições como Banerj, Banespa, Bandepe e Bemge foram finalmente privatizadas. Na mesma época do Proes foi criado o polêmico Programa de Estímulo à Reestruturação e Fortalecimento do Sistema Financeiro Nacional (Proer), que ajudou os bancos privados em dificuldades.

a) nova mudança na moeda, que perde três zeros outra vez e passa a se chamar *cruzado novo*;
b) um congelamento de preços e salários por aproximadamente 45 dias;
c) extinção da correção monetária e da URP, numa tentativa de desindexar a economia e, ao mesmo tempo, desregulamentar o mercado de trabalho (pela primeira vez desde 1964) – visto que, após o congelamento, os salários seriam negociados livremente entre sindicatos e empregadores;
d) alta nas taxas de juros, para conter o consumo e manter os investidores no *open market*, garantindo o financiamento da dívida pública (voltaremos a falar disso adiante); e, por fim,
e) mais uma vez, a promessa de cortar gastos públicos, arrochando os salários do funcionalismo e extinguindo ou privatizando estatais.

O impacto do Plano Verão durou ainda menos que o dos choques anteriores: em julho a inflação mensal já havia voltado ao mesmo patamar de janeiro e, nos meses seguintes, viria a se acelerar rumo a uma hiperinflação aberta, como vemos no Quadro 12.4. Gremaud, Vasconcellos e Toneto Júnior (2009, p. 435) resumem bem os motivos para tal fracasso:

> O governo não realizou nenhum ajuste fiscal, o que mantinha elevados e crescentes os déficits públicos. A fragilidade do governo e a ampla negociação feita com o Congresso para negociar os cinco anos do presidente impediam qualquer tentativa de medidas mais austeras. Essa dificuldade era ainda maior devido às eleições no final de 1989, com um grande número de congressistas se candidatando, o que levava à não aceitação de qualquer medida impopular naquele ano. [...]

O financiamento do déficit público no governo Sarney

Como você deve ter percebido, à exceção do Cruzado, que não tinha essa prioridade (veja boxe), todos os outros planos engendrados durante a gestão de José Sarney tentaram, sem sucesso, reduzir o *déficit público*, apontado, ao lado do componente inercial, como o grande vilão da inflação pelos economistas da Nova República. Uma pergunta pertinente a esse respeito é: se o Estado estava falido, como dissemos no fim do capítulo anterior, e as fontes de financiamento externos, tão caras aos governantes militares, haviam se secado, de onde vinha a verba para tanta gastança?

A resposta deve ser buscada em quatro fontes:
a) as **receitas de senhoriagem (imposto inflacionário)**, que, conforme vimos no Capítulo 6 (Figura 6.2),

> *No fim de 1985, já preparando o terreno para um choque heterodoxo, o governo Sarney lançara um pacote fiscal que aumentava a arrecadação e vinculava alguns preços administrados à ORTN. Isso contribuiu para que os formuladores do Cruzado colocassem o combate ao déficit em segundo plano, pois acreditavam que essa minirreforma seria suficiente para equilibrar as contas públicas.*

Quadro 12.4 Evolução da inflação (IGP-DI) de janeiro de 1988 a março de 1990.

1988								
jan.	fev.	mar.	abr.	maio	jun.	jul.	ago.	set.
19,14	17,65	18,16	20,33	19,51	20,83	21,54	22,89	25,76
1988			1989					
out.	nov.	dez.	jan.	fev.	mar.	abr.	maio	jun.
27,58	27,97	28,89	36,56	11,8	4,23	5,17	12,76	26,76
1989						1990		
jul.	ago.	set.	out.	nov.	dez.	jan.	fev.	mar.
37,88	36,48	38,92	39,7	44,27	49,39	71,9	71,68	81,32

Fonte: FGV.

alcançaram seus níveis mais altos nos anos pós-redemocratização, chegando a representar incríveis 5,51% do PIB em 1989;

b) o **efeito Bacha (efeito Patinkin)**, que, conforme vimos no Capítulo 3, ocorre quando os entes públicos postergam o pagamento de suas obrigações em um ambiente inflacionário, diminuindo, assim, o valor de suas despesas (à custa de seus credores e funcionários);

c) os constantes **expurgos** na correção monetária e em outros indexadores, que prejudicavam credores e beneficiavam devedores — entre eles o governo, que desse modo sub-remunerava os títulos públicos e outros ativos de sua responsabilidade;

d) e, por último, mas não menos importante, a **dívida pública mobiliária interna**, que passa por uma primeira grande elevação nesse período (apenas superada pela ocorrida após o Plano Real).

Vale ressaltar que, desde a crise da dívida externa em 1981-1983, o financiamento público via dívida mobiliária interna já vinha adquirindo maior peso. E, conforme a inflação se acelerava, a ORTN (reajustada pela correção monetária) obviamente ganhava a preferência do investidor, chegando a representar, em 1985, 96,6% do total da dívida em poder do público (as prefixadas LTNs respondiam pelos outros 3,4%) (PEDRAS, 2009).

Tal situação começaria a mudar em março de 1986, quando, como vimos, o Plano Cruzado extinguiu as ORTNs, substituindo-as pelas OTNs — que ninguém queria, dada a incerteza da remuneração. Assim, sem opções de instrumentos, em 1986 o governo autorizou o Banco Central a emitir títulos próprios para fins de política monetária — as Letras do

Banco Central (LBCs). No fim de 1987, foram criadas as *Letras Financeiras do Tesouro (LFTs)* para financiar os déficits orçamentários; como o Banco Central logo depois seria proibido de lançar títulos próprios, as LFTs substituíram as LBCs à medida que estas chegavam a seu vencimento. Ambos os instrumentos tinham uma característica em comum: eram remunerados pela taxa Selic (com indexação diária), o que os tornava, naturalmente, muito atraentes para o investidor. Assim, acentuando a tendência de "curto-prazismo" da dívida pública já iniciada em 1985, as LBCs/LFTs logo se tornaram as estrelas do *overnight* — modalidade de aplicação em que pessoas jurídicas e as físicas com acesso a serviços bancários concentravam quase todos os seus recursos.

Ocorre que em janeiro de 1989, como vimos, o Plano Verão elevou fortemente a taxa de juros, o que desferiu um pesado golpe no maior devedor do sistema financeiro — o próprio governo. Basta dizer que, naquele ano, apenas o pagamento de juros da dívida pública interna passou a consumir impressionantes 9,5% do PIB (contra 2,88% em 1988) (BRESSER PEREIRA; NAKANO, 1991).

O resultado de todos esses movimentos é que, ao receber a faixa presidencial de Sarney, em março de 1990, Fernando Collor de Mello herdava não apenas uma ameaça de hiperinflação, mas também uma dívida pública fora do controle. A relação dívida mobiliária interna federal/PIB saltara de 20,9% do PIB em 1986 para 31,8% no fim de 1989 (FERNANDES; TUROLLA, 2006). E o pior: quase todo o estoque em mãos do público era composto de LFTs, com prazo curtíssimo e uma carga de juros que, àquela altura, já era considerada a principal vilã do déficit.

Além de sangrar os cofres públicos, essa combinação de juros altíssimos e indexação diária tornava o Estado "refém do *overnight*". Afinal, ele não podia usar a taxa de juros como instrumento de política monetária (como vimos no Capítulo 7), porque se a elevasse tornaria sua situação de devedor mais delicada ainda; e, se a abaixasse (a fim de estimular investimentos produtivos, por exemplo), perderia aquela que havia se tornado praticamente sua única fonte de financiamento.

Conhecendo esse quadro, ficará mais fácil para você entender as drásticas medidas tomadas pela equipe econômica do novo presidente.

Plano Collor

Ao longo do ano de 1989, as mais inusitadas propostas para combater a inflação brasileira (que a esta altura já tinha virado um *case* econômico de nível mundial) surgiam na imprensa, na academia e na concorrida campanha para a eleição presidencial — a primeira livre desde aquela que elegera Jânio Quadros, em 1960. Em um debate para o segundo turno, Fernando Collor acusou Lula de estar tramando o "confisco da poupança" e o "calote da dívida interna".

> *A equipe de Lula havia, de fato, examinado uma proposta de "bloqueio da liquidez" apresentada sigilosamente pelo economista Antônio Kandir. Mais tarde, após a derrota do candidato do PT, Kandir levou a mesma proposta à equipe de Collor, que, pelo visto, a acatou. Os pressupostos teóricos do confisco podem ser encontrados em um artigo acadêmico dos professores da Unicamp Luiz Gonzaga Belluzzo e Júlio Almeida (1990) – ambos negam, porém, qualquer participação na elaboração concreta do Plano Collor.*

Por ironia, foram exatamente essas as duas principais medidas que o presidente eleito implantou por meio do bombástico *Plano Collor*, anunciado em 16 de março de 1990, menos de 24 horas após a posse. Em essência, o novo plano impunha:

a) Uma drástica *contenção da liquidez*, por meio do confisco de todas as importâncias superiores a 50.000 cruzados novos – agora rebatizados como *cruzeiros*, sem troca de zeros – depositados nas cadernetas de poupança e nas contas correntes e de 80% das aplicações no *overnight* e outros produtos financeiros. Com isso se conseguiu, imediatamente, enxugar da economia nada menos do que 67% do M_4 (reveja conceito no Capítulo 7). O objetivo era derrubar a inflação por meio de um esfriamento radical da demanda e, ao mesmo tempo, decretar uma verdadeira *moratória da dívida interna pública*. De fato, a dívida em poder do público foi compulsoriamente trocada por outra, que só seria devolvida após 18 meses, reajustada pelo *Bônus do Tesouro Nacional (BTN)* – um título criado no ano anterior e atrelado ao Índice de Preços ao Consumidor (IPC), calculado pelo IBGE – mais juros de 6% ao ano. Conforme se explica no livro *Dívida pública: a experiência brasileira*, "o estoque, antes remunerado pela taxa Selic, passou a ser remunerado a uma taxa muito inferior, gerando ganhos consideráveis para o governo" (PEDRAS, 2009, p. 65). Essa medida, somada ao superávit fiscal que comentaremos a seguir, permitiu uma redução histórica no estoque da dívida em poder do público: uma queda de 82,5%, apenas no ano de 1990.

b) Um ambicioso *ajuste fiscal*, que pretendia reverter o déficit estimado em 8% do PIB para um superávit de 2% do PIB. Esses 10% de ajuste seriam obtidos da seguinte maneira:
- 0,5% viria de cortes nas despesas, representados principalmente pela exoneração de 360 mil funcionários públicos (30% do quadro total);
- 3,5% viriam da *privatização* de empresas públicas, por meio do *Programa Nacional de Desestatização*, lançado em 12 de abril de 1990;
- 6% viriam da elevação na arrecadação, que seria obtida por aumento na tributação (principalmente do IOF) e pelo combate à sonegação (foram proibidos cheques e ações ao portador acima de determinado valor) e à renúncia fiscal (por meio de cortes em subsídios e isenções).

c) Um novo *congelamento de preços e salários* até maio de 1990.

d) A adoção de uma *taxa de câmbio flutuante*, que se encaixava na política de *liberalização do comércio exterior* do novo governo, alinhando-se a outras medidas, como queda nas tarifas de importação.

Como se observa no Quadro 12.5, o Plano Collor conseguiu apenas evitar a hiperinflação, mas não trazer os índices de preços para um patamar civilizado; e, ainda no fim do ano, assistimos a uma nova aceleração inflacionária. Costuma-se identificar três causas principais para esse fracasso. A primeira foi o *afrouxamento na restrição da liquidez*, por meio das chamadas "torneirinhas" do Banco Central — empresários conseguiram liberar recursos para o pagamento da folha salarial e para financiar a atividade produtiva; aposentados, desempregados e outros grupos também conseguiram adiantamentos; os bancos anunciaram dificuldades para trocar cruzados novos por cruzeiros e acabaram socorridos pelo BCB, e assim por diante. Resultado: em apenas dois meses após o plano, a base monetária havia aumentado quatro vezes (dessa vez com maior peso, evidentemente, do M_1).

> *Para uma visão mais completa da variação do PIB na Nova República, reveja a Figura 2.5, apresentada na seção "Na academia" do Capítulo 2.*

A segunda causa para o fracasso do Plano Collor teria sido a *insuficiência do ajuste fiscal*: dos 360 mil funcionários que se pretendia exonerar, apenas 40 mil foram efetivamente desligados. O superávit que de fato ocorreu em 1990 (1,2% do PIB) não tinha bases sólidas, pois se devia apenas a uma elevação extraordinária nas receitas (graças, principalmente, ao IOF sobre os ativos retidos) e à redução dos gastos com os encargos da dívida e com a folha salarial do funcionalismo público, novamente arrochada.

A terceira causa teria sido a *desvalorização do cruzeiro diante do dólar*, à qual o BCB foi obrigado a recorrer no fim do ano, devido ao desequilíbrio na balança comercial, gerado por uma combinação entre a suspensão dos estímulos ao setor exportador e a liberação das importações.

Mas essas são apenas as causas principais. Não podemos desconsiderar o trauma psicológico provocado pelo confisco, nem os conflitos distributivos gerados pelo congelamento (que novamente pegou os diferentes agentes em picos, médias e vales) e, em seguida, pela liberação dos valores confiscados apenas para alguns setores, em ritmos diferentes.

Um dos poucos méritos que podemos ver no exótico Plano Collor são as medidas de prazo mais longo — a privatização e a liberalização do comércio exterior — que, quando finalmente concretizadas, alguns anos depois, seriam determinantes para a transformação positiva da economia brasileira, conforme vimos no Capítulo 1. No curto prazo, porém, a desorganização na atividade econômica provocada pelo plano produziu uma recessão sem precedentes: o PIB encolheu 4,3% no ano de 1990, superando, em muito, a recessão provocada pelo "arroz com feijão" de Maílson, em 1988 (-0,1%).

Quadro 12.5 Evolução da inflação (IGP-DI) de março a dezembro de 1990.

1990									
mar.	abr.	maio	jun.	jul.	ago.	set.	out.	nov.	dez.
81,32	11,33	9,08	9,02	12,98	12,93	11,71	14,16	17,45	16,46

Fonte: FGV.

Plano Collor II

Logo após o anúncio do primeiro Plano Collor, Delfim Netto comentou, em uma entrevista (O CHOQUE, 1990), que o governo *precisava* que o plano desse certo, porque, se não desse, além de perder a batalha contra a inflação, ele perderia sua principal fonte de financiamento — afinal, depois daquela dramática moratória, quem voltaria a comprar títulos do Tesouro no *overnight*?

No início de 1991, o alerta do antigo ministro parecia estar virando realidade. A inflação voltava e o governo ficava cada vez mais encurralado, sem conseguir empurrar para o mercado seus instrumentos de financiamento. Assim, em fevereiro de 1991, quando a ministra Zélia Cardoso anunciou o *Plano Collor II*, percebia-se que o objetivo era mais propriamente salvar os cofres públicos do que livrar a economia nacional da inflação.

De fato, sua principal medida era a extinção do *overnight* e a criação do *Fundo de Aplicação Financeira (FAF)*. Logo apelidado de *"fundão"*, o FAF nada mais era do que uma estratégia para fazer o mercado aceitar os títulos públicos "na marra". Funcionava assim: sempre que uma empresa ou um cidadão ligasse para o gerente do banco a fim de aplicar seu dinheiro em um fundo de curto prazo, o gerente seria obrigado a direcionar uma boa parte desses recursos (43%) para títulos públicos, emitidos tanto pela União quanto pelos combalidos Tesouros estaduais (antes do FAF, a procura pelos títulos estaduais era praticamente nula). Além disso, o gerente do banco ainda teria de obrigatoriamente destinar 8% do dinheiro para os *Títulos de Desenvolvimento Econômico*, que financiariam projetos públicos produtivos, e mais 3% aos *Fundos de Desenvolvimento Social*, voltados ao financiamento de obras sociais, como creches e postos de saúde.

A remuneração desses novos títulos não seria mais feita pelos BTNs — extintos na mesma data —, e sim pela recém-criada *Taxa Referencial (TR)*. Qual o objetivo dessa mudança? A intenção era acabar com a nossa velha conhecida correção monetária: em vez de remunerar os títulos públicos pela *inflação passada*, conforme concebido em 1964 por Roberto Campos e Otávio Bulhões, o governo agora pretendia remunerá-los pela expectativa de *inflação futura*, já que a TR seria prefixada. Segundo a lógica da equipe econômica de Collor, o fim da indexação nos títulos públicos e nos tributos (também submetidos à TR) geraria um efeito cascata pela economia, desindexando contratos, aluguéis, salários e tudo o mais. (Como você pode imaginar, não deu certo: em pouco tempo a TR já havia se tornado o novo indexador preferido dos brasileiros, convivendo com outros mais ou menos formais, como o dólar, por exemplo.)

Além da criação do FAF e da TR, suas únicas verdadeiras novidades, o Plano Collor II trazia de volta o cardápio costumeiro dos planos anteriores — pesados reajustes nas tarifas públicas (o popular "tarifaço"), mais um congelamento de preços e salários e mais promessas de corte nos gastos. Os efeitos sobre a inflação também foram os de sempre: uma queda inicial seguida de rápido retorno aos patamares anteriores, como se nota no Quadro 12.6, que mostra a evolução da inflação ao longo de todo o ano de 1991.

Dessa vez, porém, a equipe econômica não chegou a ver seu plano anti-inflacionário naufragando: em maio, desgastada por atritos públicos com empresários e até com representantes do FMI — sem falar nos escândalos amorosos em que se envolveu —, Zélia Cardoso de Mello caiu, levando junto boa parte do primeiro escalão. No seu lugar entrou Marcílio Marques Moreira, ex-embaixador em Washington, avesso a qualquer tipo de heterodoxia e negociador respeitado na comunidade financeira internacional.

O "choque externo positivo" de Marcílio e a transição de Itamar Franco

Lembra-se daqueles vultosos fluxos de capital que a América Latina remeteu ao resto do mundo entre 1982 e 1988, aos quais nos referimos no início deste capítulo? Se você acha que aquele dinheiro todo serviu para zerar ou pelo menos diminuir a dívida externa da região, está enganado. Em vez de diminuir, a dívida externa da América Latina aumentou de 320 para 420 bilhões de dólares no mesmo período. Como se explica tal paradoxo?

Ocorre que, nessa época, a política adotada pelo FMI e pelo Banco Mundial era emprestar *mais* dinheiro aos países endividados, para que estes pudessem pagar os juros e amortizações das dívidas passadas. Ninguém — a não ser radicais esquerdistas — cogitava em *reduzir* o estoque da dívida a um montante realista, adequado às possibilidades de pagamento desses países. Somente no fim dos anos 1980, quando terminava o governo Reagan (conhecido pela intransigência com os devedores), a questão passou a ser discutida sob um novo prisma. Aos poucos, formou-se o consenso de que era preciso criar um programa de reestruturação que, em vez de apenas jogar o problema para o futuro, efetivamente diminuísse as quantias devidas. Esse programa consubstanciou-se no *Plano Brady*, assim chamado em referência a seu principal articulador, Nicholas Brady, o novo secretário do Tesouro norte-americano.

Em essência, o Plano Brady propunha o seguinte: o FMI e o Banco Mundial concederiam novos empréstimos aos países pobres — contudo, em vez de usar os recursos para pagar o serviço de títulos emitidos no passado, eles os usariam para *recomprar* tais títulos no mercado secundário, onde eram oferecidos por um valor inferior ao de face. Como a credibilidade desses países andava péssima, o deságio de seus papéis chegava a 30%: em outras palavras,

Quadro 12.6 Evolução da inflação (IGP-DI) de janeiro a dezembro de 1991.

1991											
jan.	fev.	mar.	abr.	maio	jun.	jul.	ago.	set.	out.	nov.	dez.
19,93	21,11	7,25	8,74	6,53	9,86	12,83	15,49	16,19	25,85	25,76	22,14

Fonte: FGV.

um dólar de dívida contraída no passado podia ser, agora, recomprado por apenas 70 *cents*. É fácil ver, portanto, que tal operação – chamada de *securitização da dívida externa* – certamente diminuiria o estoque de dívida dos latino-americanos.

Outra vantagem do Plano Brady é que as negociações seriam feitas caso a caso, respeitando-se as possibilidades de cada país. Por fim – mas não menos importante –, os títulos velhos seriam pagos com os chamados *bradies*, títulos garantidos pelo próprio Tesouro norte-americano, o que dava uma tranquilidade extra aos credores.

Na época do lançamento do plano, Maílson da Nóbrega, que estava à frente do Ministério da Fazenda, tentou, como vimos, reaproximar-se do Fundo, inclusive para que o país se beneficiasse da reestruturação. No entanto, as negociações só engatariam de verdade durante a gestão de Marcílio Marques: em julho de 1992, o Brasil assinou um acordo de princípios – denominado *Plano Brasileiro de Financiamento* – pelo qual negociaria cerca de 40 bilhões de dólares de sua dívida externa (aproximadamente um terço do total) que estavam na mão de banqueiros privados.

Antes disso, em fevereiro de 1992, Marcílio e sua equipe haviam obtido outra vitória, dessa vez junto ao *Clube de Paris* – associação informal que conduzia a negociação das dívidas contraídas de país para país, ou seja, aquelas concedidas por organismos oficiais, e não pelos bancos privados. No arranjo, o pagamento de mais 13,8 bilhões de dólares foi reescalonado até 2006.

Esses dois movimentos, embora representassem apenas os primeiros passos do Brasil para livrar-se da gigantesca dívida externa contraída nas décadas anteriores, foram importantes para restabelecer nossa credibilidade no exterior. Era a primeira estratégia do chamado *"choque externo positivo"* que Marcílio pretendia promover na economia. A segunda era uma agressiva política de atração do capital especulativo, que se traduziu em um aumento exponencial na taxa de juros, muito acima da média internacional.

Os resultados logo se fizeram sentir: o saldo da conta "investimento em carteira" no nosso balanço de pagamentos saltou de 3,8 bilhões de dólares em 1991 para 14,4 bilhões em 1992. Os investimentos estrangeiros diretos (IEDs) também se avolumaram, o que, somado ao aumento das exportações (beneficiadas, agora, por uma taxa de câmbio realista, ou seja, com o cruzeiro fraco diante do dólar), garantiu uma significativa recomposição das reservas internacionais, que

> *Em dezembro de 1992, o Plano Brasileiro de Financiamento foi aprovado pelo nosso Senado. Em janeiro de 1993, uma proposta detalhada foi enviada para endosso dos credores e, em novembro do mesmo ano, foram fechados os acordos. A emissão dos bradies brasileiros, no valor de aproximadamente 55 bilhões de dólares, só ocorreria em 15 de abril de 1994, já na presidência de Itamar Franco. Doze anos depois, em abril de 2006, com a economia estabilizada e a situação externa muito mais favorável, o governo de Lula exerceu a cláusula de recompra antecipada e, mediante o desembolso de 6,5 bilhões de dólares, extinguiu nosso estoque de bradies. Finalizava-se, assim, uma importante fase da história do endividamento externo brasileiro. As dívidas com os organismos oficiais também passaram, na mesma época, por uma reestruturação, tendo como objetivo a diluição dos compromissos ao longo do tempo (PEDRAS, 2009).*

receberam um fluxo de 14 bilhões de dólares naquele ano. Ainda que em um ritmo mais modesto, as reservas continuariam aumentando ininterruptamente até 1997, quando começou a crise das bolsas asiáticas, conforme veremos adiante.

Apesar de todos esses resultados positivos no setor externo, no âmbito interno a gestão econômica de Marcílio ainda enfrentava graves problemas. Na tentativa de cumprir as metas de ajuste fiscal acordadas com o FMI, o ministro deu prosseguimento à política de enxugar gastos iniciada por sua antecessora. De 1990 a 1991, as despesas públicas sofreram 21% de queda em termos reais (DALMASO, 1992), tendo sido sacrificados até setores básicos, como saúde e educação. Na maioria das vezes, porém, essa economia não se devia a um ajuste sólido, e sim ao mero atraso na liberação das verbas — que, quando finalmente chegavam ao destino, já valiam muito menos por conta da inflação, o que gerava um lucro fácil para o governo. Outra vítima desse efeito Bacha-Patinkin era a folha de pagamentos do funcionalismo, cujo reajuste era adiado o máximo possível.

Contudo, todo o aperto determinado por Marcílio pouco se refletia na reversão do déficit, já que as receitas também haviam sofrido sensível queda. As culpadas eram a liberação antecipada dos recursos confiscados no Plano Collor (conseguida em inúmeras ações judiciais que pipocavam Brasil afora) e a perda na arrecadação decorrente da proibição, pelos tribunais, de que os tributos fossem reajustados pela TR.

No fim das contas, o aperto de cinto promovido pelo ministro prejudicou ainda mais a economia, já desorganizada pela inflação: ao crescimento pífio de 1% em 1991, seguiu-se um encolhimento de 0,5% no PIB em 1992. Em outubro desse ano, o ministro caiu junto com o próprio presidente, afastado por um histórico *impeachment*.

Itamar Franco, o vice que assumiu em seguida, a princípio conduziria uma política econômica claudicante, marcada pela altíssima rotatividade de ministros da Fazenda: de outubro de 1992 a maio de 1993, foram nada menos que três ministros — Gustavo Krause, Paulo Haddad e Elizeu Resende. Se eles pouco contribuíram para combater a inflação, que seguia impávida acima dos 20% mensais, como se vê no Quadro 12.7, pelo menos não decretaram nenhum novo congelamento ou outra medida capaz de desestabilizar ainda mais a economia.

Quadro 12.7 Evolução da inflação (IGP-DI) de janeiro de 1992 a abril de 1993.

1992							
jan.	fev.	mar.	abr.	maio	jun.	jul.	ago.
26,84	24,79	20,7	18,54	22,45	21,42	21,69	25,54
1992				1993			
set.	out.	nov.	dez.	jan.	fev.	mar.	abr.
27,37	24,94	24,22	23,7	28,73	26,51	27,81	28,21

Fonte: FGV.

Plano Real

Em maio de 1993, Itamar Franco trocou o ministro da Fazenda pela terceira vez. Mas agora era diferente: político de destaque e intelectual respeitado, Fernando Henrique Cardoso assumiu o posto cercado de expectativas positivas. Uma de suas primeiras ações foi chamar de volta os economistas da PUC-Rio. Além de Bacha, Arida, Lara Resende e, mais tarde, Francisco Lopes, a nova equipe econômica contaria com outros profissionais ligados à instituição, como Pedro Malan (que havia participado das negociações da dívida externa com Marcílio Marques), Winston Fritsch e Gustavo Franco.

Os sete penosos anos que se seguiram ao fracasso do Plano Cruzado haviam ensinado diversas lições àquele grupo de economistas. Havia, agora, uma percepção muito mais nítida do papel que a crise fiscal exercia na gênese do processo inflacionário. Ao mesmo tempo, a proposta de criar uma moeda plenamente indexada – a chamada solução "Larida", de que falamos no início do capítulo – já era razoavelmente conhecida da sociedade, até mesmo porque estava embutida nos processos de dolarização, como o que ocorrera na Argentina em 1991.

Em comparação a 1986, percebia-se, portanto, um amadurecimento na compreensão dos problemas vividos pelo país, o que propiciava o clima psicológico necessário à aplicação de um plano mais complexo e racional. Outro fator que beneficiava os formuladores da política econômica nesse novo momento era a situação muito mais confortável das contas externas: após os vários anos de superávits comentados anteriormente, nossas reservas internacionais exibiam o saudável saldo de 32,2 bilhões de dólares ao fim de 1993. No plano interno, a abertura comercial promovida na gestão Collor dava frutos positivos: diante da concorrência estrangeira, o empresariado nacional não podia mais elevar os preços a seu bel-prazer, como se habituara a fazer no passado. Outra boa herança deixada por Collor, o programa de privatização, também avançara, com a venda de mais de uma dezena de estatais. Além disso, apesar da inflação altíssima, a economia começava a se recuperar e até o fim do ano exibiria um crescimento de 4,9%, o maior desde 1987.

Em resumo: tudo conspirava para o sucesso do novo plano de estabilização, destinado a finalmente livrar o país de 15 anos de inflação crônica. Uma última vantagem positiva do Plano Real em relação a seus antecessores é que ele foi anunciado à sociedade com tranquilidade e bastante antecedência, o que aumentou a confiança na equipe econômica.

Em essência, o plano tinha três fases, conforme ilustrado na Figura 12.2. A primeira fase, a do *ajuste fiscal*, iniciou-se em junho de 1993, quando FHC anunciou o *Programa de Ação Imediata (PAI)*, que tinha como principal objetivo a "reorganização financeira e administrativa do setor público". A equipe econômica estava convicta de que o orçamento da União havia se transformado em peça de ficção, tanto no lado da receita quanto no lado da despesa. Em outras palavras: o orçamento era aprovado no início do ano, mas, na prática, todos sabiam que seria impossível, com as receitas disponíveis, bancar as incríveis despesas

Figura 12.2 As três fases do Plano Real.

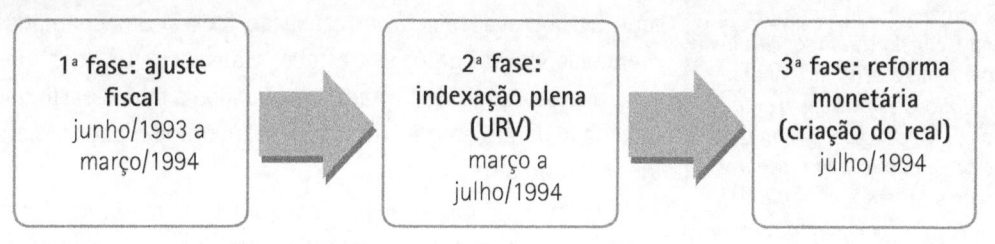

1ª fase: ajuste fiscal
junho/1993 a março/1994

2ª fase: indexação plena (URV)
março a julho/1994

3ª fase: reforma monetária (criação do real)
julho/1994

ali inseridas pelos parlamentares. Ao Executivo restava, portanto, apenas fazer um controle "na boca do caixa", segurando as verbas até que elas fossem corroídas pela inflação, conforme já comentamos.

Contra essas práticas irracionais, o PAI propunha a "verdade orçamentária": Executivo e Legislativo deveriam atuar juntos "para eliminar o déficit público, não pela repressão, mas pela *supressão* de fontes de gastos" (MF, 1993). Para tanto, impunham-se, como ações imediatas (daí o nome do plano):

a) corte de 6 bilhões de dólares das despesas no orçamento de 1993, abrangendo todos os ministérios;
b) elaboração de uma proposta orçamentária para 1994 baseada numa previsão realista da receita;
c) criação de um tributo emergencial, o *Imposto Provisório sobre Movimentação Financeira (IPMF)* – o famoso "imposto do cheque", com alíquota de 0,25%;
d) prosseguimento da privatização de empresas dos setores siderúrgico, petroquímico e de fertilizantes, e início da privatização nos setores elétrico e ferroviário;
e) endurecimento na negociação com Estados e municípios, que tinham dívidas gigantescas com a União; e
f) tratamento mais rígido, também, aos bancos estaduais, que, mesmo com o fim do orçamento monetário (comentado na primeira seção), continuavam empurrando seus problemas para o Banco Central e, consequentemente, para o Tesouro.

Em 1993, o PAI ganhou um reforço importante em seus esforços para engordar o caixa público: um aumento de 5% na alíquota de todos os tributos federais. Em março de 1994, outra vitória política para a equipe de FHC – os parlamentares reunidos para rever a Constituição de 1988 aprovaram a criação do *Fundo Social de Emergência (FSE)*, uma peça-

> *O IPMF foi de fato criado em julho de 1993, mas logo barrado pelos tribunais, voltando a ser cobrado apenas em 1994, quando vigorou de janeiro a dezembro. Em 1997, o "imposto do cheque" foi ressuscitado na forma da Contribuição Provisória sobre Movimentação ou Transmissão de Valores e de Créditos e Direitos de Natureza Financeira (CPMF), voltada especificamente ao financiamento da saúde. A CPMF vigorou de 1997 a 2007, abocanhando, na maior parte do tempo, uma parcela de 0,38% sobre qualquer movimentação financeira no país.*

> *Exatamente como sugerido na "solução Larida" em 1986, a adesão à URV não foi obrigatória. O Estado deu o exemplo, usando-a para expressar o valor das tarifas e tributos sob sua responsabilidade, mas os demais agentes econômicos ficaram livres para adotá-la ou não; na prática, a URVerização acabou ocorrendo na maioria dos setores.*

-chave para o sucesso do Plano Real. O FSE era importante porque liberava 15% da arrecadação federal das chamadas "vinculações obrigatórias" estabelecidas pela CF (destinos que necessariamente tinham de ser dados à maior parte das receitas), dando ao governo maior margem de manobra para gerir seu orçamento.

No mesmo mês, precisamente em 1º de março de 1994, iniciou-se a *segunda fase* do plano, com a criação da *Unidade Referencial de Valor — URV*. Em sua essência, a URV nada mais era do que aquela moeda plenamente indexada proposta por Lara Resende em 1986, da qual tratamos no início do capítulo. A diferença com relação ao "Novo Cruzeiro" do economista é que a URV não era uma moeda propriamente dita, mas sim uma moeda-índice, sem existência física. Na data de sua implantação, 1 URV valia 647,50 cruzeiros reais (novo nome da moeda, desde agosto de 1993) — o exato valor do dólar comercial naquele dia — e, daí em diante, ela seria reajustada diariamente conforme o dólar subia.

> *O real nasceu com um regime de câmbio fixo; porém, logo depois, foi instituído o regime de minibandas cambiais: a moeda podia flutuar, mas apenas dentro de uma margem estreita. Assim, o dólar podia ficar cotado, por exemplo, entre 90 e 99 centavos de real.*

Assim, quando se iniciou a *terceira fase* do plano, no histórico dia 1º de julho de 1994, quando a 1 URV passou a valer 1 real, a URV valia 2.750,00 cruzeiros reais, que continuava sendo a exata cotação do dólar naquele dia. Desse modo, 1 real automaticamente passou a valer também 1 dólar. E aí estava outra peça-chave do Plano Real: a *âncora cambial*, um mecanismo segundo o qual 1 dólar nunca valeria mais do que 1 real.

O mecanismo leva esse nome porque funciona justamente como as âncoras dos navios: a moeda recém-nascida e, portanto, fraca, fica "ancorada" a uma moeda forte, o dólar, cujo poder aquisitivo pouco varia ao longo do ano. Para lastrear essa falsa valorização de sua moeda doméstica, o governo brasileiro contava com suas polpudas reservas internacionais, que poderiam ser gastas no caso de um ataque especulativo ao real (o que de fato ocorreu nos anos seguintes, conforme veremos adiante).

Graças às condições favoráveis e a essa engenhosa arquitetura, o Plano Real acabou dando um final feliz à nossa saga de planos heterodoxos: a inflação de mais de 40% mensais em junho de 1994 recuou para 3,34% em agosto e permaneceu entre 1% e 2% mensais nos meses seguintes, passando a exibir um índice anual de um único dígito já em 1996. Quanto à produção de riqueza, mantivemos um bom ritmo de crescimento até 1996 (5,9% em 1994 e 4,2% em 1995), quando os reflexos da crise mexicana abateram-se sobre o país, como veremos a seguir.

A prova de fogo do Plano Real

O primeiro mandato de Fernando Henrique Cardoso, facilmente eleito graças ao sucesso do Plano Real, foi marcado por uma sequência de crises internacionais que representaram uma verdadeira prova de fogo para a estabilidade da nova moeda. Para entender isso melhor, precisamos pensar no que ocorreu após a instituição da âncora cambial.

De acordo com o que estudamos no Capítulo 5, você sabe que, quando a moeda de certo país fica artificialmente valorizada diante do dólar, as importações desse país tendem a aumentar, e suas exportações, a diminuir. Imagine, então, o que ocorreu no Brasil, quando o dólar chegou a valer, no fim de 1994, apenas 83 centavos de real – ou seja, um estrangeiro precisava entregar 1,20 dólar para comprar 1 real.

O resultado foi uma explosão nas importações, que foi abrindo um rombo nas nossas transações correntes. Para cobrir tal rombo, o Banco Central elevava as taxas de juros e, assim, atraía os dólares dos investidores.

A estratégia era ótima para segurar a inflação, mas desferia um duro golpe na economia interna. Atropeladas pela combinação entre juros altos e enxurrada de importados, as empresas nacionais fechavam e demitiam trabalhadores. O próprio Estado também sofria com a situação, vendo sua dívida interna pública disparar (em um movimento semelhante ao ocorrido na gestão econômica de Maílson da Nóbrega, conforme vimos na primeira seção).

Na ótica da equipe econômica de FHC, a situação era transitória: assim que reformas estruturais mais profundas – como o saneamento dos bancos oficiais e a conclusão do processo de privatização – dessem resultado, seria possível abandonar a âncora cambial e ficar apenas com os instrumentos de política econômica mais convencionais (política fiscal e monetária). O problema era convencer o resto do mundo disso.

Para entender por quê, imagine um investidor internacional que tem parte de seus recursos aplicados em um país cujo déficit em transações correntes é cada vez maior. "Até quando esse país conseguirá manter a política de juros altos para atrair os dólares de que necessita?", pergunta-se o investidor. E, se o país em questão estiver vivendo uma crise política e social decorrente do estrangulamento da economia interna (como a que ocorria, por exemplo, no México em 1994, após o levante organizado pelo Exército Zapatista de Libertação Nacional), certamente nosso investidor ficará mais preocupado ainda. Afinal, a qualquer momento o governo central poderá dar ouvidos aos clamores internos e abandonar a âncora cambial, a fim de salvar a produção nacional e o nível de emprego, mesmo que à custa da volta da inflação. Nesse caso, o abandono da âncora cambial significará, é claro, a imediata desvalorização da moeda desse país – e as péssimas consequências disso para o investidor estrangeiro nós já vimos no Capítulo 5, especialmente na Figura 5.5.

Essa situação descreve exatamente o que ocorreu no México em fins de 1994. Após seis anos de peso sobrevalorizado, o país viu suas reservas baixarem a um nível crítico; o governo foi obrigado a desvalorizar a moeda e os investidores bateram em retirada, desencadeando uma crise de grandes proporções.

As perdas sofridas pelos investidores no México aumentaram o temor de que outros países em situação semelhante — Brasil e Argentina, por exemplo — pudessem seguir o mesmo caminho. Era o *efeito tequila*, que bateu às nossas portas em março de 1995. Os investidores começaram a retirar seus dólares do Brasil, em um ataque especulativo contra o real. Nosso Banco Central contra-atacou, de uma maneira avassaladora: em um único dia — a "quinta-feira negra" de 9 de março de 1995 — torrou 7 bilhões de dólares das nossas reservas para defender a moeda nacional. Mas, como as taxas de juros também foram mais uma vez aumentadas, as reservas rapidamente se recompuseram — no fim de 1995, já estavam em 51 bilhões de dólares, um patamar superior ao observado no início da crise.

De maneira geral, essa primeira "defesa do real" levada a cabo pela equipe econômica foi considerada um sucesso. Tal fato pode ter contribuído para certo excesso de autoconfiança que o Brasil exibiu quando aconteceu um segundo choque externo: a crise das bolsas asiáticas, no fim do ano de 1997. Em vez de aproveitar a ocasião para desvalorizar a moeda e, assim, dar jeito em dois problemas que o Plano Real havia criado — a explosão da dívida interna e o rombo nas transações correntes —, a equipe de FHC optou por um ajuste gradual. Acreditava-se que a pequena desvalorização do real que já se havia começado a fazer seria suficiente. Ademais, o Brasil exibia indicadores bem melhores que as protagonistas da quebradeira (Coreia do Sul, Tailândia e Indonésia): nosso déficit externo era menor que o delas e o nível de endividamento interno também. Além disso, o Brasil contava com duas fontes de dólares que não dependiam dos movimentos especulativos: a primeira vinha do processo de privatização, que seguia a todo vapor e envolvia, muitas vezes, pagamentos em dólar; a outra eram os IEDs, que, embora equivalentes a apenas metade dos investimentos em carteira, também entravam no país em volume expressivo.

Isso sem falar que em outubro de 1998 haveria eleições presidenciais — e quem se arriscaria a tomar uma medida potencialmente inflacionária, como a desvalorização do câmbio, em pleno ano eleitoral? Resultado: nas palavras de Averbug e Giambiagi (2000), pode-se dizer que, em 1998, "o Brasil mudou a rota do Titanic, mas que essa mudança, tendo sido lenta e tardia, não foi suficiente para evitar que o 'navio' colidisse com o *iceberg* — no caso, a crise externa". O *iceberg* chegou em agosto de 1998, quando a Rússia declarou a moratória de sua dívida externa.

Seguiu-se a novela de sempre: investidores batendo em retirada, Banco Central elevando juros, reservas internacionais esvaindo-se. Mas, dessa vez, o tombo foi maior e mais duradouro. Em apenas 50 dias, desde a deflagração da crise em agosto até o fim de setembro, o país perdeu 30 bilhões de dólares de suas reservas. E dessa vez não houve recomposição, apesar de as taxas de juros terem chegado à incrível marca dos 40%.

Antes mesmo das eleições, o governo começou a negociar um *acordo com o FMI*, o primeiro pós-Real. Entre outras condições para conceder o pacote de ajuda, o Fundo estabeleceu que o país deveria cumprir superávits primários (reveja o que estudamos a respeito no Capítulo 5) e não poderia manter reservas abaixo de 20 bilhões de dólares — o que, na prática, limitava sua capacidade de continuar mantendo o dólar artificialmente barato. Considerando-se isso, a desvalorização do real seria apenas questão de tempo. Em plena campanha pela reeleição, FHC empurrou o problema para depois do pleito, ao mesmo tempo que tentava, sem grande sucesso, aprovar medidas de ajuste fiscal no Congresso.

O segundo mandato de FHC

Em janeiro de 1999, com o presidente já reeleito, uma notícia vinda de Minas Gerais caiu como uma bomba no mercado financeiro: o recém-empossado governador Itamar Franco declarou a moratória da dívida do estado para com a União — isso depois de o governo FHC, após anos de discussão, ter finalmente conseguido renegociar a dívida dos estados, com prazos alongados e juros baixíssimos. Embora a *moratória do "pão de queijo"*, como ficou conhecida, não tivesse tanta importância do ponto de vista fiscal, representou um pesado golpe na credibilidade do governo central, exatamente no momento em que ele tentava convencer os investidores da solidez macroeconômica do país.

Com sua carga simbólica, o episódio acabou servindo de estopim para que, finalmente, a âncora cambial fosse abandonada. Gustavo Franco, o presidente do Banco Central que defendia ardorosamente a paridade real-dólar, foi trocado por Francisco Lopes. Mas, para decepção do mercado, Lopes anunciou um mero alargamento da banda, em vez da liberalização completa, o que apenas agravou o pânico. Apenas três semanas depois de ter assumido, Lopes foi substituído por Armínio Fraga, que deu a última estocada na âncora cambial ao implantar o regime de *câmbio flutuante*. Os efeitos foram imediatos: em fevereiro o dólar já valia 2,07 reais.

Essa desvalorização rápida do real provocou grande apreensão, porque se temia uma repetição das cenas vistas no México e na Ásia (grave recessão, com recrudescimento violento da inflação). Felizmente, porém, o real se saiu razoavelmente bem de sua última prova de fogo: a inflação saltou para 4,44% mensais em fevereiro de 1999, mas logo se estabilizou entre 1% e 2% mensais; no ano seguinte, já havia retrocedido para um único dígito anual. O crescimento econômico foi, de fato, sacrificado, mas não chegou a haver retração: o PIB não variou em 1998 e cresceu 0,3% em 1999.

Abandonada a âncora cambial, o país passou a adotar, a partir de julho de 1999 (Decreto nº 3.088/99), o *Sistema de Metas de Inflação*, seguindo o exemplo de vários outros países, como Nova Zelândia, Chile, Canadá e Reino Unido. Nesse sistema, a função primordial do Banco Central passa a ser o cumprimento da meta de inflação anual divulgada publicamente pelo Conselho Monetário Nacional, relegando a segundo plano outras metas, como o controle da taxa de câmbio ou o crescimento econômico. Para controlar a inflação, o BC usará a taxa de juros: se o movimento dos preços estiver apontando para um estouro da meta, ele aumentará a taxa; se estiver apontando para um recuo abaixo da meta, ele a diminuirá. Nota-se, portanto, que nesse sistema o BC precisa desfrutar de autonomia — e contar também, é claro, com a colaboração do Ministério da Fazenda, que não poderá estourar as despesas públicas.

Percebemos, portanto, que as três coisas funcionam juntas: o câmbio precisa flutuar (já que o BC não terá mais como objetivo primordial controlar a valorização da moeda nacional), as contas públicas devem ficar no azul, ou seja, gerar superávits primários, e o Comitê de Política Monetária (Copom) se encarregará de buscar a meta da inflação, via taxa de juros. É por isso que se diz que, durante o segundo mandato de FHC, consagrou-se no Brasil o *tripé macroeconômico* composto de *câmbio flutuante, superávit primário e metas de inflação*.

Após a turbulência de 1999, o último triênio da era FHC caracterizou-se pela manutenção da inflação baixa e por uma queda relativa na taxa de juros (uma média de 10% reais ao ano, metade do observado no primeiro mandato). Isso se refletiu positivamente, sobretudo no ano 2000, quando a economia experimentou um crescimento de 4,3%, o maior desde 1995. Em 2001, porém, o abalo mundial sofrido com o *ataque às Torres Gêmeas* e, no plano interno, a *crise energética* (crise do apagão) determinaram um crescimento menor, de 1,3%. Em dezembro do mesmo ano, a Argentina, quebrada após dez anos de dolarização, decretou a *moratória* de sua dívida, o que deu início a um período de convulsão social no país, culminando em janeiro de 2002 com a desvalorização violenta do peso.

Desse modo, o ano de 2002 não começou bem para o Brasil, um país que continuava fortemente dependente do capital especulativo. Na verdade, já havia na sociedade um crescente questionamento do modelo econômico vigente, que, após tantos anos de ajuste, pouco havia contribuído para o crescimento da produção e do nível de emprego. Configurava-se, assim, o cenário para a subida ao poder de Luís Inácio Lula da Silva, o eterno candidato oposicionista que havia sido vencido em todas as eleições diretas desde a redemocratização.

À medida que Lula subia nas pesquisas eleitorais, porém, a já frágil situação externa do Brasil foi ficando pior. À fuga de capitais deflagrada a partir de julho de 2002, o BC reagiu com elevações na taxa de juros, que, por sua vez, faziam explodir a dívida pública (a qual, àquela altura, tinha mais de metade de seus títulos indexados pela Selic) — o que deixava ainda mais iminente o risco de um calote e provocava novas pressões cambiais, em uma espiral retroalimentadora. Para piorar, a alta taxa de juros tinha efeitos recessivos, mas não freava a aceleração inflacionária, provocada por uma nova crise energética, que impactava os custos das empresas, e pela queda livre do real, que chegou a valer praticamente um quarto do dólar.

Dessa maneira, Lula assumiu o governo, em 2003, recebendo aquilo que ele mesmo chamou de "herança maldita": uma economia estagnada, com uma inflação acima da meta (12,5% em 2002, contra uma meta de apenas 3,5%) e uma dívida pública gigantesca, cevada por muitos anos de juros altos. Por outro lado, Lula foi também o único presidente pós-redemocratização a receber uma economia com taxas de inflação civilizadas e contas públicas razoavelmente organizadas — nesse aspecto, destaca-se a aprovação da Lei de Responsabilidade Fiscal, em 2000, conforme comentamos no Capítulo 6.

A era Lula

Nesta última seção, não dedicaremos aos dois mandatos de Luís Inácio Lula da Silva (2002-2010) uma análise tão detalhada quanto a que acabamos de fazer sobre as gestões dos outros presidentes. Isso porque, na verdade, a chamada "Era Lula" já foi estudada em várias passagens deste livro. Por estar tão próxima da nossa realidade, foi a ela que nos referimos ao estudar a atual inserção externa do país (Capítulo 1) e, em seguida, os seus principais aspectos macroeconômicos (capítulos 2 a 7). Assim, para não nos repetirmos, vamos apenas levantar os pontos que mais se destacaram nos oito anos de Lula à frente do país e que não foram objeto de detalhamento anterior neste livro. São eles:

1. **Continuidade da política econômica** — Desde 2002, com a edição da "Carta ao Povo Brasileiro", o ex-sindicalista já sinalizava o abandono de antigas teses (como o rompimento com o FMI) e o compromisso com o já mencionado tripé macroeconômico de câmbio flutuante + superávit primário + metas de inflação. A manutenção de Henrique Meirelles na presidência do Banco Central ao longo dos dois mandatos (batendo um recorde de permanência) contribuiu para essa estabilidade.

2. **Queda da desigualdade** — Uma das mais importantes conquistas da era Lula foi, sem dúvida, a queda na desigualdade: o índice de Gini recuou de 0,61 em 1990 para 0,54 em 2009. Essa melhora deveu-se não apenas à consolidação da estabilidade pós-Real, mas também ao avanço em políticas sociais, por meio de programas como o Bolsa Família e o Prouni. Vale lembrar que alguns desses programas já existiam na gestão de FHC, mas foram ampliados e aperfeiçoados na era Lula.

3. **Retomada do crescimento** — A gestão de Lula beneficiou-se da economia estabilizada e de um cenário externo favorável para retomar o crescimento, que atingiu a média de aproximadamente 4% ao longo de seus dois mandatos. Embora o crescimento com inflação baixa seja, é claro, um importantíssimo avanço, uma crítica que se costuma fazer é que a expansão na era Lula apoiou-se predominantemente no consumo, e não no avanço tecnológico nem no investimento em infraestrutura.

SAIU NA IMPRENSA

PAÍS ANUNCIA EM DAVOS O ANO DA MODERAÇÃO

A palavra "moderação" foi a marca da apresentação do governo Dilma Rousseff à sociedade dos grandes executivos globais, reunida em Davos para o encontro anual do Fórum Econômico Mundial.

"Agora é o momento de moderar nossas despesas, o consumo, o crédito ao consumo, moderar as despesas do governo", disse Luciano Coutinho, presidente do BNDES, para uma plateia surpreendentemente modesta se se considerar o encanto que o Brasil desperta ultimamente na comunidade de negócios global.

Tanto encanto que o único não brasileiro à mesa, Vikram Pandit, executivo-chefe do Citi, até exagerou: "O Brasil tem a confiança do mundo".

Para reforçar a ideia de moderação, Alexandre Tombini, presidente do Banco Central, disse que, embora a inflação não seja "um enorme problema", o BC vai apertar a política monetária.

[...]

Fonte: ROSSI, Clóvis. *Folha de S. Paulo*, 29 jan. 2011, fornecido pela Folhapress.

1. No intervalo transcorrido entre o momento em que preparamos este livro e o momento em que você o lê, certamente terá sido possível avaliar em que medida os anúncios feitos pela equipe econômica de Dilma Roussef em Davos, no início de 2011, efetivamente se concretizaram. A moderação prometida foi de fato cumprida? O Banco Central foi bem-sucedido em sua tentativa de frear a inflação via política monetária?

2. Sintetize, na forma de itens, sua avaliação sobre a economia brasileira no momento em que você conclui este curso e suas perspectivas para o futuro próximo. Depois, troque os itens com os colegas e verifiquem quais pontos foram mais mencionados.

NA ACADEMIA

No momento em que este curso de Economia Brasileira chega ao fim, é hora de você e os colegas avaliarem o que aprenderam. Reúnam-se em grupos e discutam:

- Qual visão vocês tinham da economia brasileira antes de iniciar o estudo? Essa visão se alterou? Em que sentido?
- Em que medida vocês acham que os conhecimentos adquiridos aqui serão relevantes para sua vida acadêmica e profissional? Há algum ponto no qual vocês gostariam de aprofundar o estudo?

Depois de trocar ideias, cada grupo apresentará um resumo de suas conclusões ao resto da classe. Não deixem de fazer, também, uma avaliação crítica do curso, com sugestões de aprimoramento.

Pontos importantes

- Em meados da década de 1980, mesmo após terem aplicado os ajustes ortodoxos impostos pelo FMI, muitos países latino-americanos continuavam às voltas com altas taxas de inflação. Começou a se popularizar, então, um novo diagnóstico para os problemas do continente: os preços continuavam subindo por causa da inércia inflacionária, cujos efeitos eram ainda mais fortes em uma economia altamente indexada, como a brasileira.

- As principais medidas do Plano Cruzado foram o congelamento de preços e salários (choque heterodoxo), a troca da moeda de cruzeiro para cruzado, o reajuste dos salários pela média real dos últimos seis meses mais abono, a instituição do gatilho salarial, a substituição da ORTN pela OTN e a proibição da indexação nos contratos de prazo inferior a 12 meses. O fracasso do plano pode ser explicado, em primeiro lugar, pelas próprias limitações de um choque heterodoxo, que provoca distorções no sistema de preços relativos; e, em segundo lugar, pela demanda superaquecida, que levou rapidamente ao desabastecimento. Em terceiro lugar, havia o gatilho salarial, que, na prática, "limitava" a ação do plano ao limite máximo de 20% de inflação. Em maio de 1986, ciente de todos esses problemas, a equipe econômica tentou alertar o presidente Sarney, mas não o sensibilizou. Assim, podemos afirmar que o Plano Cruzado fracassou, em última instância, pela insistência do governo em manter o congelamento por muito mais tempo do que seria razoável, movido por razões meramente políticas.
- Os planos de estabilização que se seguiram ao Cruzado podem ser descritos, sinteticamente, do seguinte modo:
  - O Plano Cruzado II (novembro de 1986) tentou aumentar as receitas públicas e, ao mesmo tempo, expurgar os índices de preços do aumento nas tarifas e em alguns produtos considerados de elite (bebidas, cigarros etc.). A manobra foi recebida como traição pela sociedade e logo desencadeou uma frenética aceleração inflacionária.
  - O Plano Bresser (junho de 1987) combinava elementos heterodoxos – um novo congelamento e a criação do indexador URP – a uma promessa de ajuste ortodoxo, com restrições no gasto público e na emissão de moeda, além da manutenção da taxa de juros real em níveis sempre positivos. Ocorre, porém, que o ministro Bresser não conseguiu apoio para suas reformas e acabou desmoralizado.
  - Maílson da Nóbrega assumiu (dezembro de 1987) prometendo realizar uma política "arroz com feijão", ou seja, puramente ortodoxa. Mas ele também não conseguiu apoio político para reformas mais amplas na estrutura de gastos do governo; como resultado, seu aperto monetário e creditício gerou apenas recessão, sem baixar a inflação. O ministro foi obrigado, então, a lançar o Plano Verão (janeiro de 1989), que determinou uma nova mudança da moeda e um novo congelamento, além de um aumento na taxa de juros e a extinção da correção monetária e da URP, na tentativa de desindexar a economia. Nada disso deu certo e, quando Collor assumiu, herdou um país à beira da hiperinflação (80% mensais) e uma dívida pública fora do controle.

- Collor tomou uma solução radical: pelo Plano Collor (março de 1990), confiscou quase todos os ativos financeiros do país, em uma tentativa de desaquecer drasticamente a economia e, ao mesmo tempo, decretar a moratória da dívida pública. O combate à inflação não funcionou, mas a dívida pública se reduziu — à custa de grandes prejuízos para os investidores. A instabilidade provocada pelo confisco causou uma recessão recorde, de 4,3% em 1990.
- O Plano Collor II (fevereiro de 1991) tentou resolver o problema de financiamento público pela criação do "fundão" e, também, desindexar a economia com a criação da TR.
- Marcílio Marques Moreira assumiu (maio de 1991) prometendo dar um "choque externo positivo" na economia. Sua gestão produziu importantes avanços na negociação da dívida externa, mas foi incapaz de baixar a inflação. Marcílio caiu junto com Collor, afastado por *impeachment*.
- O Plano Real se diferenciou positivamente dos planos de estabilização anteriores sob vários aspectos. No âmbito externo, a situação era muito mais confortável, com a dívida renegociada e um saldo expressivo nas reservas internacionais. Internamente, havia um amadurecimento na compreensão dos problemas vividos pelo país, o que propiciava o ambiente necessário à aplicação de um plano mais complexo e racional. Além disso, as políticas de abertura comercial e desestatização iniciadas no governo Collor já produziam resultados significativos. Por fim, o plano foi comunicado com antecedência à sociedade, o que aumentou a credibilidade da equipe econômica.
- O Plano Real teve três fases. Na primeira, de junho de 1993 a março de 1994, realizou-se o *ajuste fiscal*, com destaque para um aumento de 5% em todos os tributos federais e a criação do Fundo Social de Emergência. Na segunda fase, de março a julho de 1994, houve a *indexação plena da economia*, por meio da adoção da URV, uma moeda-índice atrelada ao dólar comercial. Por fim, a última fase, executada em julho de 1994, foi a *reforma monetária*, momento em que 1 URV passou a valer 1 real (e, consequentemente, 1 real passou a valer 1 dólar).
- A âncora cambial era o mecanismo pelo qual a moeda recém-criada ficava "ancorada" a uma moeda forte, o dólar. Em outras palavras, 1 dólar jamais poderia valer mais do que 1 real. Isso era ótimo para combater a inflação, mas provocava dois graves problemas: a explosão da dívida interna e o rombo nas transações correntes. A equipe econômica de FHC podia ter aproveitado a crise asiática de 1998 para abandonar a âncora, mas preferiu insistir no mecanismo — até que veio a moratória russa, que nos obrigou a recorrer ao FMI e adotar o câmbio flutuante de maneira abrupta em 1999, causando uma forte desvalorização do real.

- Além de tudo que já comentamos sobre a "era Lula" neste livro, podemos dizer que os oito anos de sua gestão caracterizaram-se, principalmente, pela continuidade da política econômica, pela queda na desigualdade e pela retomada do crescimento.

Referências

AVERBUG, André; GIAMBIAGI, Fábio. *A crise brasileira de 1998/1999*: origens e consequências. Rio de Janeiro: BNDES, 2000.

BARBOSA, Fernando de Holanda. Entrevista dada no documentário *Laboratório Brasil*. Direção de Roberto Stefanelli. Brasília: TV Câmara, 2007.

BELLUZZO, Luiz Gonzaga de Mello; ALMEIDA, Júlio Sérgio Gomes de. Crise e reforma monetária no Brasil. *São Paulo em Perspectiva*, v. 4, n. 1, jan./mar. 1990.

BRESSER PEREIRA, Luiz Carlos; NAKANO, Yoshiaki. Hiperinflação e estabilização no Brasil: o primeiro Plano Collor. *Revista de Economia Política*, v. 11, n. 4, out./dez. 1991.

CARDOSO, Eliana. Hiperinflação na América Latina. *Revista de Economia Política*, v. 9, n. 3, jul./set. 1989.

DALMAZO, Renato Antônio. A política fiscal: do "superávit" de caixa aos tropeços e ao retorno da crise fiscal. *Indicadores Econômicos FEE*, v. 19, n. 4, 1992.

FEHLBERG, Carlos. Sarney admite que o Cruzado II foi o maior erro do seu governo, s/d. Disponível em: <www.politicaparapoliticos.com.br>. Acesso em: 11 mar. 2011.

FERNANDES, Orlando Assunção; TUROLLA, Frederico Araujo. Uma revisão de quarenta anos da dívida mobiliária interna (1964-2004). *Pesquisa & Debate*, v. 17, n. 2, 2006.

GREMAUD, Amaury Patrick; VASCONCELLOS, Marco Antonio S. de; TONETO JÚNIOR, Rudinei. *Economia brasileira contemporânea*. 7. ed. São Paulo: Atlas, 2009.

LOPES, Francisco. *O choque heterodoxo*: combate à inflação e reforma monetária. Rio de Janeiro: Campus, 1986.

MACARINI, José Pedro. A política econômica do Governo Sarney: os Planos Cruzado (1986) e Bresser (1987). *Texto para Discussão*, IE/UNICAMP, Campinas, n. 157, mar. 2009.

MANTEGA, Guido; REGO, José Márcio (Org.). *Conversas com economistas brasileiros*. v. 2. São Paulo: Editora 34, 1999.

MF – Ministério da Fazenda. *Plano de Ação Imediata*. Brasília, DF: Ministério da Fazenda, 1993.

O CHOQUE de Zélia. *Veja*, 21 mar. 1990.

PEDRAS, Guilherme Binato Villela. História da dívida pública no Brasil: de 1964 até os dias atuais. In: SILVA, Anderson Caputo; CARVALHO, Lena de Oliveira; MEDEIROS, Otavio Ladeira de (Org.). *Dívida pública*: a experiência brasileira. Brasília: Secretaria do Tesouro Nacional; Banco Mundial, 2009.

PIO, Carlos. A estabilização heterodoxa no Brasil: ideias e redes políticas. *Revista Brasileira de Ciências Sociais*, v. 16, n. 46, 2001

PORTELLA FILHO, Petrônio. O ajustamento na América Latina: crítica ao modelo de Washington. *Lua Nova: Revista de Cultura e Política*, n. 32, 1994.

RAMALHO, Valdir. Simonsen: pioneiro da visão inercial de inflação. *Revista Brasileira de Economia*, v. 57, n. 1, Rio de Janeiro, jan./mar. 2003.

RESENDE, André Lara. A moeda indexada: uma proposta para eliminar a inflação inercial. *Revista de Economia Política*, v. 5, n. 2, abr./jun. 1985.

ROXBOROUGH, Ian. Inflação e pacto social no Brasil e no México. *Lua Nova: Revista de Cultura e Política*, n. 25, 1992.

NOSSA CAPA

ACADEMIA PEARSON

Um clássico pede poucas explicações, mas as impressões novas que desperta são muitas vezes sobrepujadas pela reação programada, a pressão inconsciente para gostar do que já foi avaliado e aprovado. Se é essa aprovação tácita que move as leis do mercado, é quase em desafio a elas que um artista como Renato Pagnano se propõe a deixar sua marca: se na arte brasileira, só o tempo dirá, mas sem dúvida nas retinas e percepções de quem conheceu suas pinturas.

Esta pintura de Renato chegou como uma revelação quando planejávamos este livro. Sua divisão diagonal parece querer nos tirar o equilíbrio, ao mesmo tempo recordando que um equilíbrio pode existir; os dois quadrantes sugerindo uma sobreposição, a continuidade de um não-padrão, de uma não conformidade.

Em um livro sobre a economia brasileira, essas sensações estão em bom lugar. Conhecer os meandros de nosso desenvolvimento econômico nos permite entender a aparente estabilidade atual, mas também o desconforto do desequilíbrio e da continuidade de padrões caóticos. Com sua arte, Pagnano nos reconcilia com a realidade.